WMU 35주년 기념 논문집

영성 시대의 기독교 신앙

WMU 35주년 기념 논문집
영성 시대의 기독교 신앙

2024년 12월 30일 처음 찍음

지은이 | 가진수 김강산 김윤태 남종성 송경화 윤에스더
윤임상 이현아 정재현 조성우 최윤정
엮은이 | 월드미션대학교
펴낸이 | 김영호
펴낸곳 | 도서출판 동연
등 록 | 제1-1383호(1992년 6월 12일)
주 소 | 서울시 마포구 월드컵로 163-3
전 화 | (02) 335-2630
팩 스 | (02) 335-2640
이메일 | yh4321@gmail.com

ISBN 978-89-6447-078-7 93230

WMU 35주년 기념 논문집

영성 시대의 기독교 신앙

가진수
김강산
김윤태
남종성
송경화
윤에스더
윤임상
이현아
정재현
조성우
최윤정
함께 씀

월드미션대학교(WMU)
엮음

동연

| 책을 펴내며 |

임성진

월드미션대학교 총장

오늘 이 시대의 가장 큰 특징은 급속한 변화라고 말할 수 있습니다. 특별히 인공지능이나 메타버스의 출현은 미래를 새로운 세상으로 이끌어가고 있습니다. 이 새로운 세상은 희망과 불안이 공존하고 있는 세상입니다. 기회가 될 수도 있고 위기가 될 수도 있습니다. 이런 상황에서 교회 지도자들은 현실을 직시하고 교회 현장에 대한 재고와 전략적인 성찰을 해야 할 때입니다.

메타버스와 같은 가상 세계가 현실 세계를 능가할 수 있고, 나를 모형하고 있는 아바타가 실존의 나보다 더 적극적인 활동을 할 수 있는 시대가 다가오고 있습니다. 지금으로서는 혼란스럽습니다. 하나님께서 세상을 만드실 때 "땅이 혼돈(formless)하고 공허(empty)하며 흑암(darkness)이 깊음 위에"(창 1:2) 있었습니다. 여기에 빛이 창조되었을 때 우주의 질서가 잡혔습니다.

오늘 이 시대도 현실 세계와 가상의 세계가 혼재된 가운데 혼돈과 공허와 흑암을 경험하고 있지 않나 생각해 봅니다. 하나님께서 첫 창조 시 빛을 창조하시어 하나님의 창조 세계에 질서가 찾아왔듯이 가상과 현실이 뒤섞인 혼돈된 상태에서 새로운 빛이 필요한 시대입니다. 이 빛은 이미 우리 안에 거하고 있는 거듭난 생각과 새로워진 마음과 위로부터 주어지는 지혜입니다. 이 빛으로 새로운 시대의 질서를 바로잡고 이끌어가야 할 사명이 우리에게 있습니다.

미국 L.A.에 위치한 월드미션대학교가 개교 35주년을 맞았습니다. 짧은 기간이지만 빛의 사명을 감당하기 위해서 성실하게 달려왔다고 자부합니다. 이민 사회의 모범적인 학교가 되었을 뿐만 아니라 세계가 인정하는 학교가 되었습니다. 개교 35주년을 맞이하여 이 시대의 작은 등불의 역할을 하고자 논문집을 발간하게 되었습니다. 11명의 학자들이 참여하여 자신들의 전공 분야에서 혼란스러운 시대를 바로잡고 사람들에 유익을 주기 위해 연구에 심혈을 기울였습니다. 독자들과 함께 걸어 갈 수 있는 등불이 되기를 소망합니다.

이번 소논문 프로젝트가 완성되기까지 큰 도움을 주신 미국 릴리재단(Lilly Endowment Inc.)과 출판을 위해 애써주신 도서출판 동연의 김영호 장로님 그리고 편집부에 진심으로 감사드립니다. 집필자 여러분의 헌신에도 깊은 감사를 드리며, 이 논문집이 새로운 시대의 방향을 제시하는 귀한 자료가 되기를 기원합니다.

차례

제2부 | 영성의 시대, 설교와 목회

제1부
영성의 시대,
교회와
기독교교육

머리글

최윤정
(공동편집인, 월드미션대학교 부총장)

이 시대는 기술의 혁신과 정보화의 발전으로 인해 전례 없는 변화를 겪고 있다. 이러한 변화 속에서 현대인은 물질적 풍요에도 불구하고 영적 공허함과 정체성의 위기를 경험하고 있다. "영성"이라는 주제는 단순히 개인적 신앙에 국한되지 않고, 공동체와 사회의 가치를 형성하는 중요한 담론으로 떠오르고 있다. 이같은 시대적 흐름 속에 교회는 그 본질적 사명과 역할을 재조명해야 할 필요성에 직면해 있다.

칼 바르트는 "교회는 그 자체를 위해 존재하는 것이 아니라 세상을 위한 교회가 되어야 한다"고 했다. 이 말은 교회가 세상 속에서 영적 나침반으로서의 역할을 다해야 함을 강조하는 것이다. 그러나 현대 교회는 급변하는 환경과 세대 간의 단절 속에서 그 사명을 효과적으로 수행하지 못하고 있다. 이에 기독교교육은 새로운 시대의 요구에 부응하기 위해 재구성되고, 교회의 사명과 깊이 연결될 필요가 있다.

이 논문집의 제1부에 포함된 논문들은 이러한 시대적 과제에 응답하기 위해 다양한 주제를 심도 있게 다루고 있다. 가진수의 "현대 교회와 어린이 예배 — 신앙의 근력을 만들어주는 실제적인 삶의 예배 훈련"

는 다음 세대의 신앙 형성을 위한 창의적이고 실천적인 방안을 모색하며, 송경화의 "아동기 복합 트라우마 예방과 치유를 위한 교회의 역할"은 교회 공동체가 아동기 트라우마 문제를 예방하고 치유하는데 중요한 역할을 수행해야 함을 강조한다. 윤에스더의 "미주 한인 가정의 Z세대 자녀 교육과 예배"는 빠르게 변화하는 문화적 맥락 속에서 Z세대를 위한 교육과 예배의 필요성을 제안하며, 이현아의 "장애 아동 신앙 형성을 위한 교회와 가정의 역할 — 가정예배를 중심으로"는 포용적 신앙 교육을 위한 구체적 방법으로 가정예배를 탐구하고 있다. 또한 최윤정의 "미국 한인 이민 가정 청소년들의 정체성 문제와 기독교교육"은 이민 가정의 청소년들이 겪는 정체성 혼란과 그 해결 방안을 기독교교육의 관점에서 다루고 있다.

예수 그리스도는 모든 시대를 초월하는 하나님의 선물이다. 이 말은 기독교교육의 본질을 이해하는데 있어 핵심적인 통찰을 제공한다. 본 논문은 영성 시대의 교회와 기독교교육의 역할을 심층적으로 탐구하며, 모든 시대를 초월하는 복음의 메시지를 현대적 맥락에서 어떻게 효과적으로 전할 수 있을지 논의하고자 한다.

이 논문집은 이러한 통찰을 통해 신앙 공동체와 교육자들에게 새로운 깨달음과 영감을 제공하며, 교회가 세상을 향한 사명을 더욱 충실히 수행할 수 있는 길을 제시하는데 기여할 것이다.

현대 교회와 어린이 예배

— 신앙의 근력을 만들어주는 실제적인 삶의 예배 훈련

가진수 월드미션대학교 교수 / 예배학

I. 서론

하나님은 우리를 예배자로 창조하시고 영광 받으시기 위해 우리를 지으셨다(사 43:21). 그러므로 하나님을 만나는 것만큼 우리에게 중요한 것은 없다. 교회 공동체의 가장 중요한 목적은 하나님을 예배하는 것이다. 하나님께 영광 돌리는 예배를 통해 우리는 하나님의 부르심에 응답하며 하나님의 은혜를 경험한다. 예배를 통해 우리의 영은 새로워지고 하나님의 자녀로서 확신과 성령님을 통한 능력이 소생한다.

예배의 이러한 중요성에도 불구하고 교회 전체 구성원의 50% 이상이 주일에 단 한 번 1시간 정도의 예배를 드린다. 이에 더해 젊은 청년과 학생, 주일학교 어린이를 포함한 다음 세대의 예배 출석률은 갈수록 점점 줄어들고 있다. 이와 같은 시기에 교회는 '예배'의 성경적인 본질을 회복하고, 예배를 갱신하고 변화시킬 방법들을 찾아 다음 세대를 위한 구체적인 예배의 강화를 재고해야 할 것이다.

최근 대부분의 교회와 예배 공동체의 가장 큰 고민 중 하나는 어린이를 포함한 다음 세대이다. 교회가 하나님을 구세주로 믿는 성도들의 모임이라면 주님 오실 때까지 교회가 신앙적으로 계승되어가는 것이 의무이며 특권일 것이다. 하지만 지금의 상황은 녹록지 않고 그 해결 방법도 요원하다. 갈수록 인구가 감소하고 있으며, 교회 역시 어린이들이 줄고 있다. 이에 더해 어린이들의 신앙의 강건함과 유대감도 점점 약해져 가고 있다. 무엇보다도 다음 세대들이 부모 세대를 좇아 신앙을 잘 계승해 나갈 것인지에 대한 믿음이 희박하다.

이러한 시대적 상황에서 가장 중요한 것은 어린이들을 하나님을 통해 은혜와 감사를 경험할 수 있는 믿음의 세대로 만드는 것이다. 누구든지 하나님을 만나지 않고서 참된 그리스도인이 될 수 없듯이 어린이들 또한 하나님 없이는 신앙의 미래가 없다. 하나님을 만난다는 것은 찬양을 통해, 기도를 통해 그리고 말씀을 통해 하나님과 소통한다는 것을 뜻한다. 이 세 가지, 찬양과 기도와 말씀은 예배의 중요한 요소이므로 어린이들이 하나님을 경험한다는 것은 곧 예배를 잘 드리면 된다는 의미와 같다고 할 수 있다.

지금 전 세계적으로 교회와 예배 공동체가 전통적인 예배에서 현대적인 예배로 점점 그 비중이 커지고 있다. 주로 예전적 의식이 중심이 된 전통적인 예배에 익숙한 1세대와 2000년 이후 태어나고 자라 현대적인 찬양과 예배에 익숙한 어린이를 비롯한 다음 세대들이 서로 다른 예배의 형태를 선호하며 분리되고 있다. 이와 같이 혼재된 시기에 어린이들에게 “어떤 모습의 예배가 하나님을 경험하고 신앙이 양육되고 하나님이 원하시는 예배자로 살아갈 수 있을 것인가? 그리고 다음 세대가 중심이 되는 현대 예배를 어떻게 준비할 것인가?"에 대한 논제에 몇 가지 제언하고자 한다.

우선 전통 교회와 비교해 현대 교회의 특징을 살펴보고 성경적인 어린이 신앙의 배경을 다뤘다. 이어서 예배의 본질과 기초를 바탕으로 통합 예배의 중요성을 살펴보고 현대 교회 예배의 대안이 될 수 있는지에 대해서 설명했다. 이를 통해 예배의 영성이 이 시대 어린이들에게 매우 중요하며 실제적인 예배의 변화가 필요함을 알아보았다. 그리고 구체적으로 예배 속에서 어린이들이 관심 있는 찬양의 중요성에 대해 언급하면서 하나님께 초점을 맞춘 수직적인 찬양이 얼마나 중요한지에 대해 설명했다.

이를 바탕으로 실제적으로 어린이들이 예배를 통해 하나님을 경험하고 이를 통해 삶에서 예배자로 잘 성장할 수 있는 방법을 찾는 것이 매우 중요함을 설명했다. 그 해결 방안으로 하나님과 늘 동행하는 훈련과 연습을 통해 영적으로 강건해지고 참된 그리스도인이자 예배자로 성장해 나갈 수 있음을 살펴보았다. 그리고 하나님이 원하시는 삶을 살 수 있는 어린이들이 될 수 있도록 만들어가는 것이 중요하다는 것을 설명하며 이에 대한 몇 가지 실제적인 방안들을 제시했다.

II. 현대 교회와 어린이 예배

1. 현대 교회의 특징

현대 교회(Modern Church)란 "과거 역사를 기반으로 하는 전통적인 교회에 대한 반대적인 의미인 동시대적(Contemporary) 또는 현대적(Modern)[1] 의미로서, 예배를 비롯한 신앙적 가치관 면에서 지금의 시간과 문화 그리고 새로운 세대를 강조하는 교회"를 의미한다. 전통적인 교회가 주로 예전(Liturgy)을 중심으로 한 정형적인 예배의 형식을 중심으로 복음적 가치를 중시하는 반면에, 현대 교회는 변하지 않는 성경적 예배의 본질을 바탕으로 동시대적인 문화와 개인적인 하나님과의 경험 그리고 자유로운 신앙적 가치를 중시한다.

예배의 측면에서 바라본다면, 전통적인 교회의 예배는 만남과 말씀, 성찬 그리고 파송이라는 예배의 4중 구조를 바탕으로 초대교회부터 근대까지 예식이 중시되어 왔다. 반면 현대 교회의 예배는 20세기 산업화, 개인주의화 그리고 세속 음악에 영향을 받았으며 '지금'이라는 현재의 문화 환경을 중시하고 있다.

지난 2,000여 년 동안 전통적인 신앙적 가치관인 예전적인 전통 예배와 더불어 하나님을 예배 속에서 경험하려는 그리스도인들의 관심과

---

1 현대적이라는 단어의 영어 표현은 '컨템포러리'(Contemporary)와 '모던'(Modern)이라는 단어로 표기된다. 예를 들어 '현대 예배'를 영어로 표기할 때 'Contemporary Worship'과 'Modern Worship'으로 표기할 수 있다. 2000년 전까지는 'Contemporary Worship'을 주로 사용했으나, 최근 들어서는 'Modern Worship'을 더 선호하는 경향이 있다. 음악과 예술, 찬양의 의미에서는 'Contemporary Worship'을, 예배의 의미에서는 'Modern Worship'으로 나눠지는 추세다.

의지는 초대교회부터 계속되어 왔다. 초대교회의 역동적인 예배,[2] 수도원 운동, 종교개혁을 비롯해 경건주의 신앙, 은사주의, 오순절운동과 현대 음악을 기반으로 한 예수 운동(Jesus Movement)[3] 등이다.

하나님을 경험하려는 예배의 요소가 찬양과 기도, 말씀, 성찬이라면, 초대교회 이후 4세기부터 16세기 종교개혁 때까지는 가톨릭 미사 중심의 '성찬'에서 찾으려고 했으며, 16세기 이후 20세기 근대 시기까지는 종교개혁자들의 핵심인 예식을 타파한 '말씀'을 통해 그리고 20세기 이후에는 은사주의의 경험과 감동을 기반으로 하는 '음악'을 통해 하나님과 소통하려고 했다. 그러므로 어린이를 포함한 다음 세대는 음악을 기반으로 한 찬양을 통해 하나님의 임재를 경험하고자 하는 욕구가 강하다. 현대 교회의 예배 형식이 전통적인 4중 구조에서 점점 '찬양'과 '말씀'이라는 두 가지 요소를 바탕으로 더욱 발전해 가고 있는 것도 그 이유라 할 수 있다.

한편 전통적인 교회와 현대적인 교회를 다음과 같이 구분하기도 한다.

전통적인 교회와 현대적인 교회의 특징의 정체성을 예배당 시설, 설교, 기도와 같은 예배 구성 요소들이 영향을 미치기는 하지만, 그것들만으로는 쉽게 판단하기 어렵다. 오히려 음악을 통해서 쉽게 규정된다. 전통적인 것과 현대

---

2 2세기 순교자 저스틴(Justin Martyr, 100~165?)에 서신에 의하면 초대교회의 예배는 전통적으로 정해져 있는 예배가 아니라 성령에 이끌려 예배 시간의 제약을 받지 않는 자유롭게 드려지는 예배였다. 레스터 루스(Lester Ruth)는 자신의 책, *Flow*(『예배의 흐름』)에서 초대교회 예배의 특징을 시간의 '자율성', '즉흥성', '성령의 흐름'으로 정의했다. 레스터 루스/가진수 옮김, 『예배의 흐름』 (인천: 워십리더, 2023), 22-28.

3 전통적인 교회의 관습에 반대하여 일어난 1970년대 젊은이 중심의 운동이다. 세속적인 음악적 기반으로 새로운 문화에 적응하고 예식이 아닌 하나님을 경험하는 현대적 예배로의 개혁을 주장했다.

적인 것은 대부분 음악에 대한 구분이다. 설교와 기도는 무엇이 전통적이고 현대적인지에 대해서 표현하기 어렵지만, 예배 음악은 사용하는 곡과 찬양의 방식을 통해서 쉽게 구분 지을 수 있기 때문이다. 이와 같이 예배 음악은 가장 표면적으로 그리고 실제적으로 예배 공동체의 정체성을 드러내는 역할을 한다.[4]

현대 교회의 가장 큰 특징은 과거의 형식에 얽매이지 않으려는 경향이 강하며 이는 예배에서 능동성과 적극성으로 나타난다. 지금의 어린이들에게는 예배의 역사적 유산이 중요한 것이 아니라 내 자신에게 주어지는 하나님의 은혜가 더 중요한 것이다. 그들은 스스로에게 "교회가 그리고 예배가 나에게 무슨 의미가 있는가?"를 끊임없이 묻고 있으며, 신앙생활에 있어서도 자신의 유익을 우선시하는 경향이 어린이를 포함한 다음 세대의 신앙 가치관이라고 할 수 있다.

그러므로 이와 같이 과거의 전통적인 교회 가치관과는 다른 현대 교회와 예배의 특징을 바탕으로 다음 세대를 포함한 어린이들을 교회로 이끌고, 더 나아가 하나님이 기뻐하시는 예배자로 세워가는 것이 매우 중요한 방향이라 할 수 있다. 여기에 복음적 가치를 잃지 않고 성경적 예배의 본질적 바탕 위에 어린이가 선호하는 현대적인 문화와 특징들을 충분히 이해하고 적용해 나가야 할 것이다.

---

4 주종훈, 『기독교 예배와 세계관』 (인천: 워십리더, 2014), 176.

2. 주일학교 어린이 예배의 현재

현재 한국교회 대부분의 주일학교는 전통적인 예배를 드리고 있다. 역사적으로 선교사를 통해 한국에 복음이 전파되었고 그동안 많은 교회가 세워지면서 어린이를 위한 주일학교도 함께 시작되었다. 당시 한국의 주일학교는 영국과 미국의 주일학교 신앙 교육의 강화 정책에 의해 영향을 받았으며, 선교사를 통해 한국교회에 유입되면서 고착화되었다.

오랫동안 유지되었던 전통적인 주일학교 어린이 예배는 2000년대 들어 젊은이 예배와 열린 예배, 구도자(Seekers) 예배 등의 현대적인 예배의 형태가 드려지기 시작하면서 일부 변화를 가져왔다. 하지만 그럼에도 불구하고 대체로 한국교회의 주일학교 예배는 전통적인 관습으로부터 벗어나지 못하고 있었다. 70~80년대 한국교회 부흥의 시대만 하더라도 베이비붐 세대와 더불어 교회에 어린이가 많았다. 주일예배를 비롯해 분반 성경공부가 활성화되었고 여름성경학교와 수련회 등의 행사들은 교회 행사 중 가장 풍성한 잔치로 자리매김했다.

하지만 최근 들어 여러 면에서 변화의 바람이 불고 있다. 교회 주일학교 어린이들의 환경을 살펴보면 첫째, 인구 감소로 인해 일부 대형교회를 제외하고는 분반 성경공부나 활동 등이 약화되기 시작했다. 둘째, 교회보다는 학원이나 개인 학습을 위해 시간을 할애하다 보니 중고등 학생은 물론 주일학교 어린이들에게까지 영향이 미치고 있다. 셋째, 교회 성도와 마찬가지로 예배를 포함해 신앙적인 면에서 열정과 활력이 떨어져 있다.

이 같은 주일학교의 환경은 어린이들의 신앙에 많은 악영향을 주고 있으며 무엇보다도 영적인 면에서 약화를 가져왔다. 예배의 횟수가 줄어들고 성경학교나 수련회 등에 참여도가 떨어지고 있다. 대부분의 교회가 여러 사정으로 인해 자체 행사를 하지 못하면서, 최근 들어 여러 단체가 주관하는 연합 수련회가 각광을 받고 있다. 또한 교사나 교회학교 지도자들의 사명감이나 책임, 영적 수준 등이 예전에 비해 점점 약화되다 보니 어린이들에게 충실한 성경적 교육을 비롯해 신앙 교육이 잘 이루어지지 못하고 있다.

한편 무엇보다도 예배에서 하나님을 경험하고 영적 훈련을 통해 신앙의 성숙을 만들어 가야 함에도 주일학교 어린이 예배는 총체적인 어려움에 봉착해 있다. 성경적인 예배와 찬양의 본질에 기초를 두지 못한 대다수의 어린이 예배는 많은 변화가 있지 않으면 안 되는 실정이다.

그러므로 영적 강화를 포함한 주일학교 예배의 정상화가 이루어지지 않는다면 교회의 미래가 불투명해질 수밖에 없다. 세대 통합 예배 등의 예배의 변화와 성경적 본질과 기초를 바탕으로 한 예배의 회복 그리고 주일 예배와 삶의 예배에서 하나님을 경험하기 위한 훈련 등이 선행되어야만 한국교회와 주일학교 어린이들의 신앙 성숙을 기대할 수 있을 것이다.

3. 어린이 신앙의 성경적 배경

모든 것이 다 있다는 지금의 세상에서도 찾아볼 수 없는, 교회만이 줄 수 있는 유일한 것은 '하나님과의 관계를 통한 영적 기쁨'이다. 급격한 문화의 발전과 변화 시대의 다음 세대들이 결코 세상에서 얻을 수 없는 단 한 가지는 주님 안에서 누리는 '영적 기쁨'이다. 영적 기쁨은 오직 하나님을 만나는 '예배'로부터만 가능하며, 예배의 속성인 찬양과 기도와 말씀을 통해서 우리는 하나님을 만날 수 있다. 그러므로 예배를 통한 하나님과의 경험을 통해서만 어린이들의 영혼이 신앙적으로 자라날 수 있으며 세속의 문화로부터 지켜낼 수 있다.

하나님은 영광 받으시기 위해 우리를 지으셨고, 우리를 보고 기뻐하신다고 말씀하셨다. "하나님이 지으신 그 모든 것을 보시니 보시기에 심히 좋았더라 저녁이 되고 아침이 되니 이는 여섯째 날이니라"(창 1:31). 또한 우리를 통해 영광 받으시기 원하신다. "이 백성은 내가 나를 위해 지었나니 나의 찬송을 부르게 하려 함이니라"(사 43:21).

성경은 다음 세대가 결코 부차적이 아닌 하나님이 기뻐하시는 동일한 인격체임을 말해 준다. 첫째, 다음 세대는 부모 세대와 함께 예배해 왔다. 이스라엘 백성들의 모임은 자녀들을 포함한 모든 가족이 늘 함께 했다. 그러므로 우리의 모든 예배는 부모와 자녀가 함께하는 것이 성경적이다. 성경은 어느 곳에서도 부모와 자녀를 나눈 적이 없다. 다음 세대는 성경적으로 '예배'를 통해 가족과 영적으로 하나가 되어 하나님을 바라보았다. "유다 모든 사람들이 그들의 아내와 자녀와 어린이와 더불어 여호와 앞에 섰더라"(대하 20:13).

둘째, 성경은 어린이들을 존중했다. 예수님의 부모인 요셉과 마리아는 예루살렘에서 자녀인 예수를 잃어버렸다. 우리는 사흘 만에 예수님이 예루살렘 회당에서 어른들과 성경을 낭독하고 토론하는 모습을 기억한다. 그들은 회당에서 모일 때마다 할아버지와 아버지와 자녀들이 말씀을 함께 읽으며 듣고 나누었다. 자녀들은 말씀을 잘 이해했으며, 성경은 그들을 존중했음을 알려준다. "예수께서 열두 살 되었을 때에 그들이 이 절기의 관례를 따라 올라갔다가… 사흘 후에 성전에서 만난

즉 그가 선생들 중에 앉으사 그들에게 듣기도 하시며 묻기도 하시니 듣는 자가 다 그 지혜와 대답을 놀랍게 여기더라"(눅 2:42-47).

셋째, 하나님은 어린이들을 사랑하신다. 많은 교회가 장년에게 모든 사역의 초점이 맞춰져 있다. 다음 세대를 부수적으로 생각하는 경향이 있으며, 예배를 포함해 많은 부분 최선을 다해 열정으로 대하지 못하고 있는 것이 현실이다. 하지만 예수님은 그들을 늘 배려하시고 사랑하셨다. "예수께서 그 어린 아이들을 불러 가까이 하시고 이르시되 어린 아이들이 내게 오는 것을 용납하고 금하지 말라 하나님의 나라가 이런 자의 것이니라"(눅 18:16). 그리고 그들을 공동체의 일원으로 소중하게 여기셨다. "그 어린 아이들을 안고 그들 위에 안수하시고 축복하시니라"(눅 10:16).

넷째, 어린이는 신앙적 예배자인 세대 계승자이다. 하나님이 모든 만물을 창조하신 목적은 예배를 받으시고 영광을 받으시기 위함이다. 끊임없는 세대의 계승을 통해 하나님은 영원히 찬양 받으시기 원하신다. 중요한 것은 하나님의 계명과 말씀 안에서 진정한 하나님의 백성들이 계속 이어지기를 원하신다는 사실이다. "너는 마음을 다하고 뜻을 다하고 힘을 다하여 네 하나님 여호와를 사랑하라 오늘 내가 네게 명하는 이 말씀을 너는 마음에 새기고 네 자녀에게 부지런히 가르치며 집에 앉았을 때에든지 길을 갈 때에든지 누워 있을 때에든지 일어날 때에든지 이 말씀을 강론할 것이며"(신 6:5-7).

이스라엘 백성들이 가장 중요하게 생각하는 것은 하나님께서 자신들을 선택하시고 영원토록 함께 하신다는 믿음이다. 그러므로 그들에게는 자녀 세대를 거쳐 대대 자손까지 하나님께서 지켜주시고 인도하실 것이라는 약속에 대한 믿음이 있었다. "아브라함에게 허락하신 복을 네게 주시되 너와 너와 함께 네 자손에게도 주사 하나님이 아브라함에게 주신 땅 곧 네가 거류하는 땅을 네가 차지하게 하시기를 원하노라" (창 28:4).

III. 예배의 본질과 영성 회복

1. 예배의 명확한 본질 인식

많은 그리스도인이 자주 드리는 예배임에도 예배에 대해 잘 알지 못한다. '왜 예배를 드려야 하는지', '예배를 어떻게 드려야 하는', '우리가 드리고 있는 예배가 정말 성경적인지' 그리고 '하나님이 원하시는 진정한 예배는 무엇인지' 등 너무 많은 예배의 본질적인 질문들에 대해 명확한 답변을 하지 못한다. 하지만 우리가 항상 드리고 있는 예배에 대한 명확한 이해가 없다면 예배에 집중하는 것을 포함해 예배를 통해 하나님께 영광을 돌리는 기본적인 마음의 자세는 약해질 수밖에 없다. 이 문제는 신앙적으로 자라나고 잘 양육되어야 하는 어린이에게 더 중요하다.

교회의 존재 목적인 예배가 정말 중요하다고 생각된다면 어린이들이 어려서부터 예배에 대해 명확히 알고 목적이 분명한 예배를 드릴 수 있도록 해야 한다. 많은 부분에서 자신의 의지보다는 수동적으로 신앙생활할 수밖에 없는 어린이들이 예배의 목적과 정의를 모르고 예배를 드리면 성인이 되어서 올바른 성경적 예배를 받아들이기 어렵다. 그러므로 어릴 때부터 성경적인 예배의 본질을 분명히 가르치고 양육하여 예배의 초점이 명확해질 때, 어린이들은 성장해 나가면서 예배에서 보다 깊은 하나님의 살아 계심과 임재를 경험할 수 있을 것이다.

하나님과의 만남도 마찬가지다. 하나님이 우리를 사랑하신다는 사실을 넘어 '하나님이 어떤 것을 좋아하시고 싫어하시는지', 나아가 '왜 우리가 그분을 경배할 수밖에 없는지'를 알게 되면 우리의 마음은 뜨거워질 수밖에 없으며 깊은 교제와 사랑이 자연스럽게 넘쳐나게 된다. 그러므로 어린이들이 하나님과의 깊은 교제의 원천인 예배에 대해 배워간다는 것은 하나님을 아는 지식을 뛰어넘는 위대한 신앙의 출발점이 되는 것이다.

성경은 우리 사람의 존재 목적에 대해 하나님을 영화롭게 하기 위해 만들어진 피조물이라고 말한다. 그렇다면 무엇보다도 우리의 목적에 대한 분명한 인식이 중요하다. A. W. 토저(Aiden Wilson Tozer)는 우리의 존재 가치와 목적에 대해 다음과 같이 이야기했다.

> **"나는 인간의 존재 목적이 오직 하나님을 예배하는 것이라는 진리를 계속 역설했다. 우리는 예배를 위해 태어났고 예배를 위해 거듭났다. 우리가 창조되고 또한 재창조되는 것은 하나님을 예배하기 위해서다. 예배를 위해 최초의 시작이 있었고 또한 예배를 위해 '중생'이라는 새로운 시작이 있다. 교회의 존재 목적도 예배이다. 우리의 교회는 무엇보다도 하나님을 예배하기 위해 이 땅에 존재한다. 예배는 교회의 이차적 목적이 아니며 교회의 액세서리도 아니다. 예배가 교회의 일차적 목적이고 그 외의 모든 것들은 이차, 삼차 또는 사차 목적이다."[5]**

---

5 A. W. Tozer, *Worship The Missing Jewel*, 이용복 옮김, 『이것이 예배이다』 (서울: 규장,

예배가 중요하다고 인식될수록 우리는 어린이들이 예배의 본질에 좀 더 관심을 가질 수 있도록 여건을 만들어 주어야 한다. 예배는 교회의 본질이자 하나님을 향한 우리 믿음의 기초이기 때문이다. 어린이들에게 믿음의 출발점인 예배에 대해 명확히 가르쳐줄수록 이 땅에서의 분명한 존재 가치를 깨달을 수 있으며, 이는 각자의 주관적인 '예배'가 아닌 명확한 예배의 인식을 통해 흔들림 없는 신앙생활의 반석이 될 것이다. 그러므로 어린이들이 신앙 안에서 올바로 자라나기 위한 첫 번째 단추는 하나님을 명확하게 인식하고 예배하는 것이다.

2. 예배를 통한 영성 회복

지금 세상의 문명과 문화는 매우 빠른 속도로 스마트 시대와 인공지능(AI) 시대로 접어들어 계속 발전해 가고 있다. 지금 세상은 없는 것이 없고 못하는 것이 없는 시대이다. 하지만 교회에는 세상이 줄 수 없는 강력한 힘이 있는데, 그것은 '영적'(Spiritual)인 부분이다. 교회의 많은 부분은 세상에서 만들어지고 채워질 수 있으나, 영적인 부분은 세상이 아무리 발전한다고 해도 채워질 수 없다. 그렇다면 '영'은 어떻게 만들어지고 영적 능력은 어떻게 발전해 나갈 수 있는 것인가? 그것은 오직 예배를 통해서다.

영적인 능력은 예배의 요소, 즉 말씀, 기도, 찬양을 통해 만들어진다. 이외에 어떤 것을 통해서도 영적 능력은 만들어지거나 채워질 수 없다. 그러므로 예배는 교회의 중요한 본질이며, 이는 다른 교회의 사역들을

2006), 55-56.

생산해 내고 발전해 나가도록 만드는 원천이 된다.

하나님이 영이시므로 예배는 철저히 영적인 시간이다(요 4:24). 하나님이 영이시기 때문에 우리의 예배가 영적이어야 한다. 그러므로 예배의 모든 순서는 영적 능력을 위한 중요한 요소들로 이루어질 수밖에 없다. 이를 위해 예배를 기획하고 준비하는 교회 지도자들은 책임감을 가지고 1시간~1시간 30분, 아니 그 이상의 예배 시간을 만들어야 한다.

영적 능력은 하나님과의 계속적인 만남을 통해 생성되고 발전해 나간다. 하나님과의 관계가 영적 능력의 기준이 되는 것이고, 깊은 관계는 곧 깊은 영적 능력을 소유하게 된다. 하나님께서는 성령의 선물을 통해 하나님의 깊은 은혜를 체험할 수 있는 통로를 주셨다. 그러므로 예배에 참석한 어린이들이 온전히 예배에 집중하며 하나님을 만날 수 있어야 한다.

영적 능력은 우리에게 주어진 하나님의 은혜인 성령의 바탕 위에 끊임없이 배양되어야 한다. 우리는 모두 하나님의 자녀가 되는 순간 하나님을 만날 수 있는 충분한 자격이 되었다. 하지만 영적 능력은 가만히 있으면서 쉽게 주어지는 것이 아니라 끊임없는 하나님과의 교제를 통해 자라나고 성숙되는 것이다. 그러므로 어린이들을 예배 속에서 방임하는 것이 아닌 하나님을 적극적으로 경험할 수 있도록 예배 환경을 조성하고 이끌어 주어야 한다.

19세기 최고의 부흥사였던 D. L. 무디(Dwight Lyman Moody, 1837~1899)는 "인간은 깨어진 그릇과 같으므로 계속 충만하게 되는 방법은 물이 쏟아지는 수돗물 아래 그 깨어진 그릇을 가져다 놓는 방법밖에 없다"고 했다. 단 한 번의 은혜와 능력으로 영적인 사람이 되는 것이 아니라 하나님께서 성령님을 통해 부어 주시는 은혜의 자리에 끊임없이 자신을 내놓아야 하는 것이다. 그러므로 어린이들이 성령의 은혜에 계속 노출될 수 있도록 계속적으로 영적 예배를 만들어야 할 것이다.

과거 중세 시대에 발전하였던 수도원 운동은 하나님과의 깊은 교제를 원하는 사람들이 고립된 수도원에 들어가 10년 혹은 20년, 아니 평생을 보낸 운동이다. 그러므로 우리는 매일, 매 순간 하나님과 교제하는 삶을 위해 우리 각자에게 맞는 방법을 찾아야 한다. 영성은 하나님의 은혜 속에 계속적으로 만들어지는 것이기 때문이다.

17세기 중세 시대 로렌스는 18세에 하나님을 인격적으로 만났지만, 30년 전쟁에서 다리를 크게 다친 후 낙망하다가 하나님의 살아 계심을 경험하고 끊임없는 하나님과의 교제를 위해 갈멜수도원에 들어가게 되었다. 그는 40여 년을 수도원에 갇혀 보냈음에도 기뻐하는 그의 모습에 어떻게 그게 가능한지 많은 사람이 물었을 때 로렌스는 이렇게 말했다. "연습을 해야 합니다. 하나님께서 바로 내 옆에 계시다고 늘 생각하는 것이 연습입니다."[6]

우리가 예배 속에서 하나님께 영광 돌리며 진정으로 그분을 만나게 되면 영적인 능력을 통해 우리의 삶은 하나님이 동행함을 느끼게 된다. 이것이 반복되면 거룩한 습관이 되며 우리의 삶은 어느덧 예배자의 삶이 되어 간다. 어린이들이 일찍 하나님을 경험할 기회들이 만들어질 때, 예배자로 잘 양육되어 하나님과 동행하는 삶을 살아가게 될 것이다.

세상이 발전하면 할수록 우리의 영혼은 더 갈급함을 느끼고 공허한 마음이 커진다. 영적으로 메말라 가는 지금의 시대는 물론 앞으로도

---

6 Brother Lawrence, *The Practice of Presence of God*, 윤종석 옮김, 『하나님의 임재 연습』 (서울: 두란노, 2018), 153.

더욱 이런 현상이 커질 것이기 때문에, 교회의 예배는 더욱 중요해지고 이를 준비하는 교회 지도자들은 깊은 영성을 소유하여 대비해야 한다. "거기다 세상이 살벌해져서, 모두가 서로 물고 뜯으며 미워할 것이다. 그 혼란을 틈타 거짓 설교자들이 나와서 많은 사람들을 속일 것이다. 걷잡을 수 없이 퍼져나가는 악이 또 다른 많은 사람들을 파멸에 빠뜨려서, 사랑은 간 곳 없고 잿더미만 남을 것이다"(마 24:10-12, 메시지성경). 물론 어린이들이 예배에 참여하는 것만도 감사한 일이지만, 예배 속에서 영적 경험을 통해 올바로 성장해 나갈 방안들을 찾고, 이를 통해 흔들림 없는 신앙으로 세상에 영향력을 줄 수 있는 참된 그리스도인이 되도록 준비하는 것이 더 중요하다.

3. 성경적 찬양의 본질 회복

예배가 구원 받은 하나님의 백성들이 하나님을 높여드리는 행위라면, 찬양은 하나님의 부르심에 대한 응답이다. 우리가 예배할 수 있는 것은 하나님이 우리를 예배의 자리로 불러 주셨기 때문이며, 그 부르심에 감사와 기쁨으로 하나님께 나아가는 것이다.[7] 그러므로 우리의 찬양이 하나님이 원하시고 기뻐하시는 찬양이 될 수 있도록 그 본질을 놓쳐서는 안 된다.

주일학교 어린이 예배 또한 마찬가지다. 부모들과 함께 드리는 통합예배 외에 주일학교 어린이 예배를 분리해서 드리는 교회가 아직도 많은데, 대부분 성경적 본질의 내용을 제대로 인식하지 못하는 경우가

---

7 시편 100편 참조.

많다. 더 나아가 어린이 예배에서 부르는 찬양을 분석해 보면, 성경적인 본질의 내용보다는 교제나 간증 등의 개인적인 흥겨움과 가벼운 내용들이 대부분이다. 예배의 분명한 본질과 찬양의 목적 등이 담겨 있지 않은 내용들이 어린이 예배에서 불릴 때, 어린이들은 예배와 찬양이 하나님께 영광 돌리고 높이는 행위임을 알 수 없다. 그러므로 어린이 예배라고 할지라도 가볍고 인본적인 내용이 아닌 성경적 본질을 기초로 한 찬양이 불릴 수 있도록 준비해야 한다.

대다수의 한국교회가 오래전부터 예배와 찬양의 본질에 대한 훈련이 미약하다 보니 찬양은 가사에 음정이 있는 정도로 생각하는 교회 지도자들이 많다. 아직도 반주에 맞춰 교회에서 부르면 그것이 모두 찬양이라고 생각한다. 찬양은 가사가 중요함에도 그럴듯한 가사들로 포장된 찬양들이 쏟아져 나오는 현실을 선별할 수 있는 능력이 거의 없다. 그래서 유명한 찬양 사역자가 작곡했다고 하면 아무 생각 없이 부르는 것이다. 그리고 선율이 괜찮으니 좋다고 느끼는 것이다.

하지만 지금 주일 예배에서 부르는 찬양들을 조금만 살펴보면, 이것이 하나님을 찬양하는 것인지, 아니면 우리들의 따뜻한 마음과 위로를 위한 것인지, 누구를 위해 부르는 것인지 모를 때가 많다. 이는 예배의 초점을 흐려지게 만드는 원인이다. 찬양의 목적이 예배 속에서 하나님의 부르심에 대한 우리의 반응이자 표현이라고 한다면, 온전히 우리의 진심 어린 마음이 하나님께로 향하며 하나님의 영광을 드러내야만 한다. 더 나아가 우리가 성경적으로 맞게 찬양을 부른다고 한다면, 분명한 하나님에 대한 '거룩'(Holy)[8]의 속성과 '영광송'(Doxology)[9]의 속성이

8 구약성경의 찬양 속성은 '거룩'이다. 이사야의 환상인 6:1-8에 하나님께 나아갈 때 "거룩하다

있는 찬양들이어야 한다. 최소한 주일 예배와 같은 공예배에서는 말이다.

현대 교회의 예배에서 그 중요성이 강조되고 있는 찬양의 선곡은 참된 영적 예배에 많은 영향을 미친다. 예배가 점점 줄어드는 이 시대에 찬양 한 곡이 예배에서 차지하는 비중은 갈수록 커지고 있다. 세속적인 가요의 가사 한 구절이 사람의 마음을 흔들듯이 찬양의 한 가사가 하나님을 더욱 생각하게 하고 더 나아가 온전한 예배의 자리로 이끌어 줄 수 있기 때문이다. 세속적인 노래가 다음 세대에 많은 영향을 끼치듯 찬양은 어린이들에게 매우 중요한 영향을 끼치기 때문에, 어린이들의 찬양에 보다 더 성경적이고 신중한 접근이 필요하다.

찬양을 선곡할 때 관점이 중요한데, 그것은 찬양의 속성이 대상과 목적에 따라 '수직적'(Vertical)인가, '수평적'(Horizontal)인가를 먼저 인식하는 것이다. '수직적 찬양'이란 예배의 대상이신 하나님과 예배자인 우리의 수직적 관계를 함축하는 찬양을 말한다. 주일 예배를 비롯한 모든 성도가 함께하는 공예배(Corporate Worship)에 드리는 찬양은 단연코 수직적(Vertical)이어야 한다. 하나님의 존전에 모여 하나님께 영광을 돌리고, 계시하시는 말씀을 듣고 결단하고 고백하는 모든 예배의 행위는 철저하게 객관적인 하나님 말씀이 중심이어야 한다. 우리가 하나님의 부르심에 나아가는 찬양은 온전히 하나님께 영광 돌리는 찬양이어야 한다고 성경은 확고히 말씀하고 있으며, 우리의 환경과 마음

거룩하다 거룩하다" 하며 나아가는 모습이 '찬양'의 성경적 원형이다.

9 신약성경의 찬양 속성은 하나님의 존귀와 영광을 찬양하는 것으로 초대교회부터 '영광송'으로 시작되었다. 주기도문의 "나라와 권세와 영광이 아버지께 영원히 있사옵나이다 아멘"(마 6:13b)이 영광송 중 하나이며, 바울은 그의 서신서 대부분에서 영광송을 사용해 하나님께 영광 돌렸다.

그리고 필요와 요구를 위해 찬양하라는 말씀은 없다. 그러므로 하나님께만 집중되는 예배가 되기 위해 찬양은 하나님께만 초점이 맞춰져야 한다. 찬양이 각자의 취향과 선호에 맞는 곡으로 불리게 된다면 하나님에 대한 관점은 흐려질 수밖에 없다. 특별히 모든 예배자가 허락하신 은혜에 따라 기쁜 마음으로 참여하는 주일 예배는 공통적인 목적과 방향이 같아야 하며 하나님께 나아가는 찬양 또한 마찬가지다.

주일 예배 등의 공예배에서 수직적 찬양이 불려야 한다면, 기도회의 찬양들은 수평적 찬양들이 사용될 때 많은 효과가 있다. 기도회의 모임 성격상 개인적인 고백과 간증, 삶의 감사와 평안 등 주로 하나님의 사랑에 대한 반응과 표현이 찬양의 주제가 된다. 수평적 찬양은 믿음을 입으로 시인하고 신앙의 강건함을 만드는 효과가 있다. 한마디로 찬양이 하나님의 사랑에 대한 감사의 고백, 즉 곡조 있는 기도가 된다. 선곡에 있어서 주의할 점은 수평적 찬양은 많은 경우 주관적인 가사들로 인해 주일 예배에 사용할 때 하나님께 영광 돌리는 예배의 가장 중요한 목적을 약화시킬 수 있다. 개인적인 고백과 간증이 개인적인 감정만 드러낸 채, 가장 큰 목적인 하나님의 살아 계심과 영원하심을 노래하고 찬양하는 부분을 희석시킬 가능성이 높기 때문이다. 그러므로 수평적 찬양과 수직적 찬양의 구분은 예배의 찬양 선곡에 있어서 가장 중요한 기본적인 기준이다.

이와 같이 명확한 성경적 본질에 맞는 선곡이 주일학교 어린이 예배에서 자리 잡을 수 있도록 담임 목사와 어린이 예배를 담당하는 교사들은 특히 관심을 가져야 한다. 더 나아가 궁극적으로 어린이들이 하나님의 부르심에 대한 응답으로서 온전한 찬양의 목적을 인식할 수 있도록 계속적으로 관심을 갖고 노력해야 할 것이다.

IV. 삶의 예배자로 성장하기

1. 세대 통합 예배

18세기 영국에서 시작된 주일학교는 18세기 말 필라델피아에 '주일학교협회'가 생기면서 발전되었고 선교사들을 통해 우리나라에 들어왔다. 이후 한국의 모든 교단에서 수용하여 지금에 이르렀다. 주일학교 예배는 장년들과 분리해 드리게 되었으며, 이는 많은 장점에도 불구하고 가장 중요한 한 가지를 놓치게 되었는데, 그것이 바로 예배다. 어린이들을 위해 분리한 예배가 역설적으로 어린이들에게 있어서 많은 단점으로 드러나게 되었다.

예배를 분리해서 드리다 보니 주일학교 예배는 주로 신학생을 비롯한 부교역자들이 설교하였고, 담임목사의 말씀의 통일성을 잃어 가는 단점이 드러나게 되었다. 그리고 가족끼리 예배에서 들은 하나님 말씀을 공유하지 못하게 되면서 자녀들이 어떤 말씀을 들었는지, 어떻게 예배를 드리고 믿음이 성장해 가는지 알기 어려울 수밖에 없었다.

70~80년대 한국교회의 대부분의 어린이들은 교회의 모든 장년 예배에 참석했다. 당시 말씀에 대한 이해 여부보다 중요한 것은 우리의 신앙은 부모 세대와 함께 예배 드리면서 점점 성장했다는 사실이다. 그러므로 어린이들의 주일학교 예배는 장년들과 한자리에서 함께 드리고 성경공부나 분반 공부, 기타 행사는 예배가 끝난 후 각각 진행하는 것을 제안한다. 한 달에 한 번이든 아니면 그 이상이든 모든 세대가 자주, 함께 예배를 드리면 좋을 것이다. 부모와 어린 자녀가 함께 예배에 참여해 들은 하나님 말씀을 공유하고 그 말씀에 대해 어린 자녀에게

묻고 대답하며 신앙의 성숙을 돕고 확인해 나갈 수 있도록 하는 것이다. 간혹 자녀들도 말씀의 궁금증을 부모에게 물어보는 등의 신앙적인 장점도 많다.

최근 많은 교회에서 부모와 자녀가 함께 앉아 예배를 드리려고 하는 노력이 있다는 것은 고무적이다. 여러 교회를 방문할 때마다 예배에 집중하는 어린이들을 보고 있으면 내심 부러움을 느낀다. 언젠가 미국의 한 교회 예배에 참여했을 때 7~8세 정도의 어린이가 찬양 중에 눈을 감고 손을 들며 어른들과 똑같이 예배하는 모습을 통해 많은 감동을 받은 적이 있다.

한편 자녀와 함께 예배드릴 때 많은 분이 시끄럽고 소란스럽지 않을까 걱정하는데, 이것은 충분한 예배의 훈련으로 가능하다. 물론 단시일 내에 어린이들이 예배에 집중할 순 없지만, 예배에 대한 훈련과 습관을 통해 장점들이 더 많이 드러날 것이다. 무엇보다도 자녀들에게 가장 중요한 예배의 학습은 부모라는 사실 또한 잊지 않아야 한다. 부모가 예배 잘 드리면 자녀들은 그대로 따라 하게 되어 있으며, 더 나아가 어린이들의 예배 모습을 통해 어른들이 배우는 경우도 많다.

최근 여러 교회에서 세대 통합 예배를 실천하고 있는데, 그중 경기도 삼송교회는 목적과 실천 면에서 잘 성장하고 있는 교회 중 하나다. 교회 담임인 김형석 목사는 세대 통합 예배를 드리게 된 이유에 대해 다음과 같이 이야기한다.

"한국교회 교회학교 위기를 이야기할 때, 제가 교회학교의 위기는 숫자의 문제가 아니고 '부모들의 신앙이 전승되는 게 실패한 게 문제다'라고 지적하고 싶습니다. 구체적으로 말씀드리면, 부모가 천명이면 그 자녀들이 그대

로 신앙을 전승해 가야 되는데 안타깝게도 신앙 전승률이 20%도 안 됩니다. 약 10%밖에 안 됩니다. 천명 중 가운데 10%이니까 100명 정도밖에 안 되는 것입니다. 교회학교 위기는 어떤 인구 절대 감소로 인해서 출산율이 떨어져서 그럴 수도 있지만, 사실은 부모로서 부모의 신앙이 자녀들에게 물려주는 이 신앙 전승의 실패 때문에 교회학교 위기가 온 것입니다. 그러니까 지금 나오는 교회 부모님들의 자녀들만 교회를 다 나와도 교회학교는 차고도 넘칠 것입니다. 그래서 저는 교회학교가 답이 아니라 예배가 답이라고 봤습니다."[10]

그러면서 통합 예배에 실제적인 적용을 설명한다.

"세대 통합 예배를 드리는 교회들이 한국에 많지는 않은데 아주 드물게 몇 개 교회가 있습니다. 그런데 대부분의 교회가 어떻게 예배를 드리느냐 하면 자녀들이 다 예배를 드리면 교회학교 교육자가 나와서 설교를 합니다. 그리고 끝나면 아이들이 예배 시간에 다 빠져나갑니다. 빠져나간 다음에 어른 예배가 또 진행됩니다. 그래서 그건 아니다. 처음부터 끝까지 예배를 같이 드려야 된다. 그런 교회는 저희 교회입니다. 그리고 예배의 구경꾼이 아니라 예배에 깊이 참여할 수 있도록 해야 되겠다 해서 자녀들도 기도하고요. 그다음에 성경 봉독도 따로 하고, 그다음에 안내 위원, 봉헌 위원도 어른들하고 자녀들이 같이 하고 있습니다."[11]

---

10 "우리 동네, 우리 교회," 「CBS 노컷뉴스」 2024년 1월 31일.
11 Ibid.

교회의 위기 시대에 예배의 회복이 중요하고 이것이 정말 한국교회의 우선순위라 생각된다면, 교회의 다음 세대 기둥인 어린이들의 예배는 신앙 성숙 면에서 정말 중요하다. 부모와 함께 예배 드리는 통합 예배는 현대 교회 예배의 성경적 갱신과 회복에 있어 실천해야 할 가장 중요한 출발점이 될 것이다.

2. 소리 내어 성경 읽기

어린이들의 신앙을 올바르게 성장시키는 중요한 기초는 하나님 말씀을 읽고 배우는 것이다. 성경은 모든 그리스도인이 성경을 배우고 가르치는 것이 중요하다고 말한다. "내가 이를 때까지 읽는 것과 권하는 것과 가르치는 것에 전념하라"(딤전 4:13). 그동안 교회는 하나님 말씀을 중요하게 생각하여 어린이들에게 성경을 가르쳐 왔다. 분반 성경공부 등을 통해 성경 이야기를 들려주며 요절도 외우게 하고, 성경 퀴즈 대회 등의 순서들도 만들어 강조해 왔다. 하지만 지금까지 교회들이 공통적으로 했던 성경공부는 주로 주입식이자 수동적인 면이 많았다. 수동적인 성경공부는 당시에는 효과가 있을 수 있으나 시간이 지나면서 강제력이 사라지면 약화되는 단점이 있다. 그러므로 스스로 성경을 가까이하고 관심을 가질 수 있도록 만들어 주는 교육과 훈련이 필요하다.

성경 읽기는 오랫동안 예배의 중요한 예식으로 지켜왔을 뿐 아니라 신앙적으로도 필수였다. 특히 함께 성경을 읽는 '공동체 성경 읽기'는 이스라엘 백성들의 오랜 전통이며 회당을 통해서 초대교회에까지 이어졌다. 성경의 말씀을 듣는 것도 중요하지만, 스스로 성경을 읽는 훈련은 차원이 다른 효과가 있다. 눈으로 보고 말씀을 듣는 것보다도 소리를 내어 성경을 읽다 보면 마음에 오래 남는다. 초등학교에서 국어책을 세워 놓고 한목소리로 읽던 기억이 모두에게 있을 것이다. 눈으로 읽고 조용히 음미하는 것과는 다른 효과를 느낄 수 있다.

미국의 대표적인 설교 커뮤니케이션 전문가인 제프리 아서스(Jeffrey Arthurs)는 성경은 크게 소리 내어 읽도록 되어 있다고 주장했다.

> 양피지나 파피루스에 새겨지기 전에 성경의 이야기들과 잠언, 시가들은 입에서 입으로 전해졌다. 구전 문학이 기록되기 시작한 후에도 말씀들은 계속 입으로 전달되었다. 고대 세계에서 문학은 구전된 것으로 어떤 사람이 개인적으로 그 작품을 읽을 때도 조용히 읽은 것이 아니라 소리 내어 크게 읽었다. 빌립이 이디오피아 내시가 탄 수레에 가까이 가기도 전에 그 내시가 이사야서를 읽고 있던 것을 알았던 이유가 바로 거기에 있다.[12]

어린이들이 성경을 함께 읽을 기회를 자주 만들어 성경 읽기의 장점을 경험하도록 해야 한다. 교회의 주일학교 분반 공부 시간을 활용하는 것도 추천하며, 성경 한 장이라도 함께 읽는 훈련을 쌓아 나가다 보면 서로에게 큰 효과가 있을 것이다. 그리고 더 나아가 성경 읽기가 주일에 그치는 것이 아니라 매일 5~10분 정도의 시간을 할애해 성경을 소리 내어 읽는 습관을 가질 수 있도록 부모와 교사들은 기도하며 준비해야 한다.

---

12 Jeffrey D. Arthurs, *Public Reading of Scripture*, 김은정 옮김, 『말씀을 낭독하라』 (경기: 국민북스, 2017), 30.

3. 소리 내어 기도하기

성경 읽기와 함께 중요한 것이 기도하는 훈련이다. 기도만큼 하나님과 직접적인 소통을 하는 것은 없다. 과거에 비해 지금의 주일학교 예배가 대부분 대표 기도 위주다 보니 어린이들이 기도할 시간이 점점 줄어들어 스스로 기도할 수 있는 어린이들이 많지 않다.

기도의 중요성을 강조하지 않더라도, 기도는 매우 성경적이며 하나님의 아들이신 예수님께서 몸소 보여주신 예가 있을 정도로 모든 그리스도인이 등한히 해서는 안 되는 신앙의 규범이라 할 수 있다. 갈수록 영적인 메마름이 강하게 몰아치는 현대 시대에 기도의 습관은 중요하며, 어린이들이 어려서부터 기도를 배울 수 있도록 교회와 지도자들은 힘써야 한다.

기도는 무엇보다도 성경적인 기초를 바탕으로 올바르게 가르쳐 주는 것이 중요하다. 어린이들에게 기도의 순서와 목적 그리고 기도의 능력 등을 잘 알려주고 장년이 되어 스스로 기도할 때까지 교회는 관심을 갖고 훈련의 환경을 만들어 주어야 한다. 처음에는 교회 선생님이나 부모님의 기도를 따라 하게 해서 습관을 들이도록 하는 것도 좋다. 어느 정도 따라 하는 기도를 가르치면서 스스로 할 수 있을 때까지 꾸준히 잘 지도해 나가야 한다.

가정예배를 드리거나 생일 등의 축하가 있을 때 어린이들에게 기도할 수 있도록 시도해 보는 것도 좋다. 어린 초등학교 시절 가정예배를 드리면서 어머니는 우리 형제들에게 돌아가면서 기도하게끔 시키셨다. 매우 오래전 어린 시절이었음에도 불구하고 지금도 그때의 기도 모습이 기억나는 것은 영향이 있다는 증거이다. 어린이들에게 스스로

기도할 수 있도록 만들어 주는 훈련은 장년이 되어서도 매우 강한 신앙의 흔적이 된다. 신앙적으로도 나약해지지 않도록, 단 한 줄의 기도라도 스스로 할 수 있도록 어린이들에게 관심을 가져야 한다.

더 중요한 것은 소리를 내어 기도하는 훈련이다. 어린이들이 자랄수록 소리 내어 기도하는 습관이 약해진다. 초대교회의 대부분의 기도는 함께 하는 공기도(Public Prayer)였다. 함께 모여 소리 내어 기도했으며 또는 서로 돌아가면서 기도했다.

예배학자 로버트 웨버는 공기도의 중요성에 대해 다음과 같이 언급했다.

> 예배에서의 '공기도'(Public Prayer)는 예배의 시작부터 끝까지 세상을 위한, 세상에서의 기도를 말합니다. 그러나 이러한 기도의 행위는 단순한 '기도의 모음'이 아니라 세상에 대한 하나님의 이야기를 기도하는 것이며, 세상에 대한 하나님의 이야기를 하나님께 감사의 행위로 드리는 것입니다. "하나님, 우리는 당신의 이야기를 기억하고 온 세상, 온 우주가 당신의 아들 안에 모여 그분 안에서 당신의 목적을 이루도록 기도하기 위해 여기에 모였습니다"라고 말하는 것입니다. 하나님의 구원 행적을 기억하고 모든 피조물에 대한 하나님의 통치를 기대하는 기도입니다.[13]

공기도는 성경적인 기초일 뿐 아니라 기도가 우리의 유익을 위해서 하는 것이 아니라는 것을 명확하게 알게 해 준다. 주일 예배와 같은

---

13 Robert E. Webber, "Biblical Public Prayer," *Worship Leader Magazine* (2007 March/Apr4).

공예배에서의 기도는 하나님께만 영광 돌리며 그 뜻을 이루어 달라는, 전적으로 수직적인 기도여야 한다. 공기도는 오직 하나님 한 분께만 초점을 맞춘 기도이다. 그리고 공기도는 골방에서 하는 개인 기도와는 다른 것이기에 어려서부터 기도를 명확히 인식하게 하고, 구분해 사용할 수 있도록 어린이들에게 가르쳐주어야 한다. 성경적 기도의 본질과 기초를 어려서부터 배워갈 때, 온전한 신앙적인 성숙을 이루는 기초를 효과적으로 마련할 수 있게 된다.

4. 삶의 예배의 중요성 인식하기

어린이들에게 영적 신앙의 자산을 물려주기 위해 예배 속에서 하나님을 경험하게 하고 예배자로서 하나님과 교제하며 살아갈 수 있도록 영적 근력을 키워 주는 것이 중요하다. 특히 어린이들에게 주일에 드리는 예배로 모든 예배가 끝난 것이 아니라 월요일부터 토요일까지의 일상 예배가 참된 예배임을 가르쳐 줄 필요가 있다. 토저는 『이것이 예배이다』에서 매일의 삶 속에서의 예배가 얼마나 중요한지 말했다.

> 나는 당신에게 일주일에 7일을 예배하지 않으면 일주일에 하루도 예배하지 않는 것이라고 말하지 않을 수 없다. 주일 예배 다음에 월요일 예배, 화요일 예배, 수요일 예배가 뒤따르지 않으면 하늘에서는 주일 예배가 인정되지 않는다.[14]

---

14 A. W. Tozer, *Worship The Missing Jewel*, 206.

또한 스티븐 브룩스(Steven Brooks) 교수는 예배가 단지 예식이 아닌 하나님과의 관계를 통해 우리의 삶 속에서 반드시 응답으로 나타나야 한다고 말한다.

> 우리의 예배에서 하나님은 우리와 관계를 맺기를 원하신다는 사실을 주목하십시오. 그분은 우리가 그분의 임재 안에 있는 것을 사랑하십니다. … 하나님의 말씀은 성부, 성자, 성령 삼위일체 하나님과 그의 백성과의 관계에 대한 진리를 의도적으로 제시하는 것으로서, 기독교 공동체에 선포되고(계시), 선포된 진리에 대한 하나님의 백성의 응답은 예배자들이 준비된 또는 자발적인 기회를 통해 응답, 대답 또는 반응하는 것(반응)입니다. 우리의 예배는 하나님께서 우리 삶에서 행하셨고, 행하고 계시고, 행하실 일에 대한 응답이어야 합니다.[15]

우리가 예배자로서 삶을 살아야 한다면, 우리의 일상은 하나님과 관계 맺는 예배의 삶이 되어야 한다. '일상 예배'라 함은 '매일의 삶 속에서 지속적으로 하나님께 영광 돌리며 감사하는 우리의 경배와 찬양'[16]을 말한다. 일상은 영어로 '루틴'(Routine)이며 '어떤 틀에 박힌 일상'이라는 의미를 가지고 있다. 일상은 특별하지 않은 면을 가리키며 매일 반복적인 우리의 일반적인 삶의 시간이다.

우리는 보통 '예배'라고 하면 예식과 순서가 있는 예배를 떠올린다. 주일 예배와 같은 공예배를 비롯해 수요 예배, 금요 예배, 새벽 예배

---

15 Steven Brooks, *Worship Quest*(『예배 탐구』) (인천: 워십리더, 2024), 26-27.
16 가진수, 『성경적 하나님의 임재 연습』 (인천: 워십리더, 2021), 146.

등 의식과 절차가 있는 모임이다. 하나님은 우리를 통해 영광 받으시기 원하시며, 모든 만물을 지으신 목적은 하나님을 영화롭게 하기 위해서다. 우리는 이 목적을 위해 창조된 예배자다(사 43:7). 우리가 하나님께로부터 지음 받은 예배자라면 하루하루를 하나님께 예배하는 참된 예배자가 되어야 한다. 하루를 온전하게 드리는 예배자야말로 하나님께서 가장 기뻐하신다(습 3:13). 주일에만 예배 드리는 크리스천이 50%가 넘는 현실에서 일상에서 온전히 예배하는 것이 매우 힘든 시대가 되었다. 더 나아가 교회에 나와 예배를 드리는 것 이외에 평일에 하나님을 예배하는 그리스도인이 점점 더 적어지고 있다. 분명한 것은 하나님은 매일, 매 순간 영광 받으시기 원하시고 예배 받으시기 원하신다는 사실이다.

하루 24시간, 일주일 그리고 열두 달, 365일이 예배가 될 때 우리는 하나님 앞에 참된 예배자가 된다. 우리는 예배를 위해 태어났기 때문이다. 헨리 블랙카비(Henry Blackaby)는 예배가 삶의 기본 방식이며, 예배는 하나님의 임재를 하루 종일 실천하는 것이라고 말했다. 그는 교회에 갈 때뿐 아니라 살아 있는 모든 순간에 예배자라고 말했다.[17] 일상 예배의 삶이 나에게 영적 습관이 되면 그것은 뗄 수 없는 나의 생명과 같게 된다. 우리가 영적이기 때문이며, 영과 진리로 예배 드릴 때 참된 예배자가 될 수 있기 때문이다. 『일상의 예배』의 저자 린다 딜로우(Linda Dillow)는 삶의 예배에 대한 기쁨의 중요성을 강조했다.

---

17 Blackaby, Henry and Owens, *Ron, Worship Believers Experiencing God*, 서진영 옮김, 『예배에서 하나님을 경험하는 삶』 (서울: 요단출판사, 2010), 84.

삶으로 예배 드리는 법을 배우며 영적으로 성숙해졌다. 나는 하나님의 음성을 직접 듣기를 늘 갈망해 왔고, 이제는 친히 하시는 말씀을 더 큰 소리로 듣는다. 하나님의 임재 안에서 기뻐하는 것은 내 일상의 한 부분이 되었다. 내 마음은 거룩한 분께 예배 드리는 것에 가 있다. 내 모든 삶을 예배로 여기면서 내 존재는 달라지고 있다. 나는 목마르다. 그리고 하나님은 깊은 친밀감으로 내 영혼을 채워 주신다.[18]

그렇다면 우리에게 주어진 하루를 어떻게 예배할 것인가? 하나님은 우리의 일생뿐만 아니라 매일, 매 순간 영화롭게 하시기를 원하신다. 하나님께서는 우리를 예배자로 삼으셨을 때, 이미 성경 말씀을 통해 우리가 예배할 분이 어떤 분이신지, 어떻게 예배 받으시기 원하시는지 그리고 하나님을 영화롭게, 기쁘게 하는 방법이 무엇인지 알려주셨다. 성경은 온전히 예배에 관한 말씀이며, 하나님을 참되게 예배했던 성경 속의 예배자들을 통해 우리는 하나님을 어떻게 예배할 것인지를 배울 수 있다. 그들이 삶 가운데 하나님께 영광을 돌리며 기쁘시게 했던 예배의 모습을 살펴보면 우리 또한 참된 예배의 유형을 추측해 볼 수 있다.

하루의 일상은 우리 일생의 축소판이다. 하루하루 최선을 다해 하나님께 예배할 때 일주일이 예배자가 되고, 그것이 한 달, 1년이 되어 우리의 전 생애가 참된 예배자가 되어 간다. 그러므로 우리의 하루를 어떻게 예배할 것인가가 중요하다. 우리 일상을 통해 참된 예배자가 되면, 우리는 전 생애를 하나님이 기뻐하시는 참된 예배자가 된다. 하나

18 Dillow, Linda, *Satisfy My Thirsty Soul*, 오현미 옮김, 『일상의 예배』 (서울: 좋은씨앗, 2016, 개정판), 32-33.

님은 우리의 하루하루의 모습을 예배 받으시기 원한다. 1주일에 한 번이 아니라 우리 매일의 삶을 통해서다.

모든 그리스도인이 일상에서의 예배를 드리는 것이 참된 예배자로서의 의무라면, 어린이들 또한 월요일부터 토요일까지의 시간이 하나님께 영광 돌리는 시간으로 채워져야 하는 것은 당연하다. 이것을 인식하는 것은 일상의 예배를 배우고 계속적인 훈련을 통해서 이루어질 수 있다.

예배는 영과 진리의 문제이므로 하루의 예배는 영적인 훈련과 같다. 끊임없는 일상에서의 예배는 영적으로 하나님과 늘 교제하는 것이므로 하나님께서 나를 지배하기 위한 마음의 공간을 드려야 한다. 헨리 나우엔(Henri J. M. Nouwen, 1932~1996)은 하나님이 지배하는 우리의 삶은 영적인 훈련 없이는 불가능하다고 말한다.

> **영적 삶에서 훈련이란 '하나님이 활동하실 수 있는 공간을 내려는 노력'을 뜻한다. 훈련이란 자기 삶이 다른 것들로 가득 차지 못하게 막는 일이다. 훈련된 삶에는 정신없이 바쁘지 않은 공간, 염려에 찌들지 않은 공간이 존재한다. 영적 삶에서 훈련이란, 내가 계획했거나 의지하고 있는 일이 아닌 뭔가 새로운 일이 벌어질 수 있는 공간을 내는 것이다.**[19]

그런 의미에서 우리의 일상은 매우 소중하다. 하루를 헛되이 보내는 사람은 하루의 예배를 실패한 것이다. 싯처(Gerald L. Sittser)는 일상의

---

19 Nouwen, J. M. Henri, *A Spirituality of Living*, 윤종석 옮김, 『일상의 예배』 (서울: 두란노, 2013), 24-25.

평범한 삶을 어떻게 사느냐에 따라 하나님의 거룩한 행위로 만들 수 있다고 말했다.

> 우리가 하는 가장 평범한 일들—청구서 지불하기, 심부름하기, 세탁하기, 요리하기, 통근하기—에는 하나님의 목적이 있다. 어떻게 하면 이런 의무들을 거룩한 행위로 바꿀 수 있겠는가? 우리는 최선을 다해 하나님을 공경하고, 일할 때조차 기도하며, 주위 사람들을 사랑하고, 사회의 공동선을 위해 봉사하고, 예수 그리스도에 대한 신앙을 증거하고, 우리에게 주신 모든 선물에 대해 하나님께 감사할 수 있다. 사도 바울을 이 원칙에 대해 분명히 했다. "또 무엇을 하든지 말에나 일에나 다 주 예수의 이름으로 하고 그를 힘입어 하나님 아버지께 감사하라"(골 3:17).[20]

어린이들의 반복된 일상은 본질적으로 일상의 영성이다. 영성은 일상 가운데 형성되고 일상 가운데 드러난다. 특별히 일상의 반복되는 행동이 중요하다. 반복되는 행동이 습관이 되고 그것이 지속하는 실천이 되고 삶의 방식이 된다. 따라서 어린이들이 일상 가운데 무슨 일을 하며 살아가느냐가 중요하다. 일상 예배의 성공은 "오늘 나의 하루에 하나님이 계셨는가?"다. 하루를 보내면서 하나님이 없는 시간을 보냈다면 그것은 세속의 삶이다.

어린이들에게 이와 같은 일상 예배의 중요성을 가르쳐 주고 예배자로서 성장할 수 있도록 만들어 주는 것이 우리의 중요한 과제다. 어린이

---

20 Sittser, Gerald L., *Water from a Deep Well*, 신현기 옮김, 『영성의 깊은 샘』 (서울: IVP, 2021, 개정판), 318-319.

들이 단지 종교인이 아니라 하나님이 원하시는 참된 예배자로서 영향력을 발휘해 빛과 소금의 삶으로 살아가는 것이 신앙 교육에 있어서 가장 중요하다고 할 수 있다.

5. 실제적인 하나님의 임재 연습하기

일상에서의 삶의 예배는 우리가 주일에 드리는 예배의 4중 구조와 같으며 하나님의 부르심과 말씀, 결단과 파송이다. 이를 어린이들의 삶에서 적용한다면, 기상과 학교생활, 특별한 날, 잠자리에서의 시간이라 할 수 있다. 이러한 어린이들의 일상에서 하나님을 매일, 매 순간 경험할 수 있도록 습관화하는 것이 중요하다.

(1) 기상 – 하나님의 부르심

일어나면서 하나님께 감사하는 말이나 표현을 하게끔 가르쳐 준다. "하나님, 오늘 하루를 시작하게 하시니 감사합니다", "하나님, 새날을 주셔서 감사합니다", 아니면 "하나님, 감사합니다" 등의 간단한 말로 표현하도록 한다. 이와 같은 하루 첫 시간의 고백은 어린이들에게 모든 만물의 주관자이자 주인임을 선포하는 것이며 하루를 시작하는 것이 하나님께 주신 은혜임을 알게 하는 것이다.

(2) 학교생활 – 하나님이 동행하심

어린이들이 우리의 모든 삶에서 하나님께서 지켜 주시고 함께 하신다는 사실을 알게 한다. 학교에 가려고 문을 나설 때 부모들이 머리에 안수 기도를 해 주도록 한다. 매일 할 수 없다면 1주일에 몇 번만이라도 기도해 줄 수 있도록 한다. 어린이들의 마음속에 학교생활을 시작하면서 하나님을 생각할 수 있는 동기가 될 것이다. 학교에 차로 바래다 주는 부모가 있다면 차에서 내리기 전 손을 잡고 간단히 기도해 주는 것도 좋다. 방법은 참으로 많으며, 중요한 것은 하나님의 마음을 자녀에게 심어주겠다는 의지이다.

날씨가 좋지 않거나 바람이나 비, 눈이 많이 내리는 날의 기도는 어린이들이 더욱 하나님을 생각할 수 있는 기회가 될 것이다. 학교를 마치고 집으로 돌아왔을 때도 한번 안아주면서 기도해 주도록 한다. 기회가 될 때마다 시도하는 것이 좋으며 어린이들의 마음속에 학교에 갈 때부터 집에 올 때까지 하나님을 인식하는 계기가 될 것이라 믿는다.

(3) 특별한 날 — 하나님의 사랑하심

어린이들이 다치거나 아플 때, 머리에 손을 얹고 또는 품에 안아주면서 기도해 준다. 이것이 습관화되면 아이들이 아플 때 병원이나 약국보다도 기도해달라고 할 것이다. 어렸을 적 감기에 걸리거나 배가 아플 때 부모님이 먼저 기도해 준다면 아이들의 마음속에 하나님이 모든 것을 주관하신다는 믿음이 강하게 생기게 된다.

어린이들에게 우리 인생에서 생기는 많은 어려움과 힘든 것이 하나님의 계획 아래 있으며 하나님이 모든 것을 합력해서 선을 이루신다는 믿음을 어려서부터 인식하고 신앙생활할 수 있도록 한다. 이것은 거창한 신앙의 목표가 아니라 아주 사소하고 작은 것으로부터 어린이들에게 영향을 미칠 수 있다는 점을 고려한다면, 부모들은 작은 어려움과 힘든 일이 결국에는 더 좋은 은혜로 발전하려는 하나님의 계획임을 알게 될 것이다.

(4) **잠자리에서 — 감사와 소망**

하루를 마감할 때 하나님께 기도로 마칠 수 있도록 해본다. 어린이들에게 기도만큼 하나님을 강하게 인식하고 경험할 수 있는 것은 없다. 길지 않은 기도도 좋으니 하나님의 이름을 부르고 감사할 수 있는 시간을 갖도록 한다. "하나님 오늘 하루 감사합니다." "하나님, 오늘 다치지 않고 건강하게 해 주셔서 감사합니다." "오늘 좋은 꿈 꾸고 잘 잘 수 있도록 도와주세요. 하나님, 감사합니다." 아주 간단한 기도지만, 어린이들에게 하나님을 매일, 매 순간 경험할 수 있도록 하는 영적 습관이 될 것이다. 이것이 어렵다면 함께 침대에 앉거나 누워서 짧은 성경 이야기책을 함께 읽거나 읽어 준다.

V. 결론

세속의 물결이 점점 강하게 밀려오는 영적으로 위험한 이 시대에 교회의 미래는 밝지 않다. 특히 교회의 다음 세대가 줄어들고 있는 지금의 시대는 매우 어려운 상황이다. 이와 같은 시대에 교회가 어린이들에게 관심을 갖고 다음 세대를 위해 최선을 다해 준비할 때 교회의 미래는 희망이 있을 것이다. 그리고 교회의 다음 세대인 어린이들이 하나님이 기뻐하시는 신앙을 소유하고, 이를 통해 참된 그리스도인으로 영향력 있는 삶을 살아갈 수 있도록 몇 가지 준비가 필요하다.

첫째, 통합적인 예배를 통해 근력을 키워준다. 하나님을 만나는 것은 찬양과 기도, 말씀이 요소인 예배밖에 없다. 무엇보다도 교회 주일학교는 예배에 집중할 수 있도록 해야 한다. 이를 위해 통합 예배는 중요한 대안 중 하나이다. 부모와 함께 모든 세대가 함께 예배를 드림으로써 부모 세대의 신앙 유산을 피상적이 아닌 실제적으로 전수할 수 있다. 갈수록 세속의 영향이 점점 커지는 이 시대에 어린이들이 신앙의 공동체 속에서 잘 양육될 수 있는 유일한 방법은 오직 하나님을 만나는 길밖에 없다. 이를 위해 교회와 예배 공동체, 가정과 부모 세대는 어린이들의 신앙이 잘 자라도록 유지해야 할 책임이 있다. 이런 점에서 통합예배는 어린이들이 하나님을 잘 알아갈 뿐 아니라 신앙적으로 양육되고 영적으로 강건하게 자라날 수 있도록 만들어 주는 이 시대의 중요한 방안이다.

둘째, 예배의 성경적 기초와 본질을 가르치는 것이 중요하다. 하나님과 교제하는 방법은 예배의 요소, 즉 기도와 말씀과 찬양을 통해서이며 이것 이외에 하나님을 만나는 다른 방법은 없다. 예배는 다음 세대인 어린이들을 신앙적으로 양육하고 살리기 위한 본질이다. 하나님이 원하시는 예배에 초점을 맞추게 될 때, 예배를 통한 성령의 역사를 기대할 수 있으며 신앙적으로도 흔들리지 않는 균형을 갖춘 그리스도인으로 성장해 갈 수 있다. 어린이들에게 우리 모두가 하나님께 영광 돌리는 예배자로 태어났으며 평생에 가장 중요한 우선순위는 하나님께 영광 돌리며 살아가는 것임을 매 순간 인식시켜 주어야 할 것이다.

셋째, 계속적인 영적인 강화가 필요하다. 인터넷, 스마트폰을 비롯한 문명 이기와 세속의 물결이 다음 세대인 어린이들의 신앙을 약화시키는 원인이 되고 있다. 이런 세속의 문화에 맞서기 위해서는 영적 능력의 강화가 필요하며, 이것은 본질의 확립과 계속적인 영적 훈련을 통해서 가능하다. 이를 통해 굳건한 신앙을 계승해 나갈 수 있을 것이다.

넷째, 성경적 찬양의 정립이 필요하다. 예배의 본질 회복은 무엇보다 중요하며 어린이들이 예배의 본질을 바로 알게 하는 것이 매우 필요하다. 특별히 현대 교회 예배에서는 어린이들이 하나님을 경험하는 통로로서 관심이 많은 찬양의 성경적 본질 회복이 더욱 중요하다. 하나님께 온전히 영광 돌리는 성경적 찬양의 본질을 회복하고, 개인적이고 교제와 인본주의적 내용의 찬양 가사로부터 벗어날 수 있도록 만들어 주는 지도력이 필요하다.

다섯째, 소리 내어 성경을 읽고 기도한다. 신앙은 피상적인 것이 아니다. 모든 그리스도인도 마찬가지이지만, 특히 어린이들에게 몸소 신앙의 능동성을 만들어 주는 것이 중요하다. 소리 내어 성경을 읽는 습관과 기도하는 것은 신앙의 성장에 있어서 매우 중요한 하나님과의 소통이다. 하나님의 이름을 부르고 하나님의 살아 계심을 느끼는 것만큼 어린이들의 신앙에 유익한 것은 없다. 어려서부터 성경을 소리 내어 읽는 습관과 소리 내어 기도하는 습관을 만들어 주는 것이 신앙 성장에 있어서 매우 중요하다.

여섯째, 소리 내어 기도하는 습관이 필요하다. 소리 내어 함께 기도하는 것은 중요한 성경적인 유산이다. 성경은 오랜 역사 속에서 전통적으로 함께 소리 내어 기도했음을 말한다. 속으로 기도하는 것보다 어린이들이 소리 내어 기도할 때 많은 효과가 있음을 경험해 왔다. 소리 내어 기도하는 습관은 어린이들이 성장하면서 신앙적으로 깊은 영적 흔적을 남긴다. 하나님께서 함께 하신다는 확신과 믿음의 씨앗이 소리를 내어 기도할 때 신앙적으로 더 크게 영향을 끼치게 된다. 이를 위해 주일학교 교사 등 지도자들은 예배에서나 분반 성경공부 등에서 함께 소리 내어 기도하는 훈련을 적용해 보는 것이 좋다.

일곱째, 삶의 예배의 훈련이 필요하다. 어린이를 포함한 모든 그리스도인은 주일만 예배 드리는 것이 아닌 전 생애를 하나님의 영광을 위해 사는 예배자이므로, 월요일부터 토요일까지의 일상의 삶 또한 예배의 삶이 되어야 한다. 성인이 되어서는 신앙적인 훈련과 정립이 되기에 어려운 점이 많은데, 어린이 때부터 주일 예배만이 예배의 끝이 아니라 우리 인생 모두가 예배의 삶이 되어야 한다는 명확한 성경적인 예배의 정의와 본질에 대해 지속적으로 가르치고 훈련이 된다면 신앙적으로 성장하는 데 있어서 매우 효과적일 것이다.

어린이들은 교회의 다음 세대이자 중요한 기둥이 될 자산이다. 교회와 1세대 어른들이 어린이들을 위해 관심을 갖고 도울 수 있는 방안들을 찾는 것은 매우 마땅히 해야 할 책임이다. 급격한 세속의 발전과 문화는 어린이들을 포함한 다음 세대들에게 이미 교회가 위기이며 많이 뒤처졌다는 생각을 갖게 했다. 이 같은 위중한 시기에 무엇보다도 세상이 줄 수 없는 영적 기쁨을 통해 하나님의 영광을 위해 살아갈 수 있도록 지도하고 기도해야 할 것이다. 또한 가르치는 것보다도 스스로 하나님을 경험하고 동행하며 신앙생활할 수 있도록 만들어 주어야 한다.

지금과 같은 영적으로 갈급한 시대에 하나님이 늘 옆에 계시고 함께 하신다는 신앙의 가치가 어린이들에게 보다 필요하며 그것은 끊임없이 영적인 훈련과 습관을 통해서 가능함을 인식시켜 주어야 한다. 어린이들이 삶의 예배를 통해 영적 능력을 회복하고 하나님을 날마다 예배할 수 있도록 만들어 줄 책임이 교회와 부모들에게 있다. 교회와 예배 공동체는 어린이들에게 성경적 예배의 본질과 기초를 잘 가르치고 참된 예배의 중요성과 삶의 예배를 통해 하나님께 영광 돌릴 수 있도록 기도해야 한다.

지금 교회는 예식 중심의 전통적인 교회에서 관계와 동시대적 문화를 바탕으로 하는 현대적인 교회로 전환되고 있다. 어린이들이 신앙생활할 시대에는 전통적인 교회보다는 현대적인 교회들이 많은 부분을 차지하게 될 것이다. 이 같은 급격한 시대적 상황과 변화 속에서 어린이들이 신앙적으로 잘 양육될 수 있도록 준비하는 것이 시급하다. 그것은 성경적 본질과 기초에 입각한 교육과 영적 훈련을 통해서 가능하다. 세대 계승의 영적 책임감을 가지고 최선을 다할 때, 하나님께서 성령님을 통해 지혜를 주시고 함께 해 주실 것으로 믿는다.

아동기 복합 트라우마 예방과 치유를 위한 교회의 역할

송경화 월드미션대학교 교수 / 상담심리학

I. 들어가는 말

딸이라는 이유로 남동생에게 늘 기죽어 있고 부모님의 편애를 묵묵히 견뎌 낸 가영 씨, 부모님이 큰소리 내며 부부싸움을 할 때마다 침대 속에서 울면서 공포에 떨었던 민수 씨, 완벽을 기대했던 부모님께 인정받고자 노력했지만 칭찬에 인색한 부모님의 싸늘한 표정을 자주 마주한 지원 씨, 부모님의 별거와 이혼으로 모든 게 혼란스러웠던 기준 씨, 뚱뚱하다고 놀리는 가족들의 조롱 속에서 살았던 미현 씨, 사는 게 힘들어 보였던 엄마를 위로하고 돌봐야 했던 정아 씨, 알코올중독 아빠가 엄마를 때리는 것을 자주 목격했던 경준 씨, 실수할 때마다 엄마에게 맞았던 순정 씨….

이들의 공통점은 어린 시절부터 오랫동안 복합 트라우마에 노출되었다는 사실이다. 복합 트라우마는 주로 어린 시절부터 가정 안에서 경험되며 특이한 한 번의 경험으로 특징되는 게 아니라 늘 그래 왔던 것이었기 때문에 트라우마라고 잘 인식되지 않는다. 하지만 단일 트라우마 못지않은 부정적인 결과를 가져올 뿐 아니라 심지어는 그보다 더 심각한 결과를 초래할 수도 있기 때문에 주의와 관심이 필요하다. 복합 트라우마를 경험한 사람은 본인이 트라우마를 겪었다는 사실조차 모르는 경우가 다반사이며 그렇기 때문에 치료를 받지도 않는다. 하지만 치유되지 않은 복합 트라우마는 대를 이어 전수되어 점점 더 심각한 결과를 만들어 낸다.

복합 트라우마를 예방하고 치유하여 트라우마의 대물림을 끊는 일은 매우 중요한데, 그런 시도가 없으면 우리가 사는 세상은 세대를 거듭할수록 대물림되는 복합 트라우마가 쌓여 점점 더 심하고 많은 트라우마로 신음하게 될 것이기 때문이다. 이 글에서는 복합 트라우마의 예방과 치유를 위해 교회가 할 수 있는 역할에 초점을 맞추고자 한다. 이를 위해 먼저 복합 트라우마가 무엇인지 그리고 그 치료법에는 어떤 것들이 있는지 상술한 후에, 이해하기 쉽도록 아브라함의 가계에서 보여지는 복합 트라우마를 예로 들어 설명할 것이다. 그 후에 이런 복합 트라우마에 대한 기본적인 사항들에 기초하여 교회가 할 수 있는 역할들에 대해 논의해 보고자 한다.

II. 아동기 복합 트라우마

21세기 들어 정신 건강에 대한 대중의 관심이 증가하고 인터넷과 미디어에서 정신 건강 관련 정보들이 손쉽게 제공됨에 따라 요즈음 '트라우마'라는 말이 드물지 않게 회자되고 있다. 현대인들은 힘들거나 충격적인 일을 '트라우마'라는 단어로 표현하기도 하고, '상처'라고 일컬어지는 것보다 좀 더 심한 불편감을 주는 경험을 '트라우마'로 표현하곤 한다.

역사적으로 볼 때, 트라우마에 관한 연구는 꾸준히 이루어졌다기보다 그 연구가 특별히 필요했던 시대의 요청으로 간헐적으로 이루어졌고, 21세기에 와서야 집중적인 연구가 이루어지고 있다.[1] 뇌신경학의 발달에 힘입은 최근의 활발한 연구를 통해 트라우마에 대한 기존의 개념들이 상당히 수정되었고 다양한 트라우마 개입 기법들도 개발되고 있다. 20세기까지만 해도 트라우마는 전쟁이나 성폭행 같이 안전에 위협이 되는 단일 사건들에 대한 심리적 현상이라 여겨졌지만, 현대의 트라우마 연구에서는 단일 사건들 외에도 이전에는 트라우마라 여겨지지 않았던 사소한 모욕이나 불편한 상황들도 트라우마가 될 수 있다는 것을 강조한다. 또한 뇌과학과 영상의학의 발달에 힘입어 트라우마 사건이 주는 영향력이 심리적인 것에 그치지 않고 뇌와 신경계를 비롯한 몸 전체에 미친다는 것도 발견되고 있다. 특히 특별한 사건이 없어도 어린 시절부터 부정적인 양육 환경에 노출된 아이들에게 트라우마 증상들이 나타나는 것에 주목하여 아동기 트라우마에 대한 연구도 활발하게 이루어지고 있다. 아동기에 만성적, 반복적으로 경험하는 학대, 방임, 역기능적 양육 환경은 복합 트라우마가 되어 다양한 신체적, 심리

1 Judith Lewis Herman, *Trauma and Recovery: The Aftermath of Violence*, 최현정 옮김, 『트라우마』 (서울: 사람의 집, 2012), 19.

적 증상을 유발할 수 있다. 현대 사회에 점점 더 많은 아동기 복합 트라우마가 보고되고 있으며, 여기에는 기독교인도 예외가 아니다. 아동기 트라우마는 비교적 오랜 기간 지속되기 때문에 도중에 개입할 수 있는 여지가 클 뿐 아니라 부모들을 교육함으로써 미리 예방될 수도 있기 때문에 그 연구와 교육의 중요성이 크다. 이런 점을 고려하여 본 연구에서는 아동기 트라우마 현상과 개입 기법에 대해 논하고 기독교 상담학적인 제안 및 교회의 역할에 대해 덧붙이고자 한다.

1. 아동기 복합 트라우마의 뜻과 특징

현대 정신의학에서 트라우마는 "본인, 가까운 가족, 가까운 친구에게 사망, 심각한 부상 또는 성폭력을 초래하거나 위협할 수 있는 어떤 사건(들)"으로 정의된다.[2] 하지만 이 정의는 다양하고 폭넓은 트라우마를 충분히 설명하지 못한다는 비판이 심리학자들에 의해 제기되어 왔다.[3] 현대 트라우마 연구 분야에서는 상대적으로 사소해 보이는 불쾌한 경험들이 장기간에 걸쳐 만성적이고 반복적으로 이루어지는 경우 단일한 충격적 사건이 미치는 영향과 크게 다르지 않은 부정적 결과를 가져온다는 것을 인정한다. 많은 심리학자는 단일한 충격적인 사건을 '빅 트라우마'(Big Trauma), 장기적이고 반복적인 불쾌한 경험을 '스몰 트라우마'(Small Trauma)'라는—다소 오해의 여지가 있는—용어를 사용

2 American Psychiatric Association, *Diagnostic and Statistical manual of Mental Disorders, fifth edition*, 권준수 외 옮김, 『정신질환의 진단 및 통계 편람 제5판』 (서울: 학지사, 2015), 290, 914.

3 Herman, 238-242; Bessel van der Kolk, *The Body Keeps the Score*, 제효영 옮김, 『몸은 기억한다: 트라우마가 남긴 흔적들』 (서울: 을유문화사, 2016), 254-259.

하곤 한다.[4] 오해의 여지가 있다고 첨언한 이유는, 스몰 트라우마라는 용어가 그것의 심각성을 충분히 표현하지 못할 우려가 있기 때문이다. 스몰 트라우마라는 말은 트라우마 치료법의 하나인 안구운동민감소실 재처리 기법(EMDR)을 개발한 프란신 샤피로(Francine Shapiro)가 처음 사용한 이래로 현대 트라우마 연구자들에게는 일반적으로 받아들여지고 있는 개념으로, 샤피로는 누구에게나 일어날 수 있는 어린 시절의 역경(disturbances)이 장기적인 부정적 영향을 미칠 때 이를 '소문자 t 트라우마'(small t trauma)라고 불렀으며, 그 영향력은 '대문자 T 트라우마'(big T trauma)와 차이가 없다고 설명하였다.[5] 후속 경험적 연구들은 전쟁이나 성폭행 같은 빅 트라우마보다 스몰 트라우마가 개인에게 훨씬 더 장기적이고 심각한 부정적 영향을 미칠 수 있다는 것을 꾸준히 보여주고 있다.[6] 이 글에서는 오해의 여지가 있는 스몰 트라우마라는 용어보다 '복합 트라우마'(Complex Trauma)라는 용어를 사용하고자 한다. 이는 심각성의 정도와 상관없이 장기적, 반복적, 만성적인 불편감의 원인 및 증상이 획일적이지 않고 범위가 넓고 매우 복합적이라는 점에서 더 적절한 용어라 생각된다. 복합 트라우마라는 말을 처음 사용한 것은 현대 트라우마 연구에 획기적인 공헌을 한 하버드 의과대학 정신의학과 교수인 주디스 허먼(Judith Herman)으로, 그녀는 지속적이고 반복적인 트라우마가 기존의 트라우마 개념으로 설명되기 어렵기

---

4 Francine Shapiro, *Eye Movement Desensitization and Reprocessing: Basic Principles, Protocols and Procedures* (2nd ed., New York, NY: Guilford Press, 2001); Arroll Meg, *Tiny Traumas: Little Things Can Have Big Impacts*, 박슬라 옮김, 『스몰 트라우마』 (서울: 갤리온, 2023).

5 Shapiro, 42-43.

6 Meg, 25-27.

때문에 복합 트라우마라는 새로운 진단 용어가 필요하다고 주장하였다.[7] 그 이후 많은 심리학자와 정신의학자들이 복합 트라우마 장애를 인정하고 이를 진단 기준에 반영하도록 요구한 결과, 미국 정신과 의사들이 진단 기준으로 사용하는 DSM-5판에서는 복합 트라우마라는 용어를 직접적으로 사용하지는 않았지만, '달리 구분되지 않는 극심한 스트레스 장애'라는 진단명을 추가하여 복합 트라우마의 진단 가능성을 보여주었으며, WHO(World Health Organization)가 진단 기준으로 사용하는 ICD(International Classification of Diseases) 제11판(2018)에서는 복합 트라우마 장애를 정식 진단명으로 채택하여 그 실체를 공식적으로 인정하였다.[8] ICD-11 진단 기준에 의하면 복합 트라우마는 "주로 탈출이 어렵거나 불가능한 상황에서 발생하는 장기적이거나 반복적인 사건"으로, 그 영향으로 나타나는 증상은 PTSD(외상 후 스트레스 장애)의 진단 요건인 침습과 과각성, 회피, 인지와 정서의 불안정, 해리 증상을 모두 충족할 뿐 아니라 "정서 조절의 문제, 자신에 대한 부정적 신념과 감정, 인간관계에서의 어려움"이라는 증상이 추가되며, "이러한 증상은 개인, 가족, 사회, 교육, 직업 또는 기타 중요한 기능 영역에서 상당한 손상을 초래한다"고 설명한다.[9]

복합 트라우마가 "탈출이 어렵거나 불가능한 상황에서 장기적이고 반복적으로 발생"하는 것이라 볼 때, 아동과 청소년이 양육되는 가정을 배제할 수 없다. 미성년자인 아동과 청소년은 가정 안에서 어떤 일이 벌어지더라도 쉽게 가정을 '탈출'하기 어렵다. 가정 안에서 학대나 방임

---

7 Herman, 238-245.
8 https://icd.who.int/browse/2024-01/mms/en#585833559 (2024. 10. 6. 접속).
9 Ibid.

이 일어나기도 하지만, 그보다는 사소해 보일 수 있는 경멸적 언어나 분위기, 냉담하고 엄격하며 공감하지 않는 부모, 칭찬과 인정에 인색하고 비난하는 부모, 완벽주의적이거나 통제적인 부모, 부모의 부재, 부모의 갈등이나 가정폭력, 비교나 무시 혹은 편애 등도 반복적, 만성적으로 경험하면 심각한 후유증을 남기는 복합 트라우마가 된다. 정신통합 이론의 창시자인 로베르토 아사지올리(Roberto Assagioli)는 존재 그 자체로 수용되고 사랑받지 못하고 비공감적인 대우를 받은 경험을 '원상처'(original wound)라는 말로 표현하며 원상처가 다양한 정신병리의 원인이 될 수 있다고 하였는데, 이 또한 대체로 어린 시절부터 가정에서 경험한 비수용, 무공감의 경험이 수년에 걸쳐 만성화되면서 초래하는 복합 트라우마 증상과 유사하다고 할 수 있다.[10] 그래서 트라우마 전문 치료사인 아리엘 슈워츠(Ariell Schwartz) 박사는 성장하는 과정에서 경험하는 '발달 트라우마'의 결과가 복합 트라우마를 형성한다고 하였는데, 여기에는 "어린 시절의 신체적 학대, 성적 학대, 방임, 가정폭력에 노출, 부모의 정신적 질병, 부모의 중독"이 해당된다고 하였다.[11]

이와 비슷하게 한국 EMDR 협회 부회장인 배재현 박사는 복합 트라우마란 "아동기에 주 양육자로부터 광범위하고 지속적인 신체적, 정서적 학대를 경험해 다양한 심리적, 신체적 증상과 문제를 겪는 경우"라고 설명한다.[12] 그녀가 본인의 임상 경험을 바탕으로 파악한 복합 트라우마의 상황은 매우 다양한데, 그 몇 가지 예를 들자면, 부모의 냉대,

---

10 John Firman and Ann Gila, *Psychosynthesis: A Psychology of the Spirit*, 이정기 · 윤영선 옮김, 『정신통합: 영혼의 심리학』 (서울: CIR, 2016), 34-37, 256-269.

11 Ariell Schwartz, *The Complex PTSD Treatment Manual* (Eau Claire, WI: PESI Publishing, 2021), 4.

12 배재현, 『나는 가끔 엄마가 미워진다』 (서울:갈매나무, 2021), eBook, 37%.

인색한 인정과 친절, 부모의 불화, 완벽주의적 기대, 편애, 아이가 힘든 상황에 제대로 위로와 공감해 주는 어른의 부재, 폭언, 놀리거나 무시하는 말 등이 포함된다. 그녀가 정리한 바에 의하면 복합 트라우마로 인한 공통적인 증상은 "만성적인 불안감과 외부 자극에 대한 민감성, 자기 비난이나 자기 혐오, 자기 존재에 대한 수치심, 버림받음에 대한 막연한 공포, 다양한 신체 증상과 통증, 대인관계에서의 불편감과 긴장, 만성적 공허감, 자기돌봄의 어려움" 등이다.[13] 임상심리학자인 멕 에롤(Aroll Meg)은 복합 트라우마는 어린 시절을 포함하여 생애 어느 시기에도 일어날 수 있으며, 가정에서 부모에 의해 초래될 뿐 아니라 학교에서의 모멸적, 폭력적 경험, 직장이나 친구 관계에서의 어려움, 사회에서 겪는 좌절 등도 원인이 될 수 있다고 보았다.[14] 멕의 지적처럼 복합 트라우마가 발생하는 시기가 정해진 것은 아니지만, 아동이나 청소년은 인지·정서적 발달이 완료되지 않은 시기이므로 그만큼 사소한 경험이 주는 영향력이 더 증폭될 수밖에 없으며, 불편하다 하더라도 쉽게 가정이나 학교를 떠날 수 없는 제약으로 인해 복합 트라우마에 훨씬 더 취약하다.

아동·청소년기에 가정에서 경험하는 부정적 경험이 성인이 된 이후의 정신적, 신체적 건강에 심각한 부정적 결과를 초래한다는 주제에 대한 과학적 연구의 분수령은 1998년에 미국 샌디에고 카이저 병원의 내과 의사인 빈센트 펠리티(Vincent Felitti)와 CDC의 전염병 연구원 로버트 안다(Robert Anda)가 함께 진행했던 "아동기 부정적 경험 연

---

13 Ibid., 37-39%.

14 Meg, 19-58.

구"(Adverse Childhood Experience Study, ACE)이다.[15] 연구자들은 참여자들에게 만 18세 이전까지 총 열 가지의 부정적 경험 유무를 체크하도록 하여 문항당 1점씩 10점 만점의 ACE 평가지를 17,500명에게 실시하고 ACE 점수와 참가자들의 정신/신체적 건강 상태와의 상관을 분석하였다. ACE에서 묻는 열 가지 부정적 경험은 신체적 학대, 냉대나 경멸 등 정서적 학대, 성적 학대, 신체적으로 돌보지 않는 방임, 무관심이나 거절 등의 정서적 방임, 부모의 별거나 이혼, 부모 간 가정폭력, 가족의 정신병리, 가족의 중독, 가족 중 범죄자 유무였다. 이 연구의 놀라운 발견은 참가자의 단 33%만 부정적 경험에 노출되지 않은 반면 전체의 67%가 적어도 하나의 부정적 경험을 보고하였으며, 네 가지 이상을 보고한 사람은 12.6%였다. 즉, 아동기 부정적 경험은 생각보다 흔하고 일반적이며 빈부, 인종, 지역에 차이가 없었다. 또한 아동기 부정적 경험의 점수가 높을수록 성인이 된 이후의 신체/정신적 건강 문제가 심각했는데, ACE 점수가 4점 이상인 경우 0점인 사람들에 비해 성인이 되었을 때 알코올중독 7.4배, 마약중독 10.3배, 우울증 4.6배, 자살 시도 12배, 문란한 성관계 3.6배, 심장병 2.2배, 기관지염 4배, 암 2배, 뇌졸중 2.4배, 당뇨 1.6배, 간염 2.4배, 비만 1.6배 더 높았다. 이 연구의 결과는 충격적이었는데, 이를 통해 어린 시절 가정에서 만성적으로 경험하는 학대, 방임, 역기능 가정의 환경은 아이들에게 복합 트라우마가 되어 그 아이가 성인이 되었을 때 심리적, 신체적 건강을 위협하

15 Vincent Felitti and Robert Anda, "Relationship of Childhood Abuse and Household Dysfunction to Many of the Leading Causes of Death in Adults: The Adverse Childhood Experiences(ACE) Study," *American Journal of Preventive Medicine* 14, n. 4 (1998).

고 결과적으로 수명을 단축할 수 있다는 것이 체계적인 경험 연구를 통해 증명된 것이다.

전체 인구의 약 70%가 복합 트라우마의 가능성이 있다는 사실은 너무 절망적이어서 믿기 어려울 수도 있다. 대부분의 복합 트라우마는 두드러지는 단일 트라우마 사건이라고 할 만한 게 없고 일상에서 늘 벌어지는 일이었기 때문에 본인도, 주변 사람들도 그걸 트라우마라고 인지하지 못한다. 그 수치가 조금 낮을 수는 있겠지만, 교회 안의 통계 역시 크게 다르지 않을 것이다. 교회가 이런 현실에 대해 인식하고 특히 학부모들에게 적절한 교육을 제공한다면 상당히 많은 복합 트라우마가 예방될 수 있고 조기에 개입될 수 있기에 교회의 역할이 매우 중요하다.

2. 아동기 복합 트라우마의 대물림 현상

복합 트라우마는 한 개인의 문제만은 아니다. 한 개인이 경험한 복합 트라우마는 다양한 경로로 다음 세대로 대물림될 수 있으며, 이는 세대를 따라 내려갈수록 점점 더 심각한 정신적 문제를 초래할 수 있다.

1) 태내 환경을 통한 대물림

가족 트라우마 유전 분야의 선구자인 마크 월린(Mark Wolynn)에 의하면 트라우마나 스트레스는 태내 환경을 통해 자손들에게 대물림된다.[16] 쉽게 설명하면 나의 유전자는 내가 태어나기도 전에 이미 할머니

---

16 Mark Wolynn, *It Didn't Start with You*, 정지인 옮김, 『트라우마는 어떻게 유전되는가』 (서

태내 환경에 노출되는데, 즉 나의 외할머니가 내 어머니를 임신하고 있을 때 임신 5개월이 되면 자궁 속에 있는 태아인 내 어머니의 몸속에는 먼 미래에 내가 될 난자/정자 전구체가 이미 생긴다. 즉, 나와 내 엄마가 세상에 태어나기도 전에 3대에 걸친 외할머니, 어머니, 내가 동일한 생물학적 환경을 일정 기간 공유하는 셈이다. 할머니의 임신 중 호르몬을 포함한 다양한 물질들이 태반을 통해 어머니에게 공유되며 아직 전구체인 나에게까지 영향을 줄 수 있다. 그래서 임신 기간에 극심한 스트레스나 트라우마로 고통받으면 다량의 스트레스 호르몬이 태아 및 태아 몸속의 난자/정자 전구체에게도 전달된다. 스트레스 호르몬은 성인인 임신부의 몸에도 해로운데, 크기가 매우 작은 태아나 전구체에 미치는 영향력은 그보다 훨씬 강하고 독하다는 것이 문제이다. 결과적으로 태아나 태아 몸속의 난자/정자 전구체는 임신부의 스트레스와 트라우마를 그대로 몸에 갖고 태어나며, 이는 태아나 그 태아 몸속의 난자/정자 전구체의 정서, 행동, 유전자 발현에 상당한 변화를 초래한다. 즉, 부모나 조부모의 트라우마 반응이 그 트라우마를 알지도 못하는 자녀나 손자에게까지 전수되는 것이다. 그렇기 때문에 부모가 복합 트라우마를 경험했다면 그 자녀는 태어나면서부터 면역력이 약하고, 예민하며, 긴장하고, 불안하고, 우울하거나 분노 폭발이 심한 등의 트라우마 증상을 가지고 태어날 수 있다. 이와 같이 몇 세대가 태내 환경을 공유함으로써 윗 세대의 트라우마는 아래 세대로 대물림이 될 수 있다.

울: 심심, 2016).

2) 후성유전학

보통 유전이라고 하면 부모에게서 선천적으로 받은 유전자의 발현으로 인해 얻게 되는 형질이며, 그것은 후천적 경험이나 환경으로 바꿀 수는 없다고 이해되어 왔다. 하지만 21세기에 눈부시게 발전한 유전학 분야의 하나인 후성유전학은 후천적인 경험이 유전자에 영향을 미친다는 것을 과학적으로 보여주었다. 후성유전학에 의하면 후천적 경험이나 환경이 유전자 자체를 바꾸는 것은 아니지만, 유전자의 발현 유무를 결정해서 그것을 자손에게 유전시킨다.[17] 예를 들어 가정에서 무시와 냉대를 당한 사람은 그 과정에서 마음을 편안하게 하고 행복한 상태를 유지하게 하는 감정 조절 유전자의 발현이 억제되고, 그 유전자 발현 억제는 자녀에게 그대로 다시 유전되어 그 자녀는 이유도 모르고 스스로 감정 조절이 안 되고 우울과 불안에 빠지게 된다는 것이다. 부모의 트라우마 경험과 그 후유증은 이처럼 부모의 유전자 발현을 바꾸고 그것이 자녀에게로 유전되어 자녀에게 부모와 비슷한 트라우마 후유증을 대물림하게 된다.

3) 애착 유형

애착은 유아가 생애 초기 양육자와의 관계에서 형성하는 인간관계

---

17 Donna Jackson Nakazawa, *Childhood Disrupted,* 박다솜 옮김, 『멍든 아동기, 평생 건강을 결정한다』 (서울: 모멘토, 2020), 69-76; Wolynn, 15-17%; Nadine Burke Harris, *The Deepest Well,* 정지인 옮김, 『불행은 어떻게 질병으로 이어지는가』 (서울: 심심, 2019), 36-37%.

방식이다. 생애 초기 양육자의 양육 방식이 유아의 욕구와 필요를 부드럽고 따뜻하게 채워 주고 이를 통해 유아가 안전감과 사랑을 충분히 경험하면 이 유아는 안정적인 애착을 형성한다. 안정 애착을 형성한 유아는 성인이 된 후에도 인간관계가 편안하고 원만하며 자신의 감정을 잘 조절할 수 있게 된다. 하지만 반대로 생애 초기 부모와의 관계에서 따뜻한 수용과 안전감을 충분히 느끼지 못하면 불안정한 애착 유형을 형성하게 되는데, 이 경우 성인이 된 이후의 인간관계에서 지나치게 집착적이고 통제적이 되거나 혹은 친밀한 관계를 부담스럽게 느끼고 회피하는 양상을 띨 수 있다. 더 심하면 불안과 회피 사이를 극단적으로 오가는 혼란스러운 인간관계 모습을 보이기도 한다. 부모의 애착 유형은 양육 과정을 통해 자녀들에게 자연스럽게 대물림된다.[18] 안정 애착의 부모는 아기를 돌볼 때도 따뜻하게 지지해 주기 때문에 안정 애착 부모의 아기들도 안정 애착을 형성하기 쉽다. 반대로 불안정 애착의 부모는 아기를 편안하게 해 주지 못하거나 잘 돌보지 않기 때문에 아기가 스트레스를 받게 되고 결과적으로 아기도 불안정한 애착을 형성하기 쉽다. 이렇게 양육 방식을 통해 애착 유형은 마치 유전되듯 대물림되는데, 특히 부모로부터 받은 상처나 결핍이 많은 경우 이 복합 트라우마는 자녀의 애착 형성 과정에서 그대로 전달되어 복합 트라우마 부모에게서 복합 트라우마 자녀가 양산되는 결과를 낳게 된다.

18 Nakazawa, 209-215.

4) 학습

복합 트라우마는 학습을 통해 세대 간 전수되기도 한다. 많은 복합 트라우마가 부모의 정서적 학대(냉대, 무시, 모멸, 폭언, 비교, 비난, 완벽주의 등)나 정서적 방임(무관심, 편애, 무존중, 사랑받는 느낌의 부족 등)을 통해 일어나는데, 이런 것들은 대부분 자기의 원가족 부모에게서 경험하고 배운 것들이다. 부모들은 자기의 부모들이 했던 말이나 행동을 그것이 아이에게 얼마나 상처가 되는지—심지어 자기에게 상처가 되었음에도 불구하고— 생각해 보지도 않고 무의식적으로 반복하곤 한다. 자기가 어린 시절 상습적으로 경험했던 것들이 그대로 학습되어 자기의 자녀들에게 아무렇지도 않게 반복하는 것이다. 사회심리학자인 앨버트 반두라(Albert Bandura)에 의하면 많은 인간 행동은 주위 사람들의 행동을 관찰하고 모방하면서 학습되는데, 본인의 부모가 했던 말, 행동, 태도, 표정 등은 자녀가 일상적으로 관찰하고 노출되는 것이기 때문에 오랜 시간에 걸쳐 아주 깊숙이 학습되어 본인이 부모가 되었을 때 자녀와의 관계에서 비슷하게 재연된다.[19]

5) 아브라함 가족에서 발견되는 복합 트라우마 대물림 현상

이렇게 다양한 방식으로 부모 세대의 복합 트라우마는 자녀 세대로 전수되고, 장기적으로 본다면 세대를 따라 대물림될 수 있다. 세대를 따라 내려가면서 점점 더 많은 복합 트라우마가 아래 세대로 흘러가게

---

19 Albert Bandura, *Social Learning Theory* (Oxford, England: Prentice-Hall, 1977).

된다. 아담과 하와 때부터 시작된 상처와 결핍 그리고 그 결과인 복합 트라우마가 수많은 세대를 거쳐 현재에 이르렀음을 생각할 때, 현재를 살고 있는 사람들과 그 자녀들이 윗 세대로부터 전수 받은 복합 트라우마가 얼마나 많고 무거울지 상상조차 하기 어렵다. 이와 같은 복합 트라우마의 대물림은 일상에서 가족 관계를 통해 오랜 세월에 걸쳐 이루어지기 때문에 인식하기 어렵지만 실제로 아주 흔하게 발견되는 현상이며, 성경에서도 그런 예를 여럿 찾아볼 수 있다.

그 한 예를 들자면 창세기에서 발견되는 아브라함 가족 안에서도 복합 트라우마의 대물림이 발견된다. 아브라함은 두 아들 이스마엘과 이삭을 두었지만 이 둘을 차별하고 편애했다. 장자였던 이스마엘은 아버지의 사랑을 받지 못하고 집에서 쫓겨났으며 그 어미의 원통함을 들으면서 광야에서 고생하며 자랐다. 이런 성장 환경은 이스마엘에게 복합 트라우마가 되어 이스마엘은 평생 멍든 가슴을 안고 살아갔을 것이다. 하지만 편애를 받은 이삭 역시 평탄하지는 않았다. 어린 시절 이삭은 장자였던 형을 가차 없이 집에서 내쫓은 그 무자비하고 무서운 아버지가 산속에서 자기를 꼼짝할 수 없게 묶고 자기에게 죽이려고 칼을 들이댔던 끔찍한 사건을 경험한 적이 있다. 아마도 이 사건 이후 이삭은 겁에 질려 아버지뿐 아니라 누구도 편안하게 신뢰하기 어려워졌을 것이다. 또한 아버지가 형과 자신을 편애하는 것을 보았고, 형의 질투를 받았으며, 형이 쫓겨난 후에는 의지할 형제 없이 외롭게 자랐다. 이삭이 경험한 트라우마는 이삭을 소심하고 인간관계가 위축되게 하여 성인이 된 후에도 어머니의 품을 떠나지 못하는 사람으로 만들었다. 그런데 이삭 역시 그 아버지 아브라함이 그랬던 것처럼 두 아들 야곱과 에서를 차별했다. 그 가정의 차별은 편 나누기의 모습을 보이는데, 엄마는 야곱을, 아빠는 에서를 편애하였고, 이런 부모의 편애로 형제는 결국 서로를 등지고 미워하게 되었으며 평생 서로를 불편하게 여기고 떨어져 지내게 만들었다. 야곱 역시 자녀들을 차별했는데, 열두 아들 중 유달리 요셉을 편애했다. 이 편애의 결과는 아브라함이나 야곱의 편애보다 더 악독했는데, 결국 형들은 요셉을 해치고 죽일 생각까지 했고 노예로 팔아버렸다.

부모의 사랑은 자녀를 잘 자라게 하는 영양분과 같다. 부모의 사랑을 충분히 경험하지 못하는 자녀는 시들어 말라버리는 식물처럼 제대로 자라지 못한다. 그런데 부모가 형제간에 편애한다면 이것은 편애를 받는 아이와 그렇지 못한 아이 모두에게 각각 다른 모습으로 복합 트라우마가 된다. 아브라함 가계의 편애로 인한 복합 트라우마는 세대를 따라 전수되었으며 그 영향력은 세대를 내려갈수록 더 심각한 모습을 보인다. 편애하는 부모는 편애하는 자기 나름의 이유가 있었다. 아브라함은 이삭이 정실부인의 아들이며 하나님이 약속하신 아들이어서 편애했다. 이삭은 에서를 남자답고 씩씩한, 자신이 가지지 못한 모습을 가지고 있어서 일종의 대리 만족으로 편애했다. 소심하고 내향적인 이삭은 여성적인 모습을 보이는 야곱에게서 자신의 부정적인 이미지가 겹쳐 보이고 그래서 아마도 무의식적으로 그런 야곱이 못마땅했을 것이다. 또한 야곱은 자기가 사랑했던 여인이 낳은 첫아들이기 때문에 요셉을 편애했다. 이 모든 것은 그들 나름대로는 말이 되는 이유이지만, 자녀의 입장에서는 억울하고 불공평하고 부당하다. 자녀는 무조건 부모로부터 풍부한 사랑을 마음껏 받아야 잘 자랄 수 있다. 아브라함 가계의 예에서 볼 수 있는 바와 같이, 아이가 성장하는 동안 일관적으로 너무도 인색한 부모의 사랑, 관심, 인정은 아이의 마음에 차곡차곡 쌓여 깊은 멍을 남기는 복합 트라우마가 되며, 이는 그다음 세대에 다시 대물림되기 쉽다.

III. 아동기 복합 트라우마 개입

복합 트라우마가 세대를 통해 유전되고 전수되는 경향이 있다 하더라도 그것은 개인이 어찌할 수 없는 가계에 흐르는 저주는 아니다. 그것을 인지하고 도움을 받는다면 충분히 대물림의 사슬을 끊을 수 있고 새로운 흐름을 만들 수도 있다. 비록 자신은 윗 세대로부터 복합 트라우마를 전수받았더라도 본인이 치유받고 회복되어 아래 세대에 건강하고 복이 되는 유산을 전해줄 수 있다. 그렇게 하기 위해 기본적으로 본인이 경험한 복합 트라우마에 대해 인식해야 하고, 그것이 주는 부정적인 영향력을 이해할 수 있어야 하며, 트라우마로 인한 아픔을 치유하는 것이 필수적이다. 상처가 치유되면 용서와 수용도 어렵지 않게 이루어진다. 또한 대중이 이해할 수 있도록 충분한 교육을 통해 불필요한 복합 트라우마를 사전에 예방할 수 있고, 이미 진행 중인 복합 트라우마 상황도 멈출 수 있다. 복합 트라우마는 주로 어린 시절부터 시작되어 오랜 기간 이루어지기 때문에 어릴 때 치유 개입이 일어난다면 얼마든지 복합 트라우마를 예방 및 치유하는 것이 가능하다. 이 절에서는 일반 상담 및 심리치료 분야에서 복합 트라우마 치유를 위해 사용되는 개입 방법을 소개하고 교회가 기여할 수 있는 부분에 대하여 제안하고자 한다.

1. 상담심리학적 개입

1) 안전하고 신뢰할 수 있는 치료 관계

트라우마 후 여러 가지 증상으로 고통받는 경우 외상 후 스트레스 장애(Post-traumatic Stress Disorder, PTSD)로 진단을 내리며, PTSD로 인한 증상을 경감시키기 위한 다양한 심리치료 기법들이 개발되고 있다. 허먼은 효과적인 트라우마 치료와 회복을 위한 세 단계를 제안했는데, 그것은 안전의 확립, 기억과 애도 그리고 일상과의 재연결의 단계이다.[20] 이 과정은 트라우마의 심각성과 지속 기간에 따라 오래 걸릴 수도 있고 상대적으로 짧은 시간에 이루어질 수도 있다. 또한 이 과정을 본인이 혼자서 할 수도 있지만, 훈련받은 전문가와 함께한다면 훨씬 효과적이고 안정적으로 진행할 수 있기 때문에 깊고 오래된 상처인 복합 트라우마를 가진 경우에는 안전하게 이 과정을 함께 안내해 줄 치료자를 잘 만나는 것도 중요하다. 허먼은 트라우마 치료에서 치료자의 역할을 아주 중요하게 고려했는데, 트라우마는 한 개인을 관계에서 단절시키기에 트라우마 극복과 회복에서 새로운 관계를 형성하는 것이 치유 과정에서 필수적이기 때문이다.[21] 특히 복합 트라우마는 한 개인의 인간관계를 통해 만성적, 반복적으로 일어났기 때문에 안전하고 신뢰할 수 있는 관계를 새롭게 경험하는 것이 치유와 회복을 위해 꼭 필요하다.

---

20 Herman, 305.

21 Herman, 263.

회복은 관계를 밑바탕으로 할 때 이루어질 수 있으며, 고립 속에서는 일어나지 않는다. 다른 사람과 새로이 연결된 가운데, 생존자는 외상 경험으로 인해 손상되고 변형되었던 심리적 기능, 즉 신뢰, 자율성, 주도성, 능력, 정체성, 친밀감 등의 기본 역량을 되살려 낸다. 처음에 이러한 힘이 다른 사람과의 관계 속에서 형성되었던 것처럼, 되살아날 때도 그러한 관계가 필요하다.[22]

복합 트라우마 경험자는 치료자와의 안전하고 신뢰할 수 있는 관계를 통해 자기 안에 오랜 세월 뿌리박혀 있는 트라우마 경험과는 전혀 다른 종류의 관계를 처음으로 경험해 보면서 서서히 회복을 향해 나아갈 힘을 얻을 수 있다. 하지만 복합 트라우마 경험자를 도울 때 주의해야 할 것은, 치유는 본인이 이루어 나가는 과정이고, 치료자는 단지 그 과정을 지지하고 동행하는 것뿐이라는 사실이다. 복합 트라우마 경험자는 자기 삶과 관계에서 통제력과 자율성을 박탈당하고 무기력하게 살아 왔기 때문에 치료 관계에서 이런 관계 패턴이 조금이라도 유사하게 반복되어서는 안 된다. 치료 과정에서 우선적으로 기억해야 할 원칙은 트라우마 경험자 본인의 통제력과 역량 강화이다. 이를 위해 치료자가 일방적으로 끌고 나가지 않고 트라우마 경험자에게 결정권과 통제력을 최대한 주어야 한다. 그러면서 따뜻하고 공감적으로 그리고 인내하면서 트라우마 경험자의 치료 과정에 동행하는 것이 치료자의 역할이다.

22 Herman, 263.

2) 안전의 확보

복합 트라우마의 치료는 트라우마 경험자가 안전하다고 느낄 때만 가능하다. 그는 이제껏 안전감을 경험하지 못했고 반대로 만성적 불안을 경험했다. 그러므로 치료자는 특정 트라우마 개입 기법을 적용하기 전에 먼저 그가 안전감을 경험할 수 있도록 도와야 한다.[23] 안전감을 경험할 수 있게 돕는 첫 번째 방법은 그가 경험한 트라우마에 대한 교육이다. 많은 복합 트라우마 경험자들은 본인이 트라우마를 경험했다는 사실 자체도 인지하지 못한다. 그렇기 때문에 트라우마 증상들에 대해 이해하지 못한다. 그런 분들에게 복합 트라우마란 무엇인지, 그것이 어떤 과정을 통해 진행되는지 그리고 그것의 장단기적 영향과 증상들은 어떤 것들인지 교육하는 것이 필요하다. 그들이 자기에게 벌어진 일을 설명할 수 있는 용어들을 알게 되었을 때, 자기가 경험하는 증상의 원인을 알게 되었을 때 그리고 이런 일들을 경험한 게 자기 혼자가 아니라 이런 용어가 존재할 만큼 많은 사람이라는 걸 알게 되었을 때, 그들은 상당히 안도하고 무언가 명확해짐을 느낀다. 또한 그것을 알았다는 것은 그것에 대해 뭔가를 해 볼 수 있다는 통제감을 준다. 과거와 현재를 이해했으니 이제 미래가 눈에 보인다. 앞으로 어떤 과정을 통해 복합 트라우마를 치유하고 진정한 나 자신으로 살아갈 수 있을지를 고민해 보는 것은 가슴 설레는 일이다.

물론 이 과정이 쉽지만은 않다. 내 부모가 어떤 면에서는 나에게 피해를 주었다는 것을 인정해야 하고, 그것은 내 부모가 훌륭하고 나를

---

23 Herman, 313.

사랑으로 잘 키웠다는 부모에 대한 자긍심을 상실하는 과정이다. 그런 일이 나에게 벌어졌다는 것을 인정하는 것은 슬픈 일이다. 그러므로 교육의 과정에서 많은 감정적 소용돌이를 경험할 수 있고, 치료자는 이런 상황을 잘 이해하고 함께 슬퍼하고 안타까워하면서 애도의 과정으로 안내한다.

안전을 회복하는 두 번째 방법은 경계선을 분명히 하고 통제감을 회복하도록 돕는 것이다. 이 과정에서 이제껏 길들여진 익숙한 방법으로 생각하고 말하고 행동하지 않아도 된다는 것을 경험하게 된다. 자신의 몸의 주인이 자신이라는 것, 그래서 다른 사람이 내 몸을 함부로 할 수 없다는 것을 스스로 명확히 하고 내 몸이 무엇을 원하는지 귀 기울여 보는 것을 치료자와 시도해 볼 수 있다. 나 자신이 어디까지는 편하게 허용할 수 있지만 어디부터는 불편감을 느끼는지 그 경계를 스스로 발견해 보고, 나의 경계를 넘는 어떠한 외부 자극에 대해 싫다는 표현을 할 수 있는 것이 경계선을 분명히 하는 것이다. 또한 나의 경계선 안에서 안전하고 편안하게 머물면서 내가 원하는 것을 스스로 결정해서 해 보는 것이 통제감을 회복하는 과정이다. 치료자의 격려로 이런 시도를 해 보면서 복합 트라우마 경험자들은 더 이상 부모 혹은 타인이 기대하는 대로 따르기만 하는 게 아니라 스스로 결정한 것을 시도해 볼 수 있는 용기를 가지게 된다.

안전에서 정말 중요한 것은 실제로 그가 현재 위험한 상황에 있는지를 확인하는 것이다. 여전히 학대적인 부모/배우자와 함께 살고 있거나 폭력의 위험이 있거나 자해 혹은 자살의 위험이 있는지 살펴보고 어떠한 위험의 요소도 적극적인 개입으로 돕는 것이 일차적으로 중요하다. 치료자 혼자서 안전 확보가 어려울 경우 경찰 등의 관련 기관의 협조가 필요할 수도 있다.

안전 확보의 단계에서 복합 트라우마 경험자가 공황 증상이나 과호흡, 흉통 등의 신체적인 증상을 심하게 겪는다면 치료자는 응급조치를 통해 그를 도와줄 수 있다. 이럴 때 사용하는 안정화 기법은 주로 부교감신경을 활성화시켜 이완하는 방법들인데, 날숨을 길게 하는 심호흡, 복식호흡, 나비허그, 착지 기법, 심상을 활용한 안전지대 기법 등이 몇 예다.[24] 안정화 기법은 복합 트라우마로 인해 만성적으로 과민해진 편도체와 부교감신경을 안정시켜 일시적인 이완과 편안함을 느끼게 하는 효과가 있으며, 트라우마 경험자 스스로 자신의 기분을 조절할 수 있다는 통제감과 자신감을 줄 수 있다.

복합 트라우마를 다룰 때 그 트라우마의 자세한 내용을 선불리 꺼내게 되면 오히려 트라우마 경험이 촉발되고 재연되어 더 힘들어진다. 본격적인 트라우마 작업을 하기 전에 먼저 충분히 안전감이 경험되고 치료자와의 신뢰 관계도 형성되어야 한다. 이런 일차적 작업의 진행만으로도 오랜 시간이 걸릴 수 있다. 복합 트라우마는 그 특성상 오랜 시간을 통해 형성되어 온 것이기 때문에 치유에도 오랜 시간이 걸린다. 그러므로 치료자는 급하게 트라우마 경험을 다루려 하는 것보다는 먼저 충분한 시간을 들여 안전감 확보에 신경 쓰는 것이 필요하다. 이 작업이 충분히 되면 트라우마 생존자에게 서서히 변화가 보이는데, 기본적인 안전감을 조금씩 회복해 가고 인생이 최소한 예측할 수는 있다

24 안정화 기법에 대해서는 Anna B. Baranowsky, *Trauma practice : tools for stabilization and recovery,* 안명희 · 안미라 옮김, 『트라우마 치료의 실제: 안정화와 회복을 중심으로』 (서울: 박영story, 2019); 국립정신건강센터, 『마음프로그램 중급: 안정화』 (서울: 국립정신건강센터 국가트라우마센터, 2023).

는 것도 알게 된다. 이제 자신과 타인을 조금씩 믿을 수 있게 되고 완전히 취약하거나 고립된 느낌은 서서히 줄어든다. 자기를 보호하는 방법이나 괴로운 증상을 다루는 방법도 알게 되고 도움받는 것이 불편하지 않게 느껴진다. 자율성을 유지하면서도 타인에게 의지할 수 있게 된다.

3) 트라우마 기억의 재처리와 연결의 회복

허먼은 트라우마 치료 과정은 좋은 치료자와 신뢰 관계를 만들고 안전을 확보한 후에 본격적으로 트라우마 기억을 재처리하는 것이라 보았다.[25] 트라우마 기억을 재처리하기 위해서는 그 트라우마에 다시 노출될 수밖에 없다.[26] 그 트라우마 기억을 떠올리는 것 자체가 트라우마 경험자에게는 고통스러운 일이다. 그렇기 때문에 많은 트라우마 경험자들은 그것을 떠올리기보다는 잊어버리려 애쓴다. 하지만 트라우마의 상처들은 시간이 지난다고 그냥 사라지거나 자연적으로 치유되는 게 아니다.[27] 오히려 시간이 지날수록 그것들은 더욱 견고해지고 몸과 마음, 정서와 뇌 그리고 관계에 끊임없는 증상들을 만들어 낸다.[28] 복합 트라우마 기억들은 몸과 신경계에 뿌리박혀 있고, 그것들은 전문적인 방법으로 재처리되면 치유될 수 있다. 트라우마의 치유는 이미 일어난

---

25 Herman, 305.

26 판데르콜크(Van der Kolk)는 여기에 대해 다음과 같이 언급한다. "자신에 대한 통제력을 되찾으려면 트라우마와 다시 만나야 한다. 그리고 머잖아 자신에게 벌어진 일과 직면해야 하는 단계도 필요하다. 그러나 이 단계는 충분히 안전하다는 느낌이 들고 또다시 정신적 외상을 입지 않는 상태가 된 후에야 가능하다." Van der Kolk, 323.

27 배재현, 1%; Nakazawa, 41.

28 Ibid.

과거의 일을 바꾸거나 그것에 대한 기억을 삭제하는 게 아니다. 하지만 현재 "몸과 마음, 영혼에 남아 있는 트라우마의 흔적들을 해결할 수는 있다."[29] 과거를 과거로 받아들이고 현재를 살아갈 때 트라우마가 주는 영향력에서 벗어날 수 있도록 돕는 것이다.[30] 그러기 위해서는 먼저 과거의 일은 이미 끝났고 나는 안전하다는 것을 인식하고 느낄 수 있어야 한다.

21세기에 뇌신경과학이 발달하고 다양한 영상의학 장비들이 개발되면서 점차 트라우마 치료는 마음, 생각, 언어보다는 뇌, 몸, 신경계에 더 많이 집중되고 있다. 여기에는 신경과학자이면서 심리학자인 스티븐 포지스(Steven Porges)의 다미주 이론이 크게 기여한 바 있다.[31] 포지스는 위협과 스트레스에 반응하는 인간의 신경계 작용에 대해 교감신경, 등 쪽 미주신경, 배 쪽 미주신경의 긴밀한 기능으로 설명했는데, 그에 의하면 트라우마를 겪을 때 교감신경의 반응으로 긴장하고 불안해질 뿐 아니라 여기에서 더 극심한 트라우마를 겪게 되면 등 쪽 미주신경의 반응으로 온몸이 마비되고 얼어붙게 된다고 설명하였다. 만성적으로 트라우마에 노출되면 이런 신경계 반응이 고정되어 트라우마가 아닌 상황에서도 신경계가 편안해지기 어렵게 된다. 그러므로 트라우마 치료를 위해서는 자율 신경계의 균형을 되찾아야 하는데, 포지스는 몸과 마음을 이완시켜 주는 배 쪽 미주신경이 더 활성화되도록 도와야 한다고 하였다. 배 쪽 미주신경을 활성화하기 위해 공감적인 사람과의

29 Van der Kolk, 321.

30 Van der Kolk, 323.

31 Steven Porges, *Polyvagal Theory*, 노경선 옮김, 『다미주이론』 (서울: 위즈덤하우스, 2020).

친밀한 관계, 편안한 소리, 호흡 등이 중요하다. 트라우마 전문가인 판데르콜크(Van der Kolk) 박사는 이를 위해 트라우마 치료에 있어서는 이성과 자기감을 담당하는 뇌 전두엽과 정서를 담당하는 뇌 변연계가 통합되어야 하며, 결과적으로 트라우마 기억이 응축되어 있는 뇌 변연계가 치료되어야 한다고 하였다.[32] 신체경험치료를 개발한 피터 레빈(Peter Levine) 박사는 트라우마로 인해 몸이 마비되면서 두려움, 수치심, 공포 등이 결합될 때, 트라우마로 인한 신체 증상들이 생기므로 몸과 신경계의 경직을 해소하고 몸에 남아 있는 트라우마의 에너지를 방출할 수 있으면 증상을 치료할 수 있다고 보았다.[33]

현대 심리치료 분야에서는 이처럼 트라우마로 인해 경직되고 손상된 뇌와 몸 그리고 신경계를 치료하고 트라우마 기억을 재처리해서 과거가 아닌 현재를 살아갈 수 있도록 돕는 다양한 심리치료 기법들이 있다. 판데르콜크는 그중에서 특별히 효과가 있는 치료법으로 안구운동 민감소실 재처리 요법(Eye Movement Desensitization Reprocessing, EMDR), 트라우마 요가, 내면가족체계 치료(Internal Family Systems Therapy, IFS), 트라우마 재구성, 뉴로 피드백 그리고 연극 치료를 예로 들었다.[34] 이런 치료법들은 트라우마를 치유하기 위해 개발되었고 다양한 경험적 연구를 통해 그 효과가 증명된 근거 기반 치료들이므로 각 기법을 전문으로 훈련한 심리치료사의 도움을 받아 적용해 볼 수 있다. 모든 트라우마 증상에 이런 전문적 기법이 필요한 건 아니지만,

---

32 Van der Kolk, 324-326.

33 Peter Levine, *In an Unspoken Voice*, 박수정 외 옮김, 『무언의 목소리: 신체기반 트라우마 치유』 (서울: 박영Story. 2022), 77-78.

34 Van der Kolk, 321-548.

오랜 시간 만성적, 반복적으로 쌓인 복합 트라우마 경험자들에게는 세포 하나까지 켜켜이 물들어 있는 트라우마의 영향력을 떠나 보내는데 이런 기법들이 결정적인 도움이 된다.

이런 전문적 도움을 통해 트라우마의 증상들이 어느 정도 조절 가능해지면 트라우마 치료의 마지막 단계인 연결의 회복이 서서히 이루어진다. 트라우마는 관계의 단절이다. 이 세상, 타인들 그리고 자기 자신과의 연결이 트라우마로 인해 깨어졌고 오랜 시간 동안 고립되었다.[35] 심지어 하나님과의 연결도 손상되었다. 그런데 트라우마가 서서히 치유되면서 단절되었던 관계들이 살아나기 시작하는 것이 진정한 치유의 결과이다. 가장 일차적인 치료적 관계는 돌봄을 제공하는 상담사/치료사와의 관계이다. 여기에서부터 시작하여 서서히 트라우마 경험자는 망가졌던 관계를 복구하기 시작하고 트라우마가 치유됨에 따라 조금씩 용기 내어 다른 사람과의 새로운 관계에 도전해 보기도 하고 자기 자신과 돌봄의 관계도 만들기 시작한다. 사람과의 관계에서 큰 상처를 입은 복합 트라우마는 역으로 사람과의 공감적, 수용적, 치유적 관계를 통해서만 회복될 수 있기 때문에 복합 트라우마의 치료 과정에서 신뢰롭고 안정된 관계는 매우 중요하다. 그래서 많은 트라우마 전문가는 트라우마 생존자들의 치유를 위해 공동체의 중요성을 강조한다.[36]

35 Herman, 106-117.

36 Herman, 143; Van der Kolk, 523; Sharon L. Johnson, *Therapist's Guide to Posttraumatic Stress Disorder Intervention*, 유미숙 외 옮김, 『외상 후 스트레스 장애 치료 가이드』 (서울: 시그마프레스, 2013), 156.

2. 기독교 상담적 제안: 교회의 역할

이제까지 상술한 바와 같이 대부분의 복합 트라우마는 이것이 복합 트라우마를 만들어 내는지 전혀 모르고 있는 부모/양육자에 의해 가정에서 부지불식중에 발생하고, 한 개인의 성격, 정서, 행동, 인간관계 방식에 전 생애에 걸쳐 부정적인 영향을 주며, 적절한 개입과 치료가 없으면 다음 세대로 대물림된다. 전체 인구의 70%가 적어도 하나의 아동기 부정적 경험을 보고한다는 연구에 비추어 볼 때, 이는 기독교인 전체의 70%에게도 해당될 수 있다. 하지만 기독교인들은 교회 공동체에 소속되어 있고, 신앙을 가지고 있으며, 성경을 지침으로 하기 때문에 교회 밖 사람들에 비해 훨씬 더 풍부한 치료의 자원을 가지고 있다. 교회 안과 밖의 복합 트라우마 경험자들의 치료와 회복을 위해 교회가 할 수 있는 중요한 역할들이 있으며, 이를 통해 상한 심령을 찾으시면서 내 백성을 위로하라 명령하시는 하나님의 뜻을 순종하며 세상을 치유하는 일에 동참할 수 있다(시 51:17; 사 40:1). 다음은 복합 트라우마의 치유와 대물림의 방지를 위해 교회가 기여할 수 있는, 필자가 제안하는 몇 가지의 역할들이다.

1) 교육과 의식 향상

복합 트라우마는 그것이 트라우마인지도 모르는 채 부모/양육자에 의해 형성되기 때문에 교육을 통해 상당 부분 예방이 가능하다. 그것이 아이의 전 인생에 걸쳐 심각한 부정적 영향을 준다는 것을 알고서도 계속 그런 양육 방식을 고집할 부모는 거의 없기 때문이다. 대부분의 부모는 자녀를 사랑하고 자녀가 잘되기를 바라며 자기 나름에는 최선을 다해 노력하고 있지만, 정작 어떻게 자녀를 키워야 하는지 잘 모른다. 그래서 배워야 하고, 배우면 훨씬 더 아이들에게 상처를 덜 주면서 키울 수 있다. 그런데 부모들에게 자녀 양육 방법에 대해 가르치는 곳을 찾기가 어렵다. 배울 곳이 없으니 배울 수가 없다. 이런 현실에서 가장 크게 기여할 수 있는 것이 교회이다. 교회에서 성도들뿐 아니라 지역 주민들을 위해 정기적으로 부모들에게 '정서적으로 건강한 자녀 양육' 관련 교육을 제공한다면, 복합 트라우마의 예방에 매우 큰 기여를 할 수 있다. 이 교육에는 기본적으로 복합 트라우마가 무엇이며 어떤 양육을 통해 이루어지는지, 복합 트라우마로 인해 자녀들이 갖게 되는 증상들은 어떤 것들인지, 이것이 어떻게 대물림되는지가 포함되어야 한다. 아울러 자녀들과 안정적이고 친밀한 애착 관계를 형성하는 방법, 아이의 발달 수준에 맞는 대화법과 교육 방식, 아이의 발달 단계에 대한 변화의 모습, 아이를 격려하는 대화법의 연습 등도 충분히 다뤄져야 한다. 또한 이런 교육은 일회성으로 그치는 게 아니라 장기적, 반복적으로 제공될 필요가 있다. 교회에서 자녀 양육 관련 교육을 학기마다 혹은 계절마다 최소 10주 이상의 프로그램으로 만들어 정기적으로 제공한다면 복합 트라우마의 예방에 매우 도움이 될 것이다. 이런 부모 교육은 일차적으로는 부모들이 자녀들을 더 잘 키우기 위한 것이기도 하지만, 이와 동시에 교육에 참여한 부모들로 하여금 자신의 부모와의 관계, 자신이 양육되었던 방식 등을 되돌아보면서 자기 내면에 응어리로 남아 있는 복합 트라우마 상처들을 돌보고 치유할 기회도 제공한다. 그러므로 표면적인 목적은 자녀 양육에 대한 지침을 얻는 것이지만, 실제적으로는 참석한 부모들의 마음 치유도 중요한 목적이 된다.

교회를 지도하는 목사가 이런 교육을 진행해도 좋지만, 그러기 위해서는 목사가 상담 공부를 해야 한다는 부담이 있기 때문에 상담 전문가에게 맡기는 방법도 있다. 교회를 하나의 가정으로 본다면, 목사는 성도들을 양육하는 영적 부모의 역할을 담당하는 셈이다. 그런데 목사가 잘 모르면 교회 안에서 목사에 의해 성도들에게 복합 트라우마가 생기기도 한다. 교회 안에서의 복합 트라우마나 자녀 양육에 대한 교육은 목사에게도 성도들에게 상처를 주지 않고 목회 돌봄을 할 수 있는 지혜와 성찰을 줄 수 있다.

교회는 이런 교육을 직접 제공함과 동시에 교육에 참석하지 않은 사람들에게도 트라우마 없는 자녀 교육에 대한 중요성을 많이 알리는 것도 중요하다. 이를 위해 교회는 지역사회 신문이나 소식지 혹은 홍보 영상물을 통해 지속적으로 지역 구성원의 의식 향상을 위해 노력할 수 있다.

2) 환대와 수용

복합 트라우마는 주로 인간관계에서 발생하기 때문에 대부분의 복합 트라우마 경험자들은 인간관계를 힘들어한다. 사람을 쉽게 신뢰하기 어렵고 친밀감을 느끼기도 어렵기 때문에 인간관계가 불안정하거나 친밀한 관계를 회피하기도 한다. 그런 분들이 교회를 찾을 때, 교회는 새로운 인간관계의 가능성을 경험하도록 도와줌으로써 그분들이 겪은 관계에서의 상처를 치유하는 데 도움을 줄 수 있다.

예수회 사제이며 심리학자, 신학자, 영성가였던 헨리 나우웬(Henri Nouwen)은 상처받고 외로운 이를 치유하는 방법으로 '환대'를 말하면서, 환대란 상처를 치료하여 없애는 것은 아니지만 상처를 이해받고 공감받을 때 경험된다고 하였다.[37] 한 인간으로서 누구도 피할 수 없는 한계와 고통을 온전히 수용 받고 그것이 혼자만의 문제가 아니라는 것을 발견할 때, "그 고통은 절망의 표현에서 소망으로 표적으로" 바뀔 수 있다.[38] 즉, 교회 공동체 안에서 본인의 복합 트라우마로 인한 고통이 본인의 잘못이나 결함이 아니라 많은 사람에게 공유되는 고통이라는 것이 인정되고, 완벽해지기 위해 그것을 없애거나 고쳐야 한다기보다 고통을 담지하고 있는 완벽하지 않은 그 모습 그대로 수용되는 경험은 복합 트라우마 경험자에게 존재 자체로 환대받는 치유적 경험이 된다.

남들에게 완벽하고 행복해 보이는 모습만 보여주지만, 한 꺼풀 벗겨낸 솔직한 모습은 다른 사람이 알게 되면 판단받고 비난받을까 봐 누구에게도 안심하고 보여줄 수 없는 게 현대인들이 살고 있는 외로운 삶의 현실이다. 고통과 고민이 있어도 혼자만 끌어안은 채 신음하면서도 그것을 편하게 나눌 수 있는 공감적이고 수용적인 대상이 없어 점점 더 소외되고 단절되며 모두가 외로운 시대이다. 이런 시대에 교회는 환대를 베푸는 치유적 공동체가 될 수 있다. 지극히 작은 자 하나에게 베푼 것, 그가 주릴 때 먹을 것을 주고, 목마를 때 마시게 하고, 나그네 되었을 때 영접하고, 벗었을 때 옷 입히고, 병들었을 때 돌아보고, 옥에 갇혔을 때 와서 본 것을 예수께서 기억하고 칭찬하신다는 것을 알고 이를 행하기 위해 노력하는 것이 교회 공동체이기 때문이다.[39] 나우웬이 말하듯,

37 Henri Nouwen, *The Wounded Healer*, 최원준 옮김, 『상처입은 치유자』 (서울: 두란노, 1999), 123-125.

38 Ibid., 125.

39 마태복음 25:35-40.

"기독교 공동체가 치유의 공동체가 될 수 있는 이유는 그곳에서 상처가 치료되고 아픔이 경감되어서가 아니라 상처와 아픔이 새로운 비전을 위한 출구나 기회가 되기 때문"이며, "우리가 서로 고백할 때 서로의 소망이 깊어지며, 서로의 나약함을 공유할 때 앞으로 우리에게 주어질 힘을 기억하게" 되기 때문이다.[40] "환대는 상처를 치유의 원천으로 바꿔 놓을 수 있"으며, 인간 소외와 외로움의 시대에 교회는 환대가 실현되는 치유의 공동체로 기능할 수 있다.[41]

3) 안전한 공동체

복합 트라우마 치유의 첫 번째 단계는 안전의 확보이다. 환대하는 교회 공동체 안에서 복합 트라우마 경험자는 이전에는 경험해 보지 못한 안전감을 느낄 수 있다. 또한 위험에 처해 있을 때, 도움을 요청할 수 있는 사람들이 주변에 있음을 알게 된다. 안전한 사람들과 함께 있음을 반복적으로 경험하는 것은 복합 트라우마 치료에 있어서 아주 중요한 요소인데, 교회 공동체 안에서 이것이 일어날 수 있다.

복합 트라우마가 자신, 타인, 하나님과의 단절이라면, 트라우마의 치유는 곧 연결의 회복이다. 허먼은 트라우마 치유 단계에서 마지막 단계를 연결 회복의 단계로 보았다.[42] 복합 트라우마는 관계 안에서 경험한 상처이기 때문에 관계를 통해 치유될 수 있으며, 소수의 안전한 개인과의 관계도 도움이 되지만 수용적이고 공감적인 공동체 안에서

40 Nouwen, 126.

41 Ibid.

42 Herman, 305, 387.

관계를 경험하는 것이 매우 도움이 된다. 허먼은 관계의 치유를 위해 집단의 중요성을 강조하는데, 이런 집단은 "공감적 이해뿐만 아니라 직접적 도전 또한 제공하며, 각자가 수치스러워하지 않고 자신의 부적응적인 행동을 인식할 수 있도록 도와주며 새로운 방법으로 관계를 맺어갈 때 생기는 정서적인 부담감을 감당할 수 있도록 지지해 준다."[43] 이 역할을 아주 효과적으로 해 줄 수 있는 공동체가 바로 교회다. 로마서 12장과 빌립보서 2장에서 그려지는 교회 공동체는 수용적이고, 공감적이며, 지지적이다. 이 세상 어디에서도 찾을 수 없는 치유적 공동체다. 복합 트라우마 경험자는 이런 교회 공동체의 일원이 되어 역기능적인 관계 방식을 깨닫고 수정할 뿐 아니라 수용과 지지를 통해 치유 받고 새로운 관계 방식을 얻을 수 있다.

판데르콜크는 집단이 함께하는 움직임과 음악의 치유 효과를 이야기하면서 공동체 안에서 함께 반복적으로 의식을 치르는 것이 마음과 뇌에 실제로 작용하여 트라우마 증상을 예방하고 완화할 수 있음을 과학적 연구로 보여주었다.[44] 이 연구에 의하면 교회 공동체 안에서 정기적으로 참여하는 예배 의식이 그 자체로 복합 트라우마 경험자들에게 치유적일 수 있다는 결론을 얻을 수 있다. 그럴 수 있기 위해서는 복합 트라우마 경험자가 교회 공동체 일원이라는 소속감과 수용되는 느낌 그리고 교회 공동체 안에서 안전감을 느끼는 것이 중요하다. 교회 공동체가 복합 트라우마 경험자들에게 편안하게 마음을 놓고 안전한 분위기에서 예배를 드릴 수 있는 장을 제공해 준다면, 그곳에서 함께

43 Ibid., 459.

44 Van der Kolk, 527, 530.

드리는 예배는 하나님의 임재와 공동체의 유대감으로 아주 강력한 치유의 장소가 될 수 있다.

한편으로 교회 안에 복합 트라우마 경험자들이 한 명이 아니라 여럿 존재한다면—전체 인구에서 복합 트라우마 경험자 비율이 70%라고 생각하면 교회 안에서도 그 정도의 복합 트라우마 경험자가 있을 것으로 예상하는 게 무리는 아니다— 그분들로 별도의 소그룹을 만들 수 있다. 이 소그룹은 복합 트라우마를 좀 더 표면적이고 직접적으로 다룰 수 있는 집단이 된다. 이 소그룹은 그 안에서 참여자들이 본인의 복합 트라우마 경험에 대해 편하게 나눌 수 있고 서로가 공감하면서 함께 치유될 수 있는 자조 집단(Self-help group)이 된다. 이런 치료적 자조 집단에 대해 허먼은 다음과 같이 강조한다.

> 자신이 혼자가 아님을 발견하기 시작하면서부터 사회적인 끈을 회복할 수 있다. 집단만큼 이 경험이 즉각적이고 강력하고 설득력 있게 다가오는 공간은 없다. … 보편성이 담보하는 치료 효과는 수치스러운 비밀로 인하여 고립되었던 사람들에게 특히 깊이 있게 작용한다. 외상[복합 트라우마]을 경험한 사람들은 자신의 경험으로 크게 소외되었으므로, 생존자[복합 트라우마 경험자] 집단은 치유 과정에서 특별한 위치를 차지한다. 이러한 집단은 생존자[복합 트라우마 경험자]의 일상적인 사회적 환경이 보태주지 못하는 지지와 이해를 제공한다. 유사한 시련을 거쳤던 이들과 만나면서 고립감, 수치심, 낙인의 느낌이 해소된다.[45]

45 Herman, 422-423.

교회 공동체 안에서 복합 트라우마 경험자 소그룹을 만들 경우에 이 그룹에 집단 인도자 한 명 정도가 함께 참석하는 게 안전한 분위기 형성을 위해 필요하다. 이 집단이 자조 집단인 만큼 인도자의 역할보다는 집단원들 안에 형성되는 응집력과 상호 이해와 공감이 더 중요하지만, 전체적인 진행과 안전 확보를 위해 목회자나 전문 상담사가 인도자 역할을 하는 것도 도움이 된다.

4) 발견과 위탁

안전한 교회 공동체 안에서 마음을 놓을 수 있고지지 체계를 확보할 수 있는 것은 복합 트라우마 경험자에게 치유를 위한 중요한 자원이 된다. 하지만 오랜 세월 동안 서서히 젖어 든 복합 트라우마의 영향은 단시간에 쉽게 없어지지는 않는다. 교회 공동체 안에서 수용과 환대를 받으면서 조금씩 안정을 찾아가더라도 여전히 깊은 고통은 다양한 증상으로 표출이 된다. 이런 고통을 경감시키기 위해서는 전문적인 트라우마 재처리 작업이 필요하다. 교회에서 이런 전문적 기술을 사용하는 것은 쉽지 않지만, 이런 필요가 있음을 발견하여 전문적 도움을 받을 수 있도록 위탁할 수는 있다.

전문적인 도움이 필요한데 적절한 치료를 받을 기회를 찾지 못하고 방치하면 더 악화되고 자녀 세대에까지 대물림될 가능성이 크다. 교회에서는 무조건 믿음으로 극복하라고 할 게 아니라 어떤 도움이 필요할지 면밀히 살펴서 가장 효과적인 도움을 적절한 시기에 받을 수 있게 안내해 줄 수 있다. 여기에는 특히 교회 지도자와 목회자의 역할이 크다. 무엇보다 목회자가 정신건강에 대한 기본적인 지식을 가지고 있다면 성도 중에 복합 트라우마를 경험하고 여전히 증상을 가지고 있는 분이 있는지 인식할 수 있으며, 얼마나 심각한지 평가해 보고 필요하다면—신뢰할 만한 기관에 위탁할 수 있다면— 트라우마 경험자는 자신의 회복과 치유를 위해 큰 도움을 받을 수 있다. 트라우마 경험자는 자신에 대해 객관적인 시각으로 볼 수 없기 때문에 교회 공동체에서 이런 역할을 해 주는 것이 트라우마 치유를 위해 때론 결정적일 수 있다.

IV. 나오는 말

복합 트라우마는 인간의 죄성과 연약함으로 인한 가슴 아픈 결과이다. 복합 트라우마는 가장 안전해야 할 가정에서 주로 이루어지며 대를 이어 전수된다. 복합 트라우마는 한 개인의 삶을 파괴할 수도 상당히 제한할 수도 있지만, 적절한 교육과 노력으로 예방할 수도 있고 치유할 수도 있다. 복합 트라우마의 예방과 치유에 교회가 기여할 수 있는데, 이는 교회 및 지역사회에 복합 트라우마 관련 교육을 제공하고, 수용과 환대의 공동체로서 기능하며, 전문적 도움이 필요한 개인을 알아보고 적절한 도움을 받을 수 있도록 위탁하는 것이다. 복합 트라우마에 대한 교육만 잘 이뤄져도 상당히 많은 복합 트라우마가 예방될 것이며, 이미 복합 트라우마를 경험한 사람도 적절한 치료를 받을 수 있다면 대물림은 막을 수 있다. 아담과 하와 이후로 세대를 따라 전수된 죄악이 눈덩이처럼 점점 더 커지고 무거워지고 있는 이 시대에 복합 트라우마의 대물림이 끊어지고 더 이상의 복합 트라우마가 발생하지 않도록 하는 데 교회 공동체가 큰 역할을 할 수 있다는 것은 참으로 다행스러울 뿐 아니라 희망적이다.

하지만 한편으로 교회가 환대와 수용 경험을 제공하고 치유의 공동체로서 역할을 하는 것이 복합 트라우마의 예방과 치유에 있어서 결정적으로 중요하지만, 이는 이상적인 희망에 불과할 수도 있다는 점을 언급하지 않을 수 없다. 교회 안에도 복합 트라우마가 존재하며 교회가 치유의 공동체가 아니라 오히려 더 많은 상처와 트라우마를 주는 공동체가 되기도 하는 것이 어쩌면 종종 마주치게 되는 현재 교회의 실상이기도 하다. 인간의 죄성과 한계는 교회 공동체에도 영향을 미치며, 환대와 치유를 기대하지만 소외와 상처 또한 교회를 통해 받기도 한다. 이런 교회의 한계를 억지로 부정하거나 회피하지 않으면서도, 그런 한계에도 불구하고 교회 공동체가 지향해야 할 목표는 예수님께서 기도하신 대로 하나님의 나라가 이 땅 위에, 천국이 이곳에 임하도록 하는 끊임없는 자기 성찰과 노력이다. 교회의 연약함을 인정하면서도 교회가 조금 더 치유의 공동체로 기능할 수 있도록 매일매일 더 새로워지고 성숙해질 때, 교회는 제한적이나마 하나님의 치유의 도구로 사용될 수 있다. 이런 과정을 통해 교회 공동체가 "내 백성의 위로하라"(사 40:1)는 하나님의 말씀을 기억하며 그 하나의 방법으로 교회 안과 밖의 복합 트라우마 예방과 치유에 교회가 할 수 있는 역할을 감당하기를 기대하는 바다.

미주 한인 가정의 Z세대 자녀 교육과 예배

윤에스더 월드미션대학교 교수 / 음악연주학

I. 서론

다양한 종교와 가치관이 혼돈 가운데 공존하는 현대 사회에서 하나님이 원하시는 올바른 믿음은 어떻게 다음 세대에 건강하게 전수될 수 있을까. 교회를 떠나는 다음 세대에 대하여 우리는 얼마나 잘 이해하고 있으며 그들의 어려움과 고민에 관심을 보이고 있는지 돌아보아야 할 것이다. 이 시대에 필요한 자녀 교육과 예배의 회복은 어디에서부터 시작되어야 할 것인가. 다음 세대 중에서도 특히 Z세대 자녀들에 대한 이해와 포용하는 마음을 가지게 되며 그들과 함께 하나님께 더 가까이 나아가는 일에 힘쓰게 되는 것이 이 글의 목적이다. 또한 Z세대와 부모세대 간의 차이를 객관적으로 알아보아 수용하며 보다 나은 소통을 시도할 때, 가정의 회복이 비로소 시작됨을 강조하고자 한다.

미국에 거주하는 한인 가정의 모습을 살펴보면 여러 세대가 함께 많은 시간을 보내며 서로에게 영향을 미치고 있지만, 각기 다양한 배경과 문화를 추구하고 있어 사실상 한 지붕 다문화 가정과 같은 현실을 마주하게 된다. 또한 이러한 문제점이 사회적으로 드러나는 것이 아니라 묵인하거나 회피하기 때문에 회복의 기회를 놓치는 경우가 많다. 한인 가정 부모들은 자녀들에 대하여 얼마나 잘 알고 있는가. 자녀들이 받는 미국의 교육 현장에 대하여 얼마나 관심을 가지고 있는가. 자녀들이 교회에서 경험하는 예배와 교육에 대하여 관심을 가지고 있는가. 이러한 질문들을 마주할 때, 우리는 불편하지만 필요한 사실들을 알게 된다. 하나님께서 허락하신 가장 아름다운 최초의 커뮤니티인 가정, 그러나 소통이 단절되어 크고 작은 어려움을 안고 살아가는 이민 사회의 크리스천 한인 가정들이 회복되기 위하여 필요한 것이 무엇인지 고민해야 한다.

부모 세대와 거의 모든 면에서 현저한 의식 차이를 보이는 Z세대 자녀들에 대한 이해를 위하여 여러 설문조사 및 통계자료를 통하여 그들에 대한 객관적인 사실을 알아보고자 한다. 또한 이 자녀들이 많은 시간 영향을 받으며 사회생활로 연결되는 미국 교육의 현장을 들여다보며 자녀 교육이 학교와 부모의 협력하에 건강하게 이루어지도록 힘써야 할 것이다. 가장 중요하게는 이 자녀들을 하나님께 가까이 다가가도록 돕는 역할을 잘 감당하도록 교회와 가정이 한마음으로 자녀의 예배가 살아나도록 힘써야 한다. 교육계가 애쓰고 변화하는 이상으로 교회와 가정도 시대의 필요에 따라 변해야 하며, 이러한 변화와 필요를 두려워하거나 부정적으로 여기기보다 기쁘게 받아들이며 협력하여야 한다.

세상은 끊임없이 발전하고 변화한다. 빠른 변화의 시대에 살아가는 자녀들을 품고 함께 하나님 앞에 나아가기 위하여 부모가 얼마나 열정적으로 노력하며 알아가기에 힘써야 할 것인가. 가정이 회복되어야 자녀 개인의 회복이 있고, 가정에서 이루어지는 삶의 예배가 온전해져야 자녀들이 세상에서 참된 빛의 역할을 감당하게 될 것이다. 예배의 회복은 관계의 회복에서 비롯되며, 자녀 교육은 가정과 학교 그리고 교회가 협력하는 가운데 이루어지게 되는 것이다.

II. Z세대에 대한 정의 및 이해

1. Z세대는 누구인가

15년 단위를 기준으로 출생연도를 바탕으로 한 세대 분류법은 우리에게 많이 유용한 기준을 제공하고 있다. 이 분류를 통하여 세대별 인종, 인구분포, 거주환경, 종교, 직업, 성향, 선호도 등 다양한 관심사에 따른 정확한 데이터들이 가능하게 되는 것이다. 많은 단체는 이러한 데이터를 제공함으로 관련된 각종 연구 및 문제점에 대한 파악과 해결방안 제시 등에 도움을 제공하고 있다. 세대를 구분하는 것을 부정적으로 보는 견해도 있다. 세대별 특징에 대한 고정관념을 심어주거나 긍정적인 부분보다는 세대 간의 차이에 너무 집중한다는 비판도 있다. 하지만 이러한 통계가 있어야 사회가 어떻게 변하고 있는지 이해하게 되며 건강한 사회를 이루어 나가는 데 도움이 된다. 이들 중에는 자신들이 속한 세대명이 무엇인지 정확히 알지 못하는 경우가 많은 반면 세대명을 적극 활용하는 이들도 있다.

1990년에 설립되어 미국과 세계의 사회문제, 인구 통계, 여론, 종교 인구 통계, 동향들을 광범위하게 조사 연구하는 미국 비영리 조사 연구 단체인 퓨 리써치 센터의 가장 보편적으로 사용되는 세대 구분은 다음과 같다.[1]

세대명	사일런트	베이비부머	X	밀레니얼(Y)	Z	알파
출생연도	1928~1945	1946~1964	1965~1980	1981~1996	1997~2012	2013~

2024년 기준 12살에서 27살인 미국 거주 Z세대는 대략적인 숫자로 6천 931만 명이다.[2] 부모 세대에게 생소하게 느껴지는 명칭이라도 Z세대들은 자신들을 제너레이션 Z, MZ, 젠 Zer 등으로 부르며 스스로의 정체성을 표현하고 있다. 이들의 특징을 모두 나열할 수는 없지만, 이들은 온라인 커뮤니티를 통하여 소속감을 형성하며 각자의 정체성과 현주소를 확인하고 주류 흐름에서 멀어지지 않기 위해 노력하고 있다. 이들은 자신들의 삶 전반에 관하여 온라인 커뮤니티를 통해 도움을 받거나 의견을 나누는 일에 굉장한 시간과 에너지를 사용하고 있다. 신앙에 대한 부분도 예외가 아니다. 2024년 기준으로 5억 명이 넘는 사용자를 보유하고 있으며, 2023년에는 2022년보다 27.13% 성장률을 보인 미국의 소셜 뉴스 초대형 커뮤니티 사이트 레딧(Reddit)은 Z세대의 성향과 관심사를 많은 데이터가 보여준다.[3] 주로 사회적 이슈,

1 Michael Dimock, "Defining Generations: Where Millennials End and Generation Z Begins," *PewResearcg* (2019). https://www.pewresearch.org/short-reads/2019/01/17/where-millennials-end-and-generation-z-begins/.

2 Ibid.

3 Fabio Duarte, "Reddit User Age, Gender, & Demographics(2024)," *Exploding Topics* (2024). https://explodingtopics.com/blog/reddit-users.

정치, 교육계의 이슈 등을 논하고 묻고 답하는 사이트라 생각할 수 있으나 이러한 커뮤니티 사이트에서도 사람들은 신앙과 믿음에 대하여 대화하며 도움을 청하기도 하고 얻기도 한다. 레딧 사이트를 통해 Z세대들은 심각한 신앙에 대한 관심과 조언을 구하고, 서로의 경험을 나누고 진지한 대화를 이어 나가기도 한다. 또한 틱톡(TikTok)에서도 크리스천 워십 음악 추천에 대한 수많은 내용이 올라와 있으며 유튜브 등을 통한 전파력은 거론할 필요도 없을 만큼 크다. 그러나 X 세대 혹은 밀레니엄 세대조차도 많은 경우 이러한 온라인 커뮤니티에 대하여 경험하기 전부터 부정적인 견해를 보이거나 필요 없는 시간 낭비라고 여겨 알아가기를 거부하는 경우가 대부분이다. 이만큼 세대별 관심사의 차이가 크다는 사실을 보여주는 하나의 예가 된다. 이러한 특성을 가진 Z세대 중에서도 우리가 특별한 관심을 가지고 살펴보려는 이들은 바로 미국 거주 한인 Z세대이다.

2. 미주 한인 Z세대

미국 거주 한인들을 가장 잘 살펴볼 수 있는 지역은 바로 다세대 다민족이 주를 이루는 캘리포니아다. 1992년 조지 부시 대통령이 지정한 대로 매년 5월은 미국에서 아시아/태평양 문화유산의 달로 기념되며 이에 관련된 관심과 행사가 다채롭게 열리고 있다. 미연방 센서스국이 조사한 미국 내 아시안아메리칸 인구 현황 발표에 의하면 2022년 기준 미국 거주 한인 인구는 205만 1,572명으로 추정된다고 한다. 1903년 하와이에서 시작된 이민 역사 120여 년 만에 대규모의 한인 인구의 증가가 이루어진 것이다. 이 중에서 가장 많은 한인이 밀집된 지역은 캘리포니아다. 또한 미국에서 가장 다양한 인종, 문화와 언어를 가진 사람들이 모여 있는 곳으로 남가주가 대표적이다. 캘리포니아에 미치지는 못하지만, 유사하게 다양한 인종 구성을 가지고 있는 주는 하와이, 뉴멕시코, 텍사스, 네바다 그리고 메릴랜드 이렇게 다섯 개다.

캘리포니아 공공정책 연구소(Public Policy Institute of California)가 발표한 2022년 미국의 커뮤니티 설문조사 결과에 의하면 캘리포니아에는 대다수를 이루는 특정 인종이 없고 다양한 인종 구성이 다음과 같이 이루어지고 있다고 한다.[4]

인종	라틴계	백인	아시아계/퍼시픽 아일랜더	흑인	다인종	아메리카/알래스카 원주민
비율	40%	35%	15%	5%	4%	1% 미만

다양한 인종 구성은 곧 다양한 문화와 배경, 언어를 포함한 포괄적인 삶 전반의 다양성을 의미한다. 한 가지 흥미로운 사실은 이 세대들 중 X, Y 그리고 Z세대들 상당수가 독립하지 못하거나 원치 않아 부모 세대인 베이비부머 세대와 더불어 살고 있다는 사실이다. 센서스국 조사에 의하면 2023년 기준 18세에서 34세 사이의 자녀들이 54.5% 부모와 함께 거주하는 것으로 발표되었다.[5] 가장 큰 이유로는 주거비를 감당하기 어렵거나 주택 구입을 위해 저축하기 위한 이유 등 금전적 이유가

4 Hans Johnson, Marisol Cuellar Mejia, and Eric McGhee, "California's Population," *Public Policy Institute of California, PPIC* (2024). https://www.ppic.org/publication/californias-population/#:~:text=No%20race%20or%20ethnic%20group,the%202022%20American%20Community%20Survey.

5 United States census Bureau, "Historical Living Arrangements of Adults," *Census* (2023). https://www.census.gov/data/tables/time-series/demo/families/adults.html.

가장 크게 나타났다. 그리고 이렇게 부모와 함께 거주하는 이들이 가장 많은 주가 캘리포니아다.

그렇다면 이들이 교류하며 관계를 형성하는 크고 작은 개념의 소속 커뮤니티 구성원들은 누구인가. Z세대 시대는 미국 역사상 그 어떤 시대보다도 다양한 인종 구성을 특색으로 가지고 있다. Z세대들은 자연스럽게 다양성에 대하여 열린 마음을 가지게 되며 타인종과 타문화에 대하여 수용하는 삶의 자세를 가지고 있다. 대중 종교 연구기관(Public Religion Research Institute)에 의하면 미국인 Z세대의 두 명 중 한 명은 백인이 아니며 다양한 인종과 친분을 쌓고 문화 및 가치관을 교류하는 일을 자연스럽게 한다.[6] 이 부분도 Z세대와 부모 세대의 차이를 잘 보여주는 하나의 좋은 예가 된다.

3. Z세대의 고충

외로움은 Z세대가 겪는 가장 큰 어려움 중 하나라고 말할 수 있다. 미 보건 당국은 세계적으로 퍼진 외로움의 이슈는 하루에 담배 15개비를 피우는 것만큼 해롭다고 경고했다. "전염병처럼 번지는 외로움과 고립감"(Our Epidemic of Loneliness and Isolation)이라는 글을 발표한 미국의 육군 중장 비벡 멀티(Vivek Murthy) 박사의 경고를 눈여겨볼 필요가 있다.[7] 질병통제예방센터(CDC)와 국립보건연구원(NIH)을 통

6 Melissa Deckman, "The Power of Diverse Networks Among Young Americans," *PRRI* (2024). https://www.prri.org/spotlight/the-power-of-diverse-networks-among-young-americans/.

7 "US Department of Health and Human Services. Our Epidemic of Loneliness and Isolation 2023: The US Surgeon General's Advisory on the Healing Effects of Social

솔하고 있는 만큼 육군 중장은 각종 감염병이나 질병들이 발생하면 방역이나 건강에 관한 한 가장 큰 힘을 발휘하는 자리다. 질병이나 감염병을 다루는 그는 너무 빠른 삶의 속도가 현대인들을 외롭게 만든다고 말하면서 외로움이 더 큰 문제로 대두되고 있다고 표현한다. 대부분의 사람이 20년 전보다 점점 더 대면 만남에서 멀어지고 있지만, 특히 그중에서도 Z세대는 이전보다 70% 감소된 타인과의 사회적 교류를 가진다고 통보하며, "외로움은 이제 진지하게 다뤄야 할 공중보건의 중대 도전"이라고 말했다.[8] 젊은이들은 점점 직접적인 만남보다는 소셜 미디어를 선호하며 이는 어쩔 수 없는 낮은 수준의 관계를 의미한다. 그는 이러한 문제점의 해결 방안 중 하나로 사람 간의 연결고리를 만드는 일이 시급하다고 말했다.[9] 존스홉킨스대학의 2023년 발표에 의하면 사회적 고립을 느끼는 성인은 치매에 걸릴 확률이 높다는 연구 결과도 있다.[10] 현대인의 외로움은 주변에 사람이 없기 때문에 발생하는 현상이 아니다. 오히려 많은 사람 가운데 둘러싸여 있으며 더욱 극심한 외로움을 경험하게 되는 것이다.

Connection and Community." https://www.hhs.gov/sites/default/files/surgeon-general-social-connection-advisory.pdf.

8 Ibid.

9 Ibid.

10 Johns Hopkins Medicine, "New Studies Suggest Social Isolation Is a Risk Factor for Dementia in Older Adults," *Point to Ways to Reduce Risk* (2023). https://www.hopkinsmedicine.org/news/newsroom/news-releases/2023/01/new-studies-suggest-social-isolation-is-a-risk-factor-for-dementia-in-older-adults-point-to-ways-to-reduce-risk#:~:text=In%20two%20studies%20using%20nationally,the%20National%20Institute%20on%20Aging.

III. Z세대 시대의 자녀 교육

1. 크리스천 가정의 자녀 교육

가정에서 이루어지는 자녀 교육은 어떠한가. 부모의 역할은 말로 이론적인 부분을 가르치고 잘잘못을 판단하기보다는 행동으로 자녀에게 선한 영향을 미치며 본이 되는 것이라 할 수 있다. 특히 Z세대가 부모에게 원하는 것은 자신들을 먼저 이해하며 공감해 주는 것이다. 자녀 교육에 대한 많은 예가 있겠으나 유대인의 자녀 교육을 살펴보는 것이 좋은 도움이 된다. 에디슨, 아인슈타인, 프로이트는 인류 역사에 한 획을 그은 대표적인 유대인이다. 1902년부터 역사적인 노벨상 수여가 시작된 1901년에서 2022년까지의 통계를 살펴보면 전체 900명의 수상자 중 유대인은 적어도 213명에 해당한다.[11] 세계 500대 기업 경영진의 41.5%가 유대인이며, 세계 100대 기업의 80%가 이스라엘에 R & D연구소를 두고 있다. 미국의 영화계를 대표하는 여러 감독 중 손꼽히는 스티븐 스필버그는 자신에게 가장 큰 영감이 되고 상상력의 원동력이 된 것은 어린 시절 어머니가 들려주시던 베드 타임 스토리였으며 자신의 실력을 그 스토리로 연마했다고 말했다.[12] 유대인들은 자녀가 13세가 되기 전까지 필요한 모든 교육을 제공해야 한다고 믿으며 식사 시간과 베드 타임 등을 놓치지 않고 성경 이야기를 풀어 알려주는

11 Jewish Virtual Library, Jewish Nobel Prize Laureates, accessed 9/1/2024. https://www.jewishvirtuallibrary.org/jewish-nobel-prize-laureates.

12 Sandra Gonzales, "Steven Spielberg honed his skills telling bedtime stories," *CNN* (2018). https://www.cnn.com/2018/02/21/entertainment/steven-spielberg-creators/index.html.

교육 방식으로 잘 알려져 있다. 가정에서 성장하면서 이렇게 부모들의 입을 통해 전해지는 하나님과 성경의 이야기들을 들으며 자녀들은 상상력을 키워나가고 조기 수학이나 영어교육보다 하나님의 말씀을 접하며 성장하는 것이다. 가장 아름다운 악기인 인간의 성대, 그중에서도 가장 친밀한 부모의 목소리를 통하여 이루어지는 가정에서의 대화 교육은 자연스럽게 자녀를 성장시키게 되어 있다.

또한 부모에게는 보다 성장한 자녀가 소속되어 많은 시간을 할애하는 학교생활에 많은 관심을 가지고 알아야 할 의무가 있다. 초등교육을 받는 시기까지 부모와 밀접한 관계를 유지하다가 중등교육이 시작되면서 점점 멀어지는 시기가 바로 Z세대의 시작이라고 할 수 있다. 학교생활 외에도 여러 가지 활동에 참여하다 보면 가정과 부모가 함께 공유하는 삶의 시간과 내용이 현저하게 감소한다. 특히 미주 한인 가정의 경우 부모가 같은 형태의 교육 환경을 경험하지 못한 경우 이질감을 느끼거나 언어의 장벽, 직장생활 등으로 관심을 가지는 일이 국한되는 현실이다. 사춘기에 접어드는 12세 자녀의 경우 부모의 관심이 간섭으로 여겨져 부담스러워하거나 학교생활 및 친구와의 관계를 공유하는 일을 회피하기도 한다. 그러나 나의 자녀가 대부분의 시간을 보내며 교육을 받는 학습 현장에 대하여 잘 알지 못한다면 부모로서 어떻게 자녀와 깊은 대화를 나누며 삶을 함께하는 일이 가능할 것인가. 이에 부모 세대는 Z세대들이 시작하는 미국의 중등교육의 현장이 어떠한지에 대해 조금이라도 이해하며 자녀들이 경험하는 학교생활에 대하여 진정한 관심을 가져야 한다. 이민 가정에서 가장 많이 나타나는 부모 세대와 자녀 세대의 갈등이 언어와 문화의 차이이기 때문에 해결 방법이 없는 듯이 노력을 회피하기보다는 진정한 관심을 기울여 소통의 기회를 얻고 그들에게 필요한 도움을 학교와 협업하여 제공하는 가정의 모습이 되도록 노력해야 할 것이다. 그리고 이러한 관계 형성이 시작될 때 Z세대와 함께 예배하는 일도 가능하게 되는 것이다.

2. Z세대가 경험하는 미국 교육

학부모의 개입과 협조가 크게 작용하는 초등교육을 마치고 학생의 보다 주도적인 학습 및 생활이 요구되는 중등교육을 받는 자녀들의 학교생활과 시스템에 대하여 한인 부모들은 얼마나 자세히 알고 있는가? 소속된 교육구가 가지고 있는 비전과 학습 목표 그리고 필요에 따라 끊임없이 변화하고 있는 커리큘럼 및 평가에 대하여 얼마나 많은 관심을 보이고 있는지 생각해 볼 필요가 있다. 미국의 교육 시스템은 오랜 시간에 거쳐 변화해 왔고 21세기인 현재에도 그 필요에 따라 계속 발전하고 있다. 미국의 여론조사 및 컨설팅 기업인 갤럽과 월튼 패밀리 재단이 함께 펼쳐 온 Z세대들에 대한 리서치 연구인 "Z세대의 목소리 2024"(Voices of Gen Z Study 2024)에 의하면 세 명 중 한 명이 학교에서 직업 위주의 기술과 교육을 받을 기회를 제공받으며 미래의 직장을 위한 준비에 도움을 받는다고 말한다.[13] 미국 50개 주에 거주하는 4,157명의 Z세대를 대상으로 펼친 이 연구에 참여한 월튼 패밀리 재단의 교육 프로그램 디렉터인 로미 트루커는 이렇게 말한다.

13 Gallup, "Walton Family Foundation-Gallup Research Hub," *Gallup* (2024). Walton Family Foundation-Gallup Youth in America Research.

Z세대들은 성공에 대한 세 가지 요소에 대하여 다음과 같이 말하고 있다. 학생과 교사의 밀접한 관계 형성, 관련분야 학습 경험 그리고 직업에 대한 직접적인 경험이다.[14]

이러한 부분의 이해도를 높이기 위하여 이제 미국의 교육 시스템의 변천에 대하여 알아보도록 하자. 많은 부모 세대가 한국에서 교육을 받았거나 미국에서 교육을 받았다 하더라도 현재의 시스템과 사뭇 다른 커리큘럼과 평가 시스템 하에 이루어진 교육을 받았기 때문에 다음과 같은 변화의 내용을 이해하는 것이 중요하다고 할 수 있다. 학교에 자녀들을 맡기고 교통편을 제공하며 내신 점수를 관리하는 동시에 과외 활동에 도움을 주는 것에 앞서, 나의 자녀가 어떤 교육 제도에 소속되어 있는지 정확히 알 필요가 있다.

미국 화폐의 디노미네이션인 100달러 지폐 앞면에는 건국의 아버지 중 하나인 벤자민 프랭클린의 초상화가 새겨져 있다. 연을 사용한 전기 실험으로 세계적인 명성을 얻은 그가 70세의 나이로 미국 독립의 운명이 걸린 순간 미국 민주주의를 인정받은 일은 역사에서 크게 기억되는 사건이다. 그런데 프랭클린의 많은 업적들 가운데 교육계에 미친 영향력 또한 간과할 수 없을 만큼 중요한 부분이다. 1740년 아이비리그 중 하나인 펜실베니아대학(UPenn)을 설립한 이외에도 여러 다른 학교와 기관을 설립한 그는 미국 교육 현장에 심각한 어려움이 있는 부분을 놓치지 않고 1749년 새로운 교육 개혁이 필요함을 주장하였다. 그는 당시 미국의 교육은 미국의 통용어인 영어가 아닌 라틴어를 위주로

14 Ibid.

이루어지는 부분을 지적하였다. 또한 유럽 중심의 교재 내용은 학생들이 거주하고 있는 미국의 역사, 지명, 문화 등과 현저한 차이를 보이거나 생소한 단어 및 인물들로 가득하여 학생들 대부분은 수업 시간에 제대로 이해하지 못하거나 집중하는 일에 어려움을 겪는 현실이었다. 이에 학교에서 배운 내용을 실생활에 적용한다는 것이 불가능함을 그는 크게 지적하였다. 예를 들자면 수학 시간에 프랑스 한 도시에서 타 도시까지의 거리를 토대로 수학 문제를 풀어나가거나 미국 학생들이 한 번도 접해보지 못한 유럽 문화에 대한 예제 등은 수업 시간을 지루하고 의미 없게 만들었기 때문이다. 또한 라틴어를 중심으로 이루어진 문법 수업 등은 영어를 사용하는 학생들에게 실생활에 관련된 아무런 도움을 주지 못했다. 인쇄소에서 일하며 응용과학에 큰 관심과 소질을 보였던 그는 교육이란 개인과 사회에 직접적으로 적용이 가능해야 한다고 믿었다. 그리하여 그는 미국의 미래 지도자들을 키우기 위한 실질적인 커리큘럼을 앞세워 실용 교육을 시도했던 것이다. 이렇게 그는 앞장서서 기존 교육에서 강조되었던 라틴어, 그리스어 및 다른 언어들 대신 영어를 필수로 채택하는 교육을 주장하였다.

결과는 굉장히 긍정적이었다. 직업훈련을 위하여 기존의 의사, 교육자, 법조인 같은 고전 교육에서 선호하는 분야들 대신 다양한 산업 분야에 실제적으로 필요한 전기공, 기계공, 건축, 농업 기술자 등의 수많은 실용 분야를 교육시키도록 추진하였다. 정비 전문기관이 메릴랜드, 오하이오 그리고 펜실베니아에서 시작되었고 1800년도 후반에는 커리어와 기술 교육(Career and Technical Education)이 시작되어 오늘날까지 큰 영향력을 미치고 있다. 농업 분야 등에도 큰 변화가 생겨났다. 미국의 공장, 철도, 농장 같은 곳들에서 관점과 접근하는 방식이 새로운 필요에 따라 변하게 된 것이다. 무역 기술을 가르치는 방식에도 필요에 따라 큰 변화가 있었다. 러시아의 교육가이자 매뉴얼 훈련을 제안한 빅토 델라보스(Victor Della-Vos)는 1870년대 후반에 업무를 여러 단계로 나누는 혁신을 시도하였는데, 기존 방식이었던 매뉴얼 대로, "내가 하는 그대로 따라 하라"는 방식에서 벗어나 주된 기술과 그에 소속되는 작은 기술들을 분리하는 것을 주장하였다.[15] 가장 쉬운 기술을 먼저 익히게 한 후 조금씩 상향 단계로 옮겨가도록 훈련하도록 한 것이다. 10만 명이 모인 1876년 필라델피아 100주년 전시회에 참석하여 자신의 주장을 펼친 델라보스는 이 시기 매사추세츠 공과대학(MIT)의 총장이었던 존 렁클(John Runkle)에게 큰 영향을 미쳤다. 렁클 총장은 델라보스의 방식을 높이 평가하면서 매사추세츠 공과대학의 수업을 여러 단계별로 나누어 강의와 실용 기술을 각각 익힐 수 있도록 학생들을 지도하게 하였다. 그 결과 졸업생들은 지식뿐 아닌 기술 면에서 뛰어난 인재들로 세상에서 큰 역할들을 감당하게 되었다. 이렇게 미국 초기의 매뉴얼 훈련은 매사추세츠 공과대학과 세인트루이스에 위치한 와슈 두 학교가 앞장서 이끌어 가면서 미국의 교육에 변화를 일으켰다. 당시 와슈의 공과대학 학장이었던 캘빈 우드워드는 아주 중요한 시도를 하게 되었는데, 바로 이 매뉴얼 훈련을 대학생 및 어른에게만 국한하지 않고 고등학생들에게 제공하자고 제안했던 것이다. 이것이 현재까지 이어지는 고등학교 실용 학습의 시작이 되었다.

15 Doug Stowe, "Educational Sloyd: The Early Roots of Manual Training," *DougStowe* (2004). https://www.dougstowe.com/educator_resources/w88sloyd.pdf.

3. 개인의 특성에 초점을 둔 커리어와 기술교육(Career and Technical Education)

고등학교 및 대학 교육에 있어서 커리어와 기술 교육이 얼마나 중요한지 교육계뿐 아니라 학생들과 관심 있는 부모들은 이미 깨닫고 있다. 현재 미국에서 교육에 대한 시각과 실천 방향에 큰 변화를 일으키고 있는 커리어와 기술 교육은 앞서 설명되었듯이 미래를 바라보며 현재의 부족함을 극복하려는 몇몇 사람들의 용기 있는 도전과 노력으로 이루어졌다고 할 수 있다. 이들은 하나같이 당대의 부족함을 안타깝게 생각하며 과거의 습관에 편하게 안주하기 보다는 변화를 위해 필요한 부분에 두려워하지 않고 새로운 시도들을 펼쳤던 것이다. 현재 미국 50개 주 전역에서 제공되고 있는 CTE 학습은 고등학생들에게 직접적인 직업의식을 심어주고 개개인의 독특성과 관심을 조금이라도 이른 시기에 파악하여 경험하며 적성에 맞는지를 분별하도록 한다.[16] 조지타운대학교의 교육 및 인력센터(Center of Education and the Workforce)의 2017년 연구 결과에 의하면 당시 미국에서 대학 학위가 없어도 연봉 5만 5천 달러가량을 받을 수 있는 직업이 무려 3천만 개 이상이 존재하고 있음을 알게 된다.[17] 2024년 현재에는 얼마나 더 많은 직업이 가능할 것인가! 이 사실은 대학 진학을 부정적으로 여기거나 학업을 소홀히 하도록 분위기를 조장하려는 내용이 아니다. 오히려 대학 졸업장을 가

---

16 ACTE, "What is Career and Technical Education?" (February 2024). https://www.acteonline.org/wp-content/uploads/2024/06/ACTE_WhatIsCTE_Infographic_Feb2024.pdf.

17 CEW Georgetown University, "Good Jobs that Pay without a BA," *Geo* (2017). https://cew.georgetown.edu/wp-content/uploads/CEW-Good-Jobs-wo-BA-final.pdf.

진 학생이 CTE을 통하여 필요한 실용 기술까지 취득하고 있다면 훨씬 더 많은 취업의 기회를 빠르게 얻게 되는 것이다. 반면 대학 학위를 취득하였으나 실제 기술 경험이 없고 실용 능력이 없는 졸업생은 취업이 그만큼 부진하게 되는 것이다.

커리어와 기술 교육은 15종류의 인더스트리 섹터를 제공하며 각 학생이 자신에게 맞는 직업군에 대한 정보 및 학습을 정식으로 경험하여 미래 계획에 도움을 받을 수 있도록 인도하고 있다.[18] 모든 학생은 배울 권리가 있고, 학교는 모든 학생에게 동등하게 성장을 도모하는 교육을 제공할 의무가 있다는 것이 CTE의 비전이다. 또한 학생 개개인은 각자가 다른 강점과 약점을 가지고 있으며 이에 따라 다양한 도움이 필요한 것이다. 교사가 일방적으로 앞에서 지식을 전달하고 학생들은 습득하는 관계가 아닌 학생들도 다양한 학습을 통하여 얻게 된 지식을 토론을 통해 나누고, 각자가 모르는 부분과 잘 이해한 부분을 공유하여 함께 성장을 도모하는 시스템이다. 이에 교사의 역할은 '지식 전달'을 넘어 각 학생의 이해도의 차이와 그들의 학업 백그라운드, 언어의 장벽(영어의 어려움 등), 학습 능력의 차이 등을 고려하여 각 학생이 가장 최선으로 이해에 도달하도록 돕는 전인격적인 교육을 감당하는 것이다. 또한 학생들은 성취 능력에 따라 상하위의 격차에 의존하기보다는 상위권 학생은 하위권의 학생을 돕거나 더 깊은 부분을 학습 혹은 나아가 한 단계 상위의 내용을 예습하는 동안 하위권의 학생은 부족한 부분

18 Audrey Boochever, Sherrie R. Bennett, and Michal Kurlaender, "Career Technical Education Among California High School Graduates," *Policy Analysis for California Education (PACE)* (2023). https://edpolicyinca.org/publications/career-technical-education-among-california-high-school-graduates.

을 충분히 보충하여 정확히 이해하도록 권유한다. 학생을 평가하는 기준도 일률적인 정답 위주가 아닌 개개인의 시작점에서 얼마나 큰 성장을 이루었는지에 의미를 부여하는 평가도 이루어지고 있다. 또한 다양한 방식으로 학생들이 교사에게 도움을 요청하며 추가 자료를 통하여 부족한 부분에 도움을 받는다.

또한 모든 학생이 일률적으로 같은 커리큘럼을 소화하기보다는 적성검사 및 실용 경험, 전문가와의 상담 등을 통하여 자신에게 필요하고 관심이 있는 분야에 집중적으로 교육과 기술 훈련을 받게 된다. 이렇게 CTE 교육에 총력을 다하는 중등교육 기관이 미 전역에 크게 늘어나는 가운데 캘리포니아 대부분의 학교에서 이 시스템을 도입하고 있는 추세다. 이에 고등학교 커리큘럼이 제공하는 다양한 학습 기회를 살펴보면 운동, 음악, 미술, 연극, 디베이트, 비지니스 리더십, 조리 교육 등 정말 수많은 종류가 있음에 놀라게 된다.[19]

4. 특수교육(Special Education)

한가지 주목할 만한 사실은 미국의 교육계에서는 특수 교육이 큰 관심을 받으며 중요한 비중을 차지한다는 점이다. 특히 캘리포니아 교육구의 방침을 자세히 살펴보면 여러 가지 특별한 도움이 필요한 학생들에게 진심 어린 관심과 노력이 기울여져야 함을 보게 된다. 그 좋은 예가 개인 맞춤 교육 프로그램(Individualized Education Program)과

---

19 California Department of Education," CTE Career Pathways Poster — Standards and Framework," Accessed 10/15/2024. https://www.cde.ca.gov/ci/ct/sf/documents/ctecpwposter.pdf.

504 플랜이다.[20] 이 두 가지 프로그램은 사실 부모가 자녀를 양육하는 데도 큰 도움이 된다. 언어와 문화의 장벽이 있는 한인 부모 세대와 자녀들에게 더욱 필요한 부분이기도 하다. 캘리포니아 교육구에서는 이 두 가지 플랜에 소속된 학생들이 주류 환경인 일반 학급에 무리 없이 소속되어 학습을 받는 일에 노력을 기울이며, 이 일에 학교와 교사 그리고 부모가 협력을 이루어 학생들이 성장하도록 돕고 있다. 현대 사회에 학교생활을 하는 학생들이 경험하는 많은 어려움이 모두 거론될 수는 없으나 학습에 관련된 몇 가지를 살펴보자면, 여러 단계로 나뉘는 학습 능력 장애, 집중 장애, 대인기피증, 우울증을 포함한 마음의 병 등을 예로 들 수 있다. 특히 Z세대들의 집중 가능한 시간이 8초라는 연구 결과는 놀라우면서도, 그만큼 이들이 학습에 어려움이 많을 수 있다는 부분을 일깨워 준다. 특히 코비드 팬데믹 이후 학교 교실로 돌아온 학생들은 자가 학습보다는 컴퓨터에 의존하는 성향이 급증하여 더욱 집중에 어려움을 겪고 있는 현실이다. 이 프로그램에 속한 학생들에게는 각자의 학습에 방해가 되는 어려움과 학습 능력 평가 결과, 그에 따른 지침 그리고 학교와 교사가 알아야 할 주의 사항 등이 자세히 적혀있는 보고서가 제공된다. 이 학생들을 지도하는 모든 교사는 이 보고서를 읽고 충분한 이해를 거쳐 각 학생에게 필요한 부분을 준비하고 보충될 내용을 추가하거나 앉는 자리에 대해 배려하는 등의 노력을 기울이게 된다.

특수 교육이라는 단어의 특성상 무엇인가 큰 문제가 있게 여겨지거

20 Carolyn Jones, "Parents' guide to 504 plans and IEPs: What they are and how they're different," *EdSource* (2022). https://edsource.org/2022/parents-guide-to-504-plans-and-ieps-what-they-are-and-how-theyre-different/669493.

나 타인에게 부끄러운 부분이어서 회피하고 싶은 상황이 생기는 경우도 많다. 그러나 이 교육의 목표와 비전을 잘 이해한다면 얼마나 유익하며 도움이 되는지 놀라게 될 것이다. 특수 교육이 필요한 자녀를 둔 부모들은 얼마나 적극적으로 이 일에 관여하며 자녀에게 필요한 모든 도움에 학교와 협력을 기울이고 있는가. 이러한 어려움은 자녀의 잘못도 부모의 잘못도 아닌 경우가 많다. 또한 자녀들이 성장하면서 정확히 어느 시기에 이러한 부분이 생성되었는지 알기 어려운 경우가 많기 때문에 부모는 학교에서 제공하는 다양한 평가 보고서를 소홀히 하지 말고 큰 관심을 가져야 한다. 주기적으로 이루어지는 특수 교육 대상 평가는 학교 관계자 이외에도 의사 및 심리학자, 특수교육 전문가들의 소견이나 평가도 첨부되는 경우가 있다. 이렇게 모두가 협력하여 자녀의 학습 능력이 학기마다 성장하는지, 학교생활 적응도나 행동에 변화가 있는지, 교우 관계는 어떠한지 등을 자세히 기록하여 남겨주며, 한 학생이 전인격적으로 성장하는 데 도움을 주고 있다. 따라서 자녀가 특수 교육 대상자가 되는 경우 부모는 해당 디스트릭에서 연결해 주는 전문가 및 소속 학교의 특수교육 전문 교사, 어드바이저 그리고 교장 등의 책임자들과의 미팅을 통하여 나의 자녀에게 어떠한 고민과 어려움이 있는지, 어떠한 도움이 필요한지 자세하고 객관적으로 마주하게 된다. 이 부분은 쉽지 않은 면이 있으나 부모가 얼마나 열린 마음으로 협력하느냐에 따라 결과는 크게 달라지는 것이다. 법에 의하여 미국의 모든 초중고 학교와 소속된 교사들은 특수 도움이 필요한 학생들을 별도의 관심을 가지고 돌보며 수업 시간에 소외감을 느끼거나 다른 학생들과 이질감을 느끼는 일이 없이 지도받도록 하는 일에 의무가 있다. 부모나 대상 학생 본인이 필요한 교육을 제공받지 못한다고 여길 경우 학교와 교육구를 상대로 법적 소송을 할 권리가 있다.

5. 영어 학습자 프로그램(English Learner Program)

캘리포니아 초중고 학생들을 대상으로 한 2022년 언어 설문조사 결과는 다음과 같다. 이 설문조사는 캘리포니아에 거주하는 모든 초등 및 중등교육을 받는 학생들의 부모가 매년 가을 새로운 학년이 시작하는 시기에 의무적으로 대답해야 하는 문항에 대한 답변들을 토대로 조사한 내용이다(2022년 캘리포니아 언어인구 조사, California Language Census, Fall 2022).

영어 학습자(EL)들은 캘리포니아 학생 중 많은 비중을 차지하고 있다. 이들의 숫자는 1,112,535명으로 캘리포니아 공립학교 학생들의 19.1%를 차지한다.
또한 영어 학습자와 영어에 능통한 2,310,311명의 학생이 가정에서 영어 이외의 다른 언어를 사용하고 있다. 이 숫자는 캘리포니아 공립학교 등록생의 39.5 %에 해당한다. 영어 학습자 중에서 65.8%는 킨더에서 6학년까지인 초등교육 해당자이며, 34.2%가 중등교육을 받는 학생들이다.[21]

이렇게 캘리포니아에는 미국에서 가장 많은 숫자의 영어 학습자인 초중고 학생들이 거주하고 있다. 이에 캘리포니아 교육국에서는 특히

21 California Department of Education, "Facts about English Learners in California — Accessing Educational Data," 2022. https://www.cde.ca.gov/ds/ad/cefelfacts.asp.

영어 학습에 관한 큰 관심과 전략적인 목표를 가지고 지속적으로 영어 학습자들을 잘 돕기 위한 정책을 펼쳐나가고 있다. 캘리포니아주 교육 위원회는 2017년 만장일치로 영어 학습자를 위한 교육과 서비스에 대한 정책을 발표하였는데, 이것을 '영어 학습자 로드맵 정책'이라고 부른다. 그러나 대부분의 영어 학습자 자녀를 둔 학부모들이 자신들도 영어에 어려움을 겪거나 이 부분에 관심도가 낮아 자세한 내용을 숙지하지 못하는 경우가 많은 현실이다. 이 정책의 아주 중요한 비전과 목표는 단순히 언어능력을 향상시키는 것이 아니라는 점에 우리는 주목해야 한다. 캘리포니아주 교육 위원회가 강조하는 부분은 다음과 같다.

영어 학습자는 다양한 레벨로 구분되는데, 그 척도는 이민자의 경우를 예로 들자면 미국에 입국하기 전 영어를 접한 경험의 유무, 영어를 수업 시간에 배웠는지 혹은 실생활에서 사용한 경험이 있는지 등의 자세한 배경을 토대로 학생들을 구분하는 것이다. 또한 한 학생의 영어 능력이 기본적 대화가 가능한지, 구두 능력, 읽기와 쓰기, 문장 구사 능력 등 다양한 지표에 따라 구분된다. 더 나아가 영어 학습자 학생의 문화적 배경과 모국어에 대한 특징을 살펴보며 다른 문화권에서는 같은 내용을 어떻게 학습하는지 발표하거나 자신의 모국어로 해당 학습 내용을 충분히 이해하는지에 대한 평가도 함께하고 있다.

이 영어 학습자 프로그램은 앞서 소개된 커리어와 기술 교육과 연결이 되어 영어 학습자 학생에게 필요한 실제 도움 또한 여러 단계로 구분된다. 관심 분야에 대한 경험과 지식이 풍부하지만 영어 경험이 없는 경우, 관심 분야에 대한 경험이 전혀 없으면서 영어에 대한 경험도 없는 경우 등 정말 상세한 분류를 통하여 학생을 파악하고 도움을 제공하는 일에 힘을 기울이고 있다. 이러한 모든 수고의 목표는 영어의 발전을 통하여 영어 학습자 학생들이 사회성을 기르며 자신감을 키우고, 모든 공교육에 부족함 없이 이해도를 높이게 되며, 나아가 자신의 관심 분야를 찾아 깊이 있는 학습과 경험을 쌓아 미래를 바라보는 일에까지 도움을 제공한다는 것이다. 부모들은 자녀가 받는 영어 학습자 교육이 단순히 모국어가 아닌 다른 언어에 능통하게 되는 것이 목표라고 가볍게 여기는 오해를 범해서는 안 될 것이다. 또한 가정에서 사용하는 언어가 영어가 아닌 경우 발생하는 여러 어려움에 대하여 교육구 및 학교에서 관심을 가지고 노력을 기울이는 것 이상으로 가정에서도 이러한 부분을 인지하고 함께 도와야 할 것이다.

6. 학교와 부모가 함께하는 자녀 교육

부모 세대가 경험한 학교생활과 현저한 차이를 보이는 미국의 교육 현장에 대하여 알아보았다. 자녀를 학교에 맡기고 오랜 기간 학습을 받게 하는 동안 한인 부모들은 과연 얼마나 자세한 내용을 알고 싶어하며 관심을 가지는가. 학교와 교사 그리고 학급 동료들이 알고 있는 만큼 부모도 자녀에 대하여 잘 알고 있는가? 자녀와의 관계 형성을 위한 노력을 기울이는 많은 방법 중 중요한 부분이 바로 그들이 받는 교육 환경과 내용을 잘 이해하는 것이다. 나의 자녀가 열정을 보이는 분야가 어떠한 방식으로 학습되는지, 학교와 교육구에서 제공하는 절차별 단계에 따른 학습법이 나의 자녀에게 어떤 영향을 미치고 있는지, 더불어 부모 세대가 경험한 학습 방식과 다른 현재의 교육 방식에 대하여 자녀와 대화를 나누며 경험을 나눈 적이 있는지 생각해 볼 필요가 있다. 학교와 교사가 객관적으로 바라보는 나의 자녀의 모습에 대하여 부모는 잘 이해하고 있는가. 또한 자녀가 어떤 이유에서든 특수 교육 및 별도 케어가 필요한 경우 이 사실에 대하여 부끄러워하거나 회피하지 않고 학교의 담당자와 협력하여 자녀가 최선의 방식으로 모든 필요한 학습을 긍정적으로 마무리하도록 돕는 일에 전력하고 있는가.

많은 한인 가정에 존재하는 현상인 언어의 장벽과 의식 차이에 대하여 부모는 어떻게 노력하며 자녀와 함께 대화하고 있는가. 나의 자녀에 대하여 학교에서 제공하는 평가 및 보고서의 내용들보다 더 자세히 알기 어렵다 할지라도 그 보고서의 내용만큼은 충분히 이해하고 있어야 할 것이다. 문화와 언어의 장벽이 존재하는 가정에서 성장하는 자녀가 겪는 어려움을 함께 바라보며 작은 일에서부터 해결해 나가는 일에 이렇게 교육구와 학교 그리고 관련된 교사들이 힘쓰고 있다. 여기에 부모와 가정이 한마음으로 협력한다면 자녀 교육의 밝은 미래가 보장될 것이다.

IV. Z세대와 예배

1. Z세대 시대 예배의 현주소

2,561명의 미국 성인을 대상으로 실행한 미국기업 연구소(American Enterprise Institute)의 미국인들의 관점에 관한 통계 조사를 분석한 다니엘 콕스는 신앙의 종파에 관계 없이 종교 생활 자체에 대한 미국인

들의 참여도에 대하여 다음과 같이 분석했다. "18세에서 29세 사이 연령 계층은 이미 2019년에 가족과 함께 종교 활동이나 실생활에서 식기도, 은혜를 나누는 일, 주일 공예배, 성경공부 등에 참여하는 비율이 현저하게 낮아져 30%를 못 미치는 통계를 보이고 있다. 반면 50세 이상의 미국인들은 50% 정도가 이러한 종교적인 활동에 참여하고 있음을 알게 된다."[22]

2023년 『탈 기독교시대 교회』(*The Great Dechurching*)라는 책을 발간한 공동 저자 짐 데이비스와 마이클 그레이엄은 데이터 분석을 통하여 현재 미국인들의 교회 출석에 관한 현실을 알려주었다. 매 주일마다 교회 출석률을 살펴보면 지난 사반세기 동안 4천만 명의 미국인이 매주 출석에서 연간 한 번의 출석으로 돌아섰다. 이 숫자는 1차, 2차 대각성 운동을 다 합친 숫자보다 더 크다. 교회를 떠난 사람 중 이유를 조사해 보면 4분의 1 정도의 사람들이 '상처를 받았다', '신뢰를 잃었다' 등의 대답을 남겼다. 덧붙여 예배의 회중을 분석해 보면 연령대가 높은 회중이 훨씬 많다는 사실은 우리는 경험하고 있다. 특히 대형 교회처럼 많은 프로그램과 자원이 있고 교육부의 필요대로 훌륭한 시설과 많은 사역자가 동원되어 이끌어 가는 경우를 제외하고는 작은 교회들이 많은 어려움을 겪고 있는 현실이다.

또한 『모든 연령이 함께하는 교회 — 다세대가 함께하는 워십』(*The Church of All Ages: Generations Worshiping Together*)의 저자 하워드 밴더웰은 세대 간의 차이로 인한 예배의 어려움을 연구하고 다양한 시각의

22 Cox, Daniel A., "The Decline of Religion in American Family Life," *American Enterprise Institute — AEI* (Washington DC, December 11, 2019).

이유와 해결 방안을 제시하고 있다. 서론에서 그는 이렇게 말했다. "현대교회의 회중을 잘 관찰해 보면 다음과 같은 문제점을 발견하게 된다. 각자의 직업으로 바쁜 부모가 자녀에 대하여 충분한 관심을 가지거나 함께 시간을 보내지 못하면서도 교회가 그 일을 대신 감당해 주기를 바라고 있다."[23] 앞서 언급된 학교생활과 마찬가지로 부모 세대는 자녀들의 신앙생활 그리고 더 나아가 교회 생활에 대해서도 적극적인 관심을 보여야 하는 것이다. 저자는 다세대 간의 어려움을 설명하는 과정에서 한인 이민 사회를 예로 들고 있다. "어떤 경우 우리는 이민 문화에서 사용되는 특이한 표현법을 발견할 수 있다. 미주 한인 이민자들의 경우 처음으로 미국에 이민하여 정착한 세대를 '1세대'라고 부르는데, 이들은 한국에서 이미 모든 교육과정을 마치고 직업 등의 삶의 기반이 마련된 사람들이다. '1세'들은 모국어인 한국어를 사용하며 한국문화에 젖어있다. '2세'들은 미국에서 교육받고 미국식 사고와 라이프 스타일 그리고 영어 중심의 삶을 펼치는 이들이다. 이 두 세대 사이에는 또한 '1.5'세에 해당하는 그룹의 사람들이 존재한다. 이들은 1세와 2세 사이에서 다리 역할을 하며 두 문화와 생활 습관 그리고 언어에 모두 편안함을 느끼는 사람들이다. 로스앤젤레스에 거주할 당시 한인 대형교회에서 예배를 드리면서 이러한 사실을 접하게 되고 큰 관심을 보이게 되었다."[24]

23 Vanderwell, Howard ed., *The Church of All Ages: Generations Worshiping Together* (Herndon, VA: The Alban Institute, 2008), Preface.

24 Vanderwell, 6-7.

2. 다세대 통합 예배를 위한 관심과 노력

다세대가 함께 예배를 통해 하나님께 나아가는 일을 위해 이미 오랜 시간 많은 노력이 진행되어 왔다. 하나의 좋은 예로 뉴올리언스 침례신학교의 교수인 마이클 샵 박사는 자신의 세미나를 통하여 학생들에게 다섯 개의 다른 세대에 속한 회중을 나누어 인터뷰 및 대화를 함으로 그들에 대한 이해도를 높이도록 지도하고 있다. 세대별로 생각하는 예배를 비롯한 삶 전반의 의식 차이를 조사하도록 하고 있다. 이를 통하여 교회 지도자들이 어떻게 하면 다세대를 융합하는 예배를 드릴 수 있을지 조금 더 고민하며 실제적인 방안들을 생각하도록 도전을 준다. 방법론적으로 다양하겠으나 이러한 고민과 해결 방안을 위한 몸부림이 현재 미국의 모든 교회에서 일어나고 있다고 해도 과언이 아니다. 그러나 이러한 '다름'의 현상은 이상한 일이 아니라 당연한 것이다. 사도바울은 로마서 12장을 통해 다음과 같이 말하고 있다. "우리가 한 몸에 많은 지체를 가졌으나 모든 지체가 같은 기능을 가진 것이 아니니 이와 같이 우리 많은 사람이 그리스도 안에서 한 몸이 되어 서로 지체가 되었느니라."[25]

하나의 몸에도 각기 다른 기관이 존재하며 각각 다른 기능과 목적을 가지고 있지 않은가. 사도바울은 이렇게 다른 몸의 기관이 하나도 연결되어 있는 것처럼 우리 모든 믿는 지체는 그리스도 안에서 한 몸이 되었다고 일깨워 주고 있다. 각각 다른 세대의 차이점을 잘 파악하고 이해하는 동시에 우리는 이 모든 세대가 그리스도 안에서 한 몸과 같이 이미

25 로마서 12:4-5(개역개정).

연결되었음을 잊지 말아야 한다. 21세기 고민되는 현상에 대한 지혜를 성경에서 찾을 수 있다는 이 사실이 얼마나 놀라운지 모른다. 밴더웰은 세대 통합 예배에 대하여 이렇게 정리하고 있다. "세대 통합 예배란 모든 연령대의 회중이 동등하게 중요한 존재로 받아들여지는 예배다."[26]

3. Z세대 시대 예배의 회복

Z세대 자녀들이 하나님에 대하여 마음속으로 얼마나 열정을 품고 있는지 부모 세대는 잘 알고 있는가. 「크리스천 투데이」의 케빈 브라운 기자는 "애즈베리 부흥 운동이 Z세대에 대하여 알려준 사실"(What the Asbury Revival Taught Me About Gen Z)이라는 글을 기재하였다.[27] 그는 2023년 2월 8일 애즈베리대학에서 발생한 16일간의 대부흥 운동에 대하여 몇 가지 흥미로운 사실을 설명하고 있다. 케빈은 당시 평소와 같이 온라인 스트리밍을 통하여 애즈베리대학의 50분 채플에 참가하여 설교와 찬양을 듣고는 다음 미팅을 위하여 자리를 옮겼다. 그런데 그의 아내가 한참 후에 문자를 보내어 아직도 학생들이 떠나지 않고 기도하며 찬양을 드리고 있다고 한 것이다. 더 많은 학생 참석자들이 계속 증가하고 있었다. 이후 250개가 넘는 팟캐스트, 1,000여 개의 기사 그리고 수많은 타 단체 집회와 예배 설교 시간에 이 부흥 운동이 거론되었으며, 2억 5천만 소셜 미디어 포스팅에서 #애즈베리 부흥 집회, #2023년 애즈베리 부흥 운동 등을 통해 수많은 사람이 알고리듬을

---

26 Vanderwell, 10.

27 Brown, Kevin, "What the Asbury Revival Taught Me About Gen Z," *Christianity Today* (March 2024).

타고 이 사건에 대하여 더 알 수 있도록 소개되었다고 애즈베리대학은 발표하였다.[28] 민족, 성별, 연령, 배경에 상관없이 사람들을 뒤흔드는 대단한 하나됨의 좋은 예다.

그러면서 케빈은 아주 중요한 지적을 해 주었는데, 그는 학생들이 '믿음'이라는 추상적인 단어보다는 '믿음으로 행동하는 것'에 더 큰 관심을 가진다고 말한다.[29] 미국 내 이미 많은 찬양 집회가 청소년들에게 큰 영향을 미치고 있는 가운데 패션 컨퍼런스 같은 대규모 영적 집회들이 열리고 있으며, 수많은 참가자와 예수 그리스도를 구주로 영접하는 자들 그리고 잃어버린 믿음의 열정을 회복하는 젊은이들이 많다는 사실은 탈교회 현상으로 낙심하는 이들에게 또 다른 측면을 보여주고 있다. 이들이 대규모로 모이는 부흥 집회에는 찬양이 큰 역할을 하는 부분도 주목해야 한다.

다세대가 함께 예배로 나아가는 일에 가장 마음을 열기에 좋은 역할을 하는 것은 바로 찬양이다. 시편 저자는 우리가 함께 하나님께 나아가며 하나님의 이름을 높여드리자고 말하고 있다. 생일 파티에 축하 노래를 다 함께 부르며 화합을 이루고, 크리스마스 노래를 부르며 하나가 되며, 할렐루야 합창이 울려퍼질 때 모두 기립하거나, 국가가 불릴 때 가슴에 손을 얹게 되는 이 모든 현상은 음악을 통한 하나됨을 상징하는 것이다. 음악은 이렇게 찬양으로 사용될 때, 가정과 커뮤니티, 교회를 하나되게 하며 서로 다른 세대를 융합시키는 힘을 가지고 있다. '패션

---

28 Ibid.

29 Brown, Kevin, "What the Asbury Revival Taught Me About Gen Z," *Christianity Today* (March 2024). https://www.christianitytoday.com/2024/02/asbury-revival-taught-me-about-gen-z-casual-christianity/.

컨퍼런스'나 '예수님을 위한 Z세대' 같은 대규모 집회에 모인 수많은 사람을 하나되게 하는 일에 가장 큰 역할을 하는 것은 찬양이라 할 수 있다. 수평적인 관계에 머물러 있지 않고 하나님을 함께 바라보며 나아가는 일에 찬양만큼 큰 힘을 발휘하는 것은 없다. 대규모 집회뿐 아니라 모든 예배에서 찬양을 포함한 음악 전반이 차지하는 비중은 아주 크다. 교회나 집회의 전통 및 성격에 따라 예배음악의 종류나 진행, 구성이 달라질 수는 있어도 음악이 없는 예배를 상상하기는 쉽지 않다. 남녀노소 누구나 차별 없이 하나될 수 있는 통로가 바로 찬양, 곧 음악이다.

4. Z세대 시대 예배에서의 음악의 역할

앞서 언급되었듯이 Z세대들은 특히 말과 행동이 다른 이들을 신임하지 않는 특징이 강하다. 삶이 동반되지 않아 진정성이 없는 부모 세대의 믿음의 권유는 Z세대의 마음을 움직이기 어렵다. 수많은 찬양곡의 작사가들이 남겨준 믿음의 가사들을 알고 있다. 찬송가 한 곡마다 그 작사자가 경험한 하나님의 은혜를 읽으면 눈물 없이는 찬양할 수 없게 된다. 부모 세대들은 이러한 찬양 가사의 힘을 자녀들과 나누며 더 나아가 현재의 삶 가운데서 자신들의 일상의 모습으로 하나님을 찬양함을 모범이 되도록 보여주어야 할 의무가 있다. 이런 삶을 실천할 때, 비로소 Z세대 자녀들이 부모와 함께 같은 하나님을 찬양하는 일에 마음을 열게 되는 것이다.

삶의 스토리가 뒷받침되어 음악이 큰 영향을 미친 하나의 예를 들자면 2024년 올림픽 개막식 축하 무대를 꼽을 수 있다. 셀린 디온은 2022년 소셜 미디어를 통해 강직인간증후군(Stiff-person syndrome)을 앓고 있다는 안타까운 소식을 전했다.[30] 그는 "최근 100만 명 중 한 명꼴로 걸리는 매우 희귀한 질환을 진단 받았다"며 "이 병이 나의 모든 (근육) 경련을 일으킨다는 점을 이제 알게 됐다"고 말했다.[31] 그는 이어 "이 경련은 걷기 어렵게 하고 노래를 부르기 위해 성대를 사용하는 것도 허락하지 않는다"고 했다.[32] 2024년 7월 프랑스 파리에서 열린 하계올림픽 개막식에서 그는 이 어려움을 극복하고 다시 무대에 서는 모습을 통하여 전 세계 수많은 사람의 마음에 감동의 메시지를 선사하였다. 그에게 쏟아진 찬사는 그의 연주가 기교적으로 탁월하거나 그의 퍼포먼스가 매력적이어서가 아니다. 죽음의 문턱을 마주한 것 같은 고통 속에서 포기하지 않고 끝까지 싸워 다시 노래를 부르게 됨을 우리 모두와 나누어 주었기 때문이다. 셀린 디온은 삶의 역경을 이겨냄을 음악을 통해 표현함으로 큰 영향력을 선사했다. 우리는 마치 올림픽을 준비하는 선수들의 삶처럼 천국에 이르는 그날까지 훈련과 좌절, 실패, 노력, 발전, 등을 거듭하는 삶을 살아가고 있는 것이다.

V. 결론

Z세대를 포함한 우리 모두는 힘겨운 경주를 하고 있다. 그러나 이 경주는 세상의 경쟁처럼 남을 넘어뜨려야 성공하는 것이 아닌 함께

30 Lindsay Lowe, "How is Céline Dion's health? What she's shared about stiff person syndrome battle," *Today* (Oct. 2024). https://www.today.com/health/celine-dion-health-rcna98154.

31 Ibid.

32 Ibid.

완주하여야 할 믿음의 경주다. 우리가 드리는 모든 예배는 삶의 연속이 되어야 하며, 나의 한 입술이 세상의 말과 하나님을 찬양하는 일에 혼돈되게 사용되지 않도록 가정에서부터 훈련되어야 할 것이다. 나아가 참된 신앙의 어른이 되기에 힘써 나에게 맡기신 육의 자녀를 비롯한 모든 Z세대와 함께 하나님께로 나아가는 참된 예배자가 되어야 할 것이다. 그리고 이러한 다세대 통합 예배에 큰 도움이 되는 부분은 음악이다. 찬양 예배, 찬양 집회, 찬양 세미나 등 현재에도 많은 노력이 진행되고 있는 반면 예배에서 찬양대가 사라지며 음악이 그 역할을 잃는 안타까운 모습을 마주하게 되는 현실이다. 세대를 연결하는 하나되는 예배에서 찬양은 파워풀한 역할을 감당할 것이다.

아프리카 나이지리아의 속담 중에 "한 아이를 키우는 데 온 마을이 필요하다"라는 말이 있다. 부모와 학교, 이웃, 그 외 해당하는 소속 커뮤니티 전체가 힘을 합쳐 교육하고 돌봄으로 성장에 기여해야 한다는 뜻이다. 또한 우리는 생물학적 가정의 범위에만 주목하지 말고 하나님께서 만남을 허락하신 소속 커뮤니티의 모든 자녀, 특히 소외당하고 음지에 있는 어려운 자녀들에게 참 어른의 모범을 보여 신앙의 길로 인도하는 모습이 되어야 하겠다. 이러한 의미에서 가정이란 보다 넓은 범위의 공동체이며 부모는 자신의 자녀에게뿐 아니라 주변의 다음 세대를 돌봄에 관심을 가지며 각자의 역할을 잘 감당해야 할 것이다.

장애 아동 신앙 형성을 위한 교회와 가정의 역할

— 가정예배를 중심으로

이현아 월드미션대학교 교수 / 사회복지학

I. 서론

본 연구는 "장애 아동의 신앙 형성을 위한 교회와 가정의 역할은 무엇인가?"라는 질문에서 시작되었다. 그동안 장애인 사역이 교회 안에서 이뤄지는 특수 목회의 하나였다면, 좀 더 본질적인 차원에서 장애 아동의 신앙 형성을 위한 교회와 가정의 역할은 무엇인가에 대해 고찰하는 것이다.

그동안 장애인의 인권과 복지에 관심이 높아지면서 교회가 장애인에 대한 사회적 관심을 갖고 장애에 대한 신학적 정립과 장애인 사역 방향에 대한 요청을 받게 되었다. 이와 더불어 장애인 신학에 대한 이론적 연구와 함께 교회, 선교 단체, 교회 부설 복지재단과 장애인 복지기관 등 장애인 사역 현장이 다양해지면서 장애인 사역 형태가 갖춰지는 긍정적인 모습을 보이고 있다. 외형적으로는 장애인 사역의 눈부신 발전을 보이지만, 여전히 장애를 바라보는 세상과 사회의 관점은 시혜적이고 보호적인 입장을 보인다. 장애인은 여전히 교회에서 돌봄과 보호를 받는 수동적인 입장에 처해 있으며 그 가족들의 신앙은 장애 자녀를 돌보는 삶과는 무관하게 들릴 뿐이다.

기독교 장애인 가정이 신앙을 형성하고 유지하는 데 어려움을 느끼는 것은 장애 자녀를 양육하며 부딪히는 여러 문제와 상황들로 추측해 볼 수 있다. 장애 자녀를 둔 가정의 부모는 장애 아동을 돌보기 위해 부모에게 주어진 역할보다 더 많은 역할이 요구되며 장애 자녀를 둘러싼 많은 어려움에 직면하게 된다. 여기에는 장애 진단의 지연에서 오는 스트레스와 불안함, 장애에 대한 낙인과 수치심, 비장애 자녀를 충분히 돌보지 못하는 미안함, 양육 스트레스와 우울감, 다른 양육 방식과 책임으로 인한 부부 갈등, 장애 수용의 어려움, 재정적 문제 등이 해당된다. 특히 미국에 거주하는 한인 이민자 가정의 경우 장애로 인한 어려움은 가중될 수밖에 없다. 부모 중 한 명 이상이 본토 문화권에 속해 있는 이민자 가정은 언어적, 문화적 장벽에 부딪힐 가능성이 높으며, 가정 안의 의사소통 방식과 장애 수용 인식에 따라 장애 자녀를 받아들이는 데 어려움이 가중될 수 있고, 주변 가족의 지원이나 공동체 모임 등 사회적 자원이 부족할 가능성이 크다.

가정은 하나님이 인간에게 주신 최초의 공동체이며 신앙 형성과 전수의 근원이 되는 장소다. 장애로 인해 마주해야 하는 척박한 현실 속에서 부모는 자녀를 더욱 축복하고 믿음으로 나아갈 수 있는 신앙의 여정을 선물해야 할 책임이 있다. 하나님이 인간에 대한 은혜의 선물인 가정을 통해서 친밀한 가족관계에서 오는 행복을 경험하고 가족원과 가족 전체에 주신 은사들을 최대한 개발하여 자녀를 기독교 가치관에 따라 올바르게 양육[1]하도록 인도해야 한다. 자녀 양육으로 오는 어려움과 난제를 신앙 안에서 이해하고 회복할 수 있는 근력을 만들기 위해서 가정예배는 가정이 더욱 단단한 신앙 공동체로 회복되는 길잡이가 될 수 있다. 가정예배를 통해 장애 자녀와 가족 전체를 향한 하나님의 소망과 참뜻을 깨닫고 진리의 과정을 걸어가며 장애인 부모는 자녀를 바라보는 관점을 변화시키고 건강한 신앙의 기초 위에 설 수 있다.

본 연구는 장애 아동의 신앙 형성을 위한 교회와 가정의 역할로서 가정 사역의 일환인 가정예배를 중심으로 살펴보고자 한다. 가정예배의 본질과 책임은 부모에게 있지만, 가정예배를 안내하는 역할은 교회에게 책임이 있다. 교회는 장애인 가정 사역의 중요성을 깨닫고 장애 아동의 신앙 형성과 전수를 위한 사역으로 가정예배의 틀을 제공하고 가족 문화를 형성함으로써 장애인 가정 사역을 가정의 회복과 신앙 전수의 핵심으로 바라보아야 할 것이다.

이를 위해 본 연구는 장애 아동의 신앙 형성을 위한 교회와 가정의 역할을 탐색하기 위하여 교회와 가정에서 장애 아동을 둘러싼 현실을 탐색하고, 신앙 형성을 위한 가정예배의 가능성을 제안하는 데 목적이 있다. 이로써 다음과 같은 연구 내용을 포함한다.

첫째, '장애 아동과 가족'이라는 주제로 장애의 개념과 장애 아동과 미주 한인 장애인 가정을 둘러싼 어려움과 현실을 살펴본다.

둘째, '장애 아동과 교회'라는 주제로 장애 신학적 관점에서 바라본

1 엄예선, 『한국 교회와 가정 사역』 (서울: 생명의말씀사, 2007), 319.

장애 아동의 이해와 장애 아동 사역을 위한 교회의 역할과 방향을 탐색한다.

셋째, '장애 아동과 가정예배'라는 주제로 장애인 가정의 올바른 신앙 형성을 위하여 가정예배의 중요성을 살펴보고, 장애 아동 가정예배의 실천 원리와 방법을 살펴본다.

본 연구는 장애 아동에 대한 교회와 가정의 역할을 회복하기 위해 장애 아동과 가정예배라는 두 가지 주제를 아우른다. 장애와 아동의 정의가 보다 포괄적으로 연구되는 부분은 한계가 있을 것으로 보이지만, 그동안 장애 아동과 가정예배라는 두 주제를 포괄하여 연구된 적이 거의 없기 때문에 본 연구가 기초 자료로서 활용될 수 있다는 점과 장애 아동의 신앙 형성을 위한 새로운 탐색과 대안을 모색한다는 데 의의를 둘 수 있다.

II. 본론

1. 장애 아동과 가정

1) 미국의 장애 아동 실태

현재 미국의 장애 인구는 4,500만 명으로 이 중 장애 아동은 약 300만 명으로 추계된다. 이러한 수치는 18세 미만 인구의 4.3%를 차지하고 있으며 장애 발생률은 2008년보다 0.4% 증가한 수치이다(2019년 기준).[2] 5세에서 17세 사이 장애 아동 중 가장 흔한 장애 유형은 인지적 어려움(Cognitive difficulty)이 두드러졌으며, 그다음으로 15~17세 사이의 아동에만 해당되지만 독립생활의 어려움(Independent living difficulty)이 두 번째로 높은 비율로 나타났다. 이 장애는 거의 30만 명의 장애 아동이 혼자 일을 처리하는 데 어려움을 겪거나 이 연령 그룹 전체의 2.4%에 해당되었다. 또한 0~17세 장애 아동 중 1.2%가 두 가지 이상의 장애 유형을 가졌으며 이 수치는 2019년에 장애 아동의 4분의 1 이상을 차지하였다. 일부 장애 유형의 특정 조합은 특히 흔하게 나타났는데, 예를 들어 자립생활에 어려움을 겪는 아동 중 88%가 독립생활에도 어려움을 겪었고, 82.2%가 인지적 어려움을 경험하였다. 이동에 어려움을 겪는 장애 아동의 대부분은 다른 장애 유형을 동반하였다.[3] 이러한 사실은 장애 아동의 이동과 인지의 제한은 자립생활과 독립생활을 어렵게 할 수 있다는 점을 설명하고 있다. 이러한 결과를 통해 주목할 점은 연령이 높아지면서 장애 유병률이 유의하게 높아지는 점과 인지적 어려움을 보고한 유형이 높게 조사된 점, 두 가지 이상의 장애 유형(특히 이동과 인지의 제약)에 대해 관심을 기울일 필요가 있음을 발견할 수 있다.

장애 아동 인구의 증가는 장애인 가족이 발생하는 것을 의미한다. 특히 가정 내 장애가 있는 가족 구성원이 1명 이상일 경우 더욱 큰 어려

2 Natalie A. E. Young, "Childhood Disability in the United States: 2019" ACSBR-006 (American Community Survey Briefs) (U.S. Census Bureau, Washington, DC, 2021), 2-3. 장애 아동 현황 자료는 미국의 인구조사국에서 주관하는 연례 조사인 Disability in the American Community Servey(ACS)를 중심으로 분석된다. 즉, 장애 유형의 세부적인 관찰을 찾아보긴 어렵지만 시각적 어려움, 청각적 어려움, 인지적 어려움, 이동의 어려움, 자기관리 어려움, 독립생활의 어려움, 여섯 가지 자기 보고식 질문지를 기초하여 보고되었다.

3 Ibid., 2-5.

움에 처할 가능성이 높을 수 있다. 나탈리와 카트리나(Natalie & Katrina, 2023)의 "가족 내의 장애 인구 특성: 유병률, 특성 및 재정 복지에 대한 영향에 관한 연구"(The Demographics of Disability in the Family: Prevalence, Characteristics, and Implications for Financial Well-Being)[4]에 따르면 조사 대상 7,960만 가구 중 25.7%(2019년 기준)에 해당하는 가구가 적어도 한 명의 장애인 가족 구성원을 포함하고 있었다. 특히 빈곤 상태에 있는 가족 중에서 장애 아동이 있는 가족은 20.2%, 성인 장애인이 있는 가족은 9.7%, 아동과 성인 장애인이 모두 있는 경우 29.9%의 빈곤 비율을 보였으며 이 수치는 비장애인 가족의 빈곤 비율(7.6%)보다 높았다. 이러한 결과는 가족 내 장애인이 있을 경우 임금근로자 수가 적고 빈곤 상태에 있을 가능성이 높음을 말해준다.

2) 미주 한인 장애인 가정의 현실

장애인 자녀를 둔 가정은 일상에서 많은 부분 변화를 마주해야 한다. 경제적 어려움은 물론 정신적으로 장애 자녀를 돌봐야 한다는 부담감과 주 보호자의 신체 건강 악화 등의 복합적인 문제가 발생하게 된다. 특히 미국에 거주하는 한인 이민자 가정은 사회경제적, 언어적, 문화적 어려움에 처할 가능성이 높으며, 장애 자녀를 수용하는 방식과 가족 내 의사소통 구조에 따라 심리적 어려움을 겪을 가능성이 크다. 조,

4 Natalie, A. E. Young and Katrina Crankshaw, "The Demographics of Disability in the Family: Prevalence, Characteristics, and Implications for Financial Well-Being," Social, Economic, and Housing Statistics Division Demographic Directorate U.S. Census Bureau, Presented at the 2023 annual meeting of the Population Association of America New Orleans, LA April 12th-15th, 2023.

싱어 브레너(Cho, Singer Brenner, 2000)의 연구에 따르면 연구에 참여한(한국인 및 한국계 미국인) 장애인 부모는 자녀에게 장애가 있다는 소식에 충격, 수치심, 자책, 슬픔, 부정, 분노를 표현하는 등 다양한 방식으로 반응하였음을 보고했다. 장애 자녀를 둔 부모들의 35%는 초기 진단 후 괴로움을 겪었으며, 46%는 1년 여의 시간 동안 괴로움을 경험하였고, 19%는 2년 동안 부정적인 감정을 경험한 것으로 나타났다. 어머니들은 자신의 감정을 해결할 수 있었지만, 대다수(한국인 63%, 한국계 미국인 83%)는 스트레스를 받을 때 주기적으로 부정적인 감정을 느꼈다고 보고했다.[5] 연구에 따르면[6] 이민 가정의 장애 자녀의 어머니들은 다양한 역할을 요구받고 있었는데, 여기에는 어머니(mother)의 역할뿐만 아니라 자녀의 도우미(helper), 가이드(guide), 보호자(caregiver), 조직자(organizer) 등이 있다. 장애 자녀의 어머니는 자녀 양육에 많은 에너지와 시간을 투자해야 할 뿐 아니라 미국의 교육 시스템에 부모가 참여하여 역할을 감당해내야 하는 모습을 보였다. 이러한 참여는 종종 문화와 언어, 가치가 다른 미국에서 압박감과 책임감으로 다가오기도 하고 부담감으로 다가오는 것을 알 수 있다. 이러한 심리적 어려움과 함께 한인 장애인 부모는 다양한 상황에서 언어적 장벽을 경험하였는데, 특히 장애와 관련된 정보와 서비스 접근 시 장애 자녀를 옹호하는데 어려움을 경험하고 있었다. 또한 자녀의 장애 진단을 누군가와 공유

5 S. J. Cho, H. S. Singer George, and Mary Brenner, "Adaptation and Accommodation to Young Children with Disabilities: A Comparison of Korean and Korean American Parents," *Topics in Early Childhood Special Education* 20, no.4 (2000), 241.

6 Jieun Kim, and Sunyoung Kim, "Positioning of Korean Immigrant Mothers of Children with Disabilities," *International Journal of Multicultural Education* 19, no. 3 (2017): 56-58.

하는 것의 낙인과 편견, 이중 언어 전문가의 부족, 긴 대기자 명단, 가족의 차별과 사회적 고립 등의 문제가 도출되었다.[7]

선행연구에 따르면 부모들에게 신앙은 장애를 받아들이고 이해하는 데 중요한 기반이 되었다. Cho 외(2000)의 연구[8]에서 한국계 미국인 부모들은 이민 교회에 출석하고 신앙이 생기면서 장애로 인해 자기 비난과 절망의 늪에서 희망을 찾고 장애를 자녀와 가족에게 이로운 신의 계획으로 받아들이게 되었다. 또한 한인 커뮤니티와 공동체와의 연결은 같은 문화권을 살아가는 한인 가정들이 심리적 위로와 치유의 공간이 되었으며 자녀를 위한 서비스를 제공받거나 정보를 교류하는 중요한 자원으로 기능하고 있었다.

2. 장애 아동과 교회

1) 장애 아동에 대한 신학적 고찰

성경 속에 장애에 대한 언급은 총 163번 나오는데, 신약성경 74회, 구약성경 89회에 이르며,[9] 세부적으로는 시각장애 87회, 지체장애 56

7 Hyon Soo Lee, "Distance Learning Experience of Korean American Parents of Children with Developmental Disabilities During the COVID-19 Pandemic," Doctoral Dissertation: Doctor of Philosophy in Education University of California Los Angeles Electronic Theses and Dissertations (2021), 31-38; Stahmer, Aubyn C et al., "Caregiver Voices: Cross-Cultural Input on Improving Access to Autism Services," *Journal of racial and ethnic health disparities* 6, no. 4 (2019): 759-763.

8 S. J. Cho et al., 241-242, 247.

9 김홍덕, "장애에 대한 기독교적 이해와 과제," 「한국장애학회 '장애학과 종교' 세미나 발표집」 (2014). 전지혜, "장애학적 관점에서의 사회변화와 한국 장애인 선교의 방향," 「선교와 신학」 34 (2014), 254에서 재인용.

회, 청각장애 24회 등에 이른다.[10] 성경에서 말하는 장애에 대한 해석에는 많은 논란이 있다. 모든 천지 만물을 주관하는 하나님이 장애인을 창조한 것을 죄와 형벌의 잣대로 판단하기도 하며, 그로 인해 장애인은 천대받고 멸시받는 존재로 인식된다.

구약성경에서는 신체적, 정신적 장애는 한 사람의 삶을 불편하게 하는 요인이 되기 때문에 죄에 대한 엄중한 심판의 결과로 장애가 비유적으로 표현되는 경우가 빈번하다. 만성적인 질병에 대한 예언(사 1:2-20), 도덕적 결핍을 묘사하기 위해 기능을 하지 못하는 눈과 귀를 언급(겔 12:1-16), 여호와께서 사람들에게 고난을 내려 시각장애인처럼 행하게 할 것이라는 예언(습 1:14-18), 도덕적 실패에 대한 하나님의 징벌을 장애로 묘사(사 59:9-12; 미 7:10-17)가 바로 그 예에 해당한다.[11] 그러나 장애는 죄의 결과라는 인식이 아닌 하나님 나라의 관점에서 하나님이 의도하시는 하나님의 이야기로서 장애를 바라보면 성경에 나오는 다양한 형태의 장애 이미지들은 장애인들이 그 누구도 아닌 바로 하나님의 이미지로부터 나왔음을 깨닫도록 도와준다. 즉, 사람들이 진정으로 하나님의 형상을 닮은 존귀한 피조물임을 고백하게 되는 것이다.[12] 장애인에 대한 하나님의 태도는 "나의 보는 것은 사람과 같지 아니하니 사람은 외모를 보거니와 나 여호와는 중심을 보느니라"(삼상 16:7)는 말씀처럼 장애인을 판단하거나 차별하지 않으시는 하나님의

10 한성기, 『하나님의 가족』 (경기: 도서출판 잠언, 1997), 76; 한승진, "한국 교회의 장애와 장애인관에 대한 비판적 고찰," 「신학연구」 58 (2011), 164에서 재인용. 이 연구에서는 성경에서 장애에 대한 언급이 180여 회에 이른다고 하였다.

11 이준우, "장애인과 함께 가는 교회 사역," 사우스웨스턴 침례신학교 대학원 세미나 강연, Fort Worth, Texas, 2024. 1. 8~12., "장애 신학과 구약의 장애 이미지," 10.

12 이준우, 11.

모습으로 나타난다.[13]

특별히 신약에서 장애와 관련한 예수의 활동은 대부분 치유와 기적의 역사를 갖는다. 억눌리고 비난받고 사회적 멸시의 대상인 장애인은 예수를 만날 때 육체적 회복과 심리적, 종교적 죄책감으로부터 자유롭게 되었다. 예수의 치유 활동의 목표는 억눌린 개인으로 하여금 순결하고 온전한 상태로 회복되어 거룩한 공동체, 즉 하나님의 백성이 되게 하는 것이었다. 예수는 장애인을 치유함으로써 단순한 육체적 병이나 장애를 치료하는 것만이 아니라 부정하다는 꼬리표를 떼고 궁극적으로 그들을 가정과 친구와 그가 속한 공동체로 돌려보내고, 제의 공동체에 참여하여 정상적인 생활을 영위하게 하였다.[14] 요한복음 9장에 날 때부터 시각장애를 가진 사람을 보고 이것이 누구의 죄 때문이냐고 묻는 제자들의 질문에 예수님께서는 "누구의 죄도 아니며 그에게서 하나님의 하시는 일을 나타내고자 하심"이라고 단호하게 선언하시고 그의 장애를 치유하신다. 장애에 대한 편견에 젖어있는 바리새인들은 눈을 뜬 옛 시각장애인의 예수에 대한 찬양에 "온전히 죄 가운데서 태어나서 우리를 가르치느냐"(요 9:34)고 말하지만, 예수님은 그들에게 맹인(시각장애인)이 되었으면 오히려 죄가 없었으리라고 말씀하셨다.[15]

또한 장애를 육신의 치유만이 아닌 하나님과의 온전한 관계 회복을 위한 도구라는 관점을 이해해야 한다. 장애 자체의 현상이 아닌 하나님께서 장애를 어떻게 사용하실지에 대한 놀라운 역사를 이해하는 것이다. 마가복음 2장 1-12절에 지붕을 뜯어내고 병상에 누운 채로 내려진

---

13 이준우, 17.

14 한승진, 170.

15 이준우, "장애인과 함께 가는 교회 사역," "신약의 장애 이미지와 자립," 3.

중풍병자의 믿음을 보시고 예수님은 "작은 자야 네 죄 사함을 받았으니라"고 하시지만, 그의 병을 곧 치유해 주시지는 않으셨다. 그러나 의심 많은 서기관들의 마음의 중심을 읽으시고 "일어나 네 상을 가지고 집으로 가라" 하시어 그가 일어나 나가니 비로소 모든 이들이 영광을 하나님께로 돌린다. 예수님은 중풍병자의 믿음과 의심 많은 서기관들을 통해서 육신의 장애를 넘어 하나님과의 관계 회복과 구원의 역사를 나타내 주신 것이다.[16]

장애 아동에 대한 신학적 고찰에서 우리는 예수님의 말씀을 기억해야 한다. 예수님은 장애, 비장애를 넘어 "어린아이들을 불러 가까이하시고 이르시되 어린아이들이 내게 오는 것을 용납하고 금하지 말라 하나님의 나라가 이런 자의 것이니라 내가 진실로 너희에게 이르노니 누구든지 하나님의 나라를 어린아이와 같이 받들지 않는 자는 결단코 들어가지 못하리라 하시니라"(눅 18:16-17)고 명하시며 어린아이들을 하나님 나라의 주인공으로 맞이하셨다. 또한 예수님은 "누구든지 내 이름으로 이런 어린아이를 영접하면 곧 나를 영접함이요 또 누구든지 나를 영접하면 곧 나를 보내신 이를 영접함이라 너희 모든 사람 중에 가장 작은 그가 큰 자니라"(눅 9:46-48)라는 말씀을 통해 어린아이들에 대한 무조건적인 사랑과 그들의 권리를 회복시켜 주셨다.

인간은 하나님의 형상대로 지음 받은 존재를 왕과 같이 고귀한 존재라고 말한다. 창세기가 기록된 당시의 인간이야말로 가장 최고의 존재 '왕의 존재'라는 것이다. 따라서 성인이나 아동, 장애인이나 비장애인, 부자나 가난한 자 그리고 남자나 여자 모두가 고귀한 존재인 것이다.

---

16 이준우, 4.

사회적 지위와 빈부의 격차를 떠나 인간으로서의 기본적인 권리가 보장받아야 하고, 존엄성과 평등성을 보장받아야 하는 이유가 성경에 명확하게 나와 있다. 특히 장애 아동 역시 하나님의 형상으로 고귀한 존재로 태어났음을 분명히 인식해야 한다.[17] 하나님은 사람을 각기 다르게 창조하셨고, 온전함과 불온전함에 근거하여 장애와 비장애를 나누거나 우월과 열등의 잣대로 차이를 두거나 사람을 서열화하여 창조하신 것이 아니라는 것이다.[18]

우리는 예수의 치유 사역을 통해서 장애를 극복해야만 하는 존재로 바라보아서는 안 된다. 장애를 통해서 하나님의 놀라운 섭리와 역사를 체험하게 하고 장애를 사용하는 하나님의 놀라운 계획을 바라보는 영적인 눈을 가져야 한다. 하나님의 형상대로 지음 받은 장애인을 '장애'라는 이유로 그 사람의 모든 능력과 가치를 남보다 낮게 여기는 것이 아니라 하나님이 장애를 통해서 행하실 놀라운 일들을 바라보는 것이다. 분명한 것은 장애든 비장애든 예수님은 "어린아이들이 내게 오는 것을 용납하고 금하지 말라" 명하셨다는 사실이다. 세상 속에서 바라보는 장애가 차별과 규제라면, 하나님의 관점에서 장애는 있는 그대로의 지으심을 더욱 사랑하고 친밀하게 교제하는 것이다.

2) 장애 신학적 관점에서 바라본 교회의 장애인 사역

이 절은 장애에 관한 신학적 고찰을 기반으로 장애인 사역의 암묵

---

17 김한호, 『장애인과 함께하는 디아코니아』 (서울: 도서출판 한장연, 2010), 55-56.
18 전지혜, 254.

적인 이데올로기와 한계를 살펴본 뒤 주요 학자로부터 도출된 장애인 사역의 진정한 의미와 가능성을 고찰하고자 한다. 이 절에서 주요 기반이 되는 장애 신학은 바로 장애를 바라보는 하나님의 관점이다. 그리고 장애가 주축이 된 관점과 해석을 기반한다. 위르겐 몰트만(Jürgen Moltmann)의 장애(인) 신학에 관한 연구에서 그 기반을 살펴보면 다음과 같다.

> "나는 근본적으로 '장애인'이란 없으며, 있다면 오직 '사람'이 있을 뿐이라는 확신을 가지고 시작한다. 건강하고 능력 있는 사람들의 사회가 그것을 근거로 그들을 가리켜 '장애인'이라고 규정하고, 그것에 따라서 그들을 공적인 삶에서 배제시켜 버린 이러저러한 어려움을 가진 사람들. 그러나 그들은 모두 각자 사람이며 다른 모든 사람과 동일한 인간의 존엄성과 동일한 인권을 가지고 있는 존재이다."[19]

몰트만은 질병이란 인간에게서 이상한 것이 아니라 오히려 인간의 본질이라고 말한다. 절대적으로 무장애적 존재는 오직 하나님일 뿐이며 모든 인간은 장애를 가진 존재인 것이다.[20] 그는 "모든 장애는 은사이다"라는 명제를 통해 공동체 속에서 장애인의 존재 가치와 장애의 유익함을 재발견하고 인정하며, 오히려 사람이 결여된 것에만 초점을 맞추고 경직되어 있기 때문에 장애의 은사됨을 발견하지 못한다고 지

---

19 Jürgen Moltmann, *Diakonie im Horizon des Reiches Gottes*, 정종훈 옮김, 『하나님 나라의 지평 안에 있는 사회선교』 (서울: 대학기독교서회, 2000). 최대열, "몰트만의 장애(인)신학," 「한국기독교신학논총」 77 no. 1 (2011): 85-86에서 재인용.

20 최대열, "몰트만의 장애(인)신학," 「한국기독교신학논총」 77, no. 1 (2011), 86.

적한다. 바울을 통해서 하나님은 그의 나라를 위해 선택하여 부르신 사람을 열거할 때, 가장 먼저 약하고 멸시받으며 어리석고 어린아이 같은 사람을 말하셨다(고전 1:26 이하). 즉, 은사란 세상적인 기준에 따라 능력, 지위, 재능 있는 것만이 아니라 그것이 어떤 것이든 하나님의 부르심과 부여하심에 있는 것이다.[21]

몰트만의 장애(인) 신학은 오늘날 장애와 비장애를 구분하는 것에서 출발하지 않는다. 장애는 현상일 뿐이지 사람의 인격과 존엄을 정의하는 도구와 기준이 될 수 없다. 장애를 기준화시켜 버리면 결국 사회는 장애인에 대한 우월주의를 부여하고 동정심의 차원에서 그들을 돌보고 보살펴야 하는 당위성에 빠지고 말기 때문이다. 우리가 이 논지를 깊이 이해하기 위해서는 장애 이데올로기를 살펴볼 필요가 있다.

그동안 구약성서로부터 예수 시대에 거쳐 지금까지 사회와 교회에 퍼져 있는 장애 이데올로기는 '죄-장애 이데올로기'에서 벗어나지 못했다. 낸시 아이슬랜드(Nancy L. Eisland)는 교회의 행동과 태도 안에는 장애를 죄와 연결시켜 신앙생활을 가로막도록 하는 암묵적인 신학이 여전히 존속하고 있음을 지적하며,[22] 장애인들이 예수 그리스도의 몸된 교회의 정당하고 평등한 일원으로 위치하고 기능하지 못하도록 가로막는 관념들이 존재한다고 보았다. 이것들이야말로 교회 내에서 장애인들을 억압하는 기제로 작용하는 장애 이데올로기의 한계를 설명한다.

장애 사역에 대한 교회의 노력을 통해 나타난 몇 가지의 결과를 살펴

---

21 Ibid., 92.

22 Lancy L., *Eiesland, The Disable God: Toward a Liberatory Theology of Disability* (Nashville: Abingdon Press, 1994), 71. 최대열, 『성서, 장애 그리고 신학』 (서울: 도서출판 나눔사, 2015), 155에서 재인용.

보면 장애 이데올로기가 교회 속에 어떻게 작동하고 있는지 알 수 있다. 크리스 헐쇼프(Chris H. Hulshof)는 『예수와 장애』(*Jesus and Christ*)라는 책에서 장애 사역의 역사적 모델에서 나타난 몇 가지 흐름을 지적하였다.[23]

첫째, 교회는 장애인들에 대해 어느 정도 관심을 가져왔지만, 장애 사역의 방법과 이유에 대해서는 거의 관심이 없는 것으로 나타났다. 1980년대 초반까지 일관된 수의 장애 사역 자료가 출판되었지만, 그 흔적은 점점 약해지다 최근에야 장애인 사역 자원이 증가한 현상이다.

둘째, 장애 사역이 교회의 본질적인 방식이 아닌 기존 프로그램에 '추가'된 것으로 보였다. 장애인을 교회에 온전하게 참여시킬 수 있는 방법을 고민하기보다는 장애인을 위한 주일학교 수업을 어떻게 할 것인가에 더 초점을 두는 경향이었다.

셋째, 장애인을 돕기 위해 고안된 자료는 장애인 개인에게만 초점을 맞추었으며, 결과적으로 장애가 가족 구성원 모두에게 어떤 영향을 미쳤는지 거의 관심을 기울이지 않았다는 것이다. 또한 장애 사역에 관한 역사적 모델을 통해 나타난 몇 가지 사실은 위의 내용에 더욱 확신을 준다. 먼저 장애 사역 모델에는 성경적, 철학적 기초가 부족한 경우가 많다는 지적이다. 이러한 모델은 장애인이 주일 아침에 교회에 참석할 때, 돌봄을 제공하는 수단으로 제시된다. 다음으로 추가적인 사역 수단이나 장애 사역이 특정 지역 교회의 틀에 어떻게 부합하는지에 대한 언급이 없다는 점이다. 또 한 가지는 장애인이 신앙 공동체의 소중한

---

23 Chris H. Hulshof, *Jesus and Disability: A Guide to Creating an Inclusive Church* (Nashville, TN: B&H Academic, 2022), 90-92.

구성원이 될 방법을 고려하는 데 자원이 거의 제공되지 않는다는 현실이다.

어쩌면 헐쇼프의 논지는 우리가 그동안 살펴본 장애에 대한 신학적 관점으로의 회귀를 요구한다고 볼 수 있다. 장애 사역은 하나의 유용한 프로그램이 아닌 회중의 인식과 교회의 리더십, 장애 개인을 넘어 가족과 함께하는 움직임이라는 근원적인 사실을 변화시키지 않으면 수행하기 어려운 사역인 것이다.

스티브 번디(Steve Bundy)는 "초대교회 사역 운동 모델링"(Modeling Early Church Ministry Movements)이라는 글에서 교회가 장애인 사역에 참여할 수 있는 일곱 가지 모델을 제안하였다. 이는 "프로그램에서 존재로, 양적 사역에서 질적 사역으로, 편의의 사역에서 신념의 사역으로, 이해받는 것에서 이해하는 것으로, 중요한 것에서 이용 가능한 것으로, 듣는 것에서 집중적으로 듣는 것으로, 가르치는 것에서 가르침을 받는 것으로"이다.[24] 이는 장애인 사역의 본질과 변화를 잘 설명해 주고 있으며, 장애인을 수혜자의 시각에서 당사자와 주체자로서 기능할 수 있도록 한다는 점에서 의미가 있다. 이와 더불어 신학자 아모스용(Amos Yong, 2011)은 장애에 대한 사회적 차별이 교회에 그대로 답습된 장애 이데올로기나 에이블리즘(장애인의 완전한 사회 참여를 배제하는 기능을 하는 차별적 태도, 부정적인 고정관념, 사회정치적 및 경제적 구조와 제도의 이름을 따서 명명하였다. 에이블리즘은 장애인이 지배적인 [비장애인] 문화 속에서 견뎌야 하는 규범적 편견, 평가적 우월주의, 구조적 불공정을 의미한다)[25]에서 벗어나야 함을 제안한다. 장애인을 완전히 무력한 존재인

24 Ibid., 94-95.

것처럼 가부장적으로 보살펴서는 안 되며, 장애인을 장애로만 정의되어서는 안 된다고 주장한다. 장애인은 그 자체로 하나의 주체이며, 가능한 한 자신의 필요와 욕구를 스스로 정의할 수 있어야 하며, 나아가 장애에 대한 전통적인 교회 관습을 제고하고 더욱 초대하고 치유하며 화해하는 신앙 공동체가 될 수 있도록 도전할 것을 제안한다.[26] 장애 사역으로의 초대는 결국 화합하고 치유하며 함께 걸어가는 신앙 공동체로의 시작을 말한다. 장애 사역을 통해서 신앙 공동체를 회복하고 사역에 참여하는 이들의 복음이 입증되며 포용하는 사회로 전환이 가능할 것이다.

3. 장애 아동과 가정예배

1) 가정예배의 의미와 전제

많은 부모들이 가정이 신앙 교육의 현장이라는 인식에 대해 강력하게 동의하고 있지만,[27] 가정예배의 실상을 조사한 연구 결과를 살펴보면 다음과 같다.[28] 명절과 같은 특별한 때에만 가정예배를 드리는 가정

---

25 Amos Yong, *The Bible, Disability, and the Church: A New Vision of the People of God* (Grand Rapids, Michigan: Wm. B. Eerdmans Publishing Co, 2011), 11.

26 Ibid., 10, 12.

27 신승범(2016)의 연구에 따르면 "나는 가정을 기독교교육의 중요한 현장이라고 생각한다"라는 질문에 참여자들의 89% 이상이 그렇다고 응답하였다(목회자 96.4%, 장로/권사 84.4%, 집사 90.3%, 일반성도 89%). 신승범, "부모, 신앙 교육의 주체인가?" 「기독교교육논총」 48 (2016), 306.

28 황보라, "PRS(공동체 성경읽기) 가정예배 프로젝트: 가정예배: 일상의 삶에서 하나님의 현존을 경험하기," 「교육교회」 501 (2021), 61.

이 36%, 주 1회 가정예배를 드리는 가정이 23%, 가정예배를 드리지 않는 가정이 21% 순으로 나타나 정기적으로 가정예배를 실천하는 가정은 많지 않았다. 가정예배를 드리지 못하거나 멈추는 이유 1위는 모일 시간이 없음(65%), 2위는 가정예배의 소양 부족(27%), 3위는 가정예배 필요성 부재(10%) 순으로 나타났다. 이처럼 가정예배는 시간과 노력, 에너지를 들여야 하는 일이며 또 가정의 주체인 부모가 성경에 대한 지식이 부족하거나 '예배'의 격식을 갖추어야 한다는 생각에 가정예배 자체를 선뜻 시작하지 못하는 경우도 많다.

자녀의 신앙을 형성한다는 것은 결국 부모가 바른 신앙인으로서의 모습을 보여주는 것에서 시작된다. 일상을 함께 살아가는 부모가 세상의 가치관으로 삶을 살다 주일 하루만 하나님을 섬기는 가정이 아니라 주 안에서 풍성한 하루, 한 주, 일 년을 살아가는 가정이 참된 그리스도의 모습을 본받고 신앙의 생명을 전수 받게 되는 것이다. 레이시 핀 보르고(Lacy Finn Borgo)는 『어린이와 영적 대화』에서 말한다.

> **어린이의 영성 형성은 다른 사람들과의 관계를 통해 하나님을 만날 수 있는 기회를 제공하는 것이다. 어른과의 관계는 어린이가 하나님에 대해 믿는 것을 형성하고 만드는 필수 요소이다. 어린이의 삶에서 가장 영향력 있는 어른이 어린이의 하나님에 대한 첫 번째 그림을 형성한다. 종종 자녀를 무조건적으로 사랑하는 것을 보여주는 가장 확실한 예는 사랑하는 조부모와의 관계에서 찾아볼 수 있다. 조부모가 자녀에게 보여주는 관심과 보살핌은 자녀의 생각과 마음에 하나님의 사랑스럽고 세심한 이미지를 형성할 수 있게 한다.**[29]

---

29 Borgo Lacy Finn, *Spiritual Conversations with Children: Listening to God Together*,

아이들은 무조건적 사랑을 실천하는 조부모의 모습 속에서 하나님의 풍성한 사랑과 자비를 경험한다. 하나님의 이미지를 형성하듯 부모는 가정예배를 실천하며 어린 자녀를 더욱 하나님의 형상대로 지음받은 모습 그대로 사랑하고 아끼며 신앙을 보여주는 지혜가 필요하다. 이런 믿음의 토대 위에 드려지는 가정예배야말로 한 알의 밀알이 열매맺는 풍성함을 이끌어 줄 것이다. 필자는 가정예배의 시작은 바로 교회의 가정 사역에서 출발한다는 관점에서 이 글에서 가정예배를 다루려고 한다. 가정예배를 드리는 주체는 부모이지만, 교회가 가정예배를 실천할 수 있는 문화를 제공하고 가정을 중심으로 한 사역으로 인도해야 한다. 가정예배는 가정의 믿음과 신앙의 회복은 물론, 넓게는 교회의 회복과도 이어지기 때문이다. 이러한 가정예배의 실천을 위해서 전제해야 하는 두 가지가 있다. 바로 교회와 가정이 같은 비전을 바라보고 공동으로 가정예배를 실천해야 한다는 것과 가족이 하나의 그리스도의 몸 된 교회로서 기능하는 것이다.

(1) 교회와 가정이 같은 사명을 갖고 실천하는 가정예배

가정에서 부모는 자녀가 하나님의 명령을 따르도록 훈련할 수 있는 끊임없는 기회를 가진다. 가정은 제자 양육을 위한 최적의 환경이자, 교회 밖의 사람들에게 복음을 전하는 가장 최상의 장소가 된다.[30] 성경에는 자녀를 훈련시키는 것에 대한 부모의 책임이 명시되어 있다(잠

정성국 옮김, 『어린이와 영적 대화』 (서울: (사)기독교문서선교회, 2023), 43-44.

30 Paul Renfro, Brandon Shields, and Jay Strother, *Perspectives on Family Ministry: 3 Views*, ed., Timothy P. Jones, 2nd edition (Nashville, Tennessee: B & H Publishing Group, 2019), 49.

13:24; 22:6, 15; 23:13, 29:15).[31] 그런데 가정 사역을 위한 길은 주님의 몸인 교회가 주축이 되어 감당해 나가야 한다. 정확히 표현하면 교회와 가정이 공동 프로젝트로 형성될 때, 부모는 자녀의 영적 양육자이며 신앙 전수자가 될 수 있다. 따라서 교회와 가정이 같은 사명과 비전 아래 하나님 나라 이야기를 공유할 때, 교회의 온 회중이 함께 참여하고 함께 기억하며 함께 축하하는 전 교인 신앙 프로젝트가 가능해지는 것이다.[32]

(2) 교회로서의 가족

티모시 존스(Timothy P. Jones)는 가정 사역의 원리에서 '교회로서의 가족'(Family-as-Church: Helping Each Family Become Like a Little Church)을 말한다.

> **각 가족이 작은 교회처럼 되도록 도우십시오. 교회로서의 가족은 부모의 역동성입니다. 이러한 역동성의 목표는 부모가 함께 일상생활의 맥락에서 자녀를 제자로 삼을 수 있도록 준비시키는 것입니다. 이것이 실질적으로 의미하는 바는 가족이 함께 복음을 배우고 생활하면서 더 큰 신앙 공동체의 살아 있는 축소판 역할을 한다는 것입니다.**[33]

가정은 그리스도의 몸 된 교회의 일부이며 작은 교회이다. 가정예배는 자녀를 제자 삼고 신앙 공동체로 회복할 수 있는 걸음이며, 장애인

---

31 Ibid., 55.

32 신형섭, 『자녀 마음에 하나님을 새기라』 (서울: 두란노서원, 2020), 122-123.

33 Paul Renfro, Brandon Shields, and Jay Strother, 25.

가정이 마주한 많은 어려움을 신앙 안에서 치유하고 극복할 수 있는 토대를 마련한다. 신앙의 힘은 우리가 예수 그리스도와 연결된 몸으로서 이 땅 가운데 행해야 하는 영적 소명과 실천과 연결되어 있기에 가정은 교회에 속한 일부로서 존재한다.

2) 장애 아동을 위한 가정예배의 실천 원리와 방법

(1) 실천 원리

① 가정예배에서 '장애'는 문제가 아니다

많은 부모들은 자녀에게 말씀을 전달하는 것이 막연하고 어렵다고 느낀다. 말씀을 전하더라도 자녀가 그 말씀을 온전히 받아 삶에 적용할 수 있을까 하는 의구심을 품을 수 있다. 더군다나 장애 아동은 오랫동안 집중하기가 어렵고 의사소통이 어려울 경우에는 가정예배 자체가 부모에게 짐이 될 수 있다. 그러나 가정예배에서 가장 중요한 것은 부모의 믿음이다. 장애는 문제가 아니다. 자녀가 말씀을 일상에서 접하고 신앙을 형성하는 것이 중요한가에 대한 믿음을 갖고 시작하는 것이다. 자녀가 얼마나 말씀을 암송했고 삶에 적용했는가를 살펴보는 것은 부차적인 것이다. 자녀가 하나님 안에서 온전히 시간을 가질 수 있도록 가족 구성원이 함께 모여 예배를 드리는 모습이야말로 하나님을 기쁘시게 하는 방법이다.

② 장애는 의사소통의 폭을 넓히는 힘을 갖고 있다

가정예배는 의사소통을 기반으로 한 사역이다. 성경 말씀을 읽고 감정과 생각을 나누는 일을 포함하기 때문이다. 그렇기 때문에 가정예배를 드리기 위해서 장애 아동이 보이는 다양한 의사소통 방식을 이해하고 받아들이는 것은 중요하다. 부모가 언어적 의사소통만이 중요하다는 생각을 가지고 예배를 규제하기 시작한다면 그렇지 않은 장애 아동들은 대화의 흥미를 잃고 도전적 행동을 보일 수 있다. 브록(Brock, 2019)은 자폐 스펙트럼 장애를 가진 이들은 다양한 감각세계를 공유하는 사람들이며, 장애는 의사소통의 폭을 넓히는 엄청난 힘을 갖고 있다고 말한다. 몸짓을 말로 듣는 법을 배우는 것은 하나님 말씀을 듣고 사랑과 신실함으로 반응하도록 자신을 훈련하는 방법이 되기 때문이다.[34] 우리가 찬양할 때, 두 손을 들고 하나님의 신실하심을 느끼고 "아멘, 아멘" 응답하거나 박수 치거나 눈물을 흘리거나 뛰는 행동으로 하나님과 소통한다. 따라서 다양한 감각세계를 가진 장애 아동들이 보이는 의사소통 방식에 제한을 두지 말고 온전히 자녀와 소통할 수 있도록 열린 마음과 자세를 가져야 한다. 가정예배는 장애 아동과 소통하는 방법을 익히고 부모와 자녀의 관계를 열어주는 차원에서 바라보아야 할 것이다.

③ 가정예배는 하나님이 가족에 주신 계획과 믿음을 선물하는 과정이다

독일 스데반 요양소에서 장애 자녀를 둔 부모를 대상으로 설문조사를 하였는데, 이런 고민에 대한 대화가 있었다.

---

34 Brock, B., *Wondrously wounded: Theology, disability, and the body of Christ* (Waco, Texas: Baylor University Press, 2019), 6, 52. Joanna Leidenhag, "Autism, Doxology, and the Nature of Christian Worship," *Journal of Disability & Religion* 26, no. 2 (2022): 220-221에서 재인용.

첫째, 누구 때문에 아이가 장애를 갖게 되었는지에 대한 죄의식을 갖고 있었다. 아이를 낳은 후 20~30년이 지나도 부모는 서로 자기의 잘못이라고 생각하고 마음속 깊이 아픔을 갖고 있었다. 둘째, 자기 아이의 능력이 어디까지인지 잘 모르는 것이다. 예를 들면 자기 아이를 너무 낮게 평가하거나 너무 높게 평가하는 것이다. 셋째, 아이의 미래(우리가 죽으면 누가 아이를 도울 것인가?)에 대한 염려와 두려움이 있다는 것이다.[35]

장애 자녀를 오랫동안 양육한 부모들 또한 장애를 수용하는 것은 어렵다. 어떤 이는 장애 부모는 장애를 평생 수용할 수 없다고 말한다. 그만큼 자녀의 장애를 인정하기가 어렵기 때문이다. 앞서 살펴본 독일의 사례는 자녀가 성인이 되어서도 부모는 늘 걱정과 죄책감에 휩싸여 자신을 스스로 용서하지 못하고 있었다. 이런 어려움은 장애를 가진 어떤 부모에게나 있을 수 있다. 하지만 우리가 하나님의 관점에서 장애인을 바라본다면, 하나님의 섭리와 계획 안에서 장애를 해석하고 이해한다면 부모는 오랫동안 스스로를 억누르고 있던 감정 안에서 자유로워질 수 있다. 자녀는 나의 소유물이 아니며 하나님이 맡겨주신 영혼이기에 부모는 자녀의 한계와 가능성을 스스로 정할 이유가 없기 때문이다. 부모는 장애로 인해 자신과 가정을 감싸고 있는 어려움을 전적인 하나님의 섭리와 능력 안에서 이해하고 바라보아야 한다. 그것이 바로 신앙 훈련이며 영적 여정이 된다. 가정예배는 부모가 전적으로 하나님 앞에 자녀를 맡기고 삶을 내어놓는 훈련이다. 가정예배를 통해 더욱 풍성하게 주님을 만나고 교제하며 놀라운 주님의 계획을 발견하는 과

---

35 김한호, 『장애인과 함께하는 디아코니아』, 108.

정이 되는 것이다. 하나님이 우리 가정에 장애 자녀를 통해 하실 일들을 기도하고 축복하며 함께 하는 것이다.

④ 가정예배는 장애 아동이 하나님의 형상대로 지음 받은 은사를 발견하는 과정이다

"장애는 은사이다"라는 위르겐 몰트만의 주장처럼 장애는 정체성이고 삶 자체이다.

다운증후군 동생을 둔 신학자 아모스용은 "우리는 사람들을 장애로 환원하는 언어적 함정에 빠지지 말아야 합니다. 장애가 있든 없든 우리 모두가 먼저 사람임을 기억해야 합니다. 내 동생 마크는 다운증후군을 가진 사람이고, 21번 삼염색체 결손증 없이 그를 생각한다는 것은 상상할 수 없습니다"[36]라고 말한다. 그는 다운증후군 동생을 말할 때 장애는 그 삶의 일부가 되어 왔다고 말한다. 장애는 곧 정체성인 것이다. 장애로 자신의 정체성을 구성하여 살아가는 모든 사람을 우리는 다르다고 규정할 수 없으며 그들의 한계를 섣불리 판단하지 않아야 한다. 아모스 용의 말처럼 비장애인은 '일시적 비장애인'일 뿐 누구나 장애를 가질 수 있으며 눈에 보이지 않게 장애를 안고 살아가는 이들도 많다. 그렇기에 부모는 가정예배를 통해 하나님의 형상대로 지음 받은 자녀의 은사를 발견하고 자녀를 향한 하나님의 축복과 섭리를 발견할 수 있다.

⑤ 가정예배는 신앙 가족으로 성장하는 밑거름이 된다

장애가 있는 자녀의 부모는 자녀의 신앙 형성을 위해 기독교의 가르

36 Amos Yong, 9-10.

침을 전달하는 것이 중요하다고 믿는다. 이런 믿음 때문에 장애인 부모 세미나, 부모 모임, 교사 회의, 예배 등을 통해서 신앙 교육을 받게 된다.

이런 모임의 중요한 주제들은 이렇다. "자녀를 어떻게 신앙으로 키울 것인가? 자녀가 어떻게 부모를 신뢰하게 만들 것인가? 자녀를 통하여 배울 신앙의 자세는 무엇인가?"

하지만 이런 주제들은 부모가 주의해야 할 부분이 있다. 장애 아동의 부모가 자녀와 비슷한 상황에서 이해하고, 자녀의 입장을 들어주며, 자녀와 함께 있음을 알려 줌으로써 장애 자녀가 두려움을 느끼거나 문제를 피하지 않고 함께 해결할 수 있도록 도와야 한다는 것이다.[37]

부모는 일주일에 한 번 드리는 주일 예배가 자녀의 신앙 형성의 일부분에 지나지 않는다는 것을 인식해야 한다. 중요한 것은 자녀에게 신앙 전수를 위한 주체는 바로 부모이며, 부모의 삶의 모습과 일상적 삶을 통해서 자녀들에게 신앙이 전수된다는 것이다. 그렇기에 가정예배는 세상 가운데 신앙 가족으로 성장할 수 있는 밑거름이 될 수 있다. 신앙이 형성되고 전수된다는 것은 결국 부모의 손을 떠나 자녀가 자립하거나 분리될 때, 하나님이 자녀의 삶을 주관하심을 믿고 내어 맡기도록 신앙의 기반을 닦아 주는 것이다. 가정예배를 통해 장애 자녀가 걸어야 하는 세상 가운데 믿음의 사람과 공동체를 형성하게 해 주고 나아갈 수 있는 초석을 만들어 주는 기반을 만들게 될 것이다.

37 김한호, 『장애인과 함께하는 디아코니아』, 139.

(2) 실천 방법

① 자녀의 발달 특성에 맞게 가정예배의 형식과 구조를 고려한다

자라나는 아이들의 경우 한 곳에 집중하여 말씀을 듣거나 예배를 드리기가 어렵다. 자녀의 주의가 산만해지기 시작하면 부모는 말씀을 전달하기가 어려워지며, 결국 언성만 높이다 가정예배에 대한 안 좋은 기억으로 끝이 날 수 있다. 따라서 가정예배를 시작할 때, 자녀의 발달 특성을 부모가 이해하는 것이 중요하다. 유아기나 아동기의 경우 오감을 활용하여 성경을 이해하는 방법을 활용한다. 부모가 성경 속 인물이 되어 보기도 하고, 자녀가 직접 골리앗과 싸우는 다윗처럼 용맹스럽고 신실한 모습의 주인공이 되어 보기도 한다. 성경의 전체 구절을 이해시키는 작업도 중요하지만, 작은 장면들에 집중해서 아이가 성경 말씀 속에 재미를 찾고 일상에 적용해 볼 수 있는 훈련도 중요하다. 또한 가정예배의 형식과 구조에서 중요한 것은 하루 중에 언제, 어디에서 가정예배를 드릴 것인지를 고려하는 것이다. 나이가 어릴수록 가급적 같은 시간대에 같은 공간에서 일상적 습관을 들여놓는 것이 좋다. 그러나 예외가 발생할 수 있기에 그 시간에 다른 장소에 있거나 예배를 드릴 수 없는 상황이라면 처한 환경에서 간단하게라도 가정예배를 드릴 수 있도록 한다. 중요한 것은 일관성 있게 가정예배를 드리는 것이기 때문이다. 가정예배를 드릴 때는 일정한 순서가 포함된 간단한 안내서를 참고할 수 있다. 시중에 가정예배를 드릴 수 있는 서적을 활용하는 것이 좋다. 하지만 어린 자녀일수록 짧은 구절과 질문으로 예배를 인도할 것을 권장한다. 가정예배를 규모 있게 형식적으로 드리지 않아도 다 같이 모일 수 있는 공간에서 간단한 교재만으로도 충분히 가능하다는 생각을 갖고 임하는 것이 중요하다.

② 다양한 도구적 의사소통 방법을 활용한다

장애 유형과 정도에 따라 의사소통이 원활할 수도 있지만, 간단한 의사소통을 하거나 아예 하지 못할 수도 있다. 가정예배는 부모와 자녀 간의 소통이 중요하지만, 의사소통이 되지 않는다고 해서 예배를 드릴 수 없는 것은 아니다. 자녀와 의사소통할 수 있는 도구를 고려한다면 부모는 자녀의 어려운 행동을 이해하고 효과적으로 소통할 수 있다. 부모는 가정예배에서 다양한 도구와 방법을 활용할 수 있다. 성경에서 자녀가 좋아하는 인물, 관심 있는 그림과 사진 자료를 활용하여 대화를 시도하고 표현을 유도할 수 있다. 자녀의 전체 성장 과정을 통해 하나님이 어떻게 자녀의 삶에 관여하시고 있는지, 하나님의 놀라운 섭리를 알게 해 줄 수 있다. 또한 자녀와의 효과적인 의사소통을 위하여 수어, 발성, 보완 대체 의사소통(Augmentative and Alternative Communication, AAC) 장치 등을 활용하거나 오감 도구(성경 카드, 인물 인형, 그림 등)를 이용할 수 있다.

③ 가정예배를 위한 효과적인 방법을 활용한다

가정예배를 의무적인 감정에서 드리지 말고 자녀와 즐거운 감정으로 드리는 것이 중요하다. 효과적인 가정예배란 바로 자녀와 소통하고 대화하며 상호 간에 긍정적 느낌을 제공하는 것이다. 이를 위해 세 가지 방법을 살펴보면 첫째, 다양성을 더하는 것이다. 가정예배의 루틴을 고수하되, 모두가 흥미를 가질 수 있도록 다양성을 추가하는 것을 두려워하지 않는 것이다. 둘째, 바구니를 생각하는 것이다. 즉, 자녀가 가정예배에 잘 참여할 때 받을 수 있는 특별한 재료나 사탕을 준비하거나 과제 상자, 다양한 자료 등을 활용해 본다. 셋째, 부모의 목소리 톤이 중요하다. 부모는 말투와 표정을 긍정적으로 유지하는 것이다. 아이들이 잠자리에 든 후 부모는 디브리핑을 하는 것도 도움이 된다.[38]

④ 장애 아동이 도전적 행동을 보이면 가정예배의 형태와 시간, 강화제를 재평가한다

장애 아동이 도전적 행동(Problem Behavior)을 보이면 부모는 가정예배를 인도하기 힘들어질 수 있으며 쉽게 포기할 수 있다. 장애 아동이 도전적 행동을 보일 때는 자녀가 아직 성장 과정에 있음을 이해해야 하며 혹시 부모가 자녀에게 높은 기대를 보이거나 자녀의 행동을 규제하거나 자녀의 이야기에 귀를 기울이지 못하고 있는 것은 아닌지 고려해야 한다. 애슐리(Ashley, 2020)는 도전적 행동이 나타날 때 부모에게 유념해야 하는 몇 가지를 제안하고 있다.[39]

첫째, 최악의 상황을 가정하지 않는다. 아동과 어른 모두에게 나쁜 날이 있을 수 있다. 하루의 문제 행동이 모든 것을 무너뜨린다고 가정하지 않는 것이다. 둘째, 추가적으로 무엇을 하려고 하지 않는다. 도전적 행동이 나타날 때 필요한 시간, 기간, 기술의 복잡성을 늘리지 않는다. 지금은 새로운 것을 가르칠 때가 아니다. 셋째, 강화제를 다시 평가한다. 가정예배를 이끄는 강화제가 자녀의 흥미를 끌고 있는가? 자녀의 선호도 평가를 다시 해야 할 때일 가능성이 있다. 넷째, 일관성을 유지

---

38 Ashley Belknap, “Family Devotions and Kids with Disabilities,” 2020. 4. 21., video, 70:10, https://engagingdisability.org/family-devotions-and-kids-with-disabilities/.
39 Ashley Belknap.

한다. 도전적 행동을 강화하고 있지 않은지 확인하고 계속 진행한다. 가정예배를 포기하거나 중단하지 말고 함께 노력한다.

3) 장애 아동을 위한 가정예배 사례와 자료

(1) 레이크포인트교회(Lakepointe Church)의 홈 포인트 사역

레이크포인트교회의 핵심 가치 중 하나는 하나님께서 가족을 신앙과 인격 형성의 주요 장소로 설계하셨다는 것이다. 교회는 하나님을 공경하는 가정을 위해 함께 준비하고 돕기 위해 홈 포인트 사역을 수행하고 있다. 이 사역은 세 가지 목표를 사용하여 가족 문화를 만들기 위해 존재한다. 이 목표는 '각 계절에 맞는 간단한 아이디어와 자료 제공', '가족 생활 루틴에 신앙 습관을 통합하도록 격려', '신앙의 길 키트를 활용하여 자녀의 신앙을 키우도록 지도'하는 것이며, 결혼, 양육, 특수 상황의 다양한 주제에 맞는 안내서가 제작되어 있다.

(2) 맥클린바이블교회 (McLean Bible Church)

미국 버지니아주에 위치한 이 교회는 가정예배의 간단한 안내지를 제공하고 있다. 이 안내지에서는 장애 아동을 가정예배에 참여시키는 것이 가능하며 유익하다고 제안한다. 자녀의 능력에 따라 자녀의 강점을 살린 가족 시간을 만들고, 필요할 경우 시각적인 자료를 추가하고 성경 이야기를 연기하며 시간을 짧게 만들어도 걱정할 필요가 없다고 설명한다. 하루 중 가족예배를 드릴 수 있는 시간을 만들어 가족 문화를 형성하고 일관성 있게 가정예배에 집중할 것을 제안한다. 이 가정예배 안내서에서 제공하는 네 가지 단계는 가정예배의 흐름을 익히고 기반을 잡는 데 도움이 될 수 있다.

가정예배의 4단계[40]

— 읽기(Read): 말씀의 일부 또는 전부를 함께 읽습니다. 성경 읽기 계획에서 그날 읽을 말씀의 일부 또는 전부를 읽는 것을 고려할 수 있습니다. 이미 주님과의 개인적인 시간에 읽었더라도 걱정하지 마세요. 한 장을 다시 읽으면 하나님께서 가르치시는 내용이 강화될 뿐입니다. 자녀가 함께 있고 읽을 수 있다면 그렇게 하도록 허용하세요. 물론 여러분은 어려운 단어와 개념을 설명하고 싶을 수도 있습니다. (하지만 설명할 수 없더라도 너무 걱정하지 마세요!) 함께 말씀을 읽은 후에는 개인적으로 성경을 읽을 때와 마찬가지로 MAPS(묵상[Meditate], 적용[Apply], 기도[Pray], 나눔[Share])와 같은 간단한 과정을 거치세요. 개인 성경 읽기에서 배운 내용을 가족과 함께 나눌 수도 있습니다.

— 기도(Pray): 경배, 고백, 감사, 간구(필요를 위한 기도)의 기도를 함께 외쳐보세요. PRAY(찬양, 회개, 간구, 양보)의 약어를 따를 수도 있습니다. 함께 읽은 내용과 관련된 내용이나 가족과 관련된 내용을 위해 기도할 수 있습니다. 아직 예수님에 대해 듣지 못한 사람들을 위해 기도할 수도 있습니다. 여호수아 프로젝트 'Unreached of the Day' 앱을 통해 예수님에 대해 아직 듣지 못한 사람들을 위해 기도할 수도 있습니다. 모든 가족 구성원에게 돌아가면서 기도할 기회를 주세요. 또한 다음과 같은 방법도

---

40 McLean Bible Church, "A Simple Guide to Family Worship," 2020. 3., https://mcleanbible.org/wp-content/uploads/2020/03/SimpleGuideToFamilyWorship.pdf.

좋습니다. 기도 일기를 작성하여 기도 제목과 그에 대한 하나님의 응답을 기록하는 것도 좋습니다.

- 찬양(Sing): 가족 중 음악적 재능이 있는 사람이 있다면 그 사람이 인도할 수 있습니다. 간단한 노래를 인도할 수 있습니다. 가족 중에 음악을 하는 사람이 없다면, 녹음된 곡을 사용하세요. (YouTube 또는 대부분의 스트리밍 음악 서비스에서 찾을 수 있습니다.) 또는 아카펠라를 불러보세요.

- 암송(Memorize): 가족이 암송할 구절을 제안하거나 선택하고 함께 암송하세요. 한 주를 시작하면서 말씀을 이해하고 구절을 외우는 데 시간을 할애할 수 있습니다. 주말에는 모두가 그 구절을 반복해서 외우도록 합니다. 구절 복습은 일 년 내내 할 수 있습니다.

(3) Engaging Disability with the Gospel

이 단체는 장애 아동, 청소년, 성인을 제자 삼고 포용하기 위해 교회를 지도하고 안내하도록 웹사이트를 운영하고 있다. 이 웹사이트에는 장애 사역을 시작하는 교회를 위한 코칭 사역과 장애 자녀를 둔 부모와의 대화, 장애인 가정을 교회에 참여하는 방법, 자폐증과 어린이 사역, 장애인 사역을 위한 회중 교육 등 장애인 사역에 관한 광범위하지만 중요한 리소스를 보급하고 있다. 특별히 무료 리소스 웹사이트(simple the gospel)에는 가정예배와 장애인 사역을 실천할 수 있는 다양한 시각적 자료들을 무료로 다운받을 수 있다. 여기에는 장애 아동이 자신의 감정과 생각을 비언어적으로 표현할 수 있도록 제작된 의사소통 카드(Communication Board), 다양한 감정을 표현하고 느낄 수 있도록 인도하는 감정 카드(Emotion Choice Board), 자신과 가족, 교회, 지역사회를 위해 기도할 수 있도록 시각적으로 제작된 기도 카드 등의 자료가 풍부하다.

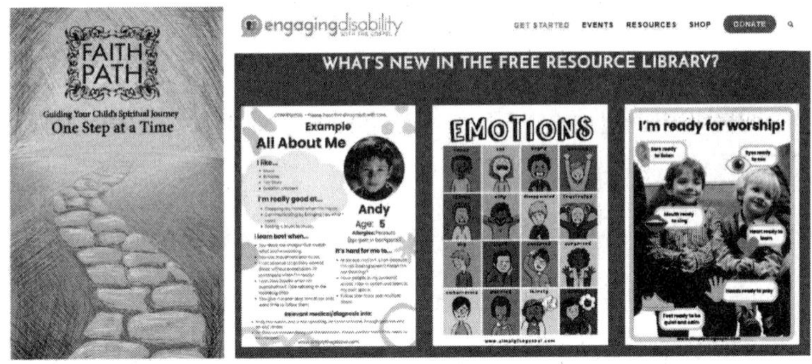

Homepointe 가정 사역 자료[41](왼), Engaging Disability with the Gospel의 웹사이트[42](오)

III. 결론

본 연구는 장애 아동의 기독교 신앙 형성을 위하여 교회와 가정의 중요성을 인식하고 가정예배 실천을 위한 원리와 방법을 탐색하였다. 본 연구를 통해서 도출된 결과를 살펴보면 다음과 같다. 우선 장애 아동 신앙 형성을 위한 가정의 역할로서 첫째, 부모는 장애 넘어 계시는 하나님을 바라보고 자녀의 장애를 기독교 신앙 안에서 재해석하고 바라보아야 한다. 이를 위해 장애 신학적 관점에서 장애는 죄와 타락의 결과가

41 Homepointe 웹사이트, https://www.homepointe.org/faithpath/(Faith Path Overview Guide).

42 Engaging Disability with the Gospel 웹사이트, https://engagingdisability.org/.

아닌 하나님의 영광을 드러내는 도구이자 육신과 영적 치유의 사역으로 이해해야 한다. 장애는 하나님의 놀라운 계획과 섭리이며 장애로 인해 하나님이 행하실 가정 사역을 믿고 맡기는 것이다. 둘째, 가정예배를 통해 부모는 자녀와 신앙 유산을 마련하고 자녀의 은사를 발견하는 과정으로 회복시키심을 믿는 것이다. 셋째, 가정예배는 부모와 자녀가 소통하는 다리를 만들어주며, 장애 자녀와의 소통은 다양한 의사소통 방식을 형성하고 다루는 것을 이해해야 한다. 부모가 자녀와의 소통하는 방식은 하나님 안에서 친밀하고 무조건적인 방식으로 이해되어야 한다. 가정예배는 부모가 자녀와 소통하려는 다양한 방식을 활용하고 소통을 시도함으로써 가정의 회복을 이끌어 주는 놀라운 결과를 가져다 줄 것이다.

장애 아동의 신앙 형성을 위한 가정예배는 교회의 가정 사역으로의 회복을 의미한다. 이를 위해 교회의 역할을 제안하면 다음과 같다.

첫째, 장애인 가정 사역으로서 가정예배의 본질을 회복하고 가정이 하나님 안에서 교제할 수 있는 환경을 마련해 주어야 한다. 가정예배는 가정이 알아서 드리는 것이기에 교회의 역할이 아니라는 인식에서 벗어나 교회가 가정 사역의 문화를 형성하고, 장애인 가정이 그 문화에 동참하며, 치유와 화합의 공동체로 인도해야 한다. 이를 위해 교회는 가정예배를 위한 안내서를 제작하고 교구 모임을 통해 나눔을 활성화할 필요가 있다. 주중에 가정예배를 통해 나타난 이야기를 교구 모임이나 소그룹에서 나누고 하나님이 가정을 인도하시는 손길을 나누며 다양한 가족의 사례를 공유함으로써 가정예배 문화를 전파해야 한다.

둘째, 교회는 장애인과 비장애인의 통합을 위한 사역에 초점을 두어야 한다. 통합은 "어떤 것을 통해 한 전체가 자신의 완전함을 유지할 수 있도록, 빠진 무엇인가를 합하고 채움으로써 완전하지 않은 전체를 완전하게 만드는 것"이다. 일반적으로 발달장애나 여러 장애인의 상황에 적용한다면, 통합이란 당사자들을 고립과 격리됨으로부터 빠져나오도록 하는 것이라고 할 수 있다.[43] 이처럼 교회 공동체는 화합과 치유의 신앙 공동체로서 장애 아동과 그 가정이 함께 어우러질 수 있는 통합 문화로의 교회 공동체를 제안한다. 이를 위해서 장애인 가정이 교회에 참여하고 흡수될 수 있도록 교회는 장애인과 비장애인이 한 달에 한 번 이상 통합 예배를 드리고 하나님이 인간을 하나님의 형상으로 창조하셨다는 것과 더불어 살아가는 것이 얼마나 중요하고 소중한 것인지를 예배를 통해서 확인해야 한다. 미국 캘리포니아 얼바인에 위치한 베델교회는 매년 장애부서가 주최하여 여름성경학교(VBS)를 운영하고 있다. 비장애인인 봉사자와 참여자가 장애인들과 함께 어우러져 교회 안에서 하나님의 말씀을 읽고 배우며 서로를 섬기는 모습은 비장애인 중심적 사고에서 벗어나 장애인들이 당사자이자 주체자로서 살아갈 수 있는 환경을 마련해 주는 좋은 예라고 할 수 있다. 이러한 점진적인 변화를 통해서 교회는 자연스럽게 통합을 이룰 수 있으며, 이는 지역사회에서 장애인의 역량과 자립을 위한 인식 개선에도 영향을 미칠 수 있다.

셋째, 신앙 형성을 위한 가정 사역을 위하여 장애인 가정 상담과 서비스 지원으로 교회의 역할이 확대되어야 한다. 장애인 가정을 위한 상담, 복지적 접근은 주로 사회 시스템 안에서 이뤄졌다. 그러나 여전히 장애인 자녀를 둔 부부는 자녀 양육을 위한 정보와 지식에 갈급하며

---

43 김한호, 『장애인과 함께하는 디아코니아』, 97.

부부 간의 갈등과 장애 수용의 어려움으로 인해 심리적 상처를 가지고 살아가고 있다. 건강한 영적 여정은 부모인 아버지와 어머니가 자녀 양육에 마음을 모으고 하나님의 섭리와 계획하심을 따라 걸어가는 것이다. 이를 위해 교회 공동체는 장애인 가정을 위한 자녀 양육 및 부부 상담과 다양한 세미나를 열어 교회가 함께 걸어가는 공동체로서의 길을 보여주어야 한다. 나아가 사회복지 서비스의 사각지대를 찾아 장애인 가정이 절실하게 필요한 부분을 채워주는 복지 사역을 실천해야 한다. 장애 자녀의 재활과 치료 비용을 감당하기 어려운 가정을 위해 교회가 함께 기도하고 재정적 필요를 채워주는 사역, 교회의 다양한 인적 자원을 활용하여 지식과 재능을 나누는 사역, 부모를 위한 휴식 프로그램, 장애 자녀의 평생 계획을 위한 정보 제공 등 다양한 복지적 사역을 고려할 수 있다.

본 연구는 장애 아동의 신앙 형성을 위한 교회와 가정의 역할이라는 주제로 장애 아동과 가정의 현실을 이해하고 장애 신학적 관점에서 바라본 장애 아동과 장애인 사역의 현실과 가능성을 탐색하였다. 나아가 장애 아동을 위한 가정예배 실천 원리와 방법, 사례를 살펴봄으로써 가정예배를 실천할 수 있도록 안내하였다. 그럼에도 불구하고 본 연구는 미주 한인 이민 교회 상황에 따라 현실적으로 가정예배를 어떻게 실천해야 하는지에 대한 구체적인 지침을 제시하지 못한 점이 한계로 남는다. 후속 연구에서는 이민 교회 가정 사역의 상황을 면밀히 분석하고 가정예배 실천을 위한 방법과 장애 유형을 반영한 가정예배 매뉴얼 등을 연구할 필요가 있겠다.

장애 아동의 신앙 형성을 위해서는 교회가 장애인 가정을 면밀히 들여다보고 그 가정이 교회공동체에 속할 수 있도록 함께 걸어 나가는 여정이라고 할 수 있다. 하나님의 형상대로 지음 받은 인간의 모습을 만들어 나가기 위해 교회 공동체는 장애 아동과 그 가정이 믿음의 길을 걸어갈 수 있도록 함께 해 나가야 할 것이다. 이 글을 준비하면서 계속 마음에 남았던 책의 한 부분을 소개하며 마무리하려고 한다.

> 교회가 장애 아동을 받아들이는 것은 곧 모든 사람을 받아들이는 것과 같다. 즉, 장애 아동과 함께 하는 교회공동체라면 모든 인간을 다 수용하는 공동체인 것이다. 어린 장애 아동과 함께하는 교회 공동체라면 그런 공동체는 모든 인간을 좋아하는 공동체이기에 이러한 공동체는 가족, 신앙, 교육을 다 잘하는 그런 공동체이다. 그리고 서로의 삶을 통하여 바르게 살아가는 것을 배울 수 있는 공동체이다.[44]

장애 아동과 그 가정이 신앙 공동체 안에서 신앙을 배우고 나누며 함께 누리는 삶을 살아가기를, 교회 공동체가 장애를 넘어서 통합 사역을 위한 환경을 마련하고 실천하기를 간절히 바란다. 나아가 이 글이 장애인 사역자와 관련 종사자 및 부모들에게 장애 아동의 신앙 형성을 위한 기독교 신앙 교육 자료로 조금이나마 도움이 되기를 소망한다.

44 Ibid., 130-131.

미국 한인 이민 가정 청소년들의 정체성 문제와 기독교교육

최윤정 월드미션대학교 교수 / 실천신학

I. 들어가는 말

정체성은 자신의 존재를 규명하는 것으로 자아를 형성하는 데 매우 중요한 요소가 된다. 자신이 누구인가 하는 질문은 여러 영역에서 이루어질 수 있다. 개인 차원의 질문으로부터 자아정체성, 사회 정체성, 문화 정체성 등이 구분되며, 이들이 서로 균형과 통합을 이룰 때 건강한 자기 개념이 자리 잡힌다.[1] 인종 정체성, 민족 정체성, 국민 정체성 등은 근대 국가 형성과 식민지 쟁탈전 과정에서 생겨난 개념으로 오늘날은 이 모두를 아우르는 글로벌 정체성(Global Identity)이 등장하여 문화

1 J. E. Cote & C. G. Levine, *Identity, formation, agency, and culture: A Social Psychological Synthesis* (NJ: Lawrence ErlbaumAssociates, Inc., 2014), 14.

정체성, 국민 정체성과의 상호 포함관계를 설정하고 다문화 사회의 구성원들이 이러한 정체성을 가지고 적절하게 균형을 맞출 것을 강조하고 있다.[2] 한국인은 단일 민족 문화를 바탕으로 근대와 현대를 거치는 동안 한국인, 한국 문화라는 단순하고도 분명한 정체성을 유지해 왔다. 역사 속의 무수한 외세 침략에도 공동체를 단단히 묶는 이데올로기로 작용해 왔기에 이러한 정체성은 한국에서 태어나고 한국에서 자라난 사람에게 확고한 신념이요 버팀목이다.

이민 가정은 1세 부모와 2세 자녀들 간에 서로 다른 양상을 띤다. 해외에 흩어진 디아스포라 한인들은 자발적으로 고향을 떠나 낯선 땅에서 삶의 터전을 일군 사람들로 고국에 대한 애착과 함께 한국인이라는 정체성을 시간이 지날수록 더욱 선명하게 견지해 나간다. 반면 현지에서 태어나고 자란 2세는 미국 문화에 동화되므로 1세와는 다른 내적 심리 변화 단계를 거친다. 특히 어떤 나라로 이주했는지와 그 나라가 어떤 이민 정책을 펴나가는지에 따라 이민자들의 입지와 혜택 그리고 현지 문화에 대한 동화 정도가 상이하게 나타난다.[3] 이 소고에서는 미국에 정착한 한인 이민 가정 1.5세, 2세 청소년들의 정체성 문제를 다루려고 한다. 미국은 거대한 다문화 국가로 단일 민족 문화를 표방하는 한국과는 판이한 사회 문화 형태를 보인다. 미국 사회를 구성하는 다양한 인종과 민족 그리고 문화가 모자이크처럼 한데 어우러져 하나의 공동체를 이루고 있는 만큼 통합과 공존을 위한 수많은 기제와 그에

---

2 Christine I. Bennett, *Multicultural Education: Theory and Practice*, 김옥순 외 옮김, 『다문화교육 이론과 실제』 (서울: 학지사, 2009), 144.

3 이규용 · 김기선 · 정기선 · 최서리 · 최홍엽, 『이민정책의 국제비교』 (세종: 한국노동연구원, 2015), iii.

따른 문제들이 맞물려 작용하고 있다. 그중 하나가 이민 가정 2세들의 정체성 문제이다. 자아정체성뿐만 아니라 1세 부모들은 한 번도 고민해 보지 않은 민족 정체성, 문화 정체성에 관한 문제가 2세 청소년의 의식 주위를 지속적으로 맴돌게 된다. 여기에서 정체성에 대한 정의와 그것이 심리적으로 영향을 미치게 되는 이유를 이론적으로 살펴보고 그것을 기독교교육적으로 적용하려는 이유이다. 특히 이민 사회 한인들에 있어 교회는 존재론적으로 삶의 필요충분조건인 만큼 이민 교회 2세 청소년 교육을 위한 기독교교육적 함의를 반드시 다룰 필요가 있다.

II. 청소년기의 정체성 발달

흔히 청소년기를 질풍노도의 시기라고 하는데, 신체적, 감정적으로 불안정해지고 성장통을 겪기 때문이다. 에릭슨(Erikson)은 청소년이 되면 자아 발달 과정에 있어 자아정체성에 대한 위기를 겪게 되며 이 시기에 중요한 것은 부모로부터 독립된 자신을 발견하는 것이라고 했다. 이때까지 그들은 부모에 의존하여 환경에 순응하며 살아왔으나 "나는 누구인가?"에 대한 질문을 하면서 자신에 대한 탐색을 하게 되는 것이다. 이로써 자신의 삶에 대한 꿈을 꾸고, 미래를 설계하며, 사회에 이바지하게 될 자신의 모습을 구체적으로 만들어 나가기 시작한다. 이 시기에 자신의 삶에 대해 성실할 수 있는 이유는 "내가 과연 누구인가?"에 대한 질문에 스스로 답할 수 있기 때문이다. 만약 이 질문에 대답하지 못하면 혼돈에 빠지게 될 뿐만 아니라 자신이나 타인에게 헌신할 수 없게 되고 자신이 나아가야 할 길을 잃어버리게 된다.[4]

에릭슨은 개인의 자아정체성을 심리사회적 정체성(psycho-social identity)과 개인적 정체성(individual identity)으로 구별하였다. 심리사회적 정체성은 개인이 속한 집단에 대한 소속감을 의미하는 것으로 집단적 정체성이라고도 할 수 있으며, 이는 정체성의 객관적 측면을 의미한다. 이에 반해 개인적 정체성이란 집단 속에서 자신을 개별적 존재로 인식하는 것으로 남들과 구별되는 고유한 자아를 발견하게 되는 주관적 측면을 의미한다.[5] 인간은 어린 시절부터 "나는 이러한 사람이다"라고 자신을 규정짓게 되고 그것은 시간이 흐르거나 상황이 변해도 바뀌지 않는 동일한 존재로서의 인식으로 자리 잡는다. 이것을 자기 동질성(self-sameness)과 자기 연속성(self-continuity)이라고 하는데, 이러한 자의식은 개인적 정체성과 연관이 깊다.[6] 개인적 정체성은 존재의 안정감을 주는 근원적 힘이지만, 신체적, 정신적인 질풍노도의 시기를 거치면서 이러한 자의식은 흔들리기 마련이다. 이전에 경험해 보지 않은 세상과 마주하게 되고 새롭게 직면하는 환경의 변화, 가치의 충돌, 외부의 자극 등 자신에 대한 인식을 다시금 조정해야 할 국면을 맞이하기 때문이다.

또 내적 변화와 조정을 거치는 과정에서 자기 동질성과 자기 연속성은 유지하지만, 자신은 다른 사람과는 다른 고유한 존재라는 전체감(feeling of wholeness)을 느끼면서 통합(integrity)하게 되는데, 이를 자아정체성(ego identity)이라고 부르게 된다. 이 자아정체성은 결국

---

4 James Willhoit and John Dettoni, *Nurture That Is Christian: Developmental Perspectives on Christian Education* (Baker Academic: 1995), 97-98.

5 Cote and Levine, 16.

6 Peter Benson, "Erikson and Adolescent Development: Contemporary Views on an Enduring Legacy," *Journal of Child and Youth Care Work* (2015): 195-205.

타인과 구별되는 독립적이면서도 독특한 자기 자신에 대한 인식을 내포한다고 할 수 있다.[7] 에릭슨에 의하면 자아의 발달이라는 것은 전 생애를 통해 이루어지지만, 청소년의 자아정체성은 성인이 되는 길목에서 중요한 발달 요소로 작용한다고 보았으며 내면의 성숙은 외부 요인, 즉 사회 문화적인 요인과의 상호작용에 의해 이룩된다고 본 것이다. 건강한 자아정체성 확립을 위해서는 스스로에 대해 생각하고 타인이 기대하는 자신의 모습을 조절하여 내면을 통합하는 과정이 필요하다. 이는 자신의 환경을 인지하고 그것과 상호작용하면서 자신의 지각을 통해 이루어지는 것이다. 에릭슨은 긍정적인 자아정체성을 형성한 청소년은 자아존중감이 높고, 비판적인 사고를 하며, 도덕적인 추론도 가능하다고 주장했다.[8] 이는 청소년 자신으로 하여금 타인과 조화와 균형을 이룰 수 있게 만드는 능력이라 할 수 있다. 이런 경우 질풍노도의 상황에서도 자신의 고유성과 독립성을 지키고자 하는 내면의 힘을 발휘할 수 있다.

에릭슨에 따르면 인간은 전 생애 발달 과정을 거치는 동안 각 단계마다 발달 과제를 당면하게 되는데, 이러한 발달 과정은 점성적 원리(epigenetic principle)에 의해 진행된다고 보았다. 점성적 원리란 이전 단계의 발달을 토대로 그다음 단계의 발달이 이루어진다는 논리다. 이는 심리사회적 발달이 전 생애를 통해 통합적으로 일어난다는 원리에 기초한다.[9] 즉, 청소년기의 발달 단계는 이전의 학령기 단계의 발달을 바탕으로 형성되며, 이 시기에 정체성을 확보하게 되면 그다음 단계인

---

7 Erik Erikson, *The Life Cycle Complete* (NY: Norton & Company: 1982), 65.

8 Erikson, "Identity and the life cycle," *Psychological Issues* 1 (1959), 1.

9 Erikson, *Identity: Youth and Crisis* (Norton and Company, 1968), 92.

성인 초기에 이루어져야 할 발달 과제가 순조롭게 진행된다. 청소년기 이전에 성공적으로 발달 과업을 성취했다고 해서 청소년기의 정체성 과업이 자동적으로 성취되는 것은 아니다. 각 단계는 발달 과업을 위한 서로 다른 국면을 직면하게 되고 그 단계에서 반드시 해결해야만 하는 과제가 부여되기 때문이다. 그 과제가 순조롭게 이행되면 그다음 발달 단계의 토대가 되어 이후 발달 과정 역시 순조롭게 이루어지지만, 만일 과제 수행이 제대로 되지 않으면 그다음 단계에 부정적인 영향을 미치게 된다. 청소년기의 발달 과제는 정체성 형성이며 정체성이 잘 이루어졌을 때 다음 단계인 성인 초기의 친밀감 형성이 건강하게 자리매김하는 것이다.

점성적 원리와는 달리 발달 과업이 제대로 수행되지 않았을 때 그 반대급부가 자리 잡는 것을 에릭슨은 양극설로 설명했다. 양극 이론이란 발달 단계의 과제 수행에 따라 긍정적 혹은 부정적 기제가 내면에 자리 잡는 것을 말한다.[10] 즉, 청소년기의 발달 과제인 정체성이 내면에 자리 잡지 못하면 역할 혼란이 발생하고 내가 과연 누구인지, 내가 속한 집단에서 어떤 역할을 해야 하는지 혼돈감을 느끼게 된다는 것이다. 에릭슨이 청소년기의 발달 과제는 정체성 획득이라고 하고 이에 실패했을 때 정체감 위기라고 표현한 것은 이 양극 이론을 근거로 일컫게 된 것이다. 즉, 청소년들에게 정체성 위기가 왔을 때 자기 신뢰가 어렵고 불신의 기제가 작동하여 심리적인 어려움에 봉착하게 된다. 이것은 또래 집단으로부터의 분리, 소외, 부적응 등의 문제로 발전할 수 있다.

10 Willhoit and Dettoni, 96.

III. 청소년기의 정체성 지위

에릭슨의 이론을 발전시켜 정체성 발달의 지위에 관해 연구를 한 마르시아(Marcia)는 자아정체성을 여러 가지 자극, 능력, 신념 및 개인적 요소 등의 자체 발생으로 나타나는 내적, 역동적 체계이자 자기구조라고 설명했다. 이러한 자기구조로서의 자아정체성의 발달은 자기통합을 이루기 위해 심리기능들이 체계화되어 가는 과정이자 자신이 타인과 구별될 수 있는 독자성, 일관성 또는 통일성인 동시에 과거와 현재와 미래의 연속성을 유지하는 것이라고 정의했다.[11] 에릭슨이 자아정체성의 형성기를 직업 또는 이념적인 관여가 발달하는 시기로 본 것에 근거하여 마르시아는 대학생들을 대상으로 인터뷰를 실시하여 네 종류의 정체성 지위를 분류했다.

〈표 1〉 정체성 발달 지위

	관여 혹은 전념(Commitment)		
위기 (Crisis)	경험 유무	있음	없음
	있음	정체성 성취	정체성 유예
	없음	정체성 상실	정체성 혼돈

정체성 혼돈에 해당하는 사람은 정체성 위기를 경험한 적이 없으며 무엇에 전념한 적이 없는 상태에서 비롯되는 것으로 청소년 초기에 주로 볼 수 있다. 부모가 자녀를 방임했을 때 나타나는 현상이기도 한데, 이 상태가 청년기까지도 계속된다면 심각한 심리적 문제로 심화될

11 James Marcia, "Development and validation of ego-identity status," *Journal of Personality and social psychology* 3, (1966): 551-558.

수 있다. 정체성 혼돈 상태에서는 자기애가 강하게 표출되기 때문에 자신을 위해 이기적인 방법으로 타인을 이용하거나 어떤 목적을 위해 수단과 방법을 가리지 않는 경향이 나타나기도 한다. 청소년기에 이 상태가 지속되면 청년기에 이르러 삶의 목표와 가치를 탐색하려는 시도를 보이지 않고, 미래의 자신을 바라보지 못하며, 일하지 않으려고 하거나 직업을 갖기 위한 노력도 전혀 하지 않는 모습을 나타내기도 한다.

정체성 상실은 개인적인 가치와 이념에는 관여가 되어 있으나 심리적인 위기를 경험하지 못했기 때문에 자신에게 적용될 수 있는 다른 가치나 주관을 간과하는 상태를 말한다. 말하자면 현재 이들이 추구하고 있는 가치와 신념은 부모 또는 주위 사람에 의해 결정되어 주입된 것이다. 엄격한 부모 밑에서 자랐을 때 나타나는 경우가 많으며, 자신의 목표는 스스로가 아닌 부모에 의해 계획되고 그것에 몰입되어 있다. 이러한 단계는 외부의 강렬한 자극에 의해 내면이 도전받지 않는 한 자신의 정체성이 완고하게 굳어져서 웬만해선 변하지 않는다. 부모 또는 종교 집단과 같은 준거 집단의 기준과 압력과 기대를 추종함으로써 자신의 정체성을 상실하며 청소년기를 지나 청년기에 이르러서도 타인을 의지하는 모습으로 남아 있게 된다.

정체성 유예는 정체성 획득에 대한 내적 준비가 되어 있지 않아 유예된 상태를 의미한다. 이 단계는 정체성 획득이라는 분명한 과업이 달성된 것은 아니지만, 정체성을 탐색하는 과정에서 자신의 가치, 흥미, 신념 등을 적극적으로 찾아가는 시기로 정체성 획득을 위한 과도기적 단계이므로 청소년기에 나타날 수 있는 자연스러운 현상이라고 본다. 에릭슨은 이 시기는 여러 가지 역할을 시도해 볼 수 있는 실험 기간(as if period)이라고 보았다. 청소년 시기에는 다양한 시도와 노력을 통해 자신의 가치를 선택하거나 변화할 수 있고 경험을 통해 보다 성숙한 모습으로 발전할 수 있게 된다.

심리적 유예를 거쳐 마침내 개인적 자아를 발견했을 때, 정체성이 획득된다. 이로써 청소년기의 발달이 완료되고 성숙의 궤도에 이르게 된다. 정체성은 과거, 현재, 미래를 연결하여 통합할 수 있는 새로운 역량이 생겼음을 의미하며 이러한 정체성은 내적 동일성과 지속성을 제공하고 자신의 가치와 목적을 안정화시키는 일에 기여한다. 일단 정체성이 획득되면 가치관, 진로, 결혼 등에 대한 자신의 의지가 고취된다. 에릭슨에 따르면 삶의 목표, 가치, 신념, 인간관계 등에서 위기를 경험하고 해결책과 대안을 탐색하여 마침내 확고한 정체성을 획득한 사람은 자신을 있는 그대로 받아들여 자신의 능력과 한계 그리고 기회를 수용하게 된다.[12]

IV. 이민 가정 청소년들의 정체성 형성의 요인들

미국으로 이주한 한인 1세대는 미국 문화에 익숙하지 않으므로 처음에는 언어 및 문화 적응에 많은 어려움을 겪는다. 시간이 지나 미국 시민의 자격을 얻더라도 한국인의 전통적인 가치관을 포기하지 않는다. 이는 한국 이민자들의 보편적인 모습이기도 한데, 이들의 특징 중 하나는 가족 단위로 미국에 왔다는 점이다.[13] 그들은 가족의 유대 관계

12 Cote and Levine, 18.

를 중시하며 미국 문화에 적응하려고 노력하는데, 이 점이 오히려 적응을 용이하게 만드는 요인이 되기도 한다. 가족의 이익, 의무, 가족 간의 상호 의존을 강조하는 집단주의와 개인의 이익, 권리, 독립성을 강조하는 개인주의는 한국과 미국의 가장 큰 차이점으로 한인 이민 1세는 가족 간의 유대를 강조하는 반면, 어릴 때 부모를 따라온 1.5세와 미국에서 태어난 2세는 개인주의를 따른다. 1.5세와 2세 청소년은 한국 문화와 민족적 가치에 대한 애착이 강한 1세 부모와는 달리 미국 문화에 쉽게 동화되는 경향이 강하므로 그들은 스스로를 100% 미국인(American)으로 여긴다.[14] 특히 언어면에서 미국에 강력한 동화현상을 나타낸다. 한인 1.5세와 2세 청소년들은 이중언어를 구사하는 경우도 있지만, 한국어를 전혀 구사하지 못하는 경우도 많다. 학령기 이전에 부모를 따라 이민 온 경우 미국 문화와 언어에 빠르게 동화되는 편이며, 10대에 이민을 오게 된 경우 이중문화에 익숙하며 문화적 정체성에 있어 양면성을 띤다. 이는 이민 당시의 나이가 청소년의 문화 적응과 정체성에 많은 영향이 있음을 보여주는 현상이다.

문화적응 또는 문화변용(acculturation)은 개인이 새로운 뿌리를 내릴 수 있도록 이민 사회의 문화적 특성을 습득하도록 추진하는 힘이다.[15] 미국의 인류학자 레이필드(Redfield), 린턴(Linton)과 허스코바츠

---

13 Kwang Kim C., & Won M. Hurn, "The Korean American community present and future," In Tae H. Kwak & Seong H. Lee eds., *The extended conjugal family: Family-kinship system of Korean immigrants in the United States* (Korea: Kyungnam University Press, 1991), 115-133.

14 Won M. Hurh, *The Korean Americans. Westport* (CT: Greenwood Press, 1998), 81.

15 Jenny H. C. Pak, *Korean American women: Stories of acculturation and changing selves* (New York: Routledge, 2006), 18.

(Herskovits)는 문화변용은 한 문화 집단이 문화가 다른 특정 문화 집단을 지속적으로 접촉한 결과, 어느 한쪽 또는 양쪽 집단의 원래 문화 패턴에 변화가 생기는 것이라고 정의했다.[16] 더 넓은 의미에서의 문화변용은 두 개 이상의 자율적인 문화 체계의 결합에 의해 시작되는 문화 변화로 정의될 수 있다.[17] 즉, 문화변용에는 새로운 문화적 특성의 습득과 고유 문화의 유지라는 두 가지 의미가 모두 포함된다. 이런 관점에서 유의미한 통계가 있는데, 한인 이민 가정의 청소년은 그들의 미국 문화 동화와 정체성 인식과는 별개로 백인보다 자기들과 같은 코리안 아메리칸(Korean American)을 더 친밀하게 느끼며 가깝게 교류한다는 사실이다. 한인 청소년 104명을 대상으로 조사한 통계에 따르면, 57%가 자신과 같은 코리안 아메리칸을 데이트 파트너로 선호했고, 68%가 코리안 아메리칸 배우자를 선호했다.[18] 이러한 통계는 이민 가정의 한인 청소년들의 정체성에 대한 문화적 특성을 나타내는 것이다. 에릭슨은 정체성이란 일반적으로 청소년기에 탐색의 시간을 거치면서 신념, 직업, 종교 등의 다양한 영역에 대한 헌신으로 이어지는 온전함에 대한 주관적 감각이라고 정의했듯이 2세 청소년들의 정체성 경향은 비록 자기 자신을 아메리칸(American)이라 여긴다 하더라도 한국 민족 문화에 대한 강한 애착을 지니고 있는 1세 부모의 영향을 받는 경향이 크다

16 John W. Berry, "Acculturation as varieties of adaptation," In Amado M. Padilla ed., *Acculturation: Theory, models and some new findings* (CO: Westview Press, 1980), 9.

17 Lauren Clark and Lisa Hofsess, "Acculturation," In Sana Loue ed., *Handbook of Immigrant Health* (New York: Plenum, 1998), 37.

18 Daniel Lee, "Attitude survey on dating and mate selection among Korean college students," In Everett Jackson and Ho-Youn Kwon ed., *Korean Americans: Conflict and harmony* (Chicago: North Park College, 1994), 89-101.

고 할 수 있다.

반면 미국의 동화 정책과 문화다원주의 정책이 이민 가정 청소년들의 정체성에 미치는 영향도 적지 않다. 미국은 각국의 이민자들을 받아들이면서 동화 정책을 통해 통합을 모색했다. 동화 정책은 용광로 (Melting Pot) 이론으로 설명할 수 있는데, 이 용광로의 개념은 다양한 이민자들의 문화가 거대한 미국 주류 문화 안에 녹아들어가 하나의 정체성을 가지는 것을 의미한다. 이것은 각기 다른 문화가 한 사회 안에서 공존한다기보다는 주류 문화가 중심에 있고 그 주변에 다른 문화가 존재할 만한 가치로서 인정받는다는 개념이다.[19] 그러나 소수 문화를 지배 문화에 동화시키는 용광로 이론은 다수의 문화를 소수에게 강요하는 것이며 이것은 많은 소수 문화로 이루어진 미국 사회의 통합을 저해한다는 결론에 이르게 된다. 따라서 동화 정책의 대안으로 다문화 정책을 펼치게 된 미국은 용광로 이론이 아닌 샐러드볼(Salad Bowl) 이론을 표방하며 "정책의 목표를 소수 민족의 주류사회로의 동화가 아닌 공존"에 두게 된다.[20] 샐러드 볼은 갖가지 색채와 다양한 맛을 지닌 채소와 과일을 담는 그릇을 의미한다. 용광로가 그 안에 담긴 것은 어떤 것이든 한 가지로 녹여내는 특성이 있다면, 샐러드 볼은 서로 다른 모양과 색깔과 향을 지닌 재료들이 자신의 고유의 성질을 그대로 지닌 채 한데 담겨 있는 것이 특징이다. 여기에는 조화가 가장 중요한 요소가 된다.

이러한 다문화 정책을 좀 더 구체적으로 나누면 문화다원주의와 다문화주의로 세분화할 수 있다. 문화다원주의와 다문화주의는 공존을

---

19 조성돈 외, "더불어 사는 다문화 함께 하는 한국교회," 정재영 편, 『다문화사회의 이해』 (서울: 예영커뮤니케이션, 2012), 60.

20 Ibid., 60.

위하여 서로의 다양성을 인정하는 점에서는 유사하지만 조금 깊이 들어가면 그 내용이 다르다. 문화다원주의는 문화의 다양성을 인정하면서도 그 사회의 헤게모니를 지닌 주류 문화의 존재를 분명히 하는 것이며, 다문화주의는 주류 문화의 존재 없이 다양한 문화가 평등하게 공존하는 것을 의미한다.[21] 호주와 캐나다는 다문화주의를 채택하는 반면, 미국은 문화다원주의를 채택하여 백인 중심의 주류 문화가 미국 사회, 경제, 문화 전반을 움직이게 하고 있다. 이러한 미국의 문화다원주의 정책은 이민자의 자녀들로 하여금 정체성 문제를 야기하는 원인이 된다. 이민 1세와 달리 어린 시절 부모를 따라 미국으로 건너온 1.5세와 미국에서 태어나 1세 혹은 1.5세 부모 밑에서 자라난 2세는 자신이 아메리칸(American)이라는 강한 정체성을 가지고 자라난다. 미국과 한국이 야구나 축구 등의 스포츠 경기를 하게 되면 미국 문화에 동화된 1.5세와 2세 자녀들은 미국을 응원하는 것을 쉽게 볼 수 있다. 그러나 그들이 문화다원주의 국가인 미국에서는 백인들이 정치, 경제, 사회, 문화의 전반에 걸쳐 핵심 역할을 하고 있고 다른 인종들에 대해 어느 정도의 구별과 차별을 보이는 것에 대해 혼란을 느끼게 된다. 이러한 미국식의 다문화적 접근은 소수 인종 그룹의 청소년들로 하여금 그들의 문화 정체성을 재형성하도록 만드는 요인이 된다.

21 Ibid., 60.

V. 인종 및 문화 정체성 발달 모델(Racial & Cultural Identity Development Model)[22]

미국 내 많은 소수 민족 집단이 백인들로부터 문화적인 억압을 느끼는 데 있어 유사한 형태를 지닌 것과 아시아계, 라틴계, 아메리칸 원주민이 사회 문화적으로 정체성 변화를 경험한 것을 관찰한 앳킨슨(Atkinson), 모튼(Morten)과 수(Sue)는 인종 및 문화 정체성 발달 모델(Racial and Cultural Identity Development Model)을 제안했는데, 이 모델에 나타난 5단계 특징으로부터 소수 민족 집단의 공통적인 의식을 알 수 있을 뿐만 아니라 주류 문화에 대한 소수 민족 집단 구성원들의 정체성 변천 과정을 파악할 수 있다.[23]

〈표 2〉 인종 및 문화 정체성 발달 모델

22 D. R. Atkinson, G. Morten, and D. W. Sue, *Counseling American minorities: A cross-cultural perspective* (5th ed., MA: McGraw-Hill, 1998).

23 C. A. West-Olatunji, K. N. Frazier, T. L. Guy, A. G. Smith, L. Clay, and W. Breaux, "The use of the racial/cultural identity development model to understand a Vietnamese American: A research case study," *Journal of multicultural counseling and development* Vol. 35, No. 1 (2007): 40-50.

순응(Conformity)의 단계에서 소수 민족 집단의 개인은 주류 문화의 관습과 가치관을 완전히 포용한 형태를 보인다. 자신이 속한 집단의 문화를 거부하고 폄하하며 주류 문화가 더 우수하다는 신념을 나타내 보인다. 예를 들면 백인 사회와 유사한 라이프 스타일, 가치 및 문화적 특성은 높이 평가하는 반면 자신이 속한 소수 민족 집단과 유사한 것은 경멸의 대상으로 여기거나 평가절하하는 경향이 있다. 주류 문화에 대한 스테레오 타입을 그대로 받아들여 무조건 우월하게 여기므로 자신은 낮은 자존감을 나타낸다.[24] 뿐만 아니라 백인의 사회적, 제도적, 문화적 기준이 월등히 높은 것으로 받아들여 백인 주류 집단의 구성원을 존경하고 그들의 행동을 모방한다.

부조화(Dissonance)는 어떤 기회에 주류 문화와 자신의 그룹의 문화 사이에서 모순을 발견하게 되면서 순응 단계에서 가졌던 자신의 생각에 의문을 느끼기 시작하는 단계를 말한다. 자신의 인종적 문화적 유산과 전통을 부정하려고 해도 어느 순간 순응 단계에서 가졌던 고정관념과는 다른 가치관과 태도를 발견하면서 혼란을 경험하게 된다. 예를 들어 아시아인은 소극적이고 말이 없으며 대인관계에서 무능하다고 믿었는데, 이러한 고정관념을 깨는 아시안 리더를 만나게 되면서 그동안 가져왔던 고정관념이 흔들리게 된다. 더구나 우연한 기회에 인종차별의 경험을 하게 되면 혼란과 갈등의 커지면서 주류 문화의 모든 가치가 반드시 이롭지 않으며 또한 소수 민족 문화의 모든 측면이 나쁘지 않다고 생각하게 된다.[25] 자신이 속한 그룹의 전통과 문화로부터 긍정

24 Derald Sue, Mikal Rasheed, and Janice Rasheed, *Multicultural Social Work Practice: A Competency-based Approach to Diversity and Social Justice* (Wiley, 2016), 159-165.
25 Ibid., 165-166.

적인 요소를 받아들이게 되고 점차적으로 그것에 대한 관심을 가지게 되면서 비로소 자신에 대한 자부심을 느끼게 된다.

저항과 몰입(Resistance & Immersion)의 단계에 들어서면 자신이 속한 소수 그룹의 문화의 관습과 가치관들을 점점 수용하면서 주류 문화가 보여준 가치들을 거부하게 된다. 주류 문화에 의해 자신의 문화가 차별당하는 것을 저항하면서 백인의 사회적 문화적 제도적 기준이 타당성이 없다고 생각하며 거부한다. 자신이 속한 집단이 느끼는 억압을 없애고자 하는 욕구가 개인 행동의 중요한 동기가 되며 주류 문화 구성원에 대한 불신과 혐오감을 나타내기도 한다. 이 저항과 몰입 단계에서 나타나는 정서적 특징이 죄책감, 수치심 그리고 분노다.[26] 이는 백인 사회에 의해 그동안 자신의 의식이 지배 당했다는 느낌과 무관하지 않은데, 간혹 이 분노는 백인에 대한 강한 저항 방식으로 나타나기도 한다. 반면 자신의 문화에 대한 자긍심이 생겨나면서 새로운 문화 정체성을 수립하려고 한다.

내면 성찰(Introspect) 단계에서는 이전 단계에서 느낀 백인 사회를 향한 분노와 부정적인 감정이 심리적으로 유익하지 않다는 것을 깨닫게 된다. 이러한 반작용은 자신이 속한 문화 집단을 이해하거나 자신의 정체성을 찾는 데 오히려 방해가 된다고 생각한다. 주류 문화의 가치를 엄격하게 거부했던 것에 의문을 제기하면서 문화에 대해 보다 객관적인 모습이 되려고 노력한다. 그동안 자신의 문화 그룹의 견해와 관념을 너무 경직되게 고수하여 개인의 자율성을 침해 당했다고 느끼면서 자신의 정체성을 찾는 데 시간과 노력을 들이기 시작한다.[27] 이제는 백인

26 Ibid., 166-168.

문화에서도 바람직한 요소가 많다는 사실을 인정하고 주류 문화와 자신의 문화의 가치를 통합하려고 노력한다. 주류 집단의 어떤 요소를 받아들일 수 있고 또 받아들일 수 없는지에 대해 식별하려는 적극적인 시도를 나타내기도 한다.

통합적 자각(Integrative Awareness) 단계에서 소수 민족 그룹의 개인은 내적으로 안정감을 발전시켜 주류 문화뿐만 아니라 자신의 문화적 특징도 객관적으로 감상할 수 있는 여유를 가진다. 백인의 문화와 자신의 문화가 충돌한다고 생각하지 않으며 통제력과 유연성을 발휘함으로 양쪽 문화에 대한 자신의 정체성을 발달시킨다. 이 단계는 양쪽에서 취할 것과 취하지 않을 것을 판단해 내어 좀 더 큰 사회의 일원으로 자신을 생각하려고 하는 단계이다. 자신의 긍정적인 자아상과 자신감을 찾아가는 동시에 자신의 문화적 가치와 삶의 방식을 이해하기 위해 다른 소수 문화 집단에도 접근한다. 중요한 것은 백인의 인종차별이 결국 미국 사회가 지닌 병리 현상이며, 백인 역시 그러한 편견의 희생자이고 그것을 극복하기 위해 도움이 필요한 자들임을 인식하게 된다는 사실이다.[28]

VI. 정체성 발달에 대한 기독교교육적 접근

에릭슨과 마르시아의 주장에서와 같이 청소년기는 정체성 발달이

---

27 Ibid., 168-170.

28 Ibid., 170-171.

라는 과제를 안고 있는 시기이다. 발달 과제가 잘 성취되고 성취되지 못하느냐에 따라 자기 자신에 대한 믿음을 가지게 되고 가치와 신념을 발견하게 되는 반면 역할 혼란에 빠지면 현재의 자신뿐만 아니라 미래의 자신까지도 잃어버리는 결과를 낳게 된다. 정체성 지위에 관한 마르시아의 주장은 청소년기의 정체성 획득을 위해 주변 환경이 얼마나 중요한지를 보여준다. 부모와 교사의 관심과 돌봄이 있는지 혹은 무관심과 방임에 놓였는지, 또래 집단이 긍정적으로 관여하는지 혹은 부정적으로 도전하는지 그리고 교회 지도자가 바른 리더십으로 이끄는지 아니면 교회 교육으로부터 좋은 영향을 받지 못하는지 등 이 모든 것이 정체성 발달에 결정적 요인이 된다. 이민 가정 청소년들의 정체성 발달 문제는 청소년 자신에게만 맡겨두어 저절로 극복하게 할 성질의 것이 아니다. 1세 부모들의 거친 이민 살이만큼이나 1.5세, 2세 청소년들의 내적 혼란이 클 수 있음을 인지하고 보다 적극적인 정체성 교육이 이민 가정 청소년들에게 제공되어야 한다.

1. 신앙 정체성 교육

이민 가정의 청소년들이 백인 주류 문화를 이해하고 받아들일 뿐만 아니라 코리안(Korean)이라는 정체성을 수립하고 두 문화를 통합하여 건강한 코리안 아메리칸(Korean American)으로 살아가기 위해서는 1세 부모들의 적극적인 지원과 도움이 필요하다. 그러나 인종 및 문화 정체성에 관한 갈등을 경험해 보지 못한 1세들이 이러한 문제를 이해하고 그들을 보듬어주기에는 현실적인 온도 차가 있다. 실제로 이민 가정의 청소년들이 주류 문화에 적응하여 자신의 정체성을 세워 나가는 데는 많은 심리적 갈등과 혼란이 따를 수밖에 없다. 정체성 문제에 있어 인종적, 문화적 정체성보다 더 중요한 것이 바로 자아정체성이다. 청소년기는 자신의 존재에 대해 질문하는 시기이다. 내가 누구인가에 대한 자아정체성의 문제는 세계관과 깊은 관련이 있다. "세계관은 이 세계의 근본적 구성에 대해 우리가 견지하고 있는 일련의 전제들이다."[29] 이것을 부분적으로 설명하자면, 존재의 근원에 대한 관점들이라고 할 수 있다. 이러한 자아정체성은 신앙 정체성에 의해 보다 확고해진다. 아무리 인종과 문화에 대한 자기 인식이 분명하다 하더라도 자신이 이 세상에 왜 존재하는지에 관한 근본적인 질문에 답변하지 못한다면 실존적인 혼란에 빠질 수밖에 없다.

오늘날 미국의 공교육은 인본주의와 진화론을 지지한다. 진화론은 인간을 우주 안에서 우연히 발생한 생물학적 존재라고 설명한다. 거기엔 나를 창조하시고, 나에게 말씀하시고 또 나와 동행하시는 인격적인 하나님이 없다. 우연히 생겨난 존재이고 뜻과 목적도 없이 살아가는 존재라는 사실은 자아정체성을 찾고자 하는 청소년들에게 절망을 안겨줄 수밖에 없다. 인본주의 교육과 달리 기독교교육은 인간의 존재론적 질문에 대해 명쾌한 답을 줄 수 있다. 수많은 성경 구절이 정체성과 관련이 있으며, 하나님의 자녀 된 우리에게 그것을 확증해 주고 있다. "배에서 태어남으로부터 내게 안겼고 태에서 남으로부터 내게 업힌 너희여 너희가 노년에 이르기까지 내가 그리하겠고 백발이 되기까지 내가 너희를 품을 것이라 내가 지었은즉 내가 업을 것이요 내가 품고 구하여 내리라"(사 46:3-4). "주께서 내 내장을 지으시며 나의 모태에서 나를

---

29 James Sire/김헌수 옮김, 『기독교 세계관과 현대사상』 (서울: IVP, 1999), 20.

만드셨나이다 내가 주께 감사하옴은 나를 지으심이 심히 기묘하심이라"(시 139:13-14). "그 기쁘신 뜻대로 우리를 예정하사 예수 그리스도로 말미암아 자기의 아들들이 되게 하셨으니"(엡 1:5). 신앙 정체성이야말로 청소년들의 자아정체성 형성에 있어 가장 중요한 밑거름이 된다.

이민 교회는 청소년들에게 신앙 교육을 제공하지만, 몇 가지 문제에 봉착한다. 아이들이 교회에서 보내는 시간이 학교나 가정에서 보내는 시간과는 비교도 되지 않는다는 점이다. 그럼에도 학부모들은 그 시간을 통해 자녀들의 신앙이 성장하리라는 기대를 갖는다. 신앙 교육을 교회의 몫으로만 돌리기엔 부모의 책임은 너무 가볍고 교육의 사안은 너무 무겁다. 신앙 교육의 주체가 가정과 부모가 동시에 되어야 한다는 사실은 이민 가정의 2세 자녀들에게 있어 매우 중요한 전제이다. 2세 청소년들의 정체성 경향은 고유의 민족 문화에 대한 강한 애착을 지니고 있는 1세의 영향을 다분히 받고 있다는 것을 설명했다. 그런 점에서 이민 교회와 더불어 신앙 교육의 전초 기지는 가정과 부모이어야 한다는 사실에 의심할 여지가 없다. 사춘기를 막 지나고 있는 청소년에게 갑자기 부모가 신앙 교육을 강조하기란 어색한 일이다. 학령기 이전부터 가정예배를 드리거나 가족이 식탁 공동체를 이루어 함께 말씀을 읽고 나누는 QT 시간 등을 통해 어릴 때부터 자연스럽게 신앙이 몸에 배도록 훈련해야 한다. 신앙 교육을 통해 자아정체성이 확립된다는 것은 이 세상에 난무하는 무수한 세계관들 속에서 기독교 세계관을 견지하겠다는 신앙의 결단이 수반되어야만 하는 일이다. "너희가 섬길 자를 오늘 택하라 오직 나와 내 집은 여호와를 섬기겠노라"(수 24:15). 결국 세계관과 마찬가지로 신앙도 결단이다. 이민 가정 역시 이러한 결단을 할 수 있어야 한다.

2. 이중문화 정체성 교육

문화다원주의 사회인 미국에서 1.5세와 2세 자녀들에게 문화 정체성을 교육한다는 것은 바로 그들이 아메리칸(American)이 아닌 코리안 아메리칸(Korean American)이라는 사실을 인식하게 해 주는 일이다. 미국의 공교육은 다문화 교육을 통해 다양한 인종 그룹과 문화를 존중하고 차별을 배제함으로 사회통합을 이루려는 노력에 근거한다. 이러한 의도를 따라 한인 이민 가정의 자녀들에게 건강한 문화 정체성을 심어주기 위해서는 1세 문화, 즉 한국어와 한국 문화에 대한 교육이 필수적이다. 용광로 이론으로 설명되는 동화 정책이 되려 각 인종 혹은 문화 그룹으로부터의 저항을 부채질하여 통합을 해치는 결과를 미국 사회가 경험해 온 만큼 이민 가정의 자녀들에 대한 이중문화 교육은 정책으로서 뿐만이 아니라 존재론적으로도 모든 소수 민족 이민 가정들이 중요하게 받아들여야 할 사안이다. 인종 및 문화 정체성 발달 모델에서 본 것처럼 이민 가정의 자녀들이 미국에서 건강한 시민으로 살아가기 위해서는 주류 문화와 자신의 문화에 대한 통합적 자각을 통해 미국 문화와 한국 문화 모두에게서 고유한 특징을 이해하고 양쪽 문화로부터 긍정적인 부분을 선택하여 좀 더 유능한 다문화 사회 일원으로서 자신의 정체성을 확신할 수 있어야 한다. 코리안 아메리칸(Korean American)으로서 정체성 확립은 무엇보다 언어의 뒷받침 없이는 불가능하다. 한 민족의 언어 속에는 그 민족의 역사와 문화 그리고 정신이 깃들어 있으며, 그것은 언어를 통하여 다음 세대에 전수되기 때문이다.[30] 따라서 한글 교육은 미국의 한인 1.5세, 2세의 정체성 확립에 구심점이 된다. 이민 교회에서 한국 학교를 적극적으로 운영하고 있는 것은 매우 바람직한 일이라 할 수 있다.

이중문화 정체성 교육은 신앙 교육의 측면에서도 매우 중요한 의미를 가진다. 특정 인종 그룹의 문화적 특징은 그 구성원이 견지하는 세계관과 밀접한 관련이 있다. 여기에서 세계관은 모든 종교와 이데올로기를 포함한다. 한 사회의 공교육은 세계관 위에서 행해지며 사회의 모든 구성원은 특정 세계관을 이어받고 유지하며 또 다음 세대에 전수한다. 오늘날 미국의 공교육은 인본주의 세계관을 근간으로 이루어지고 있다. 데이비드 노에벨(David Noebel)은 세속적 인본주의라는 용어를 사용하여 인본주의를 하나의 종교로 간주하고 진화론과 불가분의 관계에 있음을 주장한다. 그는 『충돌하는 세계관』에서 세속적 인본주의자[31]들이 생명에 관해 설명하기 위해서는 하나님을 인정해야 하는데, 그렇게 되면 그들이 주장하는 무신론이 파괴되므로 어쩔 수 없이 진화론을 받아들이고 있다고 주장한다.[32] 아무튼 미국의 주류 문화는 세속적 인본주의를 종교의 위치에 끌어올려 진화론을 바탕으로 공교육을 펼쳐 나가고 있다. 그렇다면 이중문화 정체성의 관점에서 볼 때, 이러한 주류 사회의 공교육을 절대적으로 받아들여야 하는가에 대한 의문이 대두된다. 미국이라는 거대한 다문화 사회의 전제가 다양한 종교와 세계관에 대한 자유로운 선택과 허용이라면 한인 그룹이 기독교교육에 소극적일 이유가 전혀 없다. 한인 교회와 한인 가정들이 보다 적극적으로 다음 세대에게 기독교 신앙을 가르치고 전수해야 한다. 이것은 이민 가정의

---

30 Larry Samovar and Richard Porter, *Communication between Cultures*, 정현숙 외 옮김, 『문화간 커뮤니케이션』 (서울: 커뮤니케이션북스, 2007), 197.

31 David Noebel은 세속적 인본주의를 인본주의와 별개로 설명하고 있다.

32 David A. Noebel, *Understanding the Times*, 류현진 · 류현모 옮김, 『충돌하는 세계관』 (서울: 꿈을이루는사람들, 2013), 227.

자녀들이 어떠한 세계관에 비추어 이 시대를 판단하고 살아갈지에 대한 자기 결정권을 부여하고 이에 관한 내적인 역량을 길러줄 수 있는 중요한 일이다. 이런 면에서 이민 교회와 이민 가정의 신앙 전수 활동은 큰 의미가 있다. 1세가 가진 신앙 형태를 그대로 자녀들에게 전수하여 새벽 기도, 철야 기도, 주여 삼창과 통성 기도, 식탁 공동체, 큐티 등 역동적인 신앙 전통이 코리안 아메리칸(Korean American) 청소년들의 이중 문화 정체성의 한 부분을 깊이 차지하도록 돕는다면 무척이나 바람직한 일이다. 이민 교회가 세대 간 예배를 적극적으로 준비해야 하는 이유이다.

3. 글로벌 시민 정체성 교육

이민 가정 청소년들에게 이중문화 정체성에서 한 걸음 더 나아가 글로벌 시티즌(Global Citizen)이라는 세계 시민으로서의 정체성을 갖게 하는 것도 중요하다. 뱅크스(Banks)는 문화 정체성, 국민 정체성, 글로벌 정체성 등 정체성의 종류를 규정하고, 이 세 가지 정체성에 균형을 가지도록 교육해야 한다고 주장하였다. 그에 따르면 오늘날 국가 간 상호의존성을 이해하고 세계 공동체에서의 사려 깊은 정체성을 발전시켜 나가도록 도와주는 것을 교육의 주요 목표로 여겨야 한다.[33] 빈곤, 인구, 복지, 환경오염, 온난화 등 이 시대가 당면한 공공의 이슈들은 몇몇 나라가 해결할 수 있는 문제가 아니라 동시대를 사는 모든 지구

---

33 James Banks, *Diversity and Citizenship Education: Global Perspectives* (Jossy-Bass, 2006), 455.

인이 나서서 함께 해결해야 할 일이다. 세계화란 일반적으로 국가나 경제나 문화의 경계 없이 세계가 함께 협력하며 공존하는 이미지를 내포하는 말이다. 세계화 시대 세계인의 덕목은 바로 이러한 세계 시민 의식을 갖추는 것이다. 내 민족, 내 문화의 울타리에서 벗어나 이 시대가 직면한 인류 공동의 문제를 해결하려는 적극적인 자세와 긍정적인 마음가짐 그리고 그것을 실천하기 위한 역량을 필요로 한다. 이것을 다문화 역량(Intercultural Competence)이라고 부른다. 베네트(Bennette)는 다문화 역량을 갖춘 사람을 "모든 사람들과 기본적인 화합을 이루고자 하는 지적이고 감정적인 책무를 가지며 동시에 다른 문화를 가진 사람들 간에 존재하는 차이점들을 받아들이고 감지하는 사람"으로 규정했다.[34] 구디쿤스트(Gudykunst)와 킴(Kim)은 "상호문화적인 단계에서 한 단계 더 높은 수준에 도달한 사람이며 그의 인지적, 정서적, 행동적 특성은 특정 문화권에 제한되어 있기보다는 그것을 초월하여 성장하고자 하는 사람"으로 지칭하였다.[35] 공교육은 다문화 교육의 맥락에서 건강한 시민의 역할을 강조하고 있는 데 반해 교회 교육은 신앙 교육에만 몰입하다가 자칫 이 점을 놓칠 수 있다. 바이올라대학교(Biola University)의 심리학 교수인 토드(Todd) 박사는 "영적 변화 척도"(Spiritual Transformation Inventory)에서 영성을 다섯 가지로 분류하고 커뮤니티와의 관계와 실천을 영성의 중요한 요소로 보았다. 이민 교회가 사변적인 가르침에만 머무르거나 커뮤니티에 실천적인 영성을 나타내지 못할 때, 청소년들에 대한 영향력을 잃어버릴 것이다. 다문화

34 최윤정, "이주 배경 자녀를 돌보는 교회," 「목회와신학」(2019. 1.), 69에서 재인용.
35 Christine I. Bennett, 29.

사회의 복합적이고 역동적인 행보에 이민 교회의 역할이 다가갈 수 있어야 한다. 다문화 사회를 향한 열린 마음과 선교적 행보 그리고 이 시대 지구적 이슈를 향한 교회의 고민과 실천은 이민 가정의 청소년 자녀들로 하여금 크리스천 정체성 고양에 대한 의지를 불러일으키는 큰 힘이 될 것이다. 마르시아의 주장처럼 청소년 시기에 의미 있고 옳은 일에 관여하고 그것에 몰입하면서 또래가 함께 긍정적인 도전을 주고받을 수 있다면 자신을 규정하고 미래를 꿈꾸는 자기 정체성을 확고하게 나타낼 수 있을 것이다.

VII. 나가는 말

청소년기의 정체성 발달은 이후의 삶에 지대한 영향을 미치는 중요한 심리 발달 요소가 된다. 이 소고에서 이민 가정 청소년들의 정체성 발달에 대한 기독교교육적인 접근을 모색해 본 것은 인본주의 공교육이 커버할 수 없는 부분에 대한 기독교교육만의 역할을 발견하는 것 그리고 이민 가정과 이민 교회가 이 부분을 인지하고 적극적인 조력자로 청소년들을 돌봐야 한다는 제안을 하기 위해서다. 청소년들의 정체성 발달에 필요한 것은 자신이 하나님의 자녀라는 인식 그리고 무엇보다 코리안 아메리칸(Korean American)이라는 문화적, 인종적 자각에 눈뜨는 것이다. 그런 면에서 1세의 역할이 참으로 중요하다. 기독교 신앙뿐만 아니라 한국 전통과 관습을 적극적으로 전수해야 하고, 이것이 어릴 때부터 가정과 교회에서 자연스럽게 전달되도록 노력해야 한다. 이것을 상호 문화 교육(Intercultural Education)의 측면에서 설명한다면, 1세 부모는 자녀들의 관점에 맞추고 또 1.5세, 2세 자녀들은 부모의 관점에 맞추어 대화하고 불이해와 반목을 최소화하기 위해 함께 노력해야 한다. 부모는 미국의 문화를 자녀는 한국의 문화를 배우고 이해하는 가운데 다문화 역량을 함께 증진시켜 가는 노력이 바람직하다. 미국 이민 가정의 청소년 정체성 문제는 오늘날 급격히 다문화 사회로 전환되고 있는 한국 사회와 한국교회에도 많은 시사점을 전해줄 수 있다. 다문화 가정의 2세 자녀들은 한국 주류 문화에 대한 일방적인 동화주의가 아니라 상호문화주의 관점에서 부모의 문화를 인정하고 습득해야 한다는 점, 온정주의가 아니라 평등과 정의의 차원에서 인종차별을 배제하며 그들을 보듬어야 한다는 점 그리고 세계인이라는 관점에서 지구적 이슈를 함께 다룰 수 있는 연대를 형성할 수 있도록 지역주의와 국가주의를 극복해야 한다는 점 등이다.

참고문헌

가진수 | 현대 교회와 어린이 예배 – 신앙의 근력을 만들어주는 실제적인 삶의 예배 훈련

가진수. 『고통 속에서 하나님의 음성이 들리지 않을 때』. 인천: 아이러브처치, 2006.

______. 『루틴 워십』. 인천: 워십리더, 2023.

______. 『성경적 하나님의 임재 연습』. 인천: 워십리더, 2021.

______. 『영혼의 찬양 전도자 패니 크로스비』. 인천: 아이러브처치, 2012.

______. 『예배 성경(구약)』. 인천: 워십리더, 2020.

______. 『예배 성경(신약)』. 인천: 워십리더, 2020.

______. 『예배, 패러다임 시프트』. 인천: 워십리더, 2020.

김상구. 『일상 생활과 축제로서의 예배』. 서울: 이레서원, 2005.

김재성. 『하나님은 참된 예배자를 찾으신다』. 경기: 킹덤북스, 2021.

김진호. 『예배와 삶』. 서울: 다리를 놓는 사람들, 2003.

안건상. 『일상과 일터의 영성』. 서울: CLC, 2021.

이성호. 『예배를 알면 교회가 보인다』. 서울: 좋은씨앗, 2020.

임금선. 『루터의 기도』. 인천: 아이러브처치, 2008.

전광. 『백악관을 기도실로 만든 대통령 링컨』. 서울: 생명의말씀사, 2019.

주종훈. 『기독교 예배와 세계관』. 인천: 워십리더, 2014.

Arthurs, Jeffrey. *Public Reading of Scripture*. 김은정 옮김. 『말씀을 낭독하라』. 경기: 국민북스, 2017.

Arthur, Jay and Bob Vereen, Diane. *Living A Life of True Worship*.이선숙 옮김. 『진정한 예배의 삶』. 서울: 프리셉트, 2013.

Banks, J. Robert. *Stepping Out In Mission Under Caesar's Shadow: A Progress Report*. 신현기 옮김. 『1세기 그리스도인의 선교 이야기』. 서울: IVP, 2020.

______. *Going to Church in the First Century*. 신현기 옮김. 『1세기 교회 예배 이야기』. 서울: IVP, 2021.

______. *A Day in the Life of an Early Christian: A Personal Record*. 신현기 옮김.

『1세기 그리스도인의 하루 이야기』. 서울: IVP, 2020.

Blackaby, Henry and Owen, Ron. *Worship Believers Experiencing God.* 서진영 옮김. 『예배에서 하나님을 경험하는 삶』. 서울: 요단출판사, 2010.

Block, Daniel I. *For the Glory of God.* 전남식 옮김. 『영광의 회복』. 서울: 성서유니온, 2019.

Brooks, Steven. *Worship Quest.* 가진수 옮김. 『예배 탐구』. 인천: 워십리더, 2024.

Carroll, Joseph S. *How to Worship Jesus Christ.* 임금선 옮김. 『기름부음의 예배자』. 인천: 아이러브처치, 2006.

Cherry, Constance M. *The Worship Architect.* 양명호 옮김. 『예배 건축가』. 서울: CLC, 2015.

Dillow, Lindar and Joseph. 『일상의 예배』(*Satisfy My Thirsty Soul*). 오현미 옮김. 서울: 좋은씨앗, 2016.

Haykin, A, G. Michael. *The God Who Draws Near.* 이홍길 옮김. 『깊은 영성』. 서울: CLC, 2017.

Kraeuter, Tom. *Worship in Heaven and Why on Earth it Matters.* 가진수 옮김. 『하늘의 예배를 회복하라』. 인천: 워십리더, 2019.

Labberton, Mark. *Called.* 하보영 옮김. 『제일 소명』. 서울: IVP, 2014.

Lohfink, Gerhard. *Wem Gilt Die Bergpredigt?.* 정한교 옮김. 『산상 설교는 누구에게?』. 경북: 분도출판사, 1990.

_______. *Wie Hat Jesus Gemeinde Gewollt?.* 정한교 옮김. 『예수는 어떤 공동체를 원했나』. 경북: 분도출판사, 1985.

Lawrence, Brother. *The Practice of the Presence of God.* 윤종석 옮김. 『하나님의 임재 연습』. 서울: 두란노, 2018.

Muller, George. *Release the Power of Prayer.* 배응준 옮김. 『기도가 전부 응답된 사람』. 서울: 규장, 2005.

Nouwen, Henri J. M. *A Spirituality of Homecoming.* 윤종석 옮김. 『귀향의 영성』. 서울: 두란노, 2013.

_______. *A Spirituality of Caregiving.* 윤종석 옮김. 『돌봄의 영성』. 서울: 두란노, 2014.

_______. *A Spirituality of Living.* 윤종석 옮김. 『삶의 영성』. 서울: 두란노, 2013.

Piper, John. *Let the Nations be Glad.* 김대영 옮김. 『열방을 향해 가라』. 서울: 좋은씨

앗, 2003.

Powlison, David. *How Does Sanctification Work?*. 김태형 옮김. 『일상의 성화』. 서울: 토기장이, 2021.

Rohr, Richard. *Falling Upward*. 이현주 옮김. 『위쪽으로 떨어지다』. 경기: 국민북스, 2018.

Ruth, Lester. *Flow*. 가진수 옮김. 『예배의 흐름』. 인천: 워십리더, 2022.

Sittser, Gerald L. *Water from a Deep Well*. 신현기 옮김. 『영성의 깊은 샘』, 개정판 2쇄. 서울: IVP, 2021.

Tozer, A. W. *A. W. Tozer on Worship and Entertainment*. 이용복 옮김. 『예배인가 쇼인가』. 서울: 규장, 2004.

______. *Worship: The Missing Jewel*. 이용복 옮김. 『이것이 예배이다』. 서울: 규장, 2006.

Warren, Harrison Tish. *Liturgy of the Ordinary*. 백지윤 옮김. 『오늘이라는 예배』. 서울: IVP, 2019.

송경화 ㅣ 아동기 복합 트라우마 예방과 치유를 위한 교회의 역할

국립정신건강센터. 『마음프로그램 중급: 안정화』. 서울: 국립정신건강센터 국가트라우마센터, 2023.

배재현. 『나는 가끔 엄마가 미워진다』. 서울:갈매나무, 2021.

American Psychiatric Association. *Diagnostic and Statistical manual of Mental Disorders, fifth edition*. 권준수 외 옮김. 『정신질환의 진단 및 통계 편람 제5판』. 서울: 학지사, 2015.

Bandura, Albert. *Social Learning Theory*. Oxford, England: Prentice-Hall, 1977.

Baranowsky, Anna B. *Trauma practice : tools for stabilization and recovery*. 안명희 · 안미라 옮김. 『트라우마 치료의 실제: 안정화와 회복을 중심으로』. 서울: 박영story, 2019.

Felitti, Vincent, and Robert Anda. "Relationship of Childhood Abuse and Household Dysfunction to Many of the Leading Causes of Death in

Adults: The Adverse Childhood Experiences(ACE) Study." *American Journal of Preventive Medicine* 14, n. 4 (1998).

Firman, John, and Ann Gila. *Psychosynthesis: A Psychology of the Spirit.* 이정기 · 윤영선 옮김. 『정신통합: 영혼의 심리학』. 서울: CIR, 2016.

Harris, Nadine Burke. *The Deepest Well.* 정지인 옮김. 『불행은 어떻게 질병으로 이어지는가』. 서울: 심심, 2019.

Herman, Judith Lewis. *Trauma and Recovery: The Aftermath of Violence.* 최현정 옮김. 『트라우마』. 서울: 사람의 집, 2012.

Johnson, Sharon L. *Therapist's Guide to Posttraumatic Stress Disorder Intervention.* 유미숙 · 천혜숙 옮김. 『외상 후 스트레스 장애 치료 가이드』. 서울: 시그마프레스, 2013.

Levine, Peter. *In an Unspoken Voice.* 박수정 · 유채영 · 이정규 옮김. 『무언의 목소리: 신체기반 트라우마 치유』. 서울: 박영Story, 2022.

Meg, Arroll. *Tiny Traumas: Little Things Can Have Big Impacts.* 박슬라 옮김. 『스몰 트라우마』. 서울: 갤리온, 2023.

Nakazawa, Donna Jackson. *Childhood Disrupted.* 박다솜 옮김. 『멍든 아동기, 평생 건강을 결정한다』. 서울: 모멘토, 2020.

Nouwen, Henri. *The Wounded Healer.* 최원준 옮김. 『상처입은 치유자』. 서울: 두란노, 1999.

Porges, Steven. *Polyvagal Theory.* 노경선 옮김. 『다미주이론』. 서울: 위즈덤하우스, 2020.

Schwartz, Ariell. *The Complex PTSD Treatment Manual.* Eau Claire, WI: PESI Publishing, 2021.

Shapiro, Francine. *Eye Movement Desensitization and Reprocessing: Basic Principles, Protocols and Procedures.* 2nd ed. New York, NY: Guilford Press, 2001.

Van der Kolk, Bessel. *The Body Keeps the Score.* 제효영 옮김. 『몸은 기억한다: 트라우마가 남긴 흔적들』. 서울: 을유문화사, 2016.

Wolynn, Mark. *It Didn't Start with You.* 정지인 옮김. 『트라우마는 어떻게 유전되는가』. 서울: 심심, 2016.

구병옥. "가정과 교회의 단절을 잇는 가정예배: 청교도를 중심으로." 「개신논집」 22 (2022): 146-171.

이광수 · 함영주. "세대통합예배의 활성화를 위한 가정예배의 회복." 「신학과 선교」 53 (2018): 205-242.

ACTE. "What is Career and Technical Education?" February 2024. https://www.acteonline.org/wp-content/uploads/2024/06/ACTE_WhatIsCTE_Infographic_Feb2024.pdf.

Brown, Kevin. "What the Asbury Revival Taught Me About Gen Z." *Christianity Today* March 2024. Accessed 8/1/2024. https://www.christianitytoday.com/2024/02/asbury-revival-taught-me-about-gen-z-casual-christianity/.

Cox, Daniel A. "The Decline of Religion in American Family Life." *American Enterprise Institute — AEI*. Washington DC., December 11, 2019. Accessed 7/1/2024. https://www.aei.org/research-products/report/the-decline-of-religion-in-american-family-life/.

______. "Generation Z and the Future of Faith in America." *Survey Center on American Life*. March 2022. Accessed 7/1/2024. Generation-Z-and-the-Future-of-Faith-in-America.pdf(aei.org).

California Department of Education. "Facts about English Learners in California — Accessing Educational Data." *cde*. April 18, 2022. Accessed 8/10/2024 https://www.cde.ca.gov/ds/ad/cefelfacts.asp.

Deckman, Melissa. "The Power of Diverse Networks Among Young Americans." *PublicReligiousResearchInstitute*, 2024. https://www.prri.org/spotlight/the-power-of-diverse-networks-among-young-americans/.

Dimock, Michael. "Defining Generations: Where Millennials End and Generation Z Begins." *PewResearcg*. 2019. Accessed 6/20/2024. https://www.pewresearch.org/short-reads/2019/01/17/where-millennials-end-and-generation-z-begins/.

Gallup, Inc. "Walton Family Foundation-Gallup Research Hub." *Gallup*. 2024.

Accessed 8/1/2024. https://www.gallup.com/analytics/506663/state-of-students-research.aspx.

Gordon, Howard and Schultz, Deanna. *The History and Growth of Career and Technical Education in America*. Waveland Press, 2020.

Jimenez, Jason. *Parenting Gen Z: Guiding Your Child Through A Hostile Culture*. Illinois: Tyndale House Publishers, 2023.

Johns Hopkins Medicine. "New Studies Suggest Social Isolation Is a Risk Factor for Dementia in Older Adults." *Point to Ways to Reduce Risk*. 2023. https://www.hopkinsmedicine.org/news/newsroom/news-releases/2023/01/new-studies-suggest-social-isolation-is-a-risk-factor-for-dementia-in-older-adults-point-to-ways-to-reduce-risk#:~:text=In%20two%20studies%20using%20nationally,the%20National%20Institute%20on%20Aging.

Jones, Carolyn. "Parents' guide to 504 plans and IEPs: What they are and how they're different." *EdSource*. 2022. https://edsource.org/2022/parents-guide-to-504-plans-and-ieps-what-they-are-and-how-theyre-different/669493.

Jones, Rock & Powe, Doug. "Understanding Generation Z and Connecting with Their Passions." March 23, 2021. Podcast Episode 75, 31:00. https://www.churchleadership.com/podcast/episode-75-understanding-generation-z-and-connecting- with-their-passions-featuring-rock-jones/.

Lowe, Linsay. "How is Céline Dion's health? What she's shared about stiff person syndrome battle." *Today*. Oct 2024. https://www.today.com/health/celine-dion-health-rcna98154.

Mastroianni, Ennio P. "Christian Family as Church? Inquiry, Analysis, and Pastoral Implications." PhD diss., Duquesne University, 1999.

Simbolon, Rusmauli. "Role Model of Family Worship in Pandemic Era." *The International Journal of Social Science World*, Vol. 4 No. 2, (July-December 2022): 139-144.

US Department of Education. "Career Technical Education." Accessed 10/15/

2024. https://www.cde.ca.gov/ci/ct/

US Department of Health and Human Services. "Our Epidemic of Loneliness and Isolation 2023: The US Surgeon General's Advisory on the Healing Effects of Social Connection and Community." Accessed 7/18/2024. https://www.hhs.gov/sites/default/files/surgeon-general-social-connection-advisory.pdf.

Volpe, John Della. *Fight: How Gen Z Is Channeling Their Fear and Passion to Save America*. St. Martin's Press, 2022.

Vanderwell, Howard ed. *The Church of All Ages: Generations Worshiping Together*. Herndon, VA: The Alban Institute, 2008.

Wessel, Jacob C. "The Intersections of Music, Love and Worship." Senior Thesis, Liberty University, 2015.

이현아 ı 장애 아동 신앙 형성을 위한 교회와 가정의 역할– 가정예배를 중심으로

김한호. 『장애인과 함께하는 디아코니아』. 서울: 도서출판 한장연, 2010.

김홍덕. "장애에 대한 기독교적 이해와 과제." 「한국장애학회 '장애학과 종교' 세미나 발표집」. 2014.

신승범. "부모, 신앙 교육의 주체인가?" 「기독교교육논총」 48 (2016): 293-319.

신형섭. 『자녀 마음에 하나님을 새기라』. 서울: 두란노서원, 2020.

엄예선. 『한국 교회와 가정 사역』. 서울: 생명의말씀사, 2007.

이준우. "장애인과 함께 가는 교회 사역." 사우스웨스턴 침례신학교 대학원 세미나 강연, Fort Worth, Texas, 2024. 1. 8~12.

전지혜. "장애학적 관점에서의 사회변화와 한국 장애인 선교의 방향." 「선교와 신학」 34 (2014): 239-267.

최대열. "몰트만의 장애(인)신학." 「한국기독교신학논총」 77, no. 1 (2011): 83-110.

______. 『성서, 장애 그리고 신학』. 서울: 도서출판 나눔사, 2015.

한성기. 『하나님의 가족』. 경기: 도서출판 잠언, 1997.

한승진. "한국 교회의 장애와 장애인관에 대한 비판적 고찰." 「신학연구」 58 (2011): 161-190.

황보라. "PRS(공동체 성경읽기) 가정예배 프로젝트: 가정예배: 일상의 삶에서 하나님의 현존을 경험하기." 「교육교회」 501 (2021): 58-64.

Ashley Belknap. Family Devotions and Kids with Disabilities. 2020. 4. 21. Video, 70:10. https://engagingdisability.org/family-devotions-and-kids-with-disabilities/.

Borgo Lacy Finn. *Spiritual Conversations with Children: Listening to God Together.* 정성국 옮김. 『어린이와 영적 대화』 서울: (사)기독교문서선교회, 2023.

Brock, B. *Wondrously wounded: Theology, disability, and the body of Christ.* Waco, Texas: Baylor University Press, 2019.

Cho, Su-Je, H. S. Singer George, and Mary Brenner. "Adaptation and Accommodation to Young Children with Disabilities: A Comparison of Korean and Korean American Parents." *Topics in Early Childhood Special Education* 20, no. 4 (2000): 236-249.

"Engaging Disability with the Gospel." https://engagingdisability.org/.

"Homepointe." https://www.homepointe.org/faithpath.

Hulshof Chris H. *Jesus and Disability: A Guide to Creating an Inclusive Church.* Nashville, TN: B&H Academic, 2022.

Joanna Leidenhag. "Autism, Doxology, and the Nature of Christian Worship." *Journal of Disability & Religion* 26, no. 2 (2022): 211-224.

Jürgen Moltmann. *Diakonie im Horizon des Reiches Gottes.* 정종훈 옮김. 『하나님 나라의 지평 안에 있는 사회선교』 서울: 대학기독교서회, 2000. 최대열, "몰트만의 장애(인)신학." 「한국기독교신학논총」 77 (2011)에서 재인용.

Kim, Jieun, and Sunyoung Kim. "Positioning of Korean Immigrant Mothers of Children with Disabilities." *International Journal of Multicultural Education* 19, no. 3 (2017): 41-64.

Kim, Kyeong-Hwa, and Hyunsoo Kwon. "Korean American Mothers' Experiences of the Transition from School into Adulthood for Their Child with Disabilities." *Social Sciences* 12, no. 10 (2023), 580.

Lancy L. Eiesland. *The Disable God: Toward a Liberatory Theology of Disability.* Nashville: Abingdon Press, 1994. 최대열. 『성서, 장애 그리고 신학』. 서울:

도서출판 나눔사, 2015에서 재인용.

Lee, Hyun Soo. "Distance Learning Experience of Korean American Parents of Children with Developmental Disabilities During the COVID-19 Pandemic." Doctoral Dissertation: Doctor of Philosophy in Education University of California Los Angeles Electronic Theses and Dissertations, 2021.

McLean Bible Church. "A Simple Guide to Family Worship." 2020. 3. https://mcleanbible.org/wp-content/uploads/2020/03/SimpleGuideToFamilyWorship.pdf.

Renfro, Paul, Brandon Shields, and Jay Strother. *Perspectives on Family Ministry: 3 Views*. Edited by Timothy P. Jones. 2nd edition. Nashville, Tennessee: B & H Publishing Group, 2019.

Stahmer, A. C., Vejnoska, S., Iadarola, S., Straiton, D., Segovia, F. R., Luelmo, P., Morgan, E. H., Lee, H. S., Javed, A., Bronstein, B., Hochheimer, S., Cho, E., Aranbarri, A., Mandell, D., Hassrick, E. M., Smith, T., and Kasari, C. "Caregiver Voices: Cross-Cultural Input on Improving Access to Autism Services." *Journal of racial and ethnic health disparities* 6, no. 4 (2019): 752-773.

Yong, Amos. *The Bible, Disability, and the Church: A New Vision of the People of God*. Grand Rapids, Mich.: W.B. Eerdmans Pub. Co, 2011.

Young, Natalie A. E. "Childhood Disability in the United States: 2019." ACSBR-006 American Community Survey Briefs, U. S. Census Bureau, Washington, DC, 2021.

Young, Natalie A. E. and Katrina Crankshaw. "The Demographics of Disability in the Family: Prevalence, Characteristics, and Implications for Financial Well-Being." Social, Economic, and Housing Statistics Division Demographic Directorate U. S. Census Bureau, Presented at the 2023 annual meeting of the Population Association of America New Orleans, LA April 12th-15th, 2023.

이규용 · 김기선 · 정기선 · 최서리 · 최홍엽. 『이민정책의 국제비교』. 세종: 한국노동연구원, 2015.

조성돈 · 심민수 · 정재영 · 장진원. 『더불어 사는 다문화 함께 하는 한국교회』. 서울: 예영커뮤니케이션, 2012.

최윤정. "이주 배경 자녀를 돌보는 교회." 「목회와 신학」 (2019. 1.).

Atkinson, D. R., Morten, G., and Sue, D. W. *Counseling American minorities: A cross-cultural perspective* (5th ed.). MA: McGraw-Hill, 1998.

Banks, J. A. *Diversity and Citizenship Education: Global Perspectives*. Jossy-Bass, 2006.

Banks, James A. Ed./방명애 · 김혜인 옮김. 『다문화 교육의 세계 동향』. 서울: 시그마프레스, 2014

Benson, Peter. "Erikson and Adolescent Development: Contemporary Views on an Enduring Legacy." *Journal of Child and Youth Care Work* (2015): 195-205.

Bennett Christine I. *Multicultural Education: Theory and Practice*. 김옥순 · 김진호 · 신인순 · 안선영 · 이경화 · 이채식 · 전성민 · 조아미 · 최상호 · 최순종 옮김. 『다문화교육 이론과 실제』. 서울: 학지사, 2006.

Berry, John W. "Acculturation as varieties of adaptation." In Amado M. Padilla Ed. *Acculturation: Theory, Models and Some New Findings*. CO: Westview Press, 1980.

Cote, J. E. and C. G. Levine. *Identity, Formation, Agency, and Culture: A Socialpsychological synthesis*. Mahwah, NJ: Lawrence ErlbaumAssociates, Inc., 2014.

Sue, Derald, Mikal Rasheed, and Janice Rasheed. *Multicultural Social Work Practice: A Competency-based Approach to Diversity and Social Justice*. Wiley, 2016.

Erikson, Erik. *The Life Cycle Complete*. NY: Norton & Company, 1982.

______. *Identity: Youth and Crisis*. NY: Norton and Company, 1968.

Hurh, Won M. *The Korean Americans*. Westport, CT: Greenwood Press, 1998.

Kim, Kwang C., and Won M. Hurh, "The Korean American Community Present and Future." In Tae H. Kwak and Seong H. Lee Eds. *The Extended Conjugal Family: Family-Kinship System of Korean Immigrants in the United States*. Korea: Kyungnam University Press, 1991.

Lauren, Clark, and Lisa Hofsess. "Acculturation." In Sana Loue Ed. *Handbook of Immigrant Health*. New York: Plenum, 1998.

Lee, Daniel. "Attitude Survey on Dating and Mate Selection among Korean College Students." In Everett Jackson and Ho-Youn Kwon Eds. *Korean Americans: Conflict and harmony*. Chicago: North Park College, 1994.

Pak, Jenny H. C. *Korean American Women: Stories of Acculturation and Changing Selves*. New York: Routledge, 2006.

Samovar, Larry A., and Porter, Richard/정현숙 · 김숙현 ·최윤희 · 김혜숙 · 박기순 옮김. 『문화 간 커뮤니케이션』. 서울: 커뮤니케이션북스, 2007.

Sire, James/김헌수 옮김. 『기독교 세계관과 현대사상』. 서울: IVP, 1999.

Marcia, J. E. "Development and Validation of Ego-identity Status." *Journal of Personality and Social Psychology* 3 (1966): 551-558.

Noebel, David. *Understanding the Times*. 류현진 · 류현모 옮김. 『충돌하는 세계관』. 서울: 꿈을이루는사람들, 2013.

Olson, Christa L., and Kent R. Kroeger. "Global Competency and Intercultural Sensitivity." *Journal of Studies in International Education* 5(2) (2001): 116-137.

West-Olatunji, C. A., K. N. Frazier, T. L. Guy, A. G. Smith, L. Clay, and W. Breaux. "The Use of the Racial/ Cultural Identity Development Model to Understand a Vietnamese American: A Research Case Study." *Journal of Multicultural Counseling and Development* Vol. 35, No. 1 (2007): 40-50.

Willhoit, James and John Dettoni. *Nurture That Is Christian: Developmental Perspectives on Christian Education*. Baker Academic, 1995.

제2부

영성의 시대, 설교와 목회

머리글

남종성

(편집인, 월드미션대학교 신약학 교수)

우리는 매일의 삶을 살면서 수많은 질문을 안고 살아간다. 그러나 이 질문에 대한 속 시원한 해답을 얻지 못한 채 또 다른 질문을 만나 긴장 가운데 살아간다. 그래서 폴 틸리히는 우리가 살아가는 삶의 현장을 "흔들리는 터전"이라고 말했는지 모른다.

자기 사명에 성실한 지도자들은 더 많은 질문에 부딪힌다. 그들은 해답을 추구하여 그 답이 있는 곳(목표)으로 자신이 사랑하는 사람들을 인도하고 싶어 한다. 하지만 그럴수록 더욱 더 무거운 질문 앞에 마주 서 있는 자신을 발견한다. 하나의 답을 얻는가 싶으면 또 다른 질문이 기다리고 있고, 내가 찾은 답에서 모순을 경험하기도 한다.

이런 상황에서 우리는 조급하지 말아야 할 것이다. 인내의 미학이 필요하다. 진리는 인식의 대상이 아니라 삶의 대상이기 때문이다. 인생에 대한 해답은 앎의 방식으로 찾아오는 것이 아니라 삶의 방식으로 찾아온다. 답은 고정된 것이 아니라 살아 움직이는 생명력이다. 진리는 만남의 사건이요 계시의 사건이다. 매일의 삶 속에서 새롭게 경험될 수 있다. 방법론적으로 말하면 인식론의 문제가 아니라 해석학의 문제인 것이다. 그러므로 우리는 살아가는 인내가 필요하고 우리가 하나의 정답을 줄 수 있다는 과대망상에서 벗어나야 한다.

이러한 마음으로 또 하나의 책을 세상에 내놓는다. 이 책의 집필자들은 자신들의 삶에 대한 성실한 관찰과 솔직한 고백과 계속되는 질문과 긴장 속에서 자신들에게 다가오는 깨달음과 계시를 순간적으로 포착하여 함께 나누어 주었다. 이 깨달음은 시간이 지나면 또다시 진부한 것이 될지 모른다. 그럼에도 불구하고 이러한 우리의 시도가 더 나은 질문을 탄생시키고 이 질문에 대한 해석학적 답변을 주리라고 희망한다.

이러한 희망 속에서 이 책의 2부는 설교와 목회에 대한 주제를 다룬다. 이 주제들을 다룸에 있어서 신약학자(남종성), 종교철학자(정재현), 2명의 설교학자(김강산, 조성우), 선교학자(김윤태), 음악가(윤임상) 등의 다양한 집필진들이 참여하였다. 이들 모두는 '이미 씨름하면서 삶을 살아오고 있는 사람들'을 바라보며 글을 썼다. 자신들 역시 지금의 현실을 받아들이고 인내하면서 선물같이 받은 통찰들을 나누어 주었다. 이런 집필자들의 수고의 결실이 독자들에게 공감을 얻고, 서로의 삶이 공유되는 참여의 공간이 되기를 바란다.

"주변화적 자아 해체"를 위한 설교 신학

— 한인 이민 교회 설교 신학 재구조화를 위한 제안

김강산 뉴저지찬양교회

I. 들어가며

1903년 하와이 사탕수수 농장으로 첫 미주 한인 이민의 발걸음이 시작된 이래로 교회 공동체는 언제나 이민의 역사와 밀접하게 그 궤를 같이하고 있다. 초기 이민 시기 이민 교회는 불안한 고국의 정세 속에서 해외 독립운동 조직으로서 그 역할을 감당했고 이민이 본격화된 1965년 이후에는 낯선 이국땅에서 한인들의 영적 피난처이자 문화적 규범을 공유하는 디아스포라 민족 문화 공동체의 역할을 감당해 왔다.[1] 그

1 하와이 사탕수수 농장으로의 미주 첫 이민을 주선했던 주체는 미국 감리교 선교사들이었다. 이 때문에 초기 이민자들의 상당수는 한국에서 이미 세례를 받고 온 기독교 신자들이었고, 이들의 정착과 동시에 기독교 공동체가 형성될 수 있었다. 이에 김원용은 "재미 한인 사회의 토대가 예수교 정신 위에 세워졌다"고 평가했다. 김원용, 『재미 한인 50년사』 (Reedley, CA, 1959; 서울: 혜안, 2004), 43; 허원무와 김광정은 한인 이민 교회의 대표적인 역할을 "한국 문화 보

러나 태생적으로 이러한 목양적 그리고 대사회적 성격 아래 발전해 왔던 한인 이민 교회 공동체는 포스트 팬데믹 시대에 접어들며 위기를 경험하고 있다. 먼저는 팬데믹 기간 불확실성과 공포 속에서 물리적으로 교회를 떠났던 이들 가운데 여전히 많은 수가 신앙 공동체의 온전한 영적, 정서적 지원을 요구하며 돌아오길 주저하고 있다.[2] 더불어 팬데믹 이후 경험하고 있는 초문화적, 개방적 다원화 환경 속에서 교회는 민족 문화 공동체의 경계에 머무른 채 사회적 흐름에 응답하는 신앙적 공동체의 역할을 온전히 수행하지 못하고 있다.[3] 이러한 포용성 확장의 실패는 단순히 현재의 위협으로 작용할 뿐 아니라 우리 미래 세대가 교회로부터 탈출하는 현상으로 이어지고 있다.[4] 결국 이는 한인 이민

존의 장, 교제와 안정의 장, 종교적/영적 필요의 장"으로 보았다. Won Moo Hurh and Kwang Chung Kim, *Korean Immigrants in America: A Structural Analysis of Ethnic Confinement and Adhesive Adaptation* (Rutherford, NY: Fairleigh Dickinson University, 1984), 236.

2 2020년 작성된 Barna Group의 보고서에 따르면 교회에 출석하기를 중단한 인원 가운데 48%가 그 이유를 진심 어린 기도와 정서적 지원의 실패로 꼽았다. Barna Group, "One in Three Practicing Christians Has Stopped Attending Church During COVID-19," https://www.barna.com/research/new-sunday-morning-part-2/(Accessed August 27, 2024).

3 대내적(신앙적 차원)으로는 교회 내의 갈등의 연속, 교회의 불분명한 사명과 방향성, 전통적 목회자 중심의 리더십, 세대 간의 소통 불화 등이 주요 요인으로 작용하고 있다. 대외적(사회문화적 차원) 요인으로는 한민족에 대한 지나친 강조, 사회봉사 개발의 어려움, 사회 문제에 대한 교회 내 불일치, 세속주의와 포스트모던의 영향 등을 꼽을 수 있다. Hee An Choi, "In-Between Korean Immigrant Identity Formation and the Positionality of Asian Immigrants," in *The Identity and Mission of the Korean American Church*, eds., Enoch Jinsik Kim and Sebastian Kim (Minneapolis, MN: Fortress Press, 2024), 16.

4 통계에 따르면 미국 내 18~29세 기독교인 가운데 교회를 떠나는 비율은 2011년 59%에서 2019년 64%로 증가했다. 이러한 경향은 1996년 헬렌 리(Helen Lee)가 조용한 탈출(Silent Exodus)이라 불렀던 한인 2세들의 부모 교회를 떠나는 현상을 더 가속하는 요인으로 최근 작용하고 있다. JongSeock James Shin, "Casting a Vision of Communal and Public Life of the Church for the Post-Pandemic Korean-American Churches: Focusing on Veli-Matti Kärkkäinen's Communion and Public Ecclesiology," *International Bulletin of Mission*

교회가 존재적으로 마주해야 하는 오늘의 다양한 사회문화적, 세대적 융합의 환경 속에서 이민자를 향한 영적 피난처의 역할을 교회라는 물리적 공간으로 제한하는 결과를 가져왔고, 한인이라는 민족 문화 공동체가 감당해야 할 사회적 책무와 역할의 범주 한계를 넘어서지 못한 채 게토화(ghettoization)되는 결과를 가져왔다. 그러나 안타깝게도 오늘의 실존적 불확실성은 이민 교회가 포용성을 확대하는 영적 사회적 공동체로 거듭나게 하는 것이 아니라 자칫 개교회의 생존을 위해 사사화(privatization)의 길을 택하게 할 위험에 놓이게 하고 있다.

그렇다면 오늘의 미주 한인 교회는 자신의 존재론적 사명이 주변화(marginalized)되어 가는 사회문화적 맥락 속에서, 회중과 세상을 향해 선포된 하나님의 말씀으로서 어떠한 설교 메시지를 담지하고 증언해야 할까? 본 연구는 이 과제에 대한 "설교 신학적"[5] 입장에서의 제안을 리차드 오스머(Richard Osmer)의 실천신학 방법론을 통해 제시하려 한다.[6] 이에 먼저 미주 한인 이민 교회 설교 신학의 현주소를 탐색하고, 주변화적 자아를 양산하게 한 현시대의 설교 신학의 한계를 탐구할

Research 47(3) (2023), 417.

5 설교 신학은 단순히 신학적 논의를 적용하거나 완성하는 작업이 아닌 신학을 실천하는 것이다. 이에 설교 신학은 실천신학의 성격을 결정 짓는 측면에서 특정한 역사적, 사회적 맥락에 속한 사람들이 수행해야 할 실천적 측면을 제시해야 한다. David S. Jacobsen, ed., *Homiletical Theology: Preaching as Doing Theology* (Eugene, OR: Cascade Books, 2015), 4; Zoë Bennett, Elaine Graham, Stephen Pattison, and Heather Walton, *Invitation to Research in Practical Theology* (New York: Routledge, 2018), 13.

6 오스머의 실천신학 모델은 다음의 네 가지 과업(질문)으로 구성된다. 1) 설명적-경험적 과제(the descriptive-empirical task): what is going on? 2) 해석적 과제(the interpretive task): why is it going on? 3) 규범적 과제(the normative task): what ought to be going on? 4) 실천적 과제(the pragmatic task): how might we respond? Richard R. Osmer, *Practical Theology: An Introduction* (Grand Rapids, MI: Eerdmans, 2008).

것이다. 이후 주변화적 자아의 해체를 위해 '우리'의 의미를 한국인의 사상(仁)에 기초한 타자적 해석학의 입장에서 재해석해 낼 것이며, 이러한 탈주변화적 성격을 담지하고 있는 성서적 '탄원시'(lamentation)에 기초한 설교 신학을 제안할 것이다. 단 효과적인 연구를 위해 현재 미주 한인 교회의 다수를 이루고 있는 1세대(1.5세대) 교회의 현장과 신학을 중심으로 연구 범위를 제한할 것이다.[7]

II. 미주 한인 이민 교회 설교 신학의 현주소 : 주변화적 자아의 양산

1. 이민 교회의 전통적 역할과 특징

서두에 언급했던 바와 같이 미주 이민이 본격화된 것은 1965년에 시행된 새로운 이민법(The immigration and Nationality Act) 이후였다. 이는 이후 한인 이민 교회의 전통적 역할을 형성하는 데 큰 영향을 미치게 된다. 1965년 이전 이민 초기 이민 교회의 역할은 모국의 사회적 맥락에 따라 독립운동 운동의 해외 기지와 같은 정치 지향적이고 사회참여적 성격을 띠었으나, 급속도로 이민자가 유입된 1965년 이후 이민 교회는 주변적 위치에 처할 수밖에 없는 한인들을 위한 종족적 테두리

7 서두에서 언급한 바와 같이 미래 세대(2세대, 3세대)의 조용한 탈출(silent exodus)은 미주 한인 이민 교회가 당면하고 있는 큰 과제이다. 그러나 2세대와 3세대 교회는 그들만의 독특한 문화적, 신학적 관점과 서사를 가지고 있기에 이들의 사회문화적, 교회적 특성과 신학을 본 연구에서 모두 다루기에는 제한이 있으며 본 연구는 현재 상황을 도출시킨 원인을 파악하고 분석하는 데에 더 중점을 두고 있기에 이와 같은 제한을 둔다.

내에서의 종교적 소명과 영적 돌봄의 성격으로 선회하게 된다.[8]

이에 미주 한인 이민 교회는 큰 맥락에서 두 가지 역할을 형성하게 되는데, 먼저는 '고난 극복의 신앙 공동체'로서의 역할이다. 1965년 이후 이민자들은 초기 이민과 같은 종교적 기관의 주선을 통해 이주한 것이 아니었음에도 불구하고 이민자의 52.6%는 모국에서부터 기독교 신앙을 가지고 있었다.[9] 이들은 모국에서 고등교육을 받은 숙련된 도시 중산층이었으나 대다수는 이국의 땅에서 그들의 이력에 상응하는 사회적 지위를 찾지 못했다.[10] 특별히 언어적 장벽으로 인한 의사소통의 제약은 직업 선택의 제한이 있었기에 주류 사회에 진입하지 못하거나 동화되지 못한 채 미국 사회의 일원이 아닌 소외된 '주변인'으로서 삶을 시작하게 된다. 이러한 상황에서 한인 이민 교회는 이민자들이 신뢰할 수 있는 피난처로 부상하며 영적인 위로와 정서적 지지를 제공해 주었다. 이런 목양적 측면은 미국 공공 서비스가 감당하지 못하는 새로운 이민자 정착을 위한 도움과 책임으로까지 확장되었고 교회가 이민 교인들을 위한 사회 활동의 주체로 변모하게 된다.[11] 이에 고난 극복의

---

8 이와 관련해서는 다음의 연구를 참고하라. 이상현, "이민신학의 정립을 위하여," 「기독교사상」 23(8) (1979): 63-83.

9 Won Moo Hurh and Kwang Chung Kim, "Religious participation of Korean immigrants in the United States," *Journal for the Scientific Study of Religion* 29(1) (1990), 24.

10 Illsoo Kim, *New Urban Immigrants: The Korean Community in New York* (Princeton, NJ: Princeton University Press, 1981), 24.

11 목회자들의 돌봄은 고용, 사업, 주택, 건강 관리, 사회보장, 자녀 교육 등에 관한 정보와 상담 제공뿐 아니라 입원 중인 환우 방문, 언어적 장벽을 경험하고 있는 교우를 위한 통역 및 공문서 작성, 법적 문제가 있는 교인을 위한 법정 증인 출석 등과 같은 업무에까지 이르고 있다. Pyong Gap Min, "The Structure and Social Functions of Korean Immigrant Churches in the United States," *International Migration Review* 26(4) (1992): 1384-1385.

신앙 공동체로서의 교회는 많은 이민자들이 생존을 위한 협상으로써 그들의 종교 전통을 기독교로 바꾸게 되는 결과로 이어지게 되었고, 이는 한인 교회의 '민족 문화적 사회 공동체'라는 두 번째 역할로 이어지게 된다. 교회는 한인 민족 교회로서 모국의 유산과 문화를 보존하는 구심점이자 한인 민족적 정체성을 유지하는 기관으로 자리 잡게 된다. 일반적으로 새로운 문화권으로 이주한 이들은 익숙한 문화와 생활 방식의 상실을 직면하게 되는데, 한인 이민 교회는 이들의 정착뿐 아니라 민족적 연대를 강화하고, 문화와 민족의 정체성을 수호하게 하고, 한국 고유문화를 계승하는 중요한 수단으로 자리 잡게 했다.[12] 이러한 민족적 그리고 인종적 결속은 주류 사회에서 인정받지 못하는 이민자들에게 소속감을 형성하게 했고, 신앙 공동체를 넘어 미주 사회 내에서 민족적 영토를 구축하기에 이른다. 이로써 한인 교회는 소수 민족의 한계를 경험하는 이들의 정치 사회적 피난처가 되었고, 이 민족적 영토 안에서 한인들은 주변인이 아닌 보편적 구성원으로서의 '지위의 역전'을 경험하게 되었다.[13]

2. 이민 교회 설교 신학의 특징과 그 한계

이민자가 겪을 수밖에 없는 개인적 사회적 문제의 현실 속에서 한인 이민 교회는 고난 극복의 신앙 공동체와 민족 문화적 사회 공동체로서

12 Hurh and Kim, *Korean Immigrants in America*, 236.

13 Enoch Wan, "The Paradigm of Diaspora Missiology and Missiological Implications for Korean Immigrant Churches in the United States," in *The Identity and Mission of the Korean American Church*, 116.

이주민들에게 영적 안정과 사회적응을 위한 여러 사역을 제공하였다. 그러나 이러한 긍정적인 면들은 오히려 이민자들의 동질성을 적극 강화하고 사회 분화의 측면을 저해함으로써 주류 사회로부터의 단절 혹은 퇴행을 통해 한인 이민자들의 게토화에 영향을 끼치면서 이들의 민족적 인종적 경계를 더욱 강화하게 하였다.[14]

이는 강단의 메시지에도 영향을 끼칠 수밖에 없게 되어, 직접적 신앙 경험을 통한 개인 구원, 영혼과 삶의 만족, 평안함과 같은 사적 신앙이 강조되는 설교를 선포하게 하였다. 결국 이민이 이뤄지던 1965년 이후 시기 모국에서 성장하던 번영 신학, 이와 결합한 샤머니즘 축복 그리고 아메리칸 드림의 약속인 개인주의적 물질적 풍요가 결합한 형태의 요소가 이민 교회 설교 신학에 큰 영향을 끼치게 된다.[15]

이러한 신학에 기초한 설교는 하나님의 축복을 번영으로 이해하게 함으로써 회중에게 성공을 경제적 성취로 절대 간주화하는 우를 범하게 했다. 이는 역설적으로 보수주의 신학 아래 강한 성과 속의 구분을 통해 세속주의 미국 문화를 비난하며 새로운 선민의식 공동체를 주창

14 Pyong Gap Min, "Cultural and Economic Boundaries of Korean Ethnicity: A Comparative Analysis," *Ethnic and Racial Studies* 14(2) (1991): 225-241; 김계호, "미주 한인 이민 교회 백년: 회고와 전망," 「기독교사상」 46(2) (1991): 205-207 (201-219).

15 다음의 대표적인 연구는 1965년 이민법 개정 이후 한인 이민 교회의 강단이 번영 신학에 기초해 기복적, 개인적, 현세적 설교를 지향하게 되었다는 것을 주장한다. Eunjoo Mary Kim, "A Korean American Perspective: Singing a New Song in a Strange Land," in *Preaching Justice: Ethnic and Cultural Perspectives*, ed. Christine M. Smith (Cleveland, OH: United Church Press, 1998), 98-115; Eunjoo Mary Kim, "Hermeneutics and Asian American Preaching," *Semia* 90/91 (2002): 276-290; Sunggu Yang, *Evangelical Pilgrims from the East: Faith Fundamentals of Korean American Protestant Diasporas* (Cham, Switzerland: Palgrave Macmillan, 2016), 102-105; Rebecca Seungyoun Jeong, *Preaching to Korean Immigrants: A Psalmic-Theological Homiletic* (Cham, Switzerland: Palgrave Macmillan, 2022), 47-107.

했던 한인 이민 교회가 번영 신학에 기초한 메시지를 선포함으로써 소비주의, 물질주의, 자본주의, 개인주의와 같은 현대 미국 사회의 세속적 경향을 회중에게 다시 새겨 넣는 결과를 가져오게 했다.[16]

이와 같은 설교 신학적 위험성에도 불구하고 번영 신학에 기초한 메시지는 이민자의 현실적 필요에 부응하는 설교였기에 각 개교회는 부흥의 과정에서 이러한 설교의 사사화(privatization)의 경향을 더 강화하게 된다. 결국 이는 교회 성장, 즉 회중의 필요 요청이 제기되지 않는 주제들이 강단에서 사라지게 되는 결과를 초래하기에 이른다.[17] 다시 말해 번영 신학과 개교회 성장주의가 이민 교회 강단에서 맞물리게 되면서 내부 지향적 메시지에 강단은 집중하게 되고, 한인 교회는 사회 내에서 종족 경계를 더 굳건히 함으로써 자신들의 주변화를 더 강화하기에 이른다. 결과적으로 이민 교회가 한인 사회의 범위를 벗어나는 사회적 현안들에 관해서는 관심을 두지 않은 채 이민자들의 필요에 기반을 둔 미시적 기능의 사역에만 집중하게 됨으로써 주류 사회로

16 Andrew E. Kim, "Christianity, Shamanism, and Modernization in South Korea," CrossCurrents 50(1/2) (2000): 116; Jerry Z. Park. "Ethnic Insularity among 1.5-and Second-Generation Korean-American Christians," *Development and Society* 42(1) (2013): 132-133.

17 대부분의 한인 평신도와 목사들은 인종차별이나 성차별 문제 또는 한반도 통일 문제 등등의 사회정치적 문제들을 언급하는 것이 교회 성장에 도움이 되지 않을 뿐만 아니라 세속적인 문제들을 교회에서 다루는 것이 적절치 않다고 여기고 있다. 교회가 대사회적인 문제에 개입하거나 정치적인 현안들에 대해 언급하는 것조차 원하지 않기 때문에 계속해서 침묵을 지키고 있다. 김계호, "미주한인 이민 교회 백년," 206; 이는 이민자들이 속한 정치사회적 맥락의 현실을 직시하지 못한 채 자신들이 속한 정치사회적 맥락을 타자의 입장에서 관전하게 하는 '타자로서의 교회'로 변모하게 했다. 더 나아가 주류 사회에서 받지 못하는 보상을 신앙 공동체에 기대하게 하고, 이를 전도의 전략으로 사용함으로써 교회를 종교적 소비재로 전락시켰다. Euiwan Cho, "Ascetic Spiritual Formation for the Mission of Korean Immigrant Churches in the Post-Pandemic Era," in *The Identity and Mission of the Korean American Church*, 73-75.

부터 퇴행을 경험하게 된다.[18]

이는 최근 한인 이민 교회가 사회참여의 진전을 보이고 있음에도 불구하고 여전히 사회의 고통에 둔감하고 게토화되어 있는 것과 맥을 같이한다. 더불어 번영주의 신학에 기초한 메시지가 개인의 번영 약속을 지속적으로 강조함으로써 현실의 고난을 극복할 힘이 개인의 영적 생활에 국한되어 있음을 주지시키게 된다. 이는 불의한 사회 구조와 공동체의 투쟁을 완화할 수 있는 공적 영역에서의 샬롬을 위한 신앙 공동체 구성원들의 연대와 책임을 저해하게 한다.[19] 기독교 메시지의 사회적 또는 예언자적 차원이 주변화적 자아의 성격으로 경화되어 가는 한인 이민 교회 강단에서 제대로 부각될 수 없는 현실이다.

안타깝게도 오늘의 이민 사회의 현실은 이러한 주변화적 자아를 더욱 강화하는 요인으로 작용하고 있다. 그 중심에는 세대교체의 실패와 이민 형태의 변화라는 사회적 요인이 있다. 1992년 LA 한인 폭동 이후 한인 이민 사회와 한인 이민 교회는 모국 중심주의를 탈피하고 미국 정치사회 현실을 포용할 수 있는 새로운 모델을 요청하는 목소리로 이어졌다.[20]

이는 자연스레 미국 사회에 대한 소속감과 더불어 언어 문화적 환경적 영향에 더 개방성을 가지고 있는 한인 2세와 3세들을 통한 이민 공동체와 교회 공동체의 세대교체를 이룰 기회였다. 그러나 1990년대 감소하던 한인 이민자의 유입은 모국의 IMF와 세계화의 과정에서 2000년

---

18 위의 글, 207.

19 Tony Tian-Ren Lin, *Prosperity Gospel Latinos and Their American Dream* (Chapel Hill, NC: University of North Carolina Press, 2020), 165.

20 서대승, "성장주의적 교회의 재생산: 재미 한인교회와 인프라스트럭처의 정치," 「비교문화연구」 25(2) (2019): 133-136.

대 이후 급증하게 되고, 이러한 추이는 팬데믹 이전인 2019년까지 유지되게 된다.[21] 이는 한국으로부터 지속적인 1세 신자의 유입으로 인해 1세 이민자 중심의 교회 공동체 성격을 지속하게 되고, 그 결과 한인 2세, 3세로의 세대교체가 이뤄지지 않으면서 이들의 조용한 탈출(silent exodus)은 심화하게 된다. 이에 따라 이민 교회는 개방성과 포용성의 신학적 도전의 기회를 얻기보다는 한인 민족 문화 경계를 여전히 한인 위주로 재생산하는 중요한 기제로 작용하게 되면서 교회의 주변화적 자아를 더 강화하기에 이른다. 더불어 2010년대 이후 유입된 새로운 이민자 형태의 변화는 종교 기관의 전통적 역할에 대한 낮은 의존도로 이어지게 되면서, 한인 교회의 변화와 도전을 둔감하게 만들어 주변화적 자아에 대한 성찰의 기회를 충분히 갖지 못하게 했다.[22] 결국 오늘날 미주 한인 이민 교회가 처한 사회적 교회적 현실은 다음과 같은 설교 신학적 도전을 제기한다. 한인 이민 공동체 구성원임과 동시에 신앙 공동체 구성원으로서 낯설고 소외된 이국땅에서 살아가는 이민자로서의 문화적, 종교적 유산이 자기 정체성 확립과 신앙 형성에 어떻게 영향을 끼치는가?(목양적 관점) 더불어 그들의 인종적 문화적 특징으로 인해 경험한 소외와 차별이라는 사회 현실에 대해 기독교 신앙은 불의와

---

21 1990년부터 2019에 이르기까지 한국 출생 미주 이민자의 증가 추이는 다음과 같다. 1990년 57만 명, 2000년 86만 명, 2010년 110만 명, 2019년 104만 명. Cecilia Esterline and Jeanne Batalov, *Korean Immigrants in the United States* (Washington, DC: The Migration Policy Institute, 2019).

22 존 오(John Oh)는 미국 내 한인 디아스포라의 변화를 다음과 같이 보았다. 1) 합법적 영주권자(LPR)의 증가, 2) 단기 체류자(비이민자)의 증가, 3) 오프라인에서 온라인 커뮤니티로의 급속한 전환. John J. Oh, "From Silent Exodus to Silent Divergence: Changing Immigrant Society, Unchanging Immigrant Church," *Journal of Language, Culture and Religion* 2(2) (2021), 1.

부정의에 거룩하게 대항하는 원천으로서 어떠한 역할을 감당했는가? (예언자적 관점)

III. 미주 한인 이민 교회 설교 신학의 한계 : 주변화적 자아에 대한 신학적 응답

위와 같은 설교 신학적 도전에 응답하기 위해서는 한인 이민자들이 속해 있는 미국 주류 사회가 이들을 대하는 사회문화적 해석을 도외시할 수 없다. 한인 1세 이민자들에게 큰 영향을 끼친 모국의 설교 신학은 한국전쟁 이후 산업화와 민주화의 시대적 맥락 속에서 목양적 관점과 예언자적 관점으로 양분된 채 발전되어 왔다.[23] 특별히 미주 이민 사회 속에서 한인 회중이 겪어왔던 개인의 삶과 정체성의 문제는 단순히 목양적 차원이 아니라 미국 사회의 인종 문제라는 사회문화적 부정의에 대하는 예언자적 차원까지 함께 연장선 차원에서 설교 강단에서 다뤄졌어야 함에도, 번영 신학에 기초한 목양적 차원의 설교 신학은 오히려 한인 이민자들이 처해있는 본질의 문제를 호도하게 함으로써 이들의 주변화적 차원을 더 고착시켰다. 이 본질의 문제를 직시하기 위해서는 한인 이주민들을 주변화시켰던 미국 사회의 대 아시아 인종 문제를 살펴보아야 한다.

---

23 Jeremy Kangsan Kim, *Preaching on Social Suffering: Formulating a Homiletical Theology for the Contemporary Korean Context* (Eugene, OR: Pickwick Publications, 2023), 113-124.

1. 인종적 타자화

미국의 내부 사회적 가치는 개인의 이익과 권리 그리고 그들의 독립성을 강조한다. 그러나 아시아계 미국인들은 높은 교육 수준과 능력에도 불구하고 이러한 가치에 상응하는 정치적, 경제적, 사회적 보장을 누리지 못하고 있다. 이는 단순한 기회의 불평등을 넘어 아시아계를 향한 소외, 권한 박탈, 사회적 배제라는 '타자화'(otherization)를 경험하게 한다. 본래 타자화는 지배적 집단이 비지배적 집단에 대해 '다르다'라는 개념을 바탕으로 편견과 두려움에 사로잡힐 때 발현되는 현상인데,[24] 미국 사회에서는 '시민적 소속감'(civic belonging)을 가지고 있다고 믿는 백인들에 의해 인종적으로 다른 개인과 집단을 타자해 왔다.[25] 이러한 타인종을 향한 타자화 속에서 아시아인들은 18세기 후반 미국에 처음 이주한 이후 지배 집단의 관점에 완전히 소속되지 않은 비주류 타자로 분류되어 인종차별과 혐오범죄의 대상으로 지속해서 노출되어 왔다. 그럼에도 불구하고 아시아계 이민자들은 미국 인종차별의 대상으로 여겨지지 않았다, 이들은 원주민-이주민이라는 이분법으로는 이주민(외국인)으로 분류되지만, 이질적이지 않은 존재로 취급되었다. 이는 아시아계 이민자들이 미국 내 흑인 대 백인 그리고 내국인 대 외국인이라는 이분법 패러다임의 구조 속에 속하지 않는 불완전한 타자로 간주해 보이지 않는 제3의 타자로 전락시켰다.[26] 그 대표적인 개념이

24 Lois Weis, "Identity Formation and the Process of 'Othering': Unravelling Sexual Threads," *Educational Foundations* 9(1) (1995): 17-33.

25 Barbara Perry, *In the Name of Hate: Understanding Hate Crimes* (New York: Routledge, 2001); Ronald R. Sundstrom and David H Kim, "Xenophobia and Racism," *Critical Philosophy of Race* 2(1) (2014): 20-45.

'모범적 소수자 신화'(model minority myth)이다. 이는 아시아계 미국인에 대한 탈인종적 현실을 보여준다. 이들은 명예 백인으로 분류되어 미국 주류 사회에 편입된 채 유사 백인 정체성에 둘러싸이게 되는데, 이러한 신화 프레임은 아시아인을 향해 성공한 이민자라는 편협한 이미지만을 부각해 이들을 다수가 아닌 성공한 소수자로 정의하게 한다.[27]

결국 이러한 신화는 같은 인종 내 해로운 경쟁을 조장하고 이들이 겪는 다층적 고통을 무시하게 만듦으로써 아시아계 미국인들과 이민자들이 그들의 고유한 인종적 정체성을 인정받지 못한 채 사회 속에서 배제와 투명성이라는 타자화를 경험하게 했다. 여기에 더해 최근 경험한 코로나19 팬데믹은 역사 속 아시아인을 혐오했던 '황화론'(yellow peril)을 미국 사회에 재등장시킴으로써 아시아인을 바이러스의 원인과 확산의 책임자로 지목하기에 이른다. 이 속에서 많은 아시아계 미국인들과 이민자들은 반아시아계 혐오와 증오범죄의 대상이 되었다.[28]

---

26 흑백 이분법의 패러다임은 현재 미국 내 인종 정의 담론을 지배하고 있는데, 이는 흑인 한 집단에 집중함으로 반아시아, 반라틴과 같은 타인종의 문제를 최소화하게 했다. 더불어 흑인에 대한 공포를 조장하여 백인 중상류층 사회정의 활동을 그들의 특권을 정당화하는 우월적 행동으로 미화하였다. 이러한 패러다임 속에서 한인들은 소속되지 않을뿐더러 존재하지 않는다. Choi, "In-Between Korean Immigrant Identity Formation," 10-13.

27 Daniel D. Lee, "Race and the Korean American Church," in *The Identity and Mission of the Korean American Church*, 148-149.

28 대표적인 사례가 2021년 3월 16일에 일어난 애틀랜타 스파 총기 사건이다. 21세 백인 남성이 애틀랜타의 스파 3곳에서 총기를 난사해 8명이 사망한 사건으로, 피해자 가운데 6명이 아시아계 여성이었던 아시아계 혐오범죄 사건이다. Stop AAPI Hate 보고서에 따르면 2020년 3월부터 2021년 6월까지 전국적으로 9,081건(2020년 4,548건, 2021년 4,533건)의 증오 사건이 센터에 보고된 것으로 나타났다. 보고서에 따르면 언어적 괴롭힘(63.7%), 회피(16.5%), 신체적 폭행(13.7%), 온라인 괴롭힘(8.3%)이 가장 큰 비중을 차지한 것으로 나타났다. 피해자의 인종은 중국인(43.8%), 한국인(16.8%), 필리핀인(9.1%), 일본인(8.6%), 베트남인(8.2%)이었다. Stop AAPI Hate, "Stop AAPI Hate National Report," https://stopaapi-

이와 같은 정치 사회적 경험을 통해 형성된 자의식은 한인 이민자들이 그들의 사회 속에서 주변화될 수밖에 없음을 인식하게 되고, 이 과정에서 소외 당한 현실과 감정을 수용하는 것이 아닌 재소외시킴으로써 이러한 주변화의 현실을 자연스럽게 용인하게 이른다.

2. 신학적 응답

이러한 주변화적 현실에서도 불구하고 한인 이민 교회 신학의 근간을 구성하고 있던 미국 복음주의 신학은 이와 같은 정치사회의 구조적 부정의의 해체에 큰 영향을 주지 못했다. 아모스 용(Amos Yong)은 "방법론적으로나 실질적으로 복음주의 신학은 비역사적이고 비맥락적이며, 심지어 무맥락적인 것으로 이해되어 왔다"[29]고 설명한다. 이에 너나아가 라승찬은 미국 복음주의가 백인 문화와 인종주의에 포획되어 있다고까지 지적한다.[30] 이는 타 문화에 대한 정치적, 문화적, 사회적 맥락의 이해가 부족한 복음주의 신학교에서 훈련받은 한인 목회자들과 교회 지도자들이 미국 내 인종의 역사적, 구조적 현실을 명확하게 인지할 수 있는 신학적 역량을 갖추지 못하게 만들었다.

그럼에도 불구하고 한인 신학자들은 주변화된 자신들의 정체성에 대한 신학적 응답을 찾기 위해 노력했다. 그 대표적 신학자가 이정영과

---

hate.org/wp-content/uploads/2021/08/Stop-API-ate-Report-National-v2-210830.pdf(Accessed August 27, 2024).

29 Amos Yong, *The Future of Evangelical Theology: Soundings from the Asian American Diaspora* (Downers Grove, IL: IVP Academic, 2014), 114.

30 Soong-Chan Rah, *The Next Evangelicalism: Freeing the Church from Western Cultural Captivity* (Downers Grove, IL: IVP, 2009).

이상현이다. 이들은 아시아계 미국인을 압박하는 외적인 힘으로서의 주변성(marginality)과 경계성(liminality)을 신학의 근거로 삼았다. 먼저 이정영은 이민자(이주민)의 문제를 다루는 신학자들은 중심에서의 신학이 아닌 주변에서의 창조적 신학을 통해 이들이 직면한 억압과 차별, 고통의 문제를 해결해야 한다고 주장한다.[31] 그는 이민자가 지배적 사회에서 중간(in-between)에 위치한다는 경계성의 부정적 측면을 이해하기 위해 스톤퀴스트(Stonequist)의 개념을 차용한다. 이정영은 어느 세계에도 속하지 않은 주변인은 지배 집단에 의해 불완전하고 일방적으로 정의되는데, 이는 지배 집단에 의해 주변부에 살도록 정의된 중심주의적 접근방식이라 설명한다.[32] 그러나 주변부에 속해 있는 이들은 두 세계를 동시에 점유하는 동시에 어떤 쪽에도 속하지 않은 것으로 본다. 이에 주변인으로서 아시아계 미국인은 자신이 아시아인이면서 동시에 미국인이라는 사실을 긍정한다. 이정영은 이러한 정체성을 어느 쪽에도 속하지 않은 대립적인 두 세계, 즉 모국의 세계와 새로운 거주 세계라는 두 곳의 '중간'(in-between)에 사는 사람으로 정의한다.[33]

이러한 정체성을 소유한 이는 단순히 두 세계에 속하는 것만 아니라 이를 더 큰 관점으로 바라봄으로써 양가적 세계의 구조를 초월한 '그너머'(in-beyond)의 세계로 확장되기에 이른다. 그는 예수 그리스도를 이처럼 두 세계에 모두 거주하지만 어느 쪽에도 얽매이지 않는 새롭고

31 Jung Young Lee, *Marginality: The Key to Multicultural Theology* (Minneapolis, MN: Fortress Press, 1995), 1.

32 위의 책, 48.

33 위의 책, 49.

가장 탁월한 주변인으로 정의한다.[34] 이러한 기독론에 기초해 이정영은 교회가 새로운 주변인 공동체로서 그리스도를 따르는 새로운 주변인으로서의 제자가 되어야 한다고 강조한다.[35] 더 나아가 그는 교회가 가져야 할 타자성의 사명을 제시하는데, 교회가 해방 공동체로서 자신이 처해 있는 변방(주변)을 지배하는 것이 아니라 동일한 위치에 처한 타자들과 자신을 동일시해야 한다고 주장한다. 이에 교회는 중심을 향해가는 욕망을 의도적으로 극복하기 위해 노력해야 한다고 설명한다.

이러한 이정영의 주변성 신학은 주변화적 자아의 상황에 처한 한인 이민 교회 구성원들의 정체성을 새롭게 받아들이고 더불어 이를 신앙적으로 극복해 낼 수 있는 힘을 제공해 주었다. 그럼에도 불구하고 그의 신학은 다음과 같은 비판에 직면하게 된다. 그는 이민자가 직면하는 자신의 경계성을 수용하기를 원하는지, 아니면 지배적 중심의 문화에 도전하기를 원하는지, 혹 도전하기를 원한다면 그 주변성을 어떠한 힘(내부 혹은 외부의 힘)으로 극복할 수 있는지 명확히 하지 않았다. 김영석은 이러한 이정영의 한계에 대해 그리스도인의 책임으로서 경계성을 포용하는 데에는 문제가 없으나, 인종, 문화, 종교, 성별, 가난과 같은 외부 조건에 의해 주어진 경계성은 포용하는 대신 극복해야 하는 것이라고 주장한다.[36] 때문에 지배적 사회가 강요하는 인종과 문화에 반한 차별은 당연한 것으로 수용하기보다는 도전해야 한다고 지적한다. 피터 판(Peter Phan)도 비슷한 비판을 제기한다. 이정영이 주창한 "주변

---

34 위의 책, 71.

35 위의 책, 101.

36 Yung Suk Kim, "Reflection on Marginality: The Key to Multicultural Theology," http://www.youaregood.com/Marginality.html. (Accessed August 27, 2024).

성은 도망쳐서는 안 되는 곳임과 동시에 해방되어야 하는 양가적인 지위"[37]가 되기에 이를 올바로 이해하기 위해서는 주변성은 지배적 구조가 소수자를 배제하는 악한 것으로 보는 것이어야 한다고 주장한다.

이에 이상현은 이러한 주변성을 주창한 이정영의 신학을 비판함으로써 그의 신학을 출발한다. 그는 이민자의 주변적 위치가 지배적 문화에 기인한 조직적 소외와 차별을 경험할 수밖에 없기 때문에 긍정적이기보다는 부정적일 수 있다고 주장한다. 이정영과 다른 이상현만의 차별점은 이민자를 보다 긍정적이고 창조적인 경계 공간(liminal space)을 점유하는 존재로 보는 것이다.[38] 이를 설명하기 위해 그는 빅터 터너(Victor Turner)의 사춘기 개인이 통과의례로 경험하는 '분리-경계-재통합'의 3단계를 이민자의 현실에 차용한다. 특별히 이상현은 이 두 번째 '경계' 단계에서 드러나는 경계성을 통해 그의 신학을 발전시킨다. 이 '경계'의 상태에 놓인 이민자는 이쪽도 저쪽도 아닌 양면성을 경험하며 지배적 구조의 힘으로 그 상황에 머무르게 된다.[39]

그러나 터너는 이 상황을 부정적으로만 보는 것이 아니라 새로운 아이디어에 개방적인 창의적 공간으로 평가했다. 이상현은 이 긍정의 측면에 주목하여 하나님께서 타락한 인류를 구속하기 위한 방법으로 경계적이고 주변적인 사람을 선택한다고 주장한다. 그 이유는 "주변화된 사람들은 그 자체로 죄가 있지만, 세상의 지배적 중심에 있는 이들보다 더 높은 경계성을 지니고 있기 때문에 하나님의 복된 소식에 대해

---

37 Peter C. Phan, "Marginality: The Key to Multicultural Theology, by Jung Young Lee," *Dialogue & Alliance* 11(11) (1997), 146.

38 Sang Hyun Lee, *From a Liminal Place: An Asian American Theology* (Minneapolis, MN: Fortress Press, 2010), 4.

39 위의 책, 6.

더 개방적"[40]이기 때문이라 말한다. 그는 더 나아가 예수 그리스도를 경계적 인물의 전형으로 평가하며 그가 지배적 중심인 예루살렘에서는 거부당하고 경계적 장소인 갈릴리에서 수용되었다고 주장한다.[41] 이상현은 갈릴리 사람들이 정치와 종교의 중심인 예루살렘 그리고 외국의 침략자들을 통해 착취와 차별을 당했던 경험으로 인해 지속적으로 경계의 상황에 머물러야만 했기에, 그들의 마주했던 새로운 개방성의 현실은 예수 그리스도의 사역을 받아들일 수 있게 한 것이라 설명한다.[42] 그는 이러한 경계성의 긍정적 측면을 아시아계 이민자의 현실에 적용한다. 갈릴리 사람들이 지배적 엘리트 구조에 의해 차별을 경험한 것과 같이 아시아계 이주민들도 미국의 주류 지배계층에 의해 차별을 경험하고 있다.[43] 그러나 갈릴리의 경계 공동체에 들어가신 하나님의 행위는 오늘의 아시아계 이주민의 한계 공동체에 들어오심을 통해 세상을 변혁시키실 것이라는 약속과 희망을 제시한다. 이러한 이상현의 신학은 아시아계 이주민들이 처한 주변화적 자아에 대한 고유한 정체성을 확립시켜 줄 뿐 아니라 새로운 혹은 잠재적 사회환경에 대한 개방성을 제시했으며, 그들의 현실이 예언자적 행동을 위한 긍정적 공간이 될 수 있음을 발견하게 했다.

그럼에도 불구하고 이상현의 경계성 관점은 주류 사회의 권력 구조에 관심을 가지고 경쟁하는 급변화되고 다원화된 세계 속에 살아가는 이민자들의 경험을 온전히 담아 내기에는 시대적 어려움이 있다. 이학

---

40 위의 책, 35.

41 위의 책, 37.

42 위의 책, 47-48.

43 위의 책, 48.

준은 이상현의 경계성 개념이 탈영토화 및 다중 소속(소셜 네트워크와 같은)의 시대에는 고정되고 실체화된 것이 아니라 끊임없이 모호해지고 새롭게 정립된다고 비평한다.[44] 그러나 이상현과 이정영은 미주 한인 이민자들이 경험하는 주변적 자아의 지위를 성서적 해석에 바탕을 두어 긍정적인 정체성을 형성하는 데에 크게 기여하였다. 더 나아가 교회가 그리스도의 몸으로서 전형적 경계인의 삶을 보이셨던 예수 그리스도를 따라 사회의 경계와 주변에 놓여있는 다른 경계인들과 오늘의 사회에 참여하는 진정한 공동체가 되어야 함을 제언하였다. 이에 오늘의 이민 교회는 게토화와 주변화에 머물러 넓은 문화 속에서 침묵해 왔던(혹은 침묵 당해 왔던) 자아를 벗어나 지배 문화 속에서 정당한 사회적 위치를 입증하고 예수 그리스도의 메시지를 바탕으로 인종 화해, 정치적 평등, 사회 경제적 정의와 같은 새로운 미국의 현실을 구상하기 위해 노력해야 하는 것이다.[45]

3. 설교 신학적 응답

이민 교회의 주변화적 자아를 진단하고 이를 극복하려는 노력은 설교학의 현장에서도 이어졌다. 주변성의 개념을 주창했던 이정영은 이민 사회의 맥락 속에서 설교의 문제를 재고하는 첫 아시아계 영어 설교학 저서인 *Korean Preaching: An Interpretation*을 출간했다. 그는 이민 교회의 설교자들이 주석적, 교리적 설교를 강조한 채 이민자들의

---

44 Hak Joon Lee, "Reimagining Globalization," *Perspective* 27(5) (2012): 8-13.

45 Fumitaka Matsuoka, *Out of Silence: Emerging Themes in Asian American Churches* (Eugene, OR: Wipf & Stock Publishers, 2009), 61.

맥락적 상황을 간과했다고 지적한다.[46] 이에 그는 효과적인 한인 설교를 위해 한민족의 독특한 역사 문화적 배경지식과 한인들의 소외된 지위를 성서 본문과 이민자 사이의 중요한 해석학적 접점으로 제시한다.[47] 다시 말해 '한국성'과 '소외성'이 오늘의 이민 교회의 설교학 과제이자 성서 본문과 이민자의 상황이 서로 소통할 수 있는 필수적 통로로 본 것이다. 이에 그는 설교자들이 기독교 신앙 아래서 한국의 민족 문화적 맥락의 해석을 강조했는데, 이를 위해 한국에 뿌리내린 동아시아의 전통 종교(유교, 불교, 샤머니즘)가 한국인의 세계관을 어떻게 형성했는지 이해해야 한다고 말한다. 이러한 해석학적 작업을 통해 설교자들이 다른 신앙에 대한 배타주의 없이 개방성을 가지고 기독교 신앙에 대한 회심과 전적인 헌신의 목표를 가지고 설교할 것을 요구하였다.[48]

그러나 복음주의권 설교 신학자들은 그의 이러한 신학 방법론을 혼합주의적으로 평가하며 그가 동아시아 전통 종교와 기독교를 혼합주의적으로 접근하는 무비판성이 기독교 신앙을 훼손할 위험이 있다고 주장한다.[49] 더불어 1세대의 사상을 지배하고 있는 이러한 동아시아 철학의 보존이 1세대 구성원 사이의 갈등만 아니라 2세대들과의 혼란을 야기할 수 있다고 지적한다. 그럼에도 불구하고 이정영의 설교 신학적 제안은 이민 설교자들이 한민족 역사와 문화를 연구함으로 그들의 민

---

46 Jung Young Lee, *Korean Preaching: An Interpretation* (Nashville: Abingdon, 1997) 139.

47 위의 책, 23-24, 40.

48 위의 책, 77.

49 대표적 복음주의권 설교학자로 매튜 킴(Matthew Kim)이 있다. Matthew D. Kim, *Preaching to Possible Selves: A Contextual Homiletic for Second Generation Korean Americans* (New York, NY: Peter Lang, 2007), 63-65.

족적 맥락에 참여하도록 격려함으로써 한국적 토착 설교이론과 실천의 발전에 기여하였다.

김은주는 이정영과 같이 회중의 민족성과 문화적 맥락을 설교에서 강조한 설교 신학자이다. 그녀가 저술한 *Preaching the Presence of God: A Homiletic from an Asian American Perspective*는 출간 당시 아시아계 설교학자가 쓴 아시아계 설교학에 관한 미국 내 유일한 저서였다. 그녀는 동아시아 전통 종교(유교, 불교, 샤머니즘)에 대한 해석학적 이해, 성경, 미국 내 아시아계 기독교 정체성, 하나님의 자기 계시에 대한 종말론적 해석학을 결합하여 하나님의 임재를 선포하는 총체적 경로를 갖춘 설교 신학을 제시한다. 그녀가 이러한 설교 신학을 제안하는 이유는 "유럽 중심적인 미국 사회에서 소수 집단으로서 자신의 독특한 민족적 뿌리와 문화적 정체성을 정의하기 위한 아시아계 미국인들의 지속적인 투쟁"[50]이었기 때문이다. 특별히 이 과정에서 그녀는 종말론적 해석에 주목하는데, 이는 설교가 회중이 처한 구체적 현실에 대한 철저한 반영을 이루는 종말론적 이벤트가 되어야 하기 때문이라 말한다.[51] 이에 설교 준비 과정에 있어 회중의 다양성을 인식하고 문화적으로 다른 소통 방법을 포용하기 위해 동아시아 전통 종교의 영성과 커뮤니케이션 이론 개념을 사용한다. 이로써 김은주는 아시아계 해석학에 기초한 설교 신학도 미국의 보편적 교회의 모든 신앙 공동체와 동일한 개혁적 교회의 테두리에 존재함을 강조한다. 그럼에도 그녀의 이런 설교 신학적 제안에 대해 복음주의권 설교 신학자는 그녀의 방법론이

---

50 Eunjoo Mary Kim, *Preaching the Presence of God: A Homiletic from an Asian American Perspective* (Valley Forge, PA: Judson Press, 1999), 7.

51 Kim, "A Korean American Perspective," 101.

'새로운 설교학 운동'(the New Homiletics)의 패러다임 안에서 회중 중심의 설교를 제언하고 있다고 비판한다. 매튜 킴(Matthew Kim)은 설교가 회중과 세상의 상황에 대한 복음의 의미를 온전히 해석하기 위해서는 성경 본문에 대한 역사 문화적 연구를 토대로 도출된 성경적 개념이 해당 청중에게 전달되고 적용되어야 한다고 주장한다.[52]

그럼에도 불구하고 이러한 한인 이민자들의 문화적 민족적 맥락에서 설교 신학을 발전시키려는 노력은 오늘도 계속되고 있다.[53] 리우(Liu)는 이러한 아시아계(특별히 한국계) 미국 설교 신학자들이 지난 20년간 그들의 설교 신학 방법론을 개척해 나가는 노력에 대해 긍정적으로 평가했다. 그러나 한국 이민 교회가 백인 기독교의 성장을 능가하며 독자적 입지를 보이고 있음에도 그들의 설교 신학에 내재한 북미 백인 기독교 유산은 여전히 한인 교회 설교의 이해와 수행 방식을 형성하고 있다고 지적한다.[54] 이를 위해 아시아계 미국 설교 신학자들이 자신의

52 Kim, *Preaching to Possible Selves*, 65-66.

53 대표적 설교학자로 양성구가 있다. 그는 다섯 가지 '코드'(code) 혹 사회문화적 틀이 한인 복음주의 기독교의 신앙을 구성하는 정체성, 의미, 종교적 실천의 토대를 제공한다고 주장한다. 그 다섯 가지 코드는 두 가지 사회/교회적 코드(광야 순례 코드와 디아스포라 선교 코드)와 두 가지 종교/역사 코드(유교 평등주의 코드와 불교-샤머니즘 코드) 그리고 마지막으로 오순절-해방신학 코드이다. 그는 한국 이민 교회 내에 위의 다섯 가지의 코드가 한인 설교에 있어서 종합적으로 드러나고 있다고 설명한다. Sunggu Yang, *Evangelical Pilgrims from the East: Faith Fundamentals of Korean American Protestant Diasporas* (Cham, Switzerland: Palgrave Macmillan, 2016).

54 리우(Liu)는 김은주의 설교 신학을 높게 평가하며 설교학 연구를 확장하고 풍성하게 하는 아시아계 미국인 설교의 비전과 적용을 제시하고 있다고 말한다. 하지만 리우는 김은주가 그녀의 연구에서 유럽과 백인 신학 전통과 방법론을 여전히 끌어안고 있다고 지적한다. 그럼에도 불구하고 그녀는 아시아계 미국 강단이 강해 설교에 만연한 백인주의와 그 은폐성에 대해 재고하게 하는 긍정적 효과를 가져왔다고 말한다. 또한 복음주의권의 매튜 킴의 설교 신학을 비평하며 그가 아시아계 2세들의 현실을 분석하며 복음주의적 설교의 대안을 제시한다고 말한다. 하지만 그가 긍정적 소통의 예시로 사용하는 복음주의 리더십에 있는 아시아계 미국인들을 지적하며

역사 문화적 맥락을 더 깊이 들여다보며 미국의 역사적 현실을 더 비평적으로 연구할 것을 요청한다. 한인 신학자들의 주변성과 경계성 신학 그리고 한인 설교 신학자들의 민족 문화 맥락에 관한 강조는 이민자 공동체가 처해있는 주변화적 상황에 대한 신학-해석학적 연구를 통한 도출이다. 이는 미국 사회구조 속에 있는 인종적, 정치 문화적 타자화에 대응하여 우리의 정체성을 먼저 재확인하고 이를 이민 공동체가 속한 사회적 맥락 속에서 신앙 공동체로서의 목양적이고 예언자적 증언을 재정립하기 위함이다. 이 과업을 위해 선행되어야 할 것은 다양화와 포용성이 강조되는 오늘의 현실에서 주변화적 자아의 해체를 통한 미국계 한인, 미주 이민자로서 정체성의 재확립이다.

IV. 주변화적 자아의 해체: '우리'의 재발견

1. '우리'의 개념

한인 공동체가 경험해 왔던 소외와 차별이란 이 부정의의 구조는 나와 타자를 명확하게 구분하는 이분법적 타자성에 기초해 진행되어 왔다. 그러나 한국인을 지배하고 있는 사상 구조에는 이러한 차별적이고 이분법적인 타자성이 존재하지 않는다. 그것은 바로 '우리'의 개념이

이들의 부상이 역설적으로 미국 복음주의 상층부에서 백인성에 대한 순응을 의미한다고 비판한다. Gerald C. Liu, "Theorizing about the Whiteness of Asian American Homiletics," in *Unmasking White Preaching: Racial Hegemony, Resistance, and Possibilities in Homiletics*, eds., Lis Valle-Ruiz and Andrew Wymer (Lanham, MD: Lexington Books, 2022), 61-63.

다. 한국 문화적 맥락에서 '우리'의 개념은 "정체성, 하나 됨, 상호의존, 상호보호, 상호수용"[55]을 포함한다. 따라서 '나'는 공동체적 개인을 의미하며, '나'는 '우리' 안에 있는 개인을 의미하고, '우리'는 '나' 안에 있는 집단을 의미한다. 이에 우리는 개별 자아의 산술적 집합이 아니라 확장된 자아로서 '나'의 관계적 집합은 '우리'이고, '우리'가 '나'를 형성하는 관계적 유대에 기반한 자아와 타자가 통합된 존재이다. 이러한 성격은 인간은 서로 사랑하는 존재라는 한국 고유의 개념에 근간을 두고 있으며, 이를 통해 인간을 하늘의 존재이자 공동체 내의 사회적 존재라는 하나의 자아로 인식하고 있다.[56] 이러한 '우리'의 개념은 고대 한국 역사에 내재된 채 강조 되어온 '인'(仁)에 기초한다. 인은 유교 사상의 본질로 잘 알려졌지만, 4세기 한반도(삼국시대)에 유교가 유입되기 훨씬 이전부터 한국인의 정신 속에 자리를 잡고 있었다. 류승국은 인류학적 증거를 통해 고대 한국인을 의미했던 동이(東夷)족의 어원을 추적한다. 그는 동이의 '이'(夷)가 한국인의 마음속에 내재한 '인'(人) 또는 '인'(仁)이라 주장한다.[57] 중국 역사학자 라오간(勞榦) 역시 비슷한 입장을 취한다. "[우리는] 항상 동이족을 동이(東夷) 종족이라고 부른다. '이'

55 Sang-Chin Choi, "The Third-Person-Psychology and the First-Person-Psychology: Two Perspectives on Human Relations," *Korean Social Science Journal* 25(1) (1998): 246.

56 배요한은 단군신화에 등장하는 인간 이해를 통해 한국인이 하늘을 매우 가까운 존재로 이해해왔다고 주장한다. 이를 통해 하늘과 인간의 관계를 '하늘의 존재'로 이해하게 되는데, 이러한 개념은 조선 주자학(朱子學) 전통에 등장하는 천인무간(天人無間)의 개념과 그 맥을 같이 한다. Yohan Bae, *The Divine-Human Relationship in Korean Religious Traditions: The Presence and ransformation of the Themes from the Tan Gun Myth in the Choson Chujahak Tradition and Korean Protestant Christianity* (PhD diss., Boston University, 2007), 248.

57 류승국, 『한국사상의 연원과 역사적 전망』 (서울: 성균관대학교출판부, 2008), 87-90.

(夷)와 '인'(仁)은 서로 바꿔 쓸 수 있다. 또한 '인'(人)과 '인'(仁)은 동일한 어원에 뿌리를 두고 있다. 따라서 한자에서 '인'(人)은 동이(東夷)에 뿌리를 두고 있다"[58]라고 주장한다. 이로써 한국 민족은 고대부터 이러한 인의 개념이 내재한 채로 형성되었다고 볼 수 있다. 인에 대한 이러한 개념은 원시 한자의 어원을 통해서도 증명되는데, 허신(許愼)은 "인(仁)은 人(사람 인)과 二(둘 이)의 합성어로 두 사람 사이의 친근함과 포용적인 사랑을 의미한다"[59]고 말한다. 유교 철학자 뚜 웨이밍(Tu Wei-ming) 역시 이러한 어원적 개념을 인용하며 인(仁)을 인간관계의 원초적 형태로서 이해한다. 개별 인간(人)이 공동체적 맥락에서 다른 사람과 함께 생존하며, 이를 위해 인(仁)을 이해하고 실현할 수 있는 대인관계를 맺어야 한다고 주장한다.[60] 따라서 인(仁)은 존재론적 관점에서 '나'와 '타자'가 대립이나 분리의 대상이 아니라 '나'가 '타자'를 지향하는 상호성의 동력으로 작동한다고 본다.[61] 이러한 특징은 유교 철학과 사상의 핵심으로 작용하게 되는데, 공자(孔子)는 인을 모든 인간의 보편적 윤리의 본성으로 본다. 그는 『논어』(論語)에서 "인(仁)은 물이나 불보다 사람들에게 더 중요한 것이다. 나는 물이나 불을 밟고 죽는 사람은 보았지만 인을 밟고 죽는 사람은 본 적이 없다"[62]라고 언급

---

58 Lao Kan(勞榦), 『中韓關係論略』(中華文化出版事業委員會, 1955), 394.

59 Xu Shen(許愼), *Shuowen Jiezi Zhu*(『說文解字注』), annotated by Duan Yucai(段玉裁) (Hangzhou, China: Zhejiang Guji Chubanshe, 2006), "Ren."

60 Tu Wei-ming, *Humanity and Self-Cultivation: Essays in Confucian Thought* (Boston, MA: Chen & Tsui Co., 1999), 18.

61 Hebert Fingarette, "The Music of Humanity in the Conversations of Confucius," *Journal of Chinese Philosophy* 10(4) (1983), 340; Nicholas F. Gier, "The Dancing Ru: A Confucian Aesthetics of Virtue," *Philosophy East and West* 51(2) (2001), 282.

62 Confucius, *The Analects of Confucius*, trans., Burton Watson (New York, NY: Columbia University Press, 2007), 15:35.

했다. 인이 가장 보편적으로 정의되는 인간 총체의 표현으로서 다른 사람을 사랑하는 것으로 보았다. 이런 맥락에서 윤리적 존재인 인간은 개방성을 지닌 호혜성을 가져야 하는데, 그것이 인의 실천으로 말미암아 주체와 객체로서의 '나'와 '타자'의 관계를 허물며 외부(공동체)로 향하게 된다. 이것이 결국 한국인의 '우리'의 개념을 더 체계화시키는 철학적 토대가 된다. 따라서 한국 민족성에 내재되어 있는 '우리'의 개념은 이민자들이 소속된 미국 사회의 지배구조와 전혀 다른 타자성을 제시한다. 그것은 바로 타자에 대한 인식, 타자에 대한 사랑으로서, 즉 타자를 받아들이는 것에서부터 시작된다.

2. 인(仁)의 긍휼(compassion)과 저항(resistance)의 역동

이와 같은 인의 타자성의 개념을 형이상학적으로 체계화시키고 발전시킨 이가 맹자(孟子)이다. 그 첫 번째 개념이 긍휼(혹 연민, compassion)의 마음이다. 맹자는 인간의 도덕적 잠재력이 타인의 고통을 보고 참지 못한다고 믿었다. 그는 한 가지 예를 통해 이 개념을 설명한다.

> 누군가 갑자기 우물에 빠지려는 아이를 본다면 그의 마음은 놀람과 불안, 연민(긍휼)과 동정으로 가득 차게 될 것이다. 그가 이렇게 반응하는 것은 그 기회를 이용해 아이의 부모에게 호의를 받기 위함도 아니며, 이웃이나 친구로부터 칭찬을 받기 위해서도 아니며, [적절히 반응하지 않음으로써 발생하는] 부정적 평판이 두려워서도 아니다. 이 상황으로부터 연민(긍휼)과 동정을 느끼지 못하는 사람은 인간답지 못하다는 것을 알 수 있다. 불쌍히 여기는 연민(긍휼)의 마음(측은지심 惻隱之心)은 인(仁)의 싹이다.[63]

맹자는 인간이 타인의 고통에 자발적으로 반응하는 것이 자기 이익의 계산이나 불순한 동기가 아닌 측은지심의 인간 본성이라 말한다. 브라이언 반 노든(Brian Van Norden)은 "긍휼(자애로움)은 타인의 고통에 아파하고 타인의 행복에 기뻐하는 것이다. … 자애로움은 어떤 속성(예: 타인의 고통)에 대한 지각으로서의 감정적 반응(예: 긍휼/연민)을 포함한다"[64]라고 맹자 인의 성격을 설명한다. 나아가 한국 사회에 큰 영향을 끼친 '신유학'(Neo-Confucianism)에서 인간이 인의 핵심인 긍휼(자비)을 실천할 때 주체와 객체라는 타자 구분의 벽이 허물어지고 타자와 자아의 합일, 즉 타자를 자신으로 인식하게 될 것이라 말한다.[65] 인의 타인 사랑은 '긍휼' 외에 또 다른 개념으로 발전되는데, 이는 바로 불인(不仁)에 대한 분노로 일어나는 '저항'(resistance)이다. 여기에서 분노는 감정 혹 감각에 근원한 것이 아닌 불의에 맞서는 도덕적 결정이다.[66] 맹자는 인에 내재한 저항의 특징을 '의'(義)로 다음과 같이 설명한다.

> **제(齊)나라의 선왕(宣王)이 [맹자에게 묻기를] "탕(湯)이 걸(桀)을 유배시키고, 무왕(武王)이 주(紂)를 공격한 것이 사실입니까?" 맹자가 대답했다.**

---

63 맹자는 이뿐 아니라 제(齊)나라의 선왕(宣王)과 한 백성이 인(仁)을 실현하는 왕이 되는 방법에 대해 나눈 대화(제물로 바치는 소)를 통해 측은지심을 설명한다. Mencius, *Mencius*, trans., Irene Bloom (New York, NY: Columbia University Press, 2009), 2A6, 1A7.

64 Bryan W. Van Norden, *Virtue Ethics and Consequentialism in Early Chinese Philosophy* (New York, NY: Cambridge University Press, 2007), 249.

65 Cheng Hao(程顥), *Er Cheng yishu*(二程遺書)(Posthumous works by the two Cheng brothers), ed., Wang Xiaoyu (Beijing, China: Zhonghua Shuju, 1981), 卷2上, 17.

66 공자는 논어에서 "오직 인(仁) 한 사람만이 남을 좋아할 수 있고 남을 미워할 수 있다"고 말한다. 호불호의 감정은 인간의 기본적 본능이지만, 인에 관한 이러한 감정은 선한 것을 좋아하고 악한 것을 미워하는 법을 배우는 도덕적 감정으로 변모한다. Confucius, *The Analects of Confucius*, 4:3.

"기록에 그렇게 나와 있습니다." [왕이 물었다.] "그렇다면 신하가 군주인 임금을 시해하는 것이 허락될 수 있습니까?" [맹자가 대답하길,] "인(仁)을 저버린 자는 남을 해치는 자라 부르고, 의(義)를 저버린 자는 잔인한 자라 부릅니다. 남을 해치고 잔인하게 구는 자는 인심을 잃어 고립된 사람일 뿐입니다. 저는 인심을 잃어 고립된 사람인 주(紂)를 처형했다는 말은 들어봤지만, 군주를 시해했다는 말은 듣지 못했습니다.[67]

맹자는 백성들이 폭군 아래에서 고통을 겪었기 때문에 왕을 폐위시키는 행위가 정당한 행동이라 주장한다. 이 사건은 국왕 시해나 반란을 의미하는 것이 아닌 인을 훼손한 자(賊仁者)에 대한 백성의 처벌이었던 것이다.[68] 통치자가 천명(天命)을 어기고 비참하게 고통받는 백성을 긍휼로 구제하지 않고 인을 상실했기 때문에 이는 의로운 행위로 평가될 수 있다. 이에 맹자는 국가의 쇠퇴와 보존이 인에 달려 있다고 강조한다.[69] 인에 내재하여 있는 '긍휼'(연민)과 '저항'은 타자를 분리와 구별, 대립의 대상으로서가 아닌 주체와 객체를 구별하는 타자적 해석학이 해체된 곳에 등장한다. 이러한 새로운 개념의 타자 개념은 '나'와 '타자'가 아닌 '우리'라는 정체성을 통해 한국의 사상의 근간을 이루며 오늘날까지 이어져 오고 있다.

---

67 Mencius, *Mencius*, 1B8.

68 이와 관련해서는 다음의 연구를 참고하라. B. Twiss, "A Constructive Framework for Discussing Confucianism and Human Rights"; Chung-ying Cheng, "Transforming Confucian Virtues into Human Rights: A Study of Human Agency and Potency in Confucian Ethics," both in *Confucianism and Human Rights*, eds., Wm. Theodore de Bary and Tu Wei-ming (New York, NY: Columbia University Press, 1998).

69 Mencius, *Mencius*, 4A1.

오늘을 살아가는 한인들에게 이 '우리'의 개념, 다시 말해 '인'(仁)의 재확인은 그들의 주변적 자아를 해체할 수 있는 틀을 제공한다. 먼저는 내 자신이 인종, 민족, 언어라는 정의에 의해 객체로 전락하고 타자화될 수 있는 대상이 아니라는 사실을 상기시킨다. 인간 실존 자체가 타자와 나를 분리하여 지배하고 그들에게 고통을 전가할 수 없는 대상임을 확증한다. 인간은 서로를 향한 긍휼(사랑)을 실천해야 하는 존엄한 존재로서 서로의 고통을 묵과하며 지나칠 수 없다. 그렇기에 한인 이민자들이 다름의 이유로 소외와 차별을 받는 행위 자체가 인류의 실존에 불가한 개념이다. 이민자의 정체성을 주변과 경계에 놓인 자로 규정하는 정의가 인(仁)의 해석학에서는 성립되지 않기에, 우리는 진정한 '우리'로서 자신의 주변화적 자아에서 탈피할 수 있는 것이다.

이는 주변화의 상황에서 고통을 당하고 있는 이민 교회 회중에게 설교 신학적 측면에서의 목양적 관점을 제시한다. 긍휼의 마음은 하나님의 신성한 성품이다. 특히 인간이 소외와 고통에 직면했을 때의 예수 그리스도의 행동에서 드러난다. 앤드류 퍼브스(Andrew Purves)는 "하나님의 긍휼은 '누군가와 함께 고통받다'(suffer alongside someone)라는 긍휼/연민(compassion)의 라틴어 어원처럼 기꺼이 우리와 함께 고통받으시겠다는 측면에서 하나님을 이해해야 한다"[70]라고 지적한다. 예수는 이 긍휼의 특성이 자신의 신성한 본성에 국한된 것이 아니라 우리가 모두 공유하는 본성—맹자의 측은지심의 주장과 같이—이라는 사실을 보여주었다. 우리 한 사람이 객체이면서 하나인 공동체로서,

70 Andrew Purves, *The Search for Compassion: Spirituality and Ministry* (Louisville, KY: Westminster/John Knox Press, 1989), 16-18.

즉 진정한 '우리'로서 '그리스도의 몸'이기 때문이다.[71] 그렇기에 이 긍휼의 가치는 그리스도 안에 살고 그리스도의 제자가 되고자 하는 이의 삶도 특징짓게 한다. 결국 긍휼은 '그리스도 안에 있는' 우리 존재의 특징이다.[72] 이는 '나'와 '타자'의 관계가 대립이나 분리가 아닌 상호성을 통해 '우리'라는 하나의 공동체를 반영한다는 인의 가치와 맥을 같이 한다. 이에 설교자는 주변화적 자아를 통해 개개인이 타자화를 경험하는 이주민의 현실 속에서 기존의 자아를 해체하고, 자신이 그리스도의 몸과 동일한 존재론적 본질을 공유하는 거룩한 공동체라는 새로운 자아를 형성하게 하며, 이러한 신앙을 공유하는 모든 '우리'를 통해 공동체 안에서의 진정한 연대를 구축하게 한다. 이 긍휼에 기초한 연대는 요한 메츠(Johann Metz)가 언급한 것과 같이 "체계적 억압에 대한 공동의 독특한 경험을 바탕으로 형성되어 불의를 극복하기 위해 다른 사람들과 연결하려는 의지"[73]를 만들어 낸다. 결국 인(仁)의 해석학이 제시한 한인 교회 회중을 향한 목양적 관점은 예언자적 관점으로 확대될 수밖에 없다. 메츠의 주장과 같이 타자화를 경험하는 이들과의 연대는 이민자들이 경험하는 구조적 악의 원인인 불인(不仁)을 파악하게 하며 의(義)의 행동으로 이어지게 된다. 그 대표적 표상이 그리스도의 십자가 사건이다. 십자가 위에서 예수 그리스도의 탄원은 인류를 향한 하나님의 긍휼의 표현이기도 했지만 수많은 구조적 악과 고통을 양산한 폭력적 로마제국의 불의한 사회정치와 종교 제도에 대한 급진적 형태

71 요한복음 15:1-11; 고린도전서 12:12-31.

72 Purves, *The Search for Compassion*, 41.

73 Johann Baptist Metz, *Faith in History and Society: Toward a Practical Fundamental Theology*, trans., David Smith (New York, NY: Seabury Press, 1980), 95.

의 공개 비판이기도 했다.[74] 이에 우리를 향한 긍휼은 개인적 실천으로 머무르지 않고 불의의 세계 속에서 공적인 저항의 목소리로 변모한다. 한국인의 민족적 문화적 사상 안에는 이 긍휼과 저항이 함께 역동하고 있는 '인'(仁)의 개념이 내재하여 있다. 그렇기에 한인 이민 교회 강단의 설교 신학은 인간의 존엄을 귀중히 여기는 '우리'의 타자 개념을 재해석하여 주변화적 자아에 머물러 있던 이들에게 긍휼을 전하는 목양적 관점으로 적용될 수 있으며, 더 나아가 이민자를 주변화시키는 현실의 구조적 악에 저항하는 예언자적 관점으로까지 확장할 수 있다.

V. 오늘의 시대를 위한 설교 신학: 탄원으로서의 설교

우리 속에 있는 '인'(仁)의 개념이 미주 한인들의 주변화적 자아의 현실을 해체하고 오늘의 초문화적 다원화 환경 속에서 새로운 자아를 형성함과 동시에 이민 교회 강단의 목양적이고 예언자적 사명을 감당할 수 있는 해석학적 틀을 제안한다. 그럼에도 불구하고 이를 강단의 현장에 직접 적용하기에는 한계가 있다. 먼저는 수용성의 측면에서 복음주의권 신학이 강한 영향을 미치고 있는 이민 교회 강단의 현실과 목회자들의 현실에서 민족 문화(종교)의 개념을 신학적 해석의 틀로 직접 차용 시 본 연구에서 언급된 한인 설교학자들이 받아온 종교혼합주의라는 비평과 오해를 불러올 소지가 있다. 다음으로 '인'의 개념이

74 Emmanuel Katongole, *Born from Lament: The Theology and Politics of Hope in Africa* (Grand Rapids, MI: W. B. Eerdmans, 2017), 120.

핵심을 이루고 있는 유교 사상에 대한 거부감이 이민 교회 안에 자리 잡고 있다. 이는 안타깝게도 유교의 핵심 가치인 '인'이 일본 식민주의와 이후 급변하는 사회 속에서 경직된 형식주의를 실천하는 위계적이고 보수적인 가치로 왜곡되어 현대 한국 사회를 지배하고 있기 때문이다.[75] 더불어 설교란 세분화된 성경의 모든 부분과 여러 교리를 연결하는 수사학적 행위가 아닌 성경과 당면한 상황과 맥락의 관계 속에서 새로운 복음의 세계를 구성하는 행위이다.[76] 따라서 설교 신학의 구성을 위해서는 샐리 브라운(Sally Brown)의 제언과 같이 "회중(상황), 성경 본문, 공유된 역사와 경험으로서의 교회 전통, 이해의 지평이라는 신학적-설교학적 해석학적 작업"[77]을 필요로 한다. 이에 성서와 교회의 공유된 경험과 전통인 "탄원시"(애가, lamentation)를 설교 신학적 방법론으로 제시하려 한다.

75 첫째로 식민지 경험과 이후의 트라우마 사건들이 '우리'라는 한민족의 개념이 상호배타성을 무너뜨리는 의미가 아닌 통제된 현실에서 살아남기 위해 피아를 식별하는 도구이자 같은 이념을 공유하는 제한된 동일시의 도구로 사용되었다. 둘째로 1970년대 이후 급격한 산업화로 인해 전통적 가족 구조가 변화하면서 폐쇄적 가족 중심주의가 더욱 강화되었다. 이 과정에서 남성 노동 중심의 산업 구조는 남성의 부계주의에 기반한 위계적이고 권위적인 가부장주의를 등장시켰다. 마지막으로 1987년 민주화 이후 남성 중심으로 대물림되던 부양과 돌봄의 의무와 책임이 정부에 의해 사회복지 시스템으로 전환되었다. 이에 폐쇄된 타자성은 자신의 관계망에 속하지 않은 타인에 대한 왜곡된 타자성(혐오와 배제)으로 이어지게 되었다. Choi, "In-Between Korean Immigrant Identity Formation," 3-6; 권용혁, "자유주의와 공동체주의: 개인과 공동체의 관계 재구성 시도," 「사회와 철학」 28 (2014): 106-114; 권용혁, "열린 공동체주의: 국민국가 이후의 공동체론 모색," 「사회와 철학」 30 (2015), 270.

76 David S. Jacobsen, "The Unfinished Task of Homiletical Theology: A Practical-Constructive Vision," in ed., Jacobsen, *Homiletical Theology*, 42.

77 Sally A. Brown, "Theological Attentiveness on the Path from Text to Sermon: A Descriptive Approach," in *Homiletical Theology in Action: The Unfinished Theological Task of Preaching*, ed., David S. Jacobsen (Eugene, OR: Cascade Books, 2015), 19-23.

1. 성서 속의 탄원시(애가)

탄원시(애가)는 고대 근동 문서화 히브리 성경에 등장하는 문학 장르로, 고대 사회의 다양한 고통의 상황(전쟁, 가난, 굶주림, 억압, 국가적 폭력 등)에서 비롯되었다. 특별히 성서에서 탄원시는 뜻하지 않은 고통을 겪는 하나님의 백성들이 하나님의 임재와 구원을 기대하며 외치는 선언이었다.[78] 이 담대한 선언은 하나님을 향한 근본적 불신을 의미하는 것이 아닌 하나님의 신실하심에 대한 신뢰의 표현이었다.[79] 이러한 탄원시는 구약성경 전반에 걸쳐 등장하는데, 시편은 탄원시의 보고로서 하나님과의 언약에 근거한 믿음과 하나님의 침묵 속에 겪는 고통 경험 사이의 긴장을 묘사한 탄원을 드러낸다. 빌만(Billman)과 밀리오리(Migliore)는 이 탄원의 시편이 "생생한 경험과 하나님의 약속 사이의 고통스러운 부조화에 대한 언어"[80]라 주장한다. 이 고통스러움을 표현한 문학은 여러 요소로 구성되어 있는데, 브루그만(Brueggemann)의 주장을 참고한 샐리 브라운(Sally Brown)은 이를 수사학적 분류로 다음과 같이 정리한다.

---

78 John Day, *Psalms* (Sheffield, England: JSOT Press, 1990), 29-30; Scott A. Ellington, *Risking Truth: Reshaping the World through Prayers of Lament* (Eugene, OR: Pickwick Publication, 2008), 12-13.

79 하나님이 긍휼로 행동하신다는 믿음 때문에 사람들은 자신의 상황에 신이 역사하지 않았다고 불평하며 반드시 행동해야 한다고 주장하는데, 이런 의미에서 하나님을 관계적 존재로 이해하는 것이 탄원시의 핵심 요소이다. Walter Brueggemann, *Abiding Astonishment: Psalms, Modernity, and the Making of History* (Louisville, KY: Westminster/John Knox Press, 1991), 52.

80 Kathleen D. Billman and Daniel L. Migliore, *Rachel's Cry: Prayer of Lament and Rebirth of Hope* (Cleveland, OH: United Church Press, 1999), 107.

I. 탄원: a. 하나님께 드리는 호소

b. 불평(고통의 외침, 때로는 하나님께 심문하며, 때로는 문제의 책임을 하나님께 물음)

c. 간청(필요한 조치)

d. 신적 행동의 정당한 이유 제시

e. 적대자에 대한 항의

II. 찬양: a. 하나님께서 들어주실 것이라는 확언

b. 도움이 필요할 때 찬양할 것이라는 서약

c. 영광송(doxology)[81]

위의 구조에서 확인되듯 탄원은 하나님을 향한 고통스러운 감정의 투사에 사용할 수 있는 적절한 언어를 제공하기에 신성모독으로 여겨질 수 없다. 이러한 애가는 시편 외에도 욥기, 에스라, 예레미야 등 다른 성경에서 찾아볼 수 있다. 특별히 예레미야의 탄원시는 불의와 우상숭배의 악이 백성들에게 어떠한 역경을 초래했는지를 폭로하며 예루살렘 공동체를 대표해 공동의 탄원을 제안한다. 이에 그의 탄원은 언약의 상실에 대한 애도가 아닌 고통받는 백성 현실을 대언하며 하나님과의 언약을 어긴 불의한 정치제도와 종교 제도에 대한 저항의 목소리이다.[82] 정리하자면 구약의 탄원시는 고통의 한가운데서 자신과 함께 하지 않으시는 하나님을 향한—신뢰에 기반한— 원초적 분노의 표출임과 동

81 Sally A. Brown, "When Lament Shapes the Sermon," in *Lament: Reclaiming Practices in Pulpit, Pew, and Public Square*, eds., Sally A. Brown and Patrick D. Miller (Louisville, KY: Westminster John Knox Press, 2005), 28-29.

82 Soong-Chan Rah, *Prophetic Lament: A Call for Justice in Troubled Times* (Downers Grove, IL: InterVarsity Press, 2015), 122; Katongole, *Born from Lament*, 155.

시에 무고한 이들에게 고통과 폭력을 가하는 사회적 현실에 대한 통찰력을 제공하는 불의에 대한 저항의 확장된 실천이다.

신약성경에서는 다른 성경보다 복음서에서 탄원시를 더 많이 발견할 수 있다.[83] 특별히 십자가 위에서 시편 22편을 인용한 "나의 하나님, 나의 하나님, 어찌하여 나를 버리셨나이까?"(마 27:46)라는 예수 그리스도의 고통스러운 외침은 성육신하신 하나님이 인간 고통의 실체를 알고 계시다는 것을 확인시켜 준다. 그는 완전한 신이면서 동시에 폭력의 희생자이며, 고통과 죽음으로부터 자신을 보호할 수 없는 나약하고 무능한 존재이기도 하다. 그렇기에 그의 탄식은 오늘날 고통받는 이들이 신으로부터 버림받은 경험이 처음이 아니라는 것을 증언한다.[84] 또한 예루살렘을 향한 예수님의 애가(마 23:37-39; 눅 13:34-35)는 백성들을 부당하게 억압하던 당시 정치 및 종교 제도에 대한 저항의 목소리였다. 구약과 동일하게 신약에서의 탄원시 또한 고난에 대한 하나님의 개입을 요청하고 고통을 야기하는 지배적 사회 정치체제에 항의하는 목소리를 지속해서 제공한다. 이러한 하나님의 긍휼(compassion)과 불의를 향한 거룩한 저항(resistance)의 메시지를 담은 탄원시는 기독교의 역사에서 종교개혁 이후 활력을 잃으며 예전과 찬송가라는 좁은 역할로 축소된다. 이는 근대 철학과 과학의 발달로 인해 자연재해, 질병, 고통과 같은 위기를 신적인 언급 없이도 설명이 가능하게 되었기

83 학살된 아기들에 대한 라헬의 애도(마 2:18), 나사로를 향한 예수님의 애도(요 11:34-44), 예루살렘을 향한 예수님의 탄식(마 23:37-39; 눅 13:34-35), 과부와 불의한 재판관의 비유에서의 탄식(눅 18:1-8), 겟세마네 동산에서의 예수님의 탄식(마 26:36-46; 막 14:32-42; 눅 22:39-46), 십자가에서의 예수님의 탄식(마 27:46)이 그 대표적 예다.

84 Nancy J. Duff, "Recovering Lamentation as a Practice in the Church," in Brown and Miller, *Lament*, 10.

때문이다.[85] 그러나 1980년대 이후 신학자들은 교회 신앙 공동체에서 탄원시의 실천과 회복을 요청하기 시작한다.[86] 최첨단 기술과 부의 혜택으로 인간의 삶을 번영하고 있지만, 그들이 경험하는 고통과 아픔은 여전히 피할 수 없기 때문이다. 더불어 회중이 자신의 고통스러운 감정과 현실을 하나님께 토로하는 방법을 상실했기 때문이다. 특별히 9.11 사건은 신학계와 교회 현장이 애도의 가치를 다시금 깨닫는 중요한 기점이 되었다.[87]

2. 긍휼(compassion)과 저항(resistance)의 메시지로서의 탄원시

탄원시는 역경 속에서 간구하는 자들의 고통스러운 감정을 해소하는 순간이 아닌 이를 표현할 수 있는 적절한 언어와 공간을 제공한다. 탄원의 언어는 고난 당한 이가 취약한 상태에서 '필요한 어휘와 고통의 수사학'[88]을 제공함으로써 고통 초기의 침묵을 극복할 수 있도록 돕는다. 그러나 이러한 분노와 항의를 표현할 수 있는 수사학이 감정적 카타르시스에만 집중하는 것은 잘못된 분노와 증오를 위험한 수준으로 격화

85 Denise Hopkins, *Journey through the Psalms* (St. Louis, MO: Chalice Press, 2002), 5-6; Glenn Pemberton, *Hurting with God: Learning to Lament with the Psalms* (Abilene, TX: Abilene Christian University Press, 2012), 441-445; Rah, *Prophetic Lament*, 22.

86 헤르만 궁켈(Hermann Gunkel)과 클라우스 베스터만(Claus Westermann)은 현대 성서신학에서 탄원의 시편을 연구하는 길을 열었다. Hermann Gunkel and Joachim Begrich, *Introduction to Psalms: The Genres of the Religious Lyric of Israel* (Macon, GA: Mercer University Press, 1998), 88, 177-180.

87 John Mark Hicks, "Preaching Community Lament" in *Performing the Psalms*, eds., Dave Bland and David Fleer (St. Louis, MO: Chalice Press, 2005), 80.

88 James Mays, *Psalms* (Louisville, KY: John Knox Press, 1994), 22.

시켜 폭력으로 이어질 수 있게 한다.[89] 그러나 존 스윈튼(John Swinton)의 주장과 같이 십자가에 달리신 예수 그리스도의 탄원은 고통받는 인간과의 연대를 보여주며 "지금 이 순간 당신이 겪고 있는 고통에도 불구하고 하나님은 당신과 함께, 당신을 위해"[90] 계시다는 메시지를 전달한다. 이를 통해 탄원자는 침묵하지 않으시고 고통받는 자와 함께 고난당하시는 자비로운 긍휼의 하나님을 만나게 됨으로써 부정에서 희망으로 나아갈 수 있게 된다.

이러한 탄원시의 긍휼의 성격은 이민자들이 주변부의 자아로 살아가는 고난의 현실에 대항할 수 있는 목양적 측면의 설교 신학적 가능성을 제시한다. 먼저 탄원시는 회중이 사회적 구조 속에 고난을 직면할 때 가장 중요한 신학적, 설교학적 과제를 상기시킨다. 오늘날의 다양한 형태의 사회구조적 고난은 완벽히 체계화된 신학적 이론을 필요로 하는 것이 아니라 그들을 향한 자비로운 행동의 실천, 즉 프락시스(praxis)를 요구한다. 에드워드 팔리(Edward Farley)가 언급한 바와 같이 실천신학 과제의 핵심은 '상황 해석학'이다.[91] 이에 설교 신학은 특정한 신학적 전통을 단순히 적용하거나 완성하는 것이 아니라 특정한 상황과 맥락에 비추어 신학을 수행하는 것이다. 그러므로 탄원시가 지닌 긍휼의 성격은 이민 사회 속에서 타자로 살아가는 고난의 현실 속에서 설교자로 하여금 그들과 함께 고난 당하며 함께 연대해 주시는 하나님의 안전하고도 영적인 피난처를 제공한다. 그들의 현실을 하나님 앞에 고뇌하

89 Billman and Migliore, *Rachel's Cry*, 18.

90 John Swinton, *Raging with Compassion: Pastoral Responses to the Problem of Evil* (Grand Rapids, MI: William B. Eerdmans, 2007), 101.

91 Edward Farley, *Practicing Gospel: Unconventional Thoughts on the Church's Ministry* (Louisville, KY: Westminster John Knox Press, 2003), 41.

며 인정하며 표현할 수 있는 공간과 시간, 언어 그리고 권위를 갖도록 한다. 더 나아가 신앙 공동체에서의 연대의 실천을 확립하게 한다. 웬디 팔리(Wendy Farley)의 언급과 같이 타자를 향한 긍휼(연민)은 "비극적으로 구조화된 환경 속에서도 다른 사람을 인간으로 인식할 수 있는 능력을 소생시키는 것"[92]을 의미한다. '우리'(이민자)와 '그들'(구조적 가해자)의 분열을 일으키는 정제되지 않은 분노가 아닌 고난 가운데 있는 또 다른 '우리'와의 연대를 이끌어 낸다. 이를 통한 공동체적 연대는 사회구조적 비인간화에 저항하는 힘이 된다. 그 순간 탄원시의 수사학은 고뇌에 찬 호소에서 정의를 향한 외침으로 확장되며, 목양적 차원이 예언자적 차원으로 확장됨을 의미한다.[93]

탄원시는 고통받는 자의 감정을 전달하는 매개체이자 동시에 다양한 고통을 야기한 현실에 대한 저항이기도 하다. 라승찬은 "탄원시는 삶의 고난을 인식하고 현존하는 불의에 맞서 정의를 부르짖는 것"[94]이라 정의한다. 탄원시는 공적 영역에서 개인과 공동체가 속한 사회의 현실을 직시하게 할 뿐 아니라 하나님의 정의에 비추어 자신의 역사를 반추할 수 있는 대안 의식을 제안한다. 프랭크 크뤼스만(Frank Crüsemann)은 이러한 맥락에서 고대 이스라엘 탄원시의 사회적 측면

---

92 Wendy Farley, *Tragic Vision and Divine Compassion: A Contemporary Theodicy* (Louisville, KY: Westminster/John Knox Press, 1990), 38.

93 샐리 브라운(Sally Brown)은 탄원시의 수사학의 특징을 "고뇌에 찬 호소, 정의를 향한 외침, 하나님을 향한 심문"이라고 주장한다. 이러한 요소에 따라 그녀는 목회적, 비판적-예언적, 신학적-심문적이라는 탄원시에 기반한 세 가지 설교 유형을 제시한다. 그러나 필자는 이러한 특징들이 탄원시 설교에서 분리된 요소들이 아니라 사회구조적 문제 속에 있는 이민자들에 대한 설교에서 동시에 함께 작용해야 한다고 주장한다. Brown, "When Lament Shapes the Sermon," in Brown and Miller, *Lament*, 33.

94 Rah, *Prophetic Lament*, 23.

을 강조한다. 탄원은 개인의 창작물이 아닌 공적인 환경에서의 실천이었기에 탄원의 권리와 법의 보호는 고대 사회의 사회정의를 유지하는 두 가지 중심축으로서의 역할을 감당했다고 본다.[95] 이로써 탄원시는 고난의 현실에 대응하는 새로운 하나님의 정의를 제안하며, 이는 불의의 사회적 상황 속에서 사회구조 시스템의 본질과 의미를 재구성할 수 있는 희망을 품게 한다.[96] 그렇기에 탄원은 개인의 행위로 여길 수 있으나, 개인이 속한 공동체의 감정과 고통의 경험이 함께 반영되기에 본질적으로는 공적인 저항의 행위이다. 이 공동의 현실과 감정을 공유함으로 고난 속에 있는 모두의 연대는 강화된다. 스탠리 하우어워스(Stanley Hauerwas)는 사회의 악과 고통의 문제에 대한 정확한 '해결책'은 없지만, 공동체의 연대는 "모든 인간관계를 끊임없이 파괴하려 위협하는 악의 공포를 흡수"할 수 있게 해 준다고 말한다.[97] 그 때문에 진정한 연대는 십자가에서 탄식하시는 긍휼의 하나님 안에서 형성된다. 예수 그리스도가 고통의 한가운데서 부르짖을 때 그것은 "비현실적 미사여구나 기대가 아닌 고통받는 이와의 연대하시는 하나님의 완전한 동일시"[98]를 드러낸다. 이러한 진정한 연대를 통해 사회정치적 구조 아래

---

95 Frank Crüsemann, "Das Alte Testament als Grundlage der Diakonie,"as cited inStephen Lakkis, "'Have You Any Right to Be Angry?' Lament as a Metric of Socio-Political and Theological Context," in *Evoking Lament: A Theological Discussion*, eds., Eva Harasta and Brian Brock (London, UK: T&T Clark, 2009), 169-173.

96 그러나 이러한 접근은 정의의 개념과 저항의 분명한 목표가 수반된 후 신중하게 진행되어야 한다. 그렇지 않을 경우 탄원은 자신의 행동에 대한 모든 책임을 타인에게 전가한 채 자신은 특권을 누리기 위해 개인, 정치적, 사회적 편견을 가지고 나(우리)와 타인으로 분열시킬 위험이 있다. Katongole, *Born from Lament*, 261; Billman and Migliore, *Rachel's Cry*, 18.

97 Stanley Hauerwas, *God, Medicine, and Suffering* (Grand Rapids, MI: Wm. B. Eerdmans, 1994), 53.

98 Swinton, *Raging with Compassion*, 101.

서 슬픔과 고통, 소외와 억압에 저항하며 악과 고통을 종식할 하나님의 정의를 기대할 수 있다.

3. 탄원으로서의 설교: 긍휼(compassion)과 저항(resistance)의 역학관계에서

결국 탄원시에 내재한 긍휼과 저항, 즉 목양적 측면과 예언자적 측면은 서로 분리될 수 없는 하나의 역동 형태로 드러난다. 이는 오늘날 미주 한인 이민 교회가 직면하고 있는 주변화의 정치 사회적 현실에서 소외와 차별을 경험하고 있는 이들을 위한 하나님의 긍휼을 선언하는 목양적 사명과 구조적 사회적 불의와 악에 저항하며 하나님의 공의의 메시지를 전달해야 하는 예언자적 사명으로서의 강단이 분리된 것이 아닌 하나의 사역임을 확증해 준다. 더불어 우리 모두가 주변화적 자아에서 해방되어 진정한 '우리'로서 그리스도의 몸에 참예하고 연대한 하나의 교회임을 상기시킨다. 우리가 참예한 그리스도의 성육신은 이 땅에서 "학대를 당하기 위함이 아닌 인간의 삶을 파괴하고 변형시키는 힘에 적극적으로 저항하는 급진적 사랑의 힘"[99]을 보이시기 위한, 하나님의 악에 대한 적극적이고 단호한 저항과 승리의 상징이다. 그리스도의 이러한 긍휼과 저항의 역동은 그의 공생애 사역에서 드러난다. 이 땅에 잃어버린 자, 고통받는 자들을 향한 긍휼의 사역은 폭력적인 제국 치하의 불의한 사회구조와 종교 제도에 대한 저항의 목소리이기도 했

99 Nancy J. Ramsay, "Preaching to Survivors of Child Sexual Abuse," in *Telling the Truth: Preaching about Sexual and Domestic Violence*, eds., John S. McClure and Nancy J. Ramsay (Cleveland, OH: United Church Press, 1998), 67.

다. "애통하는 자는 복이 있나니 그들이 위로를 받을 것임이요"(마 5:4)라는 메시지는 사회 가운데 소외되고 억압받는 이들에게 연대의 감정을 불러일으켰다. 소외된 자가 사회에서 타자화되고 주변화된 것이 아닌 그들 스스로가 하나님의 은혜를 입은 주체로서 긍휼의 공간 안에 머물 수 있게 되었다. 마찬가지로 그리스도의 십자가의 구속 사건은 이 땅의 모든 고통 당한 자들에 대한 연민과 긍휼의 행위이자 불의한 사회를 향한 저항의 행위로서 희망의 선언이었다. 때문에 탄원으로서의 설교는 그 자체로 그리스도 중심적인 설교인 것이다. 찰스 캠벨(Charles Campbell)도 설교 자체가 하나님의 정의와 뜻에 반대하는 이 세상의 권세와 정사에 대항하여 정의를 행하는 행위라고 주장한다.[100] 그럼에도 불구하고 이민 교회 현장에서 주로 전달되었던 메시지는 이민 사회 신앙 공동체, 특히 개인의 영적 평안과 번영에 국한되어 있는 경우가 많았다. 그러나 탄원으로서의 설교는 하나님의 긍휼이 우리의 삶의 현실과 분리된 은혜가 아니라 구체화한 사랑과 실천으로서 삶 속에 내재한 악의 문제에 저항하고 극복할 힘을 부여하는 해석학적 역학을 만들어 낸다. 이로써 설교는 추상적이거나 형이상학적인 사상이나 교리의 모둠이 아닌, 개인적 경험에 대한 나눔이 아닌 그리스도의 사랑과 정의에 동참하는 "신자들의 삶을 형성하는 구체적인 공동의 실천"[101]이 되는 것이다. 더 나아가 탄원의 역동에 근거한 하나님의 긍휼과 저항을 선포하는 설교는 실천으로 결론 맺는 것이 아닌 우리의 삶에 희망을 선포하는 것으로 마무리된다. 탄원으로서의 설교는 광야 여정과 같은

---

100 Charles L. Campbell, *The Word before the Powers: An Ethic of Preaching* (Louisville, KY: Westminster John Knox Press, 2002), 69.

101 Campbell, *The Word before the Powers*, 128.

불안과 두려움 속에 타자로서 주변화적 자아를 가지고 살아가야 하는 이민자의 경험 속에, 그들의 삶 가운데 임재하시고 힘을 주시는 하나님의 사랑에 대한 희망을 회복하는 길을 열어 준다. 주변화적 자아에 매몰되는 것이 아닌 그 상황적 맥락에 갇히지 않고 새로운 정체성을 가지고 미래에 대한 희망을 가질 수 있는 가능성을 제공한다.

VI. 나가며

본 연구는 미주 한인 이민 교회가 직면한 다양한 사회문화적 도전과 신학적 정체성의 위기를 극복하기 위해 새로운 설교 신학적 접근을 제안하였다. 팬데믹 이후의 다원화된 환경 속에서 한인 이민 교회는 전통적인 목양적 역할에만 머무는 것이 아닌 주변화된 자아를 해체하고 사회적 정의와 화해를 추구하는 예언자적 공동체로 거듭나야 할 필요가 있다. 이를 위해 이 글은 타자화의 현실에 놓여있는 이민자들의 주변화적 자아를 해체할 수 있는 해석학과 설교 신학적 대안을 제안하였다. 먼저는 한국 민족사상에 내재하여 있는 '우리'라는 독특한 타자적 개념의 핵심인 '인'(仁)을 중심으로 한 긍휼(연민, compassion)과 저항(resistance)의 정체성을 재발견하였다. 이를 통한 탄원(lamentation)으로서의 설교는 이민 교회 회중이 겪는 실존적 고통과 사회적 불의에 대한 신학적 틀로서, 하나님의 긍휼로서의 목양적 사명과 정의를 구하는 예언자적 사명을 하나로 감당하는 강력한 설교적 도구가 된다. 이러한 선포는 회중의 고통과 소외된 현실을 하나님의 관점에서 재해석하고, 그들의 고통을 공동체적 차원에서 함께 나누며 극복해 나가게 한다.

탄원의 설교 신학은 회중에게 그들의 신앙이 단지 개인적인 위로에 머무르지 않고, 더 나아가 사회적 정의와 변화를 추구하는 적극적인 신앙 실천으로 확장되도록 독려한다.

그럼에도 불구하고 필자가 제언하는 설교 신학이 기존의 복음주의적 설교학 토대에서 목양을 감당하고 있는 다수의 한인 이민 교회 설교자들과 교회 지도자들에게는 도전으로 다가올 수 있다. 이러한 도전을 상쇄하기 위해서는 두 가지의 패러다임의 전환이 필요하다. 먼저는 설교의 본문, 즉 성서에 대한 해석은 본문과 맥락이라는 양면적 접근이 필요하다는 것이다. 그 증거로서 필자는 성서적 탄원시가 신앙적이며 더불어 사회적이라는 것을 글에서 강조하였다. 또한 설교(자)의 역할이 그 본질상 목양적 혹 예언자적이라는 이분법적 책무로 분리될 수 없다는 것이다. 이는 교회의 본질과도 맥을 같이하는 것이다. 더불어 이러한 패러다임의 전환은 오늘의 포스트 팬데믹 시대가 요구하는 도전에 대한 응답이기도 하다. 따라서 필자는 오늘날의 한인 이민 공동체가 근대 역사 속에서 주류 문화권을 통해 부여된 '주변화적 자아'라는 정치-사회적 결과물에 대한 미국 사회 인식의 변화 촉구하기 위한, 우리 자신의 해석학적 그리고 신학적인 도전을 제기했다. 한인 이민 교회 공동체가 당면한 사회적 불의에 대해 침묵하지 않고 예언자적 목소리를 담당할 때, 이는 하나님을 향한 호소뿐 아니라 우리 삶의 실제적 변화를 일으키는 중요한 역할을 담당하게 될 것이다. 이에 선포된 하나님의 말씀으로서의 설교는 불의한 사회에서 생성된 주변화적 정체성을 해체하고 이로부터 해방되어 모두가 그리스도의 참된 형상으로서 하나인 그리스도의 몸 된 '하나'의 '우리' 교회로서의 참 자유를 향유할 수 있는 희망을 성취하게 될 것이다.

재구성(reframing)의 해석학

: 설교를 위한 성서해석학

남종성 월드미션대학교 교수 / 신약학

I. 들어가는 말

설교란 말씀이 말씀 되게 하는 것이다. 설교를 통하여 과거에 쓰인 말씀이 오늘 우리에게 여전히 살아있는 말씀으로 증거되어야 한다. 그동안 학교에서 배운 성서해석학은 학문의 장에서는 많은 발전을 해왔지만, 정녕 말씀이 준비되는 설교자의 책상에서는 활용되지 못했다. 성서해석학과 설교학은 분리될 수 없는 학문 분야이다. 말씀이 뿌리라면, 성서해석학은 말씀을 드러내는 줄기와 같고, 설교학은 말씀이 결실을 맺는 열매와 같다.

성서해석학과 설교학이 함께 시너지를 생성했어야 함에도 불구하고 그동안 두 학문 분야의 관계에 대해서는 학문적 토론이 상대적으로 적었다.[1] 이러한 시점에서 이 글은 오늘날 설교학이 요청하는 성서 해석의 방법을 제시하고자 한다.

이를 위해 먼저 설교학의 변천사를 살필 것이다. 현대 설교학은 많은 발전을 거듭해 왔다. 기존의 전통적인 방식에서 새로운 설교 형태와 방법론들이 소개되었고, 많은 결실을 맺어 왔다. 오늘날 설교학이 추구하고자 힘쓰는 부분이 무엇이고, 어떤 기대와 방법들을 개발하고 있는지를 살필 것이다.

다음에 성서 해석의 역사를 추적해 볼 것이다. 기독교 역사 2000년 동안 다양하고 소중한 성서 해석의 유산들이 있다. 어떤 것들은 땅속에 묻혀버린 것도 있고, 외면을 당한 것도 있다. 어떤 것들은 강한 비판을 받아 주변으로 밀려난 것도 있다. 어떤 것들은 지나치게 강조된 것들도 있고, 어떤 것들은 평가 절하된 것도 있다. 따라서 기독교 역사 속에 나타났던 다양한 성서 해석의 방법들을 추적하고 평가하여 새로운 대안을 제시하고자 한다. 이것은 설교를 염두에 둔 대안이 될 것이다.

---

1 설교학자 이상민은 2001년에 출간한 논문에서 설교학이 해석학 혹은 해석학적 방법론에 대한 연구가 소홀했다는 점을 설교학자로서 지적했다. 이로 인해 오늘날의 설교학이 더 발전하지 못하고 답보 상태에 머물러 있는 중요한 이유 중의 하나가 되었다고 반성했다. 이상민, "신학과 해석학과 설교학의 관계성에 관한 연구," 「신학과 세계」 43 (2001), 370. 이상민 교수는 이러한 문제점을 제기한 후 2003년에 감신대 구약학 왕대일 교수와 함께 『구약설교 패러다임: 구약학자의 설교이해, 설교학자의 구약해석』이라는 책을 발간하면서 해석학과의 깊은 대화를 시도했다. 왕대일 · 이성민, 『구약설교의 패러다임: 구약학자의 설교이해, 설교학자의 구약해석』 (서울: 감신대성서학연구소, 2003). 반면에 유럽의 경우 영국의 유능한 신약학자인 다드(C. H. Dodd)는 『사도적 설교의 기원과 발전』(1936)이라는 책을 출간하여 성서학과 설교학 분야에서 고전적인 작품으로 인정을 받았다. 다드가 성서학자로서 설교자들로 하여금 자신들의 사역을 반성하고 설교가 무엇인지를 자문하도록 한 것은 의의가 있다.

II. 설교학의 변천사

1. 전통적인 설교

전통적인 설교는 본문 중심의 연역적이고 교훈적이며 선포 위주의 설교이다. 설교는 교회 예배에서 중심적인 위치를 차지하고 설교자의 권위와 카리스마에 크게 의존한다. 설교의 형식적인 측면에서 보면 주제 설교, 본문 설교, 강해 설교가 주를 이루었다. 19세기에는 설교학이 하나의 학문(Homiletics)으로 정착하기 시작했고, 설교의 구성, 전달 방식, 설교자의 역할 등을 연구했다. 특히 중세의 스콜라신학의 영향을 받아 교리적인 정확성을 추구하였다. 설교의 전달에 있어서는 어거스틴 이후로 수사학적인 기법을 활용하였다. 토마스 롱(Thomas Long)은 어거스틴에서부터 19세기에 이르기까지 기독교 설교학은 내용에 있어서는 신학적 의미를 추구하고, 전달에 있어서는 설교의 형태와 스타일에 대한 수사학에 관심을 가졌다고 밝혔다.[2]

나아가 계몽주의의 영향을 받아 성서 해석에 있어서 이성의 역할을 강조하면서 역사비평적 방법이 대세를 이루었다. 의미를 밝히는 데 있어서 본문의 저자가 말하고자 하는 의도가 성서 해석의 핵심 과제였다. 마찬가지로 설교에 있어서도 설교자가 정한 의미와 해석이 권위를 갖게 되었다. 따라서 전통적인 설교는 권위주의적이고, 일방적이며, 교훈적 설교의 특징을 가지게 되었다. 당연히 설교자와 청중은 수직적인

---

2 Thomas G. Long, "And How Shall They Hear?: The Listeners in Contemporary Preaching," in *Listening to the Word: Studies in Honor of Fred B. Craddock*, ed., Gail R. O'Day and Thomas Long (Nashville: Abingdon Press, 1994), 172-173.

관계에 놓이게 되었다.

2. 새로운 설교학(New Homiletic) 운동

설교학의 변천사를 살펴봄에 있어서 '새로운 설교학 운동'(New Homiletic)은 설교학에 매주 중요한 전기를 마련하였다. 새로운 설교학 운동은 설교의 위기를 절감하면서 북미의 설교학자들을 중심으로 일어났다. 이 운동의 효시는 1958년 그래디 데이비스(H. Grady Davis)의 책 『설교 디자인』(*Design for Preaching*)으로 보고 있다.[3] 그리고 이 운동의 최고 정점에는 프래드 크래독(Fred Craddock)이 있다.[4] 그의 저서 『권위 없는 자처럼』(*As One without Authority*)은 설교학 역사에서 기념비적인 작품이 되었다. 크래독은 이 책에서 이야기 설교(Narrative Preaching)의 중요성을 강조하며 설교학에 새로운 장을 열었다. 크레독은 성경 본문을 통해 이야기를 재구성하고, 이를 통해 신앙적 진리를 전달하는 새로운 방식의 설교 형태를 제시했다.

설교학자 김운용은 크래독의 책 『권위 없는 자처럼』이 출간된 1970년대를 기점으로 새로운 설교학 운동의 흐름을 소개하고 있다. 그는 새로운 설교학 운동을 3단계, 즉 태동 단계(1970년대 이전), 꽃을 피우는 단계(1970년대), 성숙기(1980년대 이후) 단계로 나누고 있다.[5] 이 글에서도 이 기준에 따라 각 시대의 영향력 있는 학자들과 특징들을 살펴보

---

3 김운용, 『설교의 새로운 패러다임』 (서울: 장로회신학대학교출판부, 2004), 126.

4 프래드 크래독은 에모리대학교의 캔들러신학대학원에서 신약학과 설교학 교수로 활동하며, 신약학과 설교학에 대한 방대한 저술을 남겼다. 크래독은 20세기 후반 미국 최고의 설교학자로 평가된다.

5 김운용, 『설교의 새로운 패러다임』, 126-142.

기로 한다.

1) 새로운 설교학 운동의 태동 단계(1970년 이전)

이 시기의 대표적인 학자들로는 새로운 설교학 운동의 효시라고 할 수 있는 그래디 데이비스를 비롯해서 데이비드 랜돌프(David J. Randolph)를 들 수 있다.[6] 이들은 성경 본문의 형식이 설교의 형식을 정해야 한다고 주장했다. 즉, 성경 본문이 이야기의 구조이면, 설교 역시 이야기 형식을 띠어야 한다고 했다. 복음서의 경우 9/10가 이야기이므로 복음서를 설교할 때는 이야기 형식으로 설교해야 한다는 것이다. 새로운 설교학의 태동 단계에서 설교는 '이야기를 말하는 것'(telling the Story)이라는 패러다임으로 변화하게 되었다. 데이비스나 랜돌프를 통하여 설교에 있어서 이야기의 중요성을 인식하게 되었다.

한편 해리 에머슨 포스딕(Harry Emerson Fosdick)은 설교가 인간의 실질적인 필요와 고민을 다루어야 한다고 보았으며, 일상생활 속에서 실제적인 영향을 미칠 수 있어야 한다고 주장했다. 포스딕은 신학적 교리에서 벗어나 청중의 삶에 해답을 주는 설교를 해야 한다고 했다.[7]

---

6 H. Grady Davis, *Design for Preaching* (Philadelphia: Fortress Press, 1958); David James Randolph, *The Renewal of Preaching: A New Homiletic Based on the New Hermeneutic* (Philadelphia: Fortress Press, 1969).

7 Harry Emerson Fosdick, *What is Vital in Religion: Sermons on Contemporary Christian Problem* (N. Y.: Harper, 1995).

2) 새로운 설교학 운동이 꽃을 피우는 단계(1970년대)

이 시기의 대표적인 학자들로는 찰스 라이스(Charles Rice)와 프래드 크래독을 들 수 있다.[8] 라이스는 이야기 설교의 중요성을 강조했고 청중과의 소통을 중시했다. 이를 위해서 설교자는 청중의 경험과 삶의 맥락을 고려한 이야기를 사용해야 한다고 주장했다. 그는 하나님이 말씀을 가장 효과적으로 전달할 수 있는 매개 수단이 이야기라고 보았고, 이야기는 공동체 안에서 개인과 설교를 연결해 주는 가장 효과적인 매체라고 했다. 나아가 설교의 목적을 신앙 공동체가 함께 이야기를 공유하는 것으로 보았다.[9]

크래독은 설교의 방법론에 관심을 가지면서 귀납적 설교 방식을 강조했다. 즉, 전통적인 연역적인 설교 방식에서 귀납적인 설교 방식으로 전환하도록 촉구했다. 다시 말하면 설교자 중심의 설교에서 청중 중심의 설교로 바뀌어져야 함을 역설했다. 귀납적 설교 방식을 취하면 자연히 이야기 방식으로 설교가 전개된다. 그에 의하면 설교는 설교자가 권위를 가지고 일방적으로 주입하는 것이 아니라 청중과 말씀의 여정을 함께 가는 것으로 보았다. 그에게 있어 설교자의 중요한 임무는 청중으로 하여금 말씀을 경험하게 하는 것이다. 진리는 경험을 통하여 확증될 수 있기 때문이다.

김운용은 1970년대 새로운 설교학 운동은 "설교학적 방법론과 이야

---

8 Charles L. Rice, *Interpretation and Imagination: The Preacher and Contemporary* (Philadelphia: Fortress Press, 1970); Fred B. Craddock, *As One without Authority* (Nashville: Abingdon Press, 1979).

9 김운용, 『설교의 새로운 패러다임』, 133.

기의 기능이 재발견되었던 시기였으며, 청중의 위치를 새롭게 발견하면서 청중을 설교의 중심으로 끌어들였던 시기였다"고 평가했다.[10]

3) 새로운 설교학 운동의 성숙기(1980년대 이후)

이 시기에 큰 역할을 한 설교학자로는 유진 라우리(Eugene L. Lowry)를 들 수 있다.[11] 라우리는 설교는 교리적인 강해가 아니라 시간 속에서 일어나는 일련의 사건으로 보았다. 설교는 연속성을 가지고 계속적인 움직임을 통해 결론에 다다르게 하는 것이다. 이렇게 하기 위해서는 설교에는 플롯(plot)이 반드시 필요하고 이 플롯은 부조화 혹은 갈등-갈등의 심화 단계-선환을 통한 반전-복음을 경험하는 '해결'의 단계로 서서히 움직이는 것이다. 라우리는 크래독이 제시한 설교의 새로운 패러다임을 방법론적으로 더 심화시켰다.[12]

또 주목할 만한 학자는 데이비드 버트릭(David Buttrick)이다. 그는 설교의 언어에 특별한 관심을 가진다. 설교자의 언어 사용이 어떻게 청중의 의식 속에서 작용하는지에 대해서 깊이 연구했다. 따라서 청중의 의식 속에 말씀의 역사가 일어나기 위해서 어떤 언어를 사용해야 하고 어떻게 설교가 구성이 되어야 하는지 고찰했다. 이를 위해서 버트릭은 5~6개의 장면을 만들어 사진작가가 영상을 필름에 담듯이 청중

---

10 김운용, 『설교의 새로운 패러다임』, 136.

11 Eugene L. Lowry, 『이야기식 설교구성』(*The Homiletical Plot: The Sermon as Narrative Art Form*) (서울: 한국장로교출판사, 1997). 이 책에서 라우리는 설교자는 전문적인 이야기꾼이 되어야 한다고 강조하고 있다. 설교는 조직하는 것이 아니라 이야기를 구성하는 것이라고 말한다.

12 김운용, 『설교의 새로운 패러다임』, 139.

의 의식 속에 말씀이 새겨지도록(현상이 되도록) 설교를 구성해야 한다고 주장하였다. 그래서 그의 설교 방법론을 현상학적 설교라고도 부른다. 이 설교 방식은 움직임과 연속성을 강조하게 된다.[13]

토마스 롱(Thomas G. Long)[14]은 설교가 다양한 문화적 배경을 가진 청중을 고려해야 한다고 말했다. 그는 설교자가 청중의 문화적 배경, 사회적 맥락 그리고 신앙적 상황을 고려하여 설교를 준비해야 한다고 주장하였다. 그는 성서학의 주석과 설교학의 주석을 구분하면서 성서의 주석은 텍스트 중심성이 되어야 하고, 설교학의 주석은 청중 중심성이 되어야 한다고 했다.

에이모스 와일더(Amos N. Wilder)[15]는 설교의 문학적, 예술적 요소를 강조하였다. 그는 성서학자로서 특히 신약 속의 수사적인 기술들을 연구하였다. 예수님은 거룩한 종교적 언어나 학자들의 언어를 사용하지 않았다. 단순한 정보 전달이 아닌 예술적인 표현과 창의적인 전달 방식을 통해 청중에게 깊은 감동을 줄 수 있어야 한다고 주장했다. 와일더는 해석학적 상상력을 강조하였다. 'theopoetic'이라는 용어를 사용하면서 기억, 깨달음, 예견 등의 상상력이 필요하다고 했다. "상상력이 없으면 설교는 나무토막같이 되며, 상상력이 없는 기도는 빈 껍질과 같으며, 상상력이 없는 교리는 경직화된다"[16]고 강조하였다. 와일더의

---

13 위의 책, 139.

14 토마스 롱은 프린스턴대학교 신학대학원 설교학 교수를 역임하고 있다. 설교학자로서 성서주석에 용기 있게 나선 대표적인 학자라고 평가를 받고 있다.

15 에이모스 와일더는 예일대학교에서 박사학위를 받았고, 시카고대학과 하버드대학에서 가르쳤다. 프로 테니스 선수로서 윔블던 복식 선수로 나가기도 했다.

16 Amos N. Wilder, *Theopoetic: Theology and the Religious Imagination* (Philadelphia: Fortress Press, 1976), 2.

상상력에 대한 강조는 감성이 중요한 포스트모던 시대에 적절한 가르침이라고 할 수 있다.

해돈 로빈슨(Haddon W. Robinson)[17] 역시 설교자가 청중의 상황과 필요를 깊이 이해하고 이를 반영한 설교를 해야 한다고 주장하였다. 설교는 청중의 삶에 실질적인 변화를 가져올 수 있는 도구가 되어야 한다고 말했다.

폴 윌슨(Paul S. Wilson)은 네 페이지 설교(four pages of the sermon) 형태를 제시해서 그동안 논의되었던 새로운 설교학 운동의 주제들을 종합하는 성격이 있다.[18] 네 페이지라는 것은 페이퍼의 페이지 수가 아니라 영화나 웹페이지의 장면들처럼 생생하면서도 오래 기억이 되도록 설교를 구성하는 것이나.

지금까지 살펴본 것처럼 '새 설교학'(New Homiletic) 운동은 설교학 역사 속에서 새로운 전환점을 이루었다. 전통적인 설교가 설교자 중심의 연역적이고 교훈적인 설교였다면, 새 설교학은 청중 중심의 '들리는 설교'를 추구한다. 새 설교학이 추구하는 설교 형태로는 귀납적 설교, 이야기식 설교, 현상학적 설교 등이 포함이 된다. 새 설교학은 설교가 단순히 교리를 전달하는 것이 아니라 청중의 삶과 직접적으로 연결이 되어야 한다고 주장했다. 설교의 내용과 형식이 다양해졌으며 청중과의 상호작용이 중시되었다.

---

17 해돈 로빈슨은 달라스신학교에서 19년 동안 설교학을 가르쳤다. 덴버신학교 총장을 역임했고, 고든콘웰신학교에서 구약학 석좌교수로도 봉직했다. 대표작으로는 『강해설교: 강해설교의 원리와 실제』가 있다.

18 네 페이지 설교의 자세한 내용에 대해서는 Paul S. Wilson, *The Four Pages of the Sermon: A Guide to Biblical Preaching* (Nashville: Abingdon Press, 1999).

3. 포스트모던 시대

포스트모던 시대의 설교를 고찰함에 있어 20세기 초반의 신학자 칼 바르트(Karl Barth)를 언급하지 않을 수 없다. 그는 18세기, 19세기 자유주의신학의 거대한 흐름을 "말씀의 신학"으로 돌이키게 한 사람이다. 역사비평은 성경을 객관적으로 연구하는 데 많은 부분 기여했지만, 성경을 쓴 그 본래의 목적인, 성경을 읽고 그 말씀에 순종하는 면에서는 침묵하였다. 이러한 상황에서 바르트는 말씀의 성격과 말씀이 쓰인 진정한 목적이 무엇인지를 깨우쳐 주었다. 로날드 하이네(Ronald E. Heine)에 의하면 20세기의 칼 바르트는 마틴 루터처럼 성서를 재발견한 위인에 속한다.[19]

바르트는 성서 해석의 과제를 '과학'으로 보지 않고 '신학'으로 보았다. 이러한 관점은 포스트모던 시대의 설교학에 대한 신학적인 토대를 마련한 중요한 계기가 되었다. 물론 포스트모던 성서해석학과 바르트의 성서해석학의 신학적 입장은 다르지만, 텍스트를 보는 시각에 있어서 큰 패러다임의 전환을 가져온 것이다. 그 패러다임의 전환이란 텍스트를 '역사'로 보지 않고 '스토리'로 보았다는 점이다.

21세기에는 포스트모던 사상이 설교에 큰 영향을 미쳤다. 포스트모던 설교학은 절대적 진리보다는 다양한 해석과 관점을 인정하며 회중의 경험과 감정을 중시한다. 설교는 일방적인 선포가 아닌 회중과의 대화와 상호작용을 통해 공동체의 신앙을 형성하는 과정으로 이해된다. 또한 미디어의 발달과 함께 인터넷 등 다양한 매체를 통한 설교가

---

19 왕대일, "성서해석사에서 배우는 설교의 과제," 「신학과 세계」 84 (2015), 38.

전파되기 시작하였다. 설교의 대중화에 기여했으며 다양한 문화적 배경을 가진 사람들에게 설교가 전달되었다.

III. 현대 설교의 추세

설교의 변천사를 보면서 설교의 패러다임은 계속해서 바뀌는 것을 볼 수 있다. 설교학자들은 시대에 따른 '설교의 주기'가 있다고 관찰했다. 클라이드 팬트(Clyde Fant)는 이 설교의 주기를 "탐색(search), 발견(discover), 흥분(excitement), 일상화(routinization), 권태(boredom), 환멸(disillusionment) 그리고 다시 탐색하는 것"[20]으로 밝혀냈다.

설교학의 역사를 고찰하면서 '설교의 주기'가 있다는 것을 확인하였다. 오늘날도 설교의 내용과 형식이 변화되어야 한다는 문제의식을 끊임없이 듣고 있다. 그렇다면 우리도 시대에 맞는 설교의 형태를 찾아내야 하고 이에 맞는 설교의 사명을 감당해야 한다. 따라서 오늘 이 시대의 설교 추세를 살펴보고 이에 적절한 성서 해석의 방향이 제시되어야 한다. 현대 설교의 변천사를 살펴보면서 현대 설교의 추세를 아래와 같이 파악할 수 있다.

20 Clyde E. Fant, *Preaching for Today* (New York: Harper & Row Publisher, 1975), 10-12. 김운용, 『설교의 새로운 패러다임』 (서울: 장로회신학대학교출판부, 2004), 115에서 재인용.

1. 청중의 중요성

현대 설교의 특징은 청중 중심의 설교를 해야 한다는 것이다. 설교자는 자신이 말하고 싶은 것을 일방적으로 전달하는 것이 아니라 청중의 상황과 필요 그리고 그들의 삶의 배경까지 고려하여 설교해야 한다. 따라서 청중과의 대화를 중시하고 그들의 삶의 맥락에서 말씀을 전달하려고 하는 노력을 기울여야 한다. 이럴 때 설교는 더욱 생동감이 있고 실질적인 영향력을 끼칠 수 있다.

2. 이야기의 중요성

현대 설교에서 두드러진 추세는 이야기 설교(Narrative Preaching)의 중요성이다. 이야기 설교는 청중으로 하여금 성경의 메시지를 개인적이고 체험적으로 이해할 수 있도록 도와준다. 또한 설교자는 이야기를 통하여 복잡한 신학적 개념들을 쉽게 전달할 수 있다. 이야기 설교는 청중과의 관계 형성에도 효과적이며 교회의 공동체성을 강화하는 데도 기여할 수 있다.

리차드 에스링거(Rechard L. Eslinger)는 성서 해석에 있어서 해석학적 상상력을 강조하고, 이것이 곧 감동적인 이야기로 연결된다고 하였다. 이야기는 우리의 삶을 이해할 수 있는 최고의 도구이며 우리의 경험을 생생하게 전달할 수 있는 수단이 된다. 따라서 이야기는 필수적인 해석학적 도구가 된다.[21]

21 Richard L. Eslinger, *A New Hearing: Living Options in Homiletic Method* (Nashville:

유진 라우리는 이야기의 중요성을 말하면서, '전략적 지연(delay)'을 통하여 청중의 호기심을 유발할 수 있는 귀납적 설교에 가장 적절한 양식이라고 주장한다.[22] 웨인 로빈슨(Wayne Bradley Robinson)은 설교에서 연설의 특징과 이야기의 특징을 구별해서 설명했다. 연설은 구성이 정적(being)이며 연역적(deductive)이다. 반면에 이야기는 동적(becoming)이며 귀납적(inductive)이다. 연설은 인간의 원죄(original sin)를 강조하지만, 이야기는 창조 시 선함(original goodness)을 강조한다. 연설은 논리적(logic)이고 권위적(authoritarian)이지만, 이야기는 상상력(imagination)을 강조하고 초대(invitational)에 초점을 맞춘다. 연설은 자신을 감추지만(self-veiling), 이야기는 자신을 드러낸다(self-disclosing). 연설은 추상적이고 일반적(abstract/general)이지만, 이야기는 구체적이고 상세(concrete/specific)하다.[23] 로빈슨은 이야기가 가지고 있는 힘을 연설과 비교하여 설명하면서 이야기의 장점을 더욱 두드러지게 나타내고 있다.

이렇게 학자들의 견해를 종합해 볼 때 현대 설교는 이야기의 중요성을 절대적으로 강조하고 있음을 알 수 있다.

3. 다양성의 추구

현대 설교는 다문화적이고 다종교적인 맥락을 반영한 설교가 강조

Abingdon Press, 1987), 20.

22 Eugene L. Lowry, *The Sermon: Dancing the Edge of Mystery* (Nashville: Abingdon Press, 1997), 24.

23 Wayne Bradley Robinson, *Journeys toward Narrative Preaching* (Mew York: The Pilgrim Press, 1990), 97-99.

되고 있다. 설교자는 다양한 문화적 배경과 신앙을 가진 청중을 이해하고 그들에게 적합한 방식으로 말씀을 전할 수 있어야 한다.

4. 간학문적 접근

현대 설교는 다른 학문과의 연계가 중요하다. 비단 신학뿐만 아니라 사회학, 심리학, 교육학, 커뮤니케이션 이론 등 다양한 학문적 통찰을 통합하여 보다 포괄적이고 실질적인 설교를 해야 한다.

IV. 성서 해석의 변천사

1. 최초의 성서 해석

고대 유대주의 성서 해석은 에스라와 함께 시작했다고 볼 수 있다. 이는 느헤미야 8장 8절에 잘 나타나 있다. "하나님의 율법 책을 낭독하고 그 뜻을 해석하여 백성으로 그 낭독하는 것을 다 깨닫게 하매"(They [Ezra and Levites] read from the Book of the Law of God, making it clear and giving the meaning so that the people could understand what was being read).

에스라 이전에 이스라엘 종교의 중심은 성전이었다. 성전 종교의 중심은 제단이었다. 이 제단에서 토라로 신앙의 구심점을 옮기게 된 것은 에스라 때부터이다. 이런 내용이 느헤미야 8장에 잘 나와 있다. 이곳에 보면 나무 강단, 말씀을 낭독하는 에스라, 그 말씀을 해석하는 레위인들 그리고 그 말씀을 듣고 깨닫는 백성들이 나온다. 이것들은 성경 해석의 요소들이다. 성경 해석에서 반드시 고려해야 할 요소들이다. 제단에서 하나님의 임재를 경험했던 이스라엘 백성들이 이제는 말씀을 들으면서 하나님의 임재를 경험한 것이다. 말씀을 낭독하고, 이것이 해석되며, 사람들이 깨닫고 눈물을 흘리는 역사가 나타났다. 이스라엘의 역사에 대전환이 일어난 것이다. 에스라 시대의 성서 해석의 특징은 청중이 알아들을 수 있는 언어로(히브리어에서 아람어로) 통역해 주었다는 것이다.

2. 유대적 해석

1) 미드라쉬(Midrash)

미드라쉬는 유대교의 전통적 성서 해석 방법으로, 성경 본문을 새로운 시대적 맥락에서 재해석하여 현재 상황에 맞게 적용하려는 노력에서 시작되었다.[24] 대표적인 예로 역대기(Chronicles)는 열왕기(Kings)의 역사 기록을 바벨론 포로기 이후 유대 공동체의 필요에 따라 재해석

---

24 '미드라쉬'(mdrs)라는 말은 히브리어 '다라쉬'(drs)라는 동사에서 파생된 명사이다. 다라쉬는 '묻다, 조사하다, 찾다, 야훼의 말씀을 구하다' 등의 뜻을 가지고 있다. 미드라쉬는 포로기 이후 '토라의 연구'를 지칭하는 전문 용어로 고정되었다. 랍비들의 미드라쉬는 크게 두 개의 축으로 되어 있다고 말할 수 있다. 하나는 문자적 의미(일차적 의미)와 실천적 의미(이차적 의미)를 해설하는 것이다. 즉, 문자적 의미를 파악하는 것(페샷트, peshat)과 상황에 적용됨을 의미하는 것(데라쉬, derash, applied meaning)으로 나눌 수 있다. 랍비들은 주로 데라쉬의 의미를 추구했지만, 8세기 이후에 전통적인 해석 방법에 반대하고 언어의 중요성을 강조한 유대주의 소종파인 '카라이트'(Karaites)가 주도한 페샷트(peshat) 해석 방법이 10~13세기에 꽃을 피우기도 했다. 왕대일, 『새로운 구약주석』 (서울: 성서연구사, 1996), 69-84.

한 사례로 볼 수 있다. 포로로 잡혀갔다가 돌아온 유대인들은 그들의 생존과 공동체의 정체성을 찾기 위해 과거의 이야기를 다시 읽고 재해석하였으며, 이를 통해 현재의 유대 공동체가 직면한 문제들을 해결하려고 했다. 이와 같은 해석적 전통은 이후 랍비들에 의해 더욱 체계화되었으며, 미드라쉬라는 독특한 성서 해석 방법으로 발전하게 되었다.

미드라쉬의 성서 해석은 성경의 뜻이 하나로 고정된 것이 아니라 독자와 상황에 따라 다르게 해석될 수 있다고 본다. 이러한 해석의 원칙은 미도트(middot)[25]라고 불리며 히브리어 단어의 형태와 의미에 주의를 기울이는 것이 특징이다. 랍비들은 성경의 문자적 의미 안에 깊은 영적 의미가 숨어 있다고 보았으며, 미드라쉬를 통해 지속적으로 텍스트를 해석하고 발전시켜 나갔다. 이들은 성경이 끊임없이 해석될 수 있는 열린 텍스트라고 보았다. 랍비들은 성경의 문자가 심오한 의미를 담고 있다고 믿으며, 텍스트는 계속된 해석을 통해 그 의미가 드러난다고 보았다. 미드라쉬라는 장르의 범위는 상당히 넓지만, 성경 해석과 연관해서는 고대의 가르침을 오늘의 상황 속에 적용하기 위해 그것을 '오늘의 말씀으로 풀어서 듣는 해설'(contemporization)을 가리킨다.[26]

2) 페쉐르(pesher)

페쉐르는 쿰란 공동체의 성서 해석 방식을 말한다.[27] 경전에 숨겨진

---

25 미도트(Middot)는 히브리어로 '측정, 기준, 규칙'의 뜻을 가지고 있다. 성서 해석에서는 '해석 기준' 또는 '해석 원칙'을 말한다.

26 왕대일, 『새로운 구약주석』 (서울: 성서연구사, 1996), 74.

27 Anchor Bible Dictionary, s. v. "Perashim, Qumran."

내용을 오늘의 상황이나 자신의 공동체의 입장에서 판독한다. 다니엘 9장에서 다니엘이 예레미야 29장을 해석한 것이 페쉐르에 해당한다.[28] 예레미야는 주전 597년 바벨론에 포로로 잡혀간 유다 사람들에게 70년간 바벨론에서 집을 짓고 정착하며 살라고 했다. 그리고 바벨론에서 70년이 차면 유다 백성이 예루살렘에 돌아올 것이라고 예언했다. 그러나 이 예언은 성취되지 않았다. 70년이 지났어도 유대 백성들은 여전히 이민족의 지배를 받았다. 바벨론, 페르시아, 헬라로 이어지는 강대국들의 통치는 끊이지 않았다. 이러한 시점에서 다니엘은 페쉐르식으로 예레미야의 예언을 다시 해석한다. 다니엘은 예레미야가 전한 70이란 숫자에 집착하지 않는다. 70년을 70이레라는 암호로 바꾸어 해독하고자 했다(단 9:24). 이 70이레마서노 일곱 이레와 예순두 이레가 지나갔고(단 9:25), 남은 한 이레마저도 그 절반은 지나갔다고 해석했다(단 9:27). 이제 '반 이레'만 남았다고 본 것이다. 주전 2세기 중반 안티오커스 에피파네스의 폭정에 항거하여 일어났던 동족들에게 희망의 메시지를 준 것이다. 이제 곧 전쟁은 승리로 끝날 것이라는 메시지를 새롭게 해석하여 전해 준 것이다. 이것이 바로 페쉐르적인 성서 해석 방법이다. 성경을 읽는 목적은 과거의 의미를 알기 위함이 아니라 오늘을 사는 사람들에게 그 말씀이 무엇을 의미하는지를 깨닫게 하는 것이다. 여기서 주목해야 할 것은 다니엘이 70년이라는 숫자를 해석할 때 이성적으로 탐구한 것이 아니라 기도와 금식을 통하여 그 뜻을 찾고자 했다는 것이다(단 9:3).

오늘날의 설교자들도 하나님 말씀의 뜻을 오늘의 상황에 들려지는

28 왕대일, "성서해석사에서 배우는 설교의 과제," 「신학과 세계」 84 (2015): 17-18.

말씀으로 듣기 위해서 다니엘이 수행했던 "내가 금식하며 베옷을 입고 재를 덮어쓰고 주 하나님께 기도하며 간구하기를 결심하고"(단 9:3)라는 자세를 배워야 할 것이다.

이렇게 페쉐르의 예처럼 유대교 랍비들은 주후 70년 성전의 멸망 이후 더욱 경전을 중요시했고 이에 대한 해석에 있어서 본래의 의미를 버리지 않으면서 본문의 이차적 의미를 기도와 묵상을 통해서 터득하고자 했다.

3. 알레고리 해석

알레고리 해석은 교부 시대와 중세 시대의 주된 해석의 방법이었다. 교부 시대의 성서 해석은 단순히 텍스트의 의미를 분석하는 작업이 아니라 신앙생활과 깊이 연관된 영적 수련의 일환으로 간주되었다. 오리겐은 이러한 성서 해석의 대표적인 인물이다. 그는 헬라 철학의 알레고리와 유대교의 미드라쉬 전통을 결합하여 성서를 해석하였다. 그는 성경의 각 구절이 세 가지 차원, 즉 몸(문자적 의미), 정신(윤리적 교훈), 영(알레고리적 의미)으로 구성되어 있다고 주장했다. 그는 기도와 묵상 그리고 교회 공동체 내에서 이루어지는 신앙생활을 통해 성경의 깊은 의미를 이해해야 한다고 보았다. 교부들은 성서 해석을 통해 단순한 이성적 이해를 넘어선 영성의 세계로 나아가야 한다고 믿었다. 어거스틴 역시 이러한 해석학적 전통에 큰 영향을 미쳤다.

중세 시대는 스콜라신학이라는 이름으로 학문적이고 교리적인 체계를 단단히 세워나갔다. 그럼에도 불구하고 중세 시대 역시 그 근저에는 알레고리 해석이 주류를 이루었다. 중세기에는 성경 본문을 네 가지 차원에서 해석하는 방식이 자리 잡았다. 이 사중적 해석 방법은 문자적 의미, 알레고리적 의미, 도덕적 의미, 아나고지(Anagoge)적[29] 의미로 구분되며, 이는 13세기 중세 교회에서 널리 유행했다. 문자적 의미는 사건의 사실적 의미를, 알레고리적 의미는 신학적 교리를, 도덕적 의미는 도덕적 교훈을, 아나고지적 의미는 종말론적 차원을 가리킨다.

13세기 프란체스코(Franciscan)수도회 소속의 신학자이자 추기경이었던 보나벤투라(Bonaventura)는 삼위일체 교리에 기초하여 성경 역시 문자적 의미의 표층 아래 세 가지의 영적인 의미가 있다고 말했다. 그 세 가지는 알레고리적 의미, 도덕적(또는 모형론적) 의미, 신비적 의미이다.

리처드 리셔(Richard Lischer)는 알레고리 해석의 장점을 다음과 같이 설교하고 있다.

> **알레고리적 해석, 즉 비유적 해석은 많은 기능을 수행한다. 그것은 성경 전체의 신적 권위를 보호하고, 은혜와 사랑과 같은 신학적인 핵심 주제가 명확하게 드러나지 않는 곳에서도 중요한 신학적 진리를 추출해 내며, 타락으로 인해 하나님에 대한 직접적인 지식을 상실한 해석자의 영성을 개발시키는 데 도움을 준다.**[30]

---

29 아나고지(Anagoge)라는 말은 헬라어 ἀναγωγή에서 온 말이다. 이 헬라어의 의미는 '위로 이끌다'이다. 아나고지적 해석은 성경 구절을 통해서 하나님의 계획이나 최종적인 영적 목표로 향하는 길을 보여준다고 믿는다. 이를 통해서 인간이 영혼이 하나님과 더욱 가까워지고 성경의 가르침을 삶에 적용할 수 있게 해 준다.

30 Richard Lischer, *Theories of Preaching*, 정장복 옮김, 『설교신학의 8가지 스펙트럼』 (서울: 예배와설교아카데미, 2008), 211.

한편 중세 시대에 알레고리 해석이 주류를 이루는 가운데 안디옥 학파는 문자적인 해석을 강조했다. 텍스트의 문맥과 저자의 의도를 중시했다. 문자적 해석이 비유적 해석보다 우선한다고 보았고, 텍스트의 원문과 문맥을 고려하여 의미를 규명하려 했다. 이 해석의 이론은 루시안(Lucian), 도로테우스(Dorotheus), 디오도루스(Diodorus), 몹수에스티아의 테오도르(Theodore of Mopsuestia)와 크리소스톰(Chrysostom)과 같은 인물들을 자랑했다. 하나의 학파로서 이 해석의 이론은 제롬에게 영향을 주었고 서방에 있는 알렉산드리아의 알레고리 해석에 주의를 환기시켰다. 이 이론은 또한 중세의 해석에 영향을 주었으며 종교 개혁자들의 해석학에서 다시 나타났다.[31]

4. 모형론(Typology)적 해석

모형론적 성서 해석은 구약성서에 등장하는 모든 인물과 사건에서 예수님의 모형 또는 상징을 찾는 성서 해석 방법을 말한다. 초대교회는 구약의 내용을 그리스도 중심적(기독론적)으로나 종말론적으로 읽었다.[32]

제임스 샌더스(James A. Sanders)는 토라가 이야기(mythos)와 규범(ethos)으로 구성되어 있는데, 바울은 토라의 이야기(mythos)를 그리

31 버나드 램, *Protestant Biblical Interpretation*, 정득실 옮김, 『성경해석학』 (서울: 생명의말씀사, 1970), 83-84.

32 이에 대한 자세한 내용을 보기 위해서는 R. P. C. Hanson, "Biblical Exegesis in the Early Church," in *The Cambridge History of the Bible: From the Beginnings to Jerome*, ed., P. R. Ackroyd and C. F. Evans (Cambridge: Cambridge University Press, 1970), 412-453.

스도가 이룬 구속의 역사로 전환시킴으로 유대교를 뛰어넘은 기독교 신앙 공동체를 이루게 되었다고 설명한다.[33]

모형론적 해석의 대표적인 예로는 다음과 같은 것들이 있다. 구약의 아담은 마지막 아담인 예수님을 모형한다(롬 5:14). 출애굽 사건은 그리스도의 구원을 모형한다. 유월절 어린양의 피는 그리스도의 피를 상징하고, 홍해를 건넌 사건은 세례를 모형한다(고전 10:1-2). 모세가 든 구리뱀은 그리스도의 십자가를 모형한다(요 3:14-15). 구약의 성전은 그리스도의 몸을 모형한다(요 2:19-21). 모형론적 해석은 구약과 신약의 연결성을 말해주고 구속사의 흐름을 말해준다. 하나님께서 그 언약을 구속사적으로 어떻게 이루어 가고 있으신지를 보여준다.

5. 비평적 성서 해석

1) 제1의 비평 시대 – 저자의 권위

제1의 비평 시대는 저자의 권위가 강조된 시기이다. 즉, 성경의 원저자가 의미를 결정한다는 주장이다. 그러므로 성경이 쓰여졌을 당시의 저자, 독자, 문화적 배경들을 살피는 것이 중요한 과제이다. 이러한 해석의 방식을 역사비평이라고 한다.

15세기 인문주의자들은 그리스와 로마의 고전 문헌을 회복하고 연구했다. 이들은 원문에 대한 깊은 이해를 통해 저자의 의도와 의미를 복원하려고 노력했다. 이러한 접근은 중세 시대 성서 해석에 대한 반동

33 James A. Sanders, "Torah and Christ," *Interpretation* 29/4 (1975): 372-390.

에서 나왔으며 근대 성서 해석에 중요한 전환점을 가지고 왔다. 근대에 들어서면서 저자는 의미의 창조자이자 기호에 대한 주권적 주체로 이해되었다. 의미는 저자에 의해 결정되며, 따라서 해석은 저자의 의도를 정확히 재현하는 것을 목표로 했다. 이 시기의 해석학은 '의미의 고향'으로서의 저자 개념을 중요시했다. 저자는 의미의 주권적 주체로 간주되었으며 해석은 저자의 원래 의도에 충실하려는 노력을 반영했다. 해석학적 실재론을 주장했다.

18세기 계몽주의의 영향으로 이성에 바탕한 성서 해석의 큰 흐름은 역사비평의 방식으로 흘러갔다. 역사비평은 성경을 해석하는 데 있어 본문의 원래 의미를 찾아내기 위해 텍스트의 역사적 맥락과 저자의 의도를 분석하는 접근이다. 역사비평의 접근법은 성경을 학문적, 이성적, 과학적 방법으로 분석하려는 시도로 이어졌으며, 19세기 독일의 개신교 학자들에 의해 본격적으로 발전했다. 19세기에 이르러 역사비평은 성경을 신앙의 대상으로만 보지 않고 역사적 문서로서 연구하고 분석하는 것을 목표로 했다.

2) 제2의 비평 시대 — 텍스트의 권위

제2의 비평 시대는 텍스트의 권위를 존중하는 '공시적 성서 해석 방법'(synchronic biblical exegesis)을 추구한 시기다. 성서 본문을 역사적, 사회적 맥락에서 분석하는 전통적인 통시적(diachronic) 접근 방식에서 벗어나 본문 자체의 구조와 내용을 분석하는 방법론이다.

공시적 해석은 성서 본문을 역사적, 사회적 배경의 산물로 보는 것을 넘어선다. 역사비평에서는 본문의 저자와 시대적 맥락을 밝히는 데 중점을 두었지만, 공시적 해석은 본문 자체와 그 안의 메시지, 구조에 중점을 둔다. 본문을 통해 그 이면(behind the text)의 역사를 재구성하려는 노력 대신 본문 자체가 전달하고자 하는 이야기와 의미를 분석한다.

공시적 해석은 본문이 문학적 작품임을 인정하고 양식 비평을 넘어서서 수사학적 비평이나 신문학 비평을 시도한다. 즉, 본문의 문학적 기법, 표현, 구조를 분석하여 본문이 전달하는 메시지를 파악하려고 한다. 성서 본문의 최종 형태를 오랜 편집의 산물로 보는 편집 비평을 넘어서서 최종 본문의 구조와 형태를 성서 해석의 출발점으로 삼는다. 본문의 최종 형태와 구성을 분석하여 본문이 전달하려는 핵심 메시지와 의미를 파악하려고 한다.[34]

공시적 성서 해석은 성서 본문을 그 역사적 배경이나 저자보다는 본문 자체와 그 문학적, 신학적 특성에 초점을 맞추어 분석한다. 이 접근법은 본문이 펼치는 이야기와 세계를 이해하는 데 중점을 두며, 역사에서 스토리로의 전환을 통해 성서 해석의 패러다임을 통시적 관점에서 공시적 관점으로 이동시키는 계기를 제공했다.

3) 제3의 비평 시대 — 독자의 권위

루돌프 불트만(Rudolf Bultmann)은 성경에 대한 비신화화 작업을 수행하였다. 이것은 그를 비판하는 사람들의 주장처럼 성경을 폐기하려는 것이 아니었다. 그가 시도하려고 했던 것은 고대의 이야기가 오늘을 살아가는 사람들에게도 어떻게 적용이 될 수 있는가를 제시한 것이

---

34 왕대일, "성서해석사에서 배운는 설교의 과제," 「신학과 세계」 84 (2015): 38-39.

다. 신약성경의 본래적 핵심을 추출해서 새로운 시대에 맞게 그것을 재해석하려고 시도한 것이다. 그는 슐라이어마허로부터 순수하게 객관적인 해석은 불가능하다는 것을 배웠다.[35] 불트만의 실존주의적 성서 해석은 성경의 본문에 다양한 의미가 있다는 것을 실존주의 신학을 통해서 드러냈다. 다시 말해 성경의 텍스트도 우리의 삶과 연관이 된 경우에만 의미가 있게 된다.

불트만의 제자였던 게하르트 에벨링(Gerhard Ebeling)은 본문에서 설교에 이르는 과정은 과거에 일어났던 선포가 지금 여기에서 다시 일어나야 한다고 말한다. 즉, 과거의 기록된 말씀이 오늘의 선포된 말씀으로 전환시키는 과정이 필요하다고 말한다. 다시 말하면 지금 여기에서 다시 하나님의 말씀이 하나님의 말씀이 되도록 만들어야 하는 것이다.[36] 불트만과 에벨링은 오늘의 상황(context)이 중요함을 천명하였으며, 텍스트를 읽는 독자의 중요성을 다시 한번 깨우치게 했다.

6. 포스트모던의 성서 해석

현대에 와서는 근세에 주도적으로 행해졌던 저자 중심의 성서 해석에 의문을 제기했다. 자크 데리다의 해체주의는 저자의 권위를 부정하고 의미와 진리가 언어와 해석의 산물일 뿐이라고 주장하였다.

데리다는 해체주의를 통해 전통적인 의미론과 형이상학을 비판하

35 Richard Lischer/정장복 옮김, 『설교신학의 8가지 스펙트럼』 (서울: 예배와설교아카데미, 2008), 243.

36 Gerhard Ebeling, *Word and Faith* (Philadelphia: Fortress Press, 1963), 311-318, 327-331; 리처드 리셔, 『설교신학의 8가지 스텍트럼』, 258-259에서 재인용.

며 의미는 고정된 것이 아니라 오히려 다양한 해석적 층위를 통해 드러나는 자의적 성격을 지닌다고 보았다. 이로 인해 해석학적 비실재론이 등장하며, 의미는 독자의 관점과 해석에 따라 변할 수 있다고 주장했다. 이러한 비실재론적 접근은 실재와 의미의 객관적 고정성을 부정하고 텍스트의 해석이 본질적으로 상대적이라는 관점을 강조했다. 독자가 텍스트를 해석할 때, 그들의 역사적, 문화적, 사회적 배경이 해석에 영향을 미친다는 것이다. 이로 인해 같은 텍스트도 독자의 배경에 따라 다양한 의미를 지닐 수 있다. 예를 들어 출애굽기는 유대인, 17세기 청교도, 라틴 아메리카의 가난한 자들에 의해 각기 다른 방식으로 해석될 수 있다.

리차드 로티(Richard Rorty) 역시 철학을 단지 다양한 해석 중 하나로 보고 개념이 자연을 반영하는 것이 아니라 인간의 목적을 위한 도구일 뿐이라고 주장했다. 실재에 대한 유일한 견해가 없으며 진리는 특정 공동체의 시각에 의해 결정된다고 보았다. 로티는 철학이 궁극적 실재를 탐구하기보다는 구체적인 문제 해결에 중점을 두어야 한다고 주장한다. 그는 진리를 발견하기보다는 텍스트와 세계를 다양한 관점에서 접근해야 한다고 강조한다.

스탠리 피쉬(Stanley Fish) 역시 해석의 권위가 저자가 아니라 독자에게 있다고 주장했다. 그는 해석이 텍스트가 아닌 해석 공동체(Interpretive Communities)의 규범에 의해 결정된다고 보았다. 피쉬는 텍스트의 의미가 독자의 활동에 의해 생성된다고 강조했다.

19세기 니체는 진리와 의미가 인간의 건축물이라고 주장하며 허무주의적 관점을 지지했다. 그는 기독교와 플라톤주의의 의미와 진리 개념을 비판했다.

포스트모던 독자들은 저자의 죽음을 강조하며, 이는 텍스트의 의미가 고정되지 않고 독자의 해석에 따라 변화할 수 있음을 시사한다. 즉, 의미가 고정된 것이 아니라 독자의 주관적 해석에 따라 다르게 형성될 수 있다고 주장한다. 이는 텍스트의 의미를 발견하기보다는 창조하는 과정으로 이해한다. 그들은 인간의 창의력과 가치에 대한 믿음을 가지면서도 절대적 진리나 고정된 의미는 부정한다.

V. 설교를 위한 성서해석학

과거에 기록된 하나님의 말씀을 어떻게 오늘의 청중에게 살아있는 메시지로 전달할 수 있을까? 이 과업을 위해서 성서해석학의 역할은 지대하다. 광의의 개념으로 보면 성서해석학은 주해(exegesis), 해석(interpretation), 적용(application)이 다 포함된다. 이들의 관계성을 그레엄 골즈워디(Graeme Goldsworthy)는 성경 신학적 관점에서 다음과 같은 도표로 설명해 주고 있다.[37]

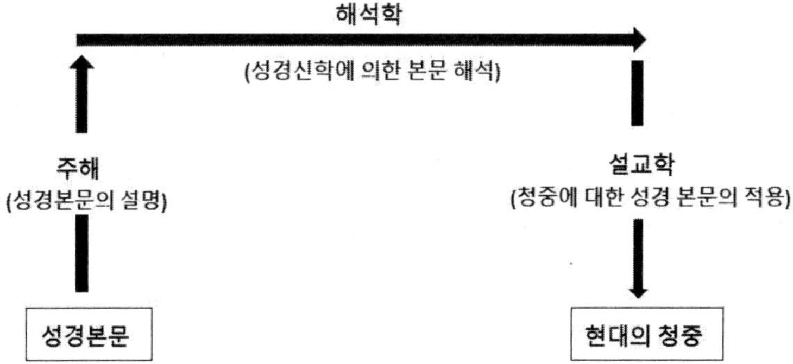

위의 도표에서 1) '주해'(exegesis)는 성경 본문이 원래 무엇을 의미했는지를 찾아내는 작업이다. 원저자가 원독자에게 무엇을 전달하려고 했는지를 밝히는 작업이다. 2) '해석학'(hermeneutics)은 고대의 성경 본문이 지금 여기(here and now)의 삶과 어떤 관계를 갖는지에 깊은 관심을 갖는다. 3) '설교학'(homiletics)은 주해로부터 시작하여 해석학의 과정을 거쳐 말씀이 청중에게 구체적으로 적용이 될 수 있도록 전달하는 것을 말한다.

위의 도표는 설교학적인 관점에서 주해와 해석학과 적용의 요소들을 설명하는 데 유익하다. 설교학적인 관점에서 주해를 'telling'으로, 해석을 'reframing'으로, 설교를 'retelling'으로 변환시킬 수 있다. 'telling'과 'retelling'의 개념은 설교학자 정창균에게서 빌려왔다. 그는 설교란 하나님께서 이미 하신 말씀(telling)을 오늘의 청중이 이해할 수 있도록 다시 말해주는 것(retelling)이라고 정의했다.[38]

'reframing'(재구성)이라는 개념은 도날드 캡스(Donald Capps)가 목회 상담에 적용한 개념을 차용했다. 'reframing'이라는 것은 삶의 현실을 그대로 인정하면서 다른 각도에서 그 삶을 재해석을 하는 것이다. 그는 페인트칠하고 있는 아빠와 그 사다리를 위험하게 오르고 있는 어린 자녀와의 일화를 예로 들고 있다. 아이가 높은 사다리를 올라오는 것은 매우 위험한 일이었다. 아빠는 곧 떨어질 것만 같은 그 아이를 보는 순간 가슴이 뛰면서 당장 내려가라고 소리를 지를 판이었다. 그러나 다시 마음을 가다듬고 다정한 목소리로 인사하고 그 아이가 올라오

37 Graeme Goldsworthy/김영철 옮김, 『복음과 하나님의 나라: 성경신학적 구약 해석법』 (서울: 성서유니온선교회, 1988), 53.

38 이승진, "정창균의 설교학," 「신학정론」 38 (2020. 12.), 53.

도록 했다. 결국 아이를 양손으로 붙들 수 있었고, 아이는 안전하게 지상으로 내려올 수 있었다.[39]

이 예화에서 어린아이가 위험에 처한 삶의 현실은 그대로 있다. 이것은 인정할 수밖에 없는 상황이다. 이런 상황에서 첫 번째 보는 관점은 위험을 감지하고 위험의 신호를 소리를 질러 표현하는 것이었다. 그러나 이것은 더 큰 불상사를 초래할 수 있는 것을 직감하고 다른 각도에서 본 것이다. 아이에게 심리적 안정과 그 아이에게 든든한 버팀목이 있음을 확신시킨 것이다. 같은 현실이지만 상황을 재구성한(reframing) 것이다. 이것이 재구성의 해석학이다. 즉, 어른의 관점에서가 아닌 아이의 관점에서 재구성하여 해석한 것이다.

설교학적인 측면에서 'telling', 'retelling', 'reframing'의 관계를 그레엄 골즈워디의 도표를 활용하여 다음과 같이 변경할 수 있다.

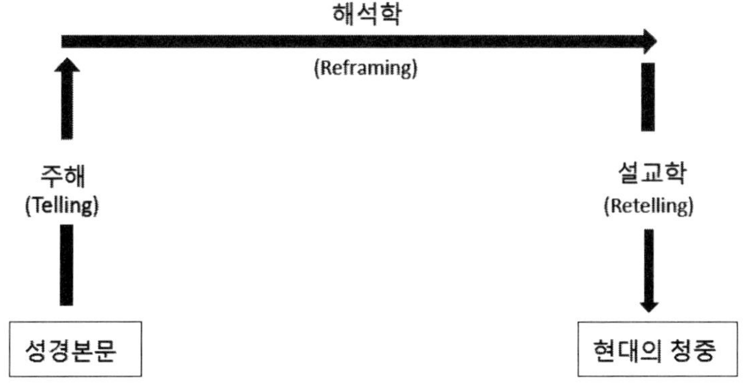

39 Donald Capps, *Reframing: A New Method in Pastoral Care* (Minneapolis: Fortress Press, 1990), 9. 이성민, "신학과 해석학과 설교학의 관계성에 관한 연구," 「신학과 세계」 43 (2001): 407-408에서 재인용.

1. Telling

Telling은 하나님께서 이미 말씀하신 text를 말한다. 하나님이 말씀하신 text가 무엇을 의미하는지를 알기 위해서는 주해(exegesis)가 필요하다. 즉, 본문의 원래 의미를 파악하는 것이다. 이 과정을 위해서는 역사비평적 방법이 필수적이다.

현대 해석학에서 독자의 상황(context)이 중요한 것은 사실이지만, 여전히 역사비평의 방법을 배척해서는 안 된다. 씨슬톤(Anthony C. Thiselton)은 문제가 되는 것은 "역사적 비평이 필요한 것이냐 아니냐가 아니라 역사적 비평이 차지하는 위치가 무엇인가?"[40]를 질문해야 한다고 바르게 지적했다. 성서 해석에 있어서 독자의 상황(실존)을 중시하는 불트만 역시 "문법적 해석, 형식적 분석 그리고 역사적 상황에 근거한 설명 등 해묵은 해석학적 규칙들은 의심할 여지 없이 타당하다"[41]고 강조했다.

설교의 과정에서 이 주해의 과정을 생략하면 설교자가 하나님이 말씀하시고자 하는 것이 아니라 설교자가 말하고 싶은 말들을 하게 될 것이다. 하나님의 말씀을 전하는 설교자의 입장에서 이 과정은 필수적이다.

---

40 Anthony C. Thiselton, *The Two Horizons*, 권성수 외 옮김, 『두 지평』 (서울: 총신대학출판부, 1990), 54.

41 R. Bultmann, "The Problem of Hermeneutics," in *Essays Philosophical and Theological* (London: S. C. M., 1955), 256. Anthony C. Thiselton/권성수 외 옮김, 『두 지평』, 55에서 재인용.

2. Retelling

Retelling 과정은 하나님께서 하신 말씀을 현재의 청중에게 다시 말하는 과정이다. 즉, 선포의 사건이다. 이 부분을 위해서는 설교학적 훈련이 필요하다. 설교학의 변천사를 살피면서 이 부분에 많은 발전이 있었음을 확인했다. 설교자들은 설교학의 최신 이론들을 습득하면서 현대의 청중에게 맞는 설교의 방법과 기술을 익혀야 한다.

3. Reframing

Reframing은 설교학의 중요한 네 가지 요소인 예수님, 본문, 청중, 설교자를 모두 고려하면서 그리스도의 관점에서 성경을 해석하고 설교할 수 있도록 설교의 메시지를 재구성하는 것이다. Reframing은 Telling과 Retelling을 연결해 주는 해석학적 다리와 같은 역할을 한다.

VI. 재구성(reframing)의 해석학

재구성의 해석학을 수행하기 위해서는 네 가지의 요소가 중요하다. 첫째가 예수님, 둘째가 성경, 셋째가 청중 그리고 마지막이 설교자이다. 아래의 그림은 네 가지의 상호관계를 보여주고 있다.

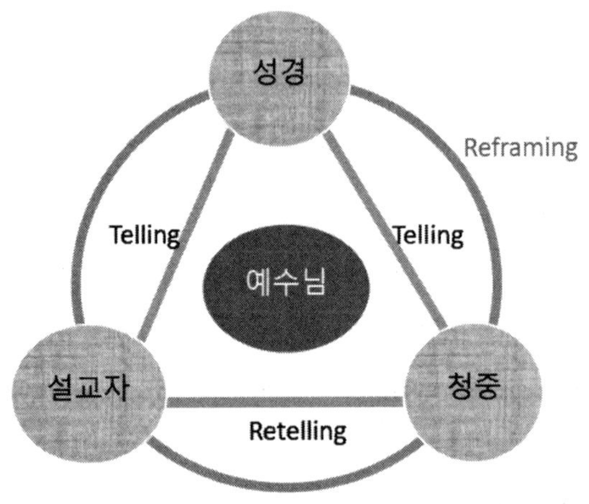

1. '재구성의 해석학' 네 가지 요소

(1) 예수님

예수님은 재구성의 해석학에서 가장 중앙에 있다. 설교를 위한 해석학은 그리스도 중심적(Christ-centered) 성서 해석이 되어야 한다.

(2) 성경

성경을 통해서 하나님께서 이미 말씀하셨다. 하나님은 성경을 통해서 자신을 드러내신다(계시하신다).

(3) 청중

설교는 청중으로 하여금 하나님의 말씀을 듣고 변화되게 하는 것이다. 청중이 있어야 설교는 성립이 된다.

(4) 설교자

설교자는 과거에 말씀하신 하나님의 말씀이 오늘의 청중에게 여전히 하나님의 말씀이 되게 하는 사람이다.

2. '재구성의 해석학'의 과업

1) 첫 번째 과업: 설교자의 자세

재구성의 해석학을 실천하는 데 있어서 설교자의 자세가 중요하다. 설교자는 성경을 경전으로 대해야 한다. 성경은 학문적 연구의 대상이 아니라 영적 삶의 지침서로 여겨야 한다. 성경을 읽을 때, 그 본문이 기록된 시대적 배경이나 저자의 의도에만 집중하는 것이 아니라 그 본문의 영적 의미와 삶의 지침을 찾는 데 초점을 맞추어야 한다.

말씀 앞에 선 설교자의 자세에 대해서 동양적 성서 해석을 통해서 많은 도전을 받을 수 있다. 동양적 성서 해석은 동양의 경전을 대하는 자세와 깊은 연관이 있다. 경전을 대하는 한국인의 독서는 "독서백편의 자현"(讀書百遍義自見)이라는 말로 대표된다. 이 말의 뜻은 "아무리 어려운 글도 백 번만 읽으면 그 뜻이 스스로 밝혀진다"는 의미이다. 동양인은 경전을 대할 때, 서양인의 역사비평적 방법으로 경전을 대하지 않는다. 텍스트 이면에 있는 역사적 배경을 연구한 것이 아니라 본문 자체를 통해서 하늘의 이치나 삶의 이치가 어떠한가를 깊이 성찰하면서 깨닫기를 원했다. 소리 내어 읽고 암송하고 그 뜻이 깨달아질 때까지 음미했다.

경학(經學)은 유교 경전을 해석하고 그 의미를 추구하는 학문이다.

다산 정약용은 경전을 읽고 해석할 때, 저자와 기록자의 의도, 문체 등을 면밀히 분석하면서도 경전의 본질을 존중하고, 경문 주석을 통해 자신의 시대적 고민과 문제의식을 경학 사상으로 표현했다. 경학은 단순히 문자를 해석하는 것이 아니라 그 속에서 도덕적 원리와 철학적 깨달음을 찾고자 했다. 정약용은 경학을 통해 의리(義理, 옳은 이치)를 추구하며 경전을 단순한 문서가 아닌 도덕적, 철학적 지혜의 원천으로 삼았다.

초대교회 성도들이나 교부들 그리고 유대 랍비들은 성경을 비판하면서 읽지 않았다. 그냥 신앙 공동체에 주어진 하나님의 말씀으로 읽었다. 동양인들 역시 자신들의 경전의 권위에 도전하지 않았다. 이해될 때까지 읽고 암기하고 실천하기를 노력했다. 랍비들이나 교부들에게 있어서 성경은 비평의 대상이 아니라 순종의 대상이었다.

말씀을 대하는 설교자는 동양인들이 경(經), 즉 경전(經典)을 대하는 자세로 성경을 대해야 한다. 동양에서 도의 세계는 두 가지의 중요한 원칙이 있다. 하나는 집중(생각이 깨어 있는 것)이고, 다른 하나는 반복이다. 또한 수양과 수행을 강조한다. 수양은 내면 세계를 갈고 닦는 것을 말하고, 수행은 삶 속에서 진리를 실천에 옮기는 것이다.

설교자는 영성적 독서를 실천해야 한다. 성경을 읽는 행위는 단순한 지식 습득이 아니라 영적 성숙을 위한 수련의 과정이어야 한다. 기독교의 소중한 유산 중의 하나인 렉티오 디비나(*lectio divina*)라는 전통적 영성 독서법을 부활시켜야 한다. 즉, 성경을 읽고(lectio), 묵상하고(*meditatio*), 기도하고(*oratio*), 그 말씀을 삶으로 실천하는 것(*contemplatio*)이 중요하다.

말씀 앞에 선 설교자가 어떤 자세를 가지느냐에 따라서 과거의 이야기를 오늘의 이야기로 구성(reframing)하는 데 큰 영향을 줄 것이다. 설교자는 설교와 분리될 수 없기 때문이다.

2) 두 번째 과업: 본문의 역사적 상황 규명

성경은 역사적인 문서다. 성경은 하나님이 주관하시는 역사라는 무대에서 펼쳐진 이야기들의 기록이다. 따라서 성서 해석에 있어서 역사비평의 공헌을 인정하고 그 방법론을 건설적으로 활용해야 한다. 다만 이 역사비평의 방법을 무조건적으로 수용하는 것이 아니라 비판적 안목을 가지고 활용해야 한다. 역사비평의 방법의 한계도 인식해야 한다. 역사비평을 발전시킨 서구인들의 인식론에 대한 재평가도 필요하다.

종교개혁자들은 중세 시대까지 중요한 성서 해석 방법인 알레고리 해석에 대해서 반기를 들고 문자적, 문법적 의미를 성서 해석의 과제로 제시했다. 그런데 역설적이게도 루터가 알레고리 해석을 비판하고 문자적, 문법적, 역사적 해석을 강조한 것은 성경의 권위를 되찾기 위함이었는데, 오히려 역사비평의 등장으로 성경의 권위를 추락시키는 결과를 가져왔다. 말씀을 강조한 개신교가 결국에는 역사비평의 길을 열어주는 계기가 되었던 것은 시사하는 바가 크다. 랍비적 성서 해석이나 교부들의 성서 해석 방법을 배척함으로 나온 결과이기 때문이다.

문자적 역사적 해석 방법이 500년 동안 지속되어 왔지만, 이에 대한 한계점이 드러나고 있다. 그 한계점의 결정적인 것은 서구의 과학적 세계관이 진리를 밝히는 데 어려움이 있다는 것이다. 서구의 과학적 사고는 데카르트에게 큰 영향을 받은 것으로 상대주의와 실증주의가 요체를 이루고 있다. 이제 기독교의 종주국은 없다. 기독교가 서양 세계를 떠났고 탈기독교 사회가 되었다.

그럼에도 불구하고 역사비평적 방법이 가지고 있는 장점들이 많이 있다. 역사비평의 방법은 성경을 자의적으로 해석하는 것(eisegesis)을 막아준다. 재구성의 해석학을 시도하다가 자칫하면 성경의 본래 의도나 뜻을 벗어나는 경우가 있는데, 역사비평적 방법은 이에 대한 제동장치가 될 수 있다. 따라서 재구성의 해석학의 첫 번째 단계는 철저하게 역사비평적 방법을 활용해야 한다(exegesis). 이것이 설교자가 설교를 하기 위한 가장 기본적이면서도 중요한 단계이다.

3) 세 번째 과업: 청중의 역사적 상황 규명

성서 해석의 현대적 흐름을 보면서 독자가 중요한 위치를 차지하고 있음을 확인하였다. 설교학 역시 청중의 중요성을 강조하고 있다. 또한 청중 중심의 설교를 하기 위해서는 현대 철학자들이 주장하는 현대 해석학의 이론에 귀를 기울일 필요가 있다. 씨슬톤은 그의 저서 『두 지평』(*The Two Horizons*)에서 20세기의 위대한 철학자 및 신학자인 하이데거(Heidegger), 불트만, 가다머(Hans-Georg Gadamer) 그리고 비트겐슈타인(Wittgenstein)의 철학적 해석학에 대한 깊고 자세한 안내를 해 준다.

하이데거는 해석자가 성서를 읽을 때 중립적으로 해석할 수 없다고 본다. 해석자 자신이 가지고 있는 역사적 문화적 선이해를 가지고 텍스트를 대할 수밖에 없다고 본다. 따라서 성서는 해석자의 존재적 질문과 만나는 중요한 장이라고 주장한다.

불트만은 성서의 핵심적인 메시지를 실존적 언어로 재해석해야 한다고 말한다. 즉, 성서가 인간의 현재적 삶 속에서 이해가 되어야 한다는 것을 의미한다.

가다머의 해석학은 전통과 선입견의 긍정적 역할을 강조하며 계몽주의 이성 중심주의를 비판한다. 그는 독자가 성경을 읽을 때 이미 자신이 속한 전통과 선입견을 통해 텍스트를 이해하며, 이러한 선입견은 해석의 출발점이 된다고 본다. 가다머는 독자의 지평과 텍스트의 지평이 융합될 때 진정한 이해가 이루어진다고 주장하며, 이를 '지평의 융합'(Fusion of Horizons)이라 부른다. 해석은 일방적인 명제적 이해가 아니라 본문과의 대화 과정을 통해 이루어진다. 대화를 통해 독자는 성경 본문에 도전받고 자아를 발견하게 된다. 성서 해석은 단순히 과거의 의미를 밝히는 것에서 끝나는 것이 아니고 현재의 독자와 텍스트와의 만남을 통해서 새로운 의미를 생산하는 것이라고 보았다. 전통은 해석의 필수적 요소이며 본문을 통해 얻는 것은 단순한 정보가 아니라 삶의 지혜이다. 성경 해석은 삶의 실천과 자아 변혁을 목표로 한다.

비트겐슈타인은 언어철학의 관점에서 성서를 해석하며 성서 텍스트의 의미는 고정된 것이 아니라 다양한 공동체와 언어적 맥락에서 다르게 사용될 수 있음을 강조했다. 따라서 성서의 의미는 그 언어가 사용되는 상황과 맥락에 따라 달라질 수 있다고 말한다.

결국 이 네 사람의 공통점은 성서를 단순히 역사적 기록이 아니라 성경과 독자와의 대화 속에서 다양한 의미를 창출할 수 있는 살아있는 텍스트로 이해한다는 것이다. 청중과 독자를 중시하는 현대 철학자들의 통찰을 잘 활용한다면 '재구성(reframing)의 해석학'을 실행하는 데 큰 도움이 될 것이다.

4) 네 번째 과업: 재구성의 해석학을 위한 성서해석학의 적용

재구성의 해석학이라는 것은 telling과 retelling를 성경, 청중, 설교자, 이 세 가지를 모두 중시하면서 전체적인 구조 속에서 재구성(reframing)하는 것이다. 재구성의 해석학은 삶의 현실을 그대로 인정하면서 그리스도의 시각(Christ-centered)으로 재구성하는 것이다. 이를 위해서 다양한 성서해석학의 방법론들을 활용할 수 있다.

(1) 구속사적 성서 해석: 역사에 뿌리두기

이문장은 서양 학문 세계의 특징을 네 가지로 요약했다: 1) Neutral, 2) Detached, 3) Distance, 4) Objective. 그는 이러한 학문적 방법을 가지고는 말씀의 세계로 들어갈 수 없음을 정확하게 지적하였다.[42] 이러한 서양적 사고에 근거한 역사비평의 방법은 성경의 텍스트를 고대 문서에 대한 역사적인 탐구의 대상 정도로 성경의 권위를 격하시켰다. 인간의 이성으로 하나님의 말씀을 평가하면서 말씀에 의해 삶이 변화되기보다는 사람이 하나님의 말씀 위에 서는 결과를 가져오게 되었다. 오늘날 서구신학에서 성경의 권위는 위기에 처해 있다. 성경을 학문적 연구 대상으로 여기고 있지, 신앙 공동체의 경전이라고 생각하지 못하고 있다.

이런 상황에서 성경의 역사성을 인정하되, 성경을 하나님의 역사적 섭리라는 큰 그림 속에서 파악하는 구속사적 성서 해석 방법을 적극적

42 이문장 교수는 2003년도에 월드미션대학교에서 여름방학 특강을 한 적이 있다. 당시 그는 싱가포르에 있는 Trinity Theological College에서 아시아 성경 해석 방법론을 가르치고 있었다.

으로 추천한다. 구속사적 성서 해석 방법을 사용하면 위에서 지적한 역사비평 해석법이 가지고 있는 단점들을 극복할 수 있다. 나아가 구속사적인 성서 해석을 하면 구속사의 중심인 그리스도 중심적인 (Christ-Centered) 성서 해석을 할 수 있다.

그레엄 골즈워디는 그의 저서 복음과 하나님 나라에서 성경 신학적 성서 해석법을 소개하고 있다. 그가 말하는 성경 신학적 성서 해석이라는 것은 신구약 전체를 관통하는 하나의 주제(계시의 구조)를 가지고 성경을 해석하는 것이다. 하나님께서는 일관된 목적을 가지고 역사 속에서 활동해 오셨으며, 그 활동하신 바를 성경이라는 책에 남겼다고 보는 것이다. 골즈워디에 의하면 성경은 하나님의 구원 역사(salvation-history)를 통일성을 가지고 기록해 놓은 책이지 추상적인 개념들이나 교리들을 모아 놓은 책이 아니다. 그가 생각하기에 하나님께서 목적을 가지고 활동하신 기록인 성경 전체를 관통하는 주제는 '하나님 나라'이다.[43]

나라를 구성하는 요건들은 백성, 영토, 주권이다. 하나님의 나라가 구성되기 위해서는 하나님의 백성, 백성들의 거처 그리고 하나님의 다스림이 있어야 한다. 골즈워디는 이것이 그리스도 안에서 성취되었음을 강조하고 있다. 하나님 나라의 실체가 복음 안에, 즉 그리스도 자신 안에 있다고 본다. 즉, 그리스도가 하나님의 백성이며, 그리스도가 하나님 백성의 거처이며, 그리스도가 통치의 주관자라고 보는 것이다.

예수 그리스도는 하나님 나라에 대한 하나님 계시의 최종적이며 충

43 Graeme Goldsworthy, *Gospel and Kingdom*, 김영철 옮김, 『복음과 하나님 나라』 (서울: 성서유니온선교회, 1988).

만한 표현이다. 예수님은 구약 전체의 목표이자 성취이다. 하나님의 진리의 구현으로서, 예수님은 성경을 해석하는 열쇠이다. 예수 그리스도에서 시작하는 또 하나의 이유는 예수 그리스도를 만남으로 우리의 신앙 여정이 시작되기 때문이다. 우리가 그리스도에게로 돌이킬 때, 성경관을 포함하여 우리의 모든 것이 변한다.

재구성의 해석학을 실현하기 위해 성경의 역사적 근거 위에 역사비평 방법과 구속사적 성서 해석 방법을 융합하여 창의적으로 사용한다면 과거의 이야기를 오늘의 이야기로 재구성하는 데 많은 도움이 될 것이다.

(2) 유대적 성서 해석과 교부들의 성서 해석: 텍스트 너머의 세계(beyond the text)에 관심 갖기

재구성의 해석학을 위해서 현대의 청중에 귀를 기울여야 하는 것은 필수적인데, 이를 위해서 미드라쉬적인 성서 해석법, 교부들의 성서 해석법, 동양적 성서 해석법은 과거의 이야기를 오늘의 이야기로 재구성하는 데 매우 도움이 될 것이다. 미드라쉬의 구체적인 예가 쿰란 공동체가 추구해 왔던 페쉐르(pesher)이다. 유대교의 미드라쉬적인 성서 해석의 방법을 헬라 철학으로 풀어가고자 한 사람이 알렉산드리아의 필로(Philo of Alexandria)였으며, 페쉐르의 헬라적 변형이 알레고리라고 할 수 있다. 유대주의가 미드라쉬적인 해석 방법의 유산을 남겼다면, 초대교회와 중세 교회가 남긴 성서 해석의 유산은 모형론(typology)이라고 할 수 있다. 초대교회는 유대주의의 성서 해석 방법을 받아들여 구약의 내용을 기독론적으로나 종말론적으로 읽었다. 유대적 성서 해석이나 교부들의 성서 해석은 지금 여기에 있는 청중을 말씀의 세계속으로 들어가도록 인도했던 것이다.

알레고리 해석에 대한 부정적인 측면이 있는 것은 사실이다. 알레고리적인 해석이 너무 자의적인 해석으로 흘러간다면 이를 보완하면서도 납득할 수 있는 현대적 알레고리를 사용할 수 있어야 한다. 필자는 이러한 현대적 알레고리를 '단계적 알레고리'로 부르고자 한다. 이 '단계적 알레고리'의 예를 이사야 35장 1절 "광야와 메마른 땅이 기뻐하며 사막이 백합화같이 피어 즐거워하며"라는 본문을 가지고 설명할 수 있다. 이 텍스트를 읽고 곧바로 "광야는 남한이고 사막은 북한입니다. 남한도 기뻐하고 북한도 즐거워할 때가 올 것입니다"라고 선언한다면 청중의 대부분은 당황해하며 동감하지 못할 것이다. 그러나 다음과 같은 단계를 밟아서 위의 결론에 도달했다면 역사적 본문과 연결된 알레고리가 될 것이다. 이 본문을 가지고 설교학자 이성민은 다음과 같이 알레고리적 해석을 시도한다.

— 1 단계(본문의 역사적 의미)

예언자는 하나님을 떠나버린 유다를 광야로 비유한다. 이미 오래전에 멸망 당한 사마리아는 생명력을 상실한 사막으로 비유한다. 하나님을 떠남으로 광야와 사막처럼 황폐해진 것이다. 그러나 메시아가 그 땅에 올 때 그 땅은 하나님의 땅으로 회복이 될 것이다. 그 때 광야와 같은 유다는 기뻐하며 사막과 같은 사마리아는 즐거워할 것이다.

— 2 단계(본문의 보편적 적용)

하나님을 떠난 백성과 나라는 광야와 사막처럼 황폐해진다. 그러나 예수 그리스도를 통해 하나님께 돌아온 백성은 생명력을 회복하게 된다.

– 3 단계(본문의 현재적 실존적 적용)

남한은 물질주의에 사로잡혀 하나님을 떠남으로 광야와 같이 황폐해졌다. 북한은 사상의 우상에 빠져서 사막과 같이 생명력을 잃어버렸다. 한반도가 예수 그리스도 앞에서 온전한 회개를 할 때 온전한 회복이 있다.

– 4 단계 (본문의 풍유화)

광야는 남한이고 사막은 북한이다. 예수 그리스도 안에서 광야는 기뻐하고 사막은 즐거워할 것이다.

알레고리 해석을 할 때 본문의 역사와 동떨어지게 해석해서는 안 되며 위의 예처럼 역사적 근거를 바탕으로 단계적으로 해석을 한다면(단계적 알레고리 해석) 알레고리 해석의 풍부한 장점들을 오늘날에도 활용할 수 있을 것이다.

미드라쉬 해석, 교부들의 해석, 동양의 경학적 성서 해석은 모두 너무 자의적인 해석으로 흐를 수 있지 않는가 하는 비판을 받을 수 있다. 그러나 역사비평의 방법을 활용하면서 상호 보완적인 역할을 할 수 있다. 미드라쉬와 경학은 심층적인 의미를 파악할 수 있게 해 주고, 역사비평은 바운더리를 정해 줄 수 있다.

뮈토스(mythos)와 로고스(logos)의 균형을 이루는 것이 중요하다. 근대적 사고가 로고스, 즉 이성과 역사적 실증주의에 치우친 반면, 성경 해석에는 뮈토스, 즉 상징과 이야기 속에서 진리를 찾는 방식이 필요하다. 성경의 이야기를 단순한 역사로 보지 않고 그 속에 담긴 상징적 의미를 통해 하나님의 메시지를 깨닫고 그 안에 '살아가는' 자세가 중요하다.

미드라쉬적 성서 해석, 교부들의 성서 해석 그리고 동양적 성서 해석을 잘 습득함으로 말미암아 텍스트 너머의 의미를 파악할 수 있다. 이런 의미를 찾아낼 때, 재구성의 해석학은 성도들의 삶에 변화를 줄 수 있는 유익한 해석학이 될 것이다.

(3) 미드라쉬와 경학적 성서 해석: 성경을 오늘의 말씀으로 이해

미드라쉬와 동양의 경학 모두 경전을 읽고 해석하는 과정에서 독자의 문제의식과 시대적 고민을 반영하고, 이를 통해 텍스트의 깊은 의미를 탐구하려 시도한다. 텍스트는 단순한 역사적 문서가 아니라 현재를 살아가는 독자에게 새로운 깨달음과 지혜를 제공하는 경전으로 기능한다.

미드라쉬와 경학은 경전을 읽는 행위를 단순한 학문적 연구가 아닌 깨달음의 수행으로 보았다. 유대교의 미드라쉬는 성경 본문에서 숨은 의미를 찾아내며 독자의 종교적 함양과 깨달음을 강조한다. 경학 역시 경전을 통해 도덕적 원리와 철학적 깨달음을 추구하며 독자로 하여금 자신의 삶에 실천하는 지혜를 얻도록 한다. 이러한 점에서 미드라쉬와 경학은 경전을 단순한 텍스트가 아닌 경(經)으로 대하며, 이를 통해 독자에게 깨달음의 길을 열어 주는 역할을 한다.

결국 미드라쉬와 경학은 경전 해석을 통해 텍스트의 깊은 의미를 발견하고, 이를 현대의 문제와 연결하여 깨달음을 얻는 수행의 길로 이해한다. 이는 성경을 사실로 읽는 것이 아닌 진리로 읽는 신앙 선배들의 열정과 연결되며 오늘날의 성서 해석에 있어 중요한 통찰을 제공한다.

유대교 랍비들의 성경 해석 방법인 미드라쉬와 교부들의 알레고리를 현대화하고 동양적 성서 해석 방법인 경학을 창의적으로 수용하면

이 시대가 요구하는 청중 중심의 설교학에 든든한 해석학적 동반자가 될 수 있다. 설교학적 관점에서 미드라쉬와 경학은 많은 통찰을 줄 것이다. 왕대일은 동양의 경전학이 기독교 공동체가 2,000년 동안 시행해 왔던 렉티오 디비나와 같은 흐름 속에 있다고 본다.

성서 해석은 새로운 이론을 세우기 위한 것이 아니라 성경을 살아내는 데 목적이 있다. 성경을 연구하는 것 자체가 목적이 아니라 그 말씀을 실제로 삶 속에서 실천하고 그로 인한 기쁨을 누리는 것이 성서 해석의 궁극적인 목표라고 할 수 있다.

VII. 나가는 말

이 글에서 필자는 현대 설교학에 도움을 줄 수 있는 성서해석학의 방법론을 제시했다. 이를 위해서 '재구성(reframing)의 해석학'을 제안했다. 재구성의 해석학이라는 것은 성경 본문의 말씀을 오늘의 상황과 개인의 삶에 맞게 이야기를 재구성(reframing)하는 것이다. 이 이야기의 기초와 골격은 성경이 쓰인 당시 원저자의 의도를 파악하는 것이다. 이 부분은 역사비평의 방법론을 건설적으로 활용할 것을 제안했다. 그러나 성경 본문의 문법적, 역사적 배경을 충분히 연구하여 이야기를 재구성할 때는 본문의 의미가 왜곡되지 않도록 해야 한다.

하나님이 말씀하신 부분(telling)은 주석(exegesis)의 과제이고, 청중에게 다시 들려주는 부분(retelling)은 설교학의 과제이다. 이 글은 telling과 retelling 사이에서 과거의 말씀을 오늘의 말씀으로 어떻게 재구성(reframing)할지에 대해 관심을 기울였다. 재구성의 해석학을 위해서는 서양적 성서 해석의 한계를 인식하고, 미드라쉬적 성서 해석, 교부적 성서 해석, 동양적 성서 해석 등이 실천해 온 청중 중심의 성서 해석 방법을 잘 활용할 것을 제안했다. 서양적 사고방식에 익숙한 현대인들은 재구성의 해석학에 거부감을 느낄 수도 있다. 그러나 이 글에서 살펴본 것처럼 성서해석학과 설교학의 현대적 추세는 청중과 이야기 중심으로 가고 있다. 이런 상황에서 재구성의 해석학은 현대 설교자들에게 새로운 아이디어와 유익을 줄 수 있으리라 생각한다. 하나님께서 과거에 말씀하신 것(telling)을 오늘의 삶에 맞게 다시 말할 수 있는(retelling) 풍성한 인사이트를 줄 것이고, 현실과 텍스트와의 만남의 사건으로 인해 발생하는 많은 증언이 생겨날 것이다.

아쉬운 점은 재구성의 해석학을 실제 설교에 적용한 모델을 제시하지 못한 점이다. 연구 기간의 한계와 지면의 한계도 있지만, 이 부분은 필자가 성서학의 전공자로서 설교학에 대한 지식이 부족한 이유가 가장 크다. 바라기는 설교학에 대한 지식을 더욱 습득하여 재구성의 해석학과 현대 설교학을 잘 접목한 설교의 샘플들을 제시하기를 소망해 본다.

상황에서 말씀으로

— 보다 효과적인 설교를 위하여

정재현 월드미션대학교 교수 / 철학적 신학

I. 서론: 말씀과 상황의 역전과 그 필요성

설교는 어디에서 출발해야 하는가? 당연한 것을 왜 묻는가 할 수도 있다. 사실 많은 설교자들이 강해 설교나 주석 설교를 선호하면서 그들의 설교를 성서에서 시작한다. 하나님의 말씀을 대언하고 선포하는데, 마땅히 하나님의 말씀인 성서에서 시작해야 한다는 신념인 듯하다. 그렇다면 성서는 무엇인가? 성서가 우선 '하나님의 말씀'이라는 것은 두 말할 나위도 없다. 물론 이 표현은 은유로서는 옳은 말이다. 그런데 우리는 이를 은유는 물론 직유도 아니고 직설로 생각한다. 그러나 성경이라는 경전으로 채택되었던 원자료는 선지자들과 예언자들, 제자들과 사도들을 포함한 공동체에 의해서 오랜 세월 동안 말로 전해지다가 한참 후에나 글로 정착하게 된다. 하지만 하나님이 성경만 쓰셨는가?

자연은 물론이거니와 인공물도 하나님의 창조물이니 모든 것이 하나님이 만들고 쓰신 것이다. 물론 하나님의 창조는 기계적인 제조가 아니다. 일방적인 것이 아니라 주고받는 역할이 있다. 성서도 예외가 아니다.

성서를 보자. 만남이다! 만남이 체험이고, 체험이 해석을 끌고 들어오고, 그 해석 속에 우리가 '들었다'는 말씀도 있고, 그 말씀에 대한 우리의 반응과 고백도 담고 있다. 그 안에는 씨름과 투정, 몸부림이 있으며 지혜와 통찰도 있다. 의심과 회의도 있고 모험과 결단도 있다. 줄이자면 '성서가 하나님의 말씀'이라고 하는 것은 이런 모든 과정을 거치고 마지막에 도달해야 할 고도의 은유다. 그런데 이것을 시작부터 부각시키는 순간 나머지 것들은 감히 끼어들 수도 없을 것 같은 엄청난 압력이 되고 만다. 그래서 그냥 대언이라는 이름으로, 선포라는 명분으로 '하나님의 말씀'이라고 하는 것은 폭력이다. 그것은 마지막에 드러날 말이다. 그렇다면 시작은 무엇인가? 만남이다. 만남이고 삶이다!

그런데 '하나님의 말씀'이라는 은유가 종교적으로 포장되면서 경전이 되고, 성경 지상주의를 표명하면서 그 긴 역사에서 교회 지상주의에 대한 반대급부로 성경주의가 준칙이 되고 법률이 되었다. 말씀이 그런 방식으로 군림하면서 일상에서 동떨어지게 되었다. 원래 일상이고 삶인데, 종교화의 방식으로 추상화되어 버린 것이다. 그러다 보니 현실과 말씀 사이에 거리가 점차로 더 벌어져 왔다. 우리 현실의 온갖 복잡다단한 소용돌이가 엄연히 성서 안에 담겨 있음에도 불구하고 제도종교를 구실로 아래에 깔리면서 나름대로 정리되고 처리되어야 하는 것으로 간주되었다. 그런데 그렇게 처리되었어야 하는 것에 나의 삶도 들어가 있으니 삶이 없어진 것이다. 하나님과 사람의 '만남'이었는데, 만남이 없어졌다.

그렇다면 '하나님의 말씀'이라는 표현에서 만남을 어떻게 회복시킬 수 있는가? 성서가 '하나님의 말씀'이라는 것을 문자 그대로 새기면 일방적으로 느껴진다. 거기에 인간은 없다. 그래서 거리와 만남을 가리키는 은유라는 것이 중요하다. 하나님과 인간 사이의 거리요 서로의 만남이다. 여기서 체험이 일어난다. 그런데 체험할 때, 그냥 체험하는 것이 아니라 해석하면서 체험한다. 갈라질 수 없는 체험과 해석이 얽혀 언어로 표현될 때, 하나님으로부터 들려진 말씀이 함께 담긴다. 이때 '들려진'이라는 말은 '해석된'이라는 뜻이다. 그게 성서이다. 그러니까 성서는 원래 만남과 삶이고 이미 해석된 언어이다. 이제 설교는 거기 그때의 해석을 지금 여기의 해석으로 되새겨 내는 일이다.

만남이라고 했지만, 자고로 사람이 하나님을 만난다는 것은 사실 두려운 것이다. 그 품에 안기고 싶도록 이끌리지만 또한 홀연한 두려움을 피할 길이 없다. 그래서 경외심이라고 했다. 성서는 이를 고백하면서 전달하게 된 언어 행위의 집적물이다. 그러니 설교도 당연히 이를 모형으로 해야 한다. 성서가 바로 설교의 방식을 가르쳐 준다. 성서가 인간 삶의 현실을 꿰뚫어내는 통찰과 하나님의 음성을 헤아리는 혜안의 얽힘이라면 설교도 마땅히 그런 구성과 방식으로 가야 한다.

그러니 이제 설교는 말씀에서 시작하여 상황으로 가는 종래의 방식에서 벗어나 오히려 성서가 가르쳐 주는 대로 상황에서 시작하여 말씀으로 가야 한다. 이를 보다 구체적으로 분석하고 그 타당성을 설명할 길이 여럿이 있지만, 이 글에서는 필자가 개발한 의문사를 도구로 하는 분석을 사용하여 시도하고자 한다. 우선 성서는 '무엇'에 해당하는 핵심인 하나님의 말씀을 담고 있다. 그런데 "하나님의 말씀이 어떻게 인간에게 전달되고, 인간은 또한 어떻게 이를 듣고 받았으며 또 어떻게 후대로 전해왔는가?"라는 물음이 이어지니 '어떻게'라는 의문사가 관건이 된다. 이른바 성서 형성과 배경이다. 그런데 그동안 우리는 이렇게 '무엇'과 '어떻게'만 묶어서 성서를 읽고 이해해 왔다. 왜 읽어야 하는지, 아니 왜 하나님이 인간에게 말씀하셨는지 또 인간은 왜 하나님의 말씀을 듣고자 했는지에 대해서는 당연하다는 듯이 묻지도 않은 채 동어반복으로 처리해 왔으니 사실상 '무엇'이나 '어떻게'와 구별되는 '왜'가 아니었다.

이러기를 꽤 오랜 세월 동안 끌고 왔었다. 성서의 형성 배경인 고대와 중세에는 '무엇' 물음이 중심이고 기준이었으니 에누리 없이 '말씀'이 우선이었다. 그러다가 말씀을 듣고 전하는 경로와 방법에서 다양한 길들이 드러나면서 '어떻게'라는 물음이 관건이 되었으니 이른바 근대라는 시대가 바로 그러했다. 자연스럽게 '무엇'과 '어떻게'가 얽혀서 정체와 방법 또는 목적과 수단의 관계를 형성했으니 서로 아귀가 잘 맞는 듯하여 더할 나위가 없어 보였다. 그리고 이것이 바로 성서가 대중적으로 보급되면서 또한 본격적으로 연구되기 시작한 근대 후기의 방식이었다. '말씀'이 이미 있었고 이를 그대로 전달하는 것이 관건이었으니 두말할 나위도 없이 말씀이 시작이었다.

그러나 우리 시대인 현대로 넘어오면서 세상은 혁명적인 전환을 겪게 된다. 다음절에서 자세히 논하겠지만 '탈근대' 또는 '후기 근대'라고도 불리는 현대는 '무엇'이나 '어떻게'로 흡수될 수 없는 '왜' 물음이 전면에 부상하게 된 시대이다. '무엇'은 누구에게나, 언제, 어디서나 같은 것이어야 했고, '어떻게'는 그러한 무엇을 잘 드러내고 전해야 하는 것이었다. 불가피하게도 '어떻게'도 여전히 더 좋은 같음을 추구했다면, 우리 시대는 바로 그러한 같음에 대해 항거하기 시작한 시대였다. 같음이 편하고 좋아 보였지만, 이는 '가진 자의 같음'이었으니 다를 수밖에 없는 수많은 다름이 반동의 저항을 하지 않을 수 없었기 때문이었다. 탈근대라는 것이 바로 이를 일컫거니와 그렇게 우리 시대인 현대가 시작했으니 이제는 서로 다른 다름들이 소리를 지르는 새로운 시대가 되었던 것이다. 그런 다름들은 '무엇'과 '어떻게'가 향하는 같음에 대해 '왜'라는 근거를 묻게 되었으니 그런 다름은 서로 다른 '언제'와 '어디서'를 살아가는 '누가'이기 때문이다. 바야흐로 그동안 덮여 있었던 '누가'가 이를 이루고 있는 '언제/어디서'와 얽히니 이제 명실공히 '누가-언제/어디서'가 등장하게 되었다. '무엇'과 '어떻게'가 말씀이라면, '언제'와 '어디서'는 상황을 가리키며, '누가'는 바로 청중에 해당할 터이니 상황에 처한 청중이 목소리를 내게 되었던 것이다. 그러니 이제는 그토록 다양한 상황뿐 아니라 서로 충돌할 수도 있는 청중에 대한 고려 없이 일방적으로 말씀을 선포한다는 것은 누가-언제/어디서에 대한 분석 없이 무엇-어떻게만 내세우는 어불성설이 될 수밖에 없다. 그것이 어불성설인 것은 결국 '왜'를 외면하고 있기 때문이다. 그 결과 우리 시대인 현대로부터 교회가 거꾸로 외면당하게 되었다.

이를 타개할 방안은 무엇일까? 그동안 말씀에서 상황으로 가는 방향이었다면, 이제는 상황에서 시작하여 이를 곱씹으면서 말씀으로 가서 새겨야 한다. 순서의 역전이다.[1] 이것은 상황이 더 중요하다는 것도

---

1 David J. Randolph, *The Renewal of Preaching in the Twenty-first Century: The New Homiletics* (Eugene, OR: Cascade Books, 200), 전권. 저자 랜돌프는 그의 책 전개 순서에서 아예 이러한 발상의 전환을 시각적으로 보여준다. 그는 1장에서 상황을 다루고, 2장에서 관심을, 3~5장에 걸쳐 어떻게 연결하고 구성하며 소통할 것인가를 논한 후에 6장에서 말씀을 구체화하고 세상을 변혁시키는 과제로 마무리한다. 책의 구성 자체가 이러한 발상의 전환을 그대로 반영하고 전개하는 방식으로 개진하고 있다.

아니고 말씀이 뒤로 밀린다는 것도 아니다. 예수의 씨 뿌리는 자의 비유에서도 이를 확인할 수 있다. 같은 씨앗이라도 어느 밭에 떨어지는가에 따라 열매 맺는 결과가 매우 달라질 수 있다는 것 말이다. 같은 말씀이라도 받아들이는 상황에 따라 그토록 달라질 수 있으니 상황을 먼저 살펴야 한다는 말이다.

II. 시대정신의 전환이 요구하는 청중의 위치 조정

좀 더 자세히 살펴보자. 논의를 보다 효과적으로 하기 위해서 시대배경을 근대와 현대에 한정하고 대비시키는 방식으로 위의 논의를 이어가고자 한다. 개신교의 태동 배경이 근대와 맞물려 있고, 더 중요하게 교회사의 경우에는 근대가 고·중세와 크게 다르지 않게 전통적이었기 때문이다. 말하자면 적극적인 의미에서의 근대화가 종교개혁의 배경인 근대 교회사에서는 아직 이루어지지 않았으니 종교사상사적으로는 '어떻게'를 부각시킨 근대와 '무엇'에 집중했던 고·중세를 묶어 간주해도 크게 다르지 않을 것이기 때문이다. 그리고 더욱이 근대 후기에 '무엇-어떻게'의 묶음이 완성되었기 때문이다.

이런 시대 배경에서 설교 유형은 어떠했는가? 설교도 '무엇'으로 시작했다. 고·중세의 전제군주 체제에서 지배적인 언어 유형인 '무엇'은 누구에게나, 언제, 어디서나 같은 것이어야 했으니 다를 수밖에 없는 '왜'를 고려해서는 안 된다. 근대로 와서도 '무엇'에 충실한 '어떻게'였으니 사실상 동어반복이었다. 철학사적으로 존재와 사유의 동일성을 귀결시킨 근대 후기 형이상학이 좋은 증거이거니와 설교를 비롯한 종교 언어도 '무엇'과 '어떻게'를 묶어 동어반복을 지속하는 것이었다. 오늘날에도 여전히 대부분의 설교가 같은 말을 되풀이하고 성서 구절에서만 맴돌고 있는 것에는 이런 유구한 사상사적 배경도 한몫했던 것이다.

이 시대의 종교 언어가 그러하니 예배에 참여하는 회중은 그저 듣고 보는 것밖에 할 것이 없었다. 듣는 청중이고 보는 관객이 되었다. 본디 종교 의례로서 예배는 참여하는 모든 사람이 한데 어우러져 환희의 감격과 슬픔의 애환을 나누며 뒹구는 제전이었는데, 어느덧 사제들의 전시를 관람하는 분위기로 바뀌었으니 그저 듣는 청중이고 보는 관객이 되었다는 말이다.

이런 분위기를 더욱 부추긴 근대는 인간을 주체로 내세웠다는 점에서는 앞선 고·중세와는 구별되었지만, 이때 주체라는 것이 그저 앎이라는 행위의 주체였다. 이른바 인식 주체라는 근대적 위상은 이제 인간들로 하여금 더 많이 듣고 보아서 더 많이 알게 되는 것을 목표로 세웠고, 이는 종교에서도 마찬가지였으니 더 많이 들음으로써 믿음이 더욱 성장하게 된다는 인식론적 신앙주의를 다져갔다. 말하자면 믿음을 앎으로 새겼다. 근대 신학 사조에서 정통주의나 경건주의, 자유주의 등은 모두 인간 정신의 주요 요소인 지성과 감정, 의지를 근간으로 하는 것이었으니 바로 믿음이 곧 앎이라는 기틀을 공고하게 다져 나갔던 좋은 증거들이다.

그러나 믿음이 과연 앎인가? 아니, 믿음에서 앎이 가장 중요한 요소인가? 그런데 저마다 다를 수밖에 없는 삶을 살아가는 사람들의 목소리가 커지면서 이런 물음들이 이어졌던 것은 우리 시대인 현대로 넘어온 이후였다. 그리고 믿음에서 앎이 중요하기는 하지만 그렇게 앎에만 머무르거나 앎으로만 축소될 수 없다는 것을 겪으면서 깨닫게 되었다.

물론 그렇게 묻고 저항하게 만든 것은 저마다 서로 다른 삶 때문이었다.[2] 이미 서로 다른 삶을 살아오고 있는 사람들에게 누구에게나 같아야 하는 앎의 방식으로 믿음을 요구한 근대 종교는 이제 저항의 대상이 될 수밖에 없었다. 우리 시대인 현대가 소위 현실에서 신이 역사하시는지에 대한 심각한 의심과 회의로 시작했다는 것은 우연이 아니었다.

그러나 바로 그렇기 때문에 지금이라도 되새겨야 한다. 우리 시대를 장식하는 저항과 절규에 대해서 말이다. 그렇지 않으면 사회로부터 외면당한 교회가 다시 일어설 길을 찾기 어렵다. 늦었지만 더 늦출 수는 없는 일이다. 현대의 시대정신은 무엇을 향하는가? 서로 다를 수밖에 없는 삶을 살아가는 수많은 사람들은 무엇을 더 많이 듣고 봄으로써 믿음을 키우고자 하는 것이 아니다. 이제 우리 시대의 사람들은 단순히 '듣는 무리'인 '청중'에 머물기를 거부한다. 이들은 그런 청중이나 관객이기 전에 이미 다양한 '왜'를 묻는 삶을 살아오고 있는 사람들이기 때문이다. 그러니 이제 앎을 확장함으로써 믿음을 성장시킨다는 근대 방식의 청중이 아니라 그보다 훨씬 앞서 이미 씨름하면서 살아오고 있는 삶에 믿음을 잇대어 다져가고자 하는 사람들이라는 위치 재조정이 매우 절실하다.[3] 이미 씨름하면서 살아오고 있는 삶이 다름 아닌 '상황'이

---

2 James F. Kay, *Preaching and Theology* (St. Louis: Chalice Press, 2007), 77-78. 저자 케이는 새로운 설교학은 설교가 무엇을 말하는지가 아니라 무엇을 행하는지에 초점을 둔다고 주장한다. 말씀에 대한 단순한 설명이 아니라 행위를 촉발시키는 차원에 주목해야 하니 인식적인 차원보다는 사건적인 차원으로 비중이 전환되어야 한다는 것이다.

3 Jim Herrington, Mike Bonem, and James H. Furr, *Leading Congregational Change: A Practical Guide for the Transformational Journey* (San Francisco: Jossey-Bass, 2000), 2장. 저자들은 회중의 변화를 추동하는 임으로서 영성적이고 관계적인 역동성을 강조한다. 이제 설교에서 회중은 더 이상 일방적인 선포의 대상인 수동적인 청중이 아니라는 점을 설명하고 있다.

라면, 상황은 이제 그저 주변을 둘러싸고 있는 부대조건이 아니라 그런 삶을 엮어가는 구성 요소이다. 다시 말하지만 상황은 주변적 조건이 아니라 본질적 요소이다. 조건이 외적인 배경이라면, 요소는 내부를 이루는 핵심이다. 그동안 '무엇'과 '어떻게'에만 초점을 두다 보니 상대적으로 경시되었던 '누가-언제/어디서'가 바로 상황이며, 이 상황이 바로 '무엇-어떻게'에 해당하는 말씀을 향해 '왜'를 묻고 대답을 구하고 있는 것이다.

그러기에 오늘날의 설교는 바로 이러한 유기적 역학을 보다 밀도 있게 새기면서 재구성해야 한다. 상황에서 시작하여 말씀으로 가야 한다는 것이 바로 이를 가리킨다. 상황이 물음이고 말씀이 대답이니 당연히 그러하다. 그런데 그동안 말씀을 먼저 내세우다 보니 대답이 먼저 등장하게 되었고, 묻지도 않은 데에 대답이라고 나오니 대답으로 받아들이기가 어려웠던 것이다. 물음 없는 대답은 대답이 아니기 때문이다. 이것이야말로 오히려 말씀을 모독하는 일이었으니 이제라도 발상의 전환을 통해 전개 순서를 역전시켜야 한다. 물음이 먼저 나와야 대답이 뜻있게 새겨지고, 받아들여지며, 결단에 이르게 할 수 있기 때문이다. 그리고 이것이 보다 더 힘 있고 설득력 있는 설교가 되는 출발점이다.

III. 앎이 아니라 삶에 믿음을 잇는 해석학을 통한 설교 구상

1. 불트만의 "학문과 실존"에 나타난 인간 이해와 해석학적 성찰

먼저 상황에서 시작할 수밖에 없고 그래야 하는 이유를 살피기 위해서 '듣는 무리인 청중'에 앞서 '이미 삶을 살고 있는 사람'이라는 점을 좀 더 밀도 있게 살펴보자. 이를 위해서 탁월한 사례로서 루돌프 불트만(Rudolf Bultmann)의 논문 한 편을 보고자 한다. 주옥같은 작품들이 많지만 그의 해석학을 살피는 데 있어 전제에 해당하는 탁월한 자료로서 "학문과 실존"이라는 논문이 있다. 단도직입적으로 학문이 앎을 가리킨다면, 실존은 삶을 뜻하니 이는 앎과 삶 사이의 관계를 특별히 대조의 눈으로 본다. 다시 말하면 학문이 근대 인식론에 집중한 것이라면, 실존은 현대 해석학을 가리키는 것으로 읽을 수 있다. 결국 "학문과 실존"은 '인식과 해석'이라고 새길 수 있다. 불트만은 그 대비를 다음과 같이 간명하게 언급한다.

> 우리는 우리 주변 세계와 우리에게서 일어나는 세계 현상들, 자연, 역사, 인간 정신의 현상들에 대한 방법론적인 연구를 학문이라고 칭한다. 이 연구는 저 영역들에서 지식을 얻으려는 목적으로, 즉 '진리'를 인식하려는, 다시 말하면 그 현상들의 '실제적인' 모습, '참' 모습, 그 자체들의 모습을 인식하려는 목적으로 수행된다. 반면에 우리가 '실존'이라고 부르는 것은 가령 단순한 물존적 존재 어떤 것이 '실존한다'=물존적으로 존재한다는 사실이 아니

라 특수하게 인간적인 방식으로 존재하는, 즉 자신의 존재를 위임받은, 자신의 존재를 문제시할 수 있는 자신의 존재의 만족 또는 불만을 말할 수 있는 인간의 존재, 간단하게 말해서 시간적인 존재로서 그 자신의 역사를 가지고 있는 책임적인, 인격적 존재이다.[4]

문단 중간에 위치한 '반면에'를 기준으로 학문과 실존이 균형적으로 대비된다. 학문을 논하는 데에서 핵심적인 용어들로서는 인식, 지식, 진리 등이 있다. 그런가 하면 '반면에' 이후에 나오는 '사실'도 학문 쪽에 속한다. 그러나 실존에 대한 서술에서는 '사실'과 대비되는 것으로 '문제'를 들 수 있다. '사실'은 이미 거기에 그렇게 주어져 있는 대답이라면, '문제'는 물어야 하는 물음을 가리키니 말이다. 말하자면 앎은 바로 그 앎을 통해서 사실로 새겨질 대답을 얻는 것을 목표로 하는 반면에, 삶은 여전히 모를 수밖에 없는 삶에 대한 물음을 부여잡고 갈 수밖에 없다. 사실 앎이 구하는 대답은 예측 가능성을 높이는 데 기여하니 현실적으로 유용할 뿐 아니라 절실하게 필요하다. 그리고 이런 이유로 인간 정신 활동에서 중요한 기틀이 되고 인류 문명에 기여해 왔다. 그런데 삶이 문제라는 것은, 그래서 여전히 물을 수밖에 없다는 것은 예측 가능성으로 싸잡힐 수 없는 차원에서 비롯된 것이니 물음이란 예측 불가능성과의 씨름이라고 해도 과언이 아니다. 그리고 이러한 점이 바로 학문과 실존 사이의 결정적인 대조이며 앎의 논리와 삶의 생리 사이의 근본적인 차이이다.

---

4 루돌프 불트만, "학문과 실존", 허혁 옮김, 『학문과 실존』 제1권, 1. 이하 "학문과 실존"으로 표기한다.

보다 구체적으로 살펴보자. 학문을 말하는 부분에서는 '진리, 인식, 지식'이 한 묶음이 되고, 실존을 다루는 부분에서는 '시간, 역사, 인격'이 또 다른 묶음이 될 터다. 학문으로 표기된 '인식'은 앎이라는 행위를 가리킨다. 이보다 앞서 주어진 앎으로 '의식'이라는 것이 있다. 내가 하기 전에 이미 주어진 의식 덕분에 좀 더 알기 위해 하는 인식이 가능하게 된다. 그리고 이러한 인식은 그 행위를 통해서 '지식'을 산출한다. 그렇게 산출된 지식이 종국에 '진리'를 향하는 것은 물론이다. 단계를 이어가면서 대답의 밀도가 높아지고 사실로 다가가게 된다. 이에 비해 실존에서 나온 시간과 역사라는 것은 끊임없이 변화하는 흐름이니 앎으로 모두 담을 수 없다. 그러니 물음이 나올 수밖에 없다. 실존이 문제라는 것은 이것을 가리킨다. 시간이 그렇고 역사가 그렇다. 시간 안에서 살 뿐 아니라 시간을 살기 때문이다. 뒤집어 말하면 시간이 나를 산다. 삶이 나를 살아간다고 해도 좋다. 같은 말이다. 내가 삶을 사는 것이 아니라 삶이 나를 살아가니 모를 수밖에 없고 물을 수밖에 없다.

학문과 대비되는 실존은 무슨 태도를 취할까? 학문은 불안을 극복한다는 구실로 망각을 부추기지만, 실존은 어느 순간도 불안으로부터의 해방을 말하지 않는다. 불안을 과제로 삼는다는 점에서 학문과 실존은 공통적이지만, 그것을 과제로 삼아서 취하는 목적과 방향이 매우 다르다. 그러면 어떻게 다를까? 단도직입적으로 말하면 학문은 불안을 없애거나 잊어버리려고 한다면, 실존은 불안을 싸안는다. 학문은 불안을 극복한다는 구실로 제거하려고 하지만, 실존은 그러한 시도가 일시적인 기만일 뿐이며 결국 불가능하다는 깨달음으로 불안을 싸안고 헤쳐가는 지혜를 더듬고자 한다.

이와 같은 '학문 대 실존'이라는 대비를 신앙에 적용한다면 어떻게 될까? 우리가 그동안 신앙을 상당히 학문적인 방식으로 해 왔다는 것이 드러난다. 무슨 말인가 하겠지만, 종교의 궁극적인 목적을 '불안으로부터의 해방'으로 새기기 때문이다. 종교는 마땅히 그래야 하지 않을까 하면서 당연하게 여기니 재론의 여지가 없다. 그런데 실존에서는 불안과 관련하여 해방이 아니라 결단이 요구된다. 불가능한 극복을 주장하면 도피로 빠질 수밖에 없으니 말이다.

그렇다면 이를 해결하기 위해 거꾸로 질문해 볼 수 있다. 우리가 비록 신앙을 '학문' 방식으로 해 왔다고 해도 나름대로 그만한 종교적인 기능이 작동해 왔다는 것을 부정할 수는 없다. 종교가 본디 해방을 위한 것이니 말이다. 그래서 종교의 그러한 기능을 예찬하고 활용해 왔는데, 그런 것들이 도대체 어떤 문제를 지니고 있다는 말인가? 그런데 근대인은 이런 질문을 던지지 않았다. 근대인들에게 이것은 곧 물러설 수 없는 신념이었다. 객관성과 보편타당성이 진리의 기준으로서 중요했으니 마땅한 것이기 때문이었다.

그런데 '현상을 있는 그대로'라는 이념에 사로잡힌 나머지 객관화의 한계를 잊어버렸다. 근대 인식론의 기만이다. 그런데 그러한 앎의 기만에 대한 삶의 폭발이 우리 시대에 물음들로 터져 나왔다. 이제 우리 시대에는 복잡성을 더 이상 단순의 이름으로 억누를 수 없기 때문이다. 더 이상 참을 수 없는 삶의 몸부림인 것이다. 수백 년을 기다려 우리 시대인 현대로 넘어와서 '실존'의 이름으로, '삶'을 근거로 터져 나온 것이다. 그런데 사실 복잡하다는 것이 어렵게 하는 면이 없지는 않으나 오히려 더 편하게 풀어주는 차원도 있다. 단순성을 구실로 무수히 잘라내고 억눌렀던 역사를 돌이킨다면 더욱 분명하게 확인할 수 있다. 다만 우리는 그렇게도 복잡한데, 하나의 방식만 옳다고 주장하게 되면 독단이 되고 오류가 된다는 점을 놓치지는 말아야 한다.

> 인간은 물질적인, 정신적인 욕망들과 의지, 환상도 가지고 있다. … 이 관점들은 각기 방법론적 오류가 개입되지 않는다면 객관적으로 올바른 것을 보여준다. 그 상은 오로지 관찰 방식이 절대화되고 도그마가 될 때만 잘못된다.[5]

결국 관점은 서로 다르게 특정하니 부분적일 수밖에 없고, 그런 의미에서 주관성이 불가피하게 허용될 수밖에 없다는 것이다. 다만 특정성이나 주관성이 문제가 아니라 이를 독단화하는 것이 문제다. 학문의 눈으로 보면 '주관성, 특정성, 관점'이 '임의'로밖에 보이지 않는다. 그러나 주관적인 임의는 결코 '실존'에 속하는 것이 아니다. 이는 거꾸로 인류 역사에 서로 다른 개체 인간들이 동의할 수 있는 보편적 진리라는 것이 과연 있었는가를 되물으면 오히려 해명이 될 터이다. 대체로 그렇게 주장되었던 보편적 진리란 지배자와 가진 자들의 체제 유지를 위한 음모에서 나왔다는 것이 고발되고 항거된지도 오래되었으니 아직도 진리의 보편타당성과 객관성 같은 시대착오적인 봉창을 두드릴 일은 아니다.

물론 실존에 대해서 학문이 통째로 의미가 없는 것은 아니다. 학문이 나쁘다는 것도 아니다. 인간 실존과 믿음에 대해 앎으로써만 재단할 수 없다는 것일 뿐 앎이 무의미한 것은 아니니 말이다. 믿음에는 당연히 앎의 요소가 있기 때문이다. 모르지만 모르기만 하는 것은 아니기 때문

5 불트만, "학문과 실존," 『학문과 실존』 제1권, 5.

이다. 앎이 없이는 시작도 되지 않는다. 그러나 그게 전부는 아니다. 학문이 인간의 삶과 믿음을 이해하고 구성하는 데 어느 정도의 적절성을 지니느냐가 관건이다. 앎에 갇혀서 앎이 전체라고 해버리면 자기가 알고 있는 것이 전부가 되어 버리기 때문에 하나님을 믿는 것이 아니라 자기의 신념을 믿게 된다. 결정적인 오류에 빠진다. 그래서 앎을 늘이려는 학문적 신앙은 자가당착이 된다는 것이다.

거듭 말하지만 학문적 분석은 앎이고 실존적 신뢰는 모름이다.[6] 신뢰란 모르면서 믿는 것이다. 알면 믿고 말고 할 필요가 없다. 그러나 모르면서 믿는 신뢰는 반드시 해방으로 간다는 보장도 없이 믿는 것이다. 해방에 대한 보장을 전제한다면 '신뢰'가 아니라 '확인'일 뿐이다. 이에 비춘다면 우리가 신앙을 신뢰의 방식이 아니라 확인의 방식으로 하려는 성향에 매우 강하게 지배되고 있다는 것이 드러난다. 그러니 실존의 이러한 논의들이 매우 못마땅할 뿐 아니라 사실 이해하지도 못한다. 그러나 신뢰는 확인이 아니라 모험으로 이끌고 간다.

그런데 교회 안에서는 종교적으로 '확신'과 '결단'이라는 단어를 마구 버무려서 쓴다. 그래서 구별이 잘되지 않는다. 구별이 제대로 되지 않은 채 결국 우리를 끌고 가는 동력은 결단을 확신으로 채색하는 기만일 수도 있다. 결단이라는 것이 이래서 확신의 부산물이 되어버린다. 그러나 결단은 기본적으로 신뢰이고 모험이니 불안의 문제를 싸안고 씨름하는 실존적인 삶이다. 문제를 해결해서 제거하는 것이 아니다.

6 James F. Kay, *Preaching and Theology*, 82. 불트만의 이러한 대비는 그의 해석학에 깊은 영향을 준 하이데거의 언어철학에 뿌리를 둔다고 저자 케이는 분석한다. 언어는 단순 정보 전달의 기능을 넘어서 사건을 일으키는 행위의 힘을 지니고 있다는 통찰이 삶과 믿음을 잇는 새로운 해석학을 가능하게 하는 근거가 된다고 본다.

이미 삶에서 불안을 제거하는 것이 불가능한데, 그렇게 살아가는 불가피한 현실에서 그것과 어떻게 관계할 것인가를 고민한다. 확신은 알면서 행동하는 것이고, 결단은 모른 채로 하는 것이다. 알면 결단은 필요가 없으며 가능하지도 않다. 알게 된 내용을 그냥 실습하면서 확인하는 것일 뿐이다. 그러나 결단은 모르는데 행동하는 것이다.

확신에는 위험이란 있을 수 없다. 우리의 믿음이 앎의 방식으로 가게 되면 확신이고, 확신에는 모험도 없고 따라서 위험도 없다. 불안으로부터의 해방에는 더 이상 위험이 있으면 안 된다. 그러나 우리 삶의 현실에는 엄연히 위험이 있다. 그러나 종교는 불안으로부터의 해방을 마구 남발한다. 기만일 수밖에 없는데도 말이다. 그러면 어떻게 해야 할까? 그동안 신앙이 너무 학문적인 방식으로 오해되어 왔기 때문에 우리부터 오염을 정제하는 작업이 필요하겠다. 학문적이라고 해서 무슨 대단한 학술적 밀도를 말하는 것이 아니라는 것은 새삼 강조할 필요가 없겠다. 다만 보다 객관적으로 잡힐 수 있도록 대상화하는 방식으로 신앙을 꾸려 왔다는 뜻일 뿐이다. 우리는 학문과 실존을 대비시켜 놓고 계속 실존을 학문적으로 되돌려 새길 가능성이 너무나 많다. 그런데 문제는 그렇게 새겨 왔기 때문에 다른 방법을 알지 못한다는 것이다. 학문과 실존을 열심히 대비해도 실존을 새기는 방법이 너무 막연하기 때문에 힘들다. 방법이라는 것 자체가 이미 대상화이며 객관화이다. 그런데 실존은 그냥 대책 없이 부딪치는 것이다. 거리를 두는 관찰이 아니다. 그러니까 당연히 모험이고 심지어 위험이다. 백번 양보해도 대답이 아니라 물음이다. 거칠게 다시 강조한다면, '학문과 실존'은 '대답과 물음'이다.

사실 우리는 학문의 세계에서 대답을 먼저 만난다. 묻기도 전에 대답이 먼저다. 교리문답이 좋은 증거다. 게다가 물음마저도 학습된다. 그러나 삶은 다르다. "우리가 의식하지 못하는 가운데 삶은 이미 우리에게 질문의 형태로 자리 잡고 있다." 물음이 없는 것이 아니라 단지 덮여 있을 뿐이다. 그렇기 때문에 우리가 성경을 읽거나 설교를 들을 때도 우리가 의식하지 못하는 가운데 삶에 돌아다니고 있는 물음의 얼개에 맞춰서 나도 모르게 추려지고 있는 것이다. 이것이 소위 해석학이 말하는 선이해다. 어떤 것인지는 모르지만 없지는 않다. 알기도 전에 이미 그렇게 살아오고 있었으니 말이다. 그래서 인식론을 넘어서 해석학으로 가야 한다. 그저 '들어서 앎을 늘이려는 청중'이 아니라 '이미 씨름하면서 삶을 살아오고 있는 사람들'이기 때문이다. 이렇게 청중에 대한 태도를 전환해야 설교가 다시금 생동적인 사건이 될 수 있다.

2. 틸리히의 『흔들리는 터전』에 나타난 상황 분석과 해석학적 성찰

설교에서 회중(congregations)이 그저 듣고 있는 청중(audiences)이 아니라 삶을 사는 사람들이라면, 이들이 살아가는 삶의 현장이 핵심적인 관건이 될 것임은 두말할 나위도 없다. 삶의 현장을 달리 상황이라고 한다면 상황이 중요할 뿐 아니라 설교의 도입을 위한 출발이 되어야 한다. 이를 위해 삶을 사는 사람들의 자리, 즉 상황에 대해 보다 밀도 있는 분석이 요구된다. 이 점에서 탁월할 사례를 제시한 폴 틸리히의 『흔들리는 터전』이라는 설교집을 보고자 한다.

틸리히 설교에서 가장 먼저 주목해야 할 것은 상황 분석에서 핵심인 '긴장'이다. 부대끼는 일상에서 나름대로 삶을 이해하는 방식과 내용들이 다양하다 못해 서로 충돌한다. 현실에서는 이를 대체로 '모순'이라고 간주한다. 정면으로 충돌하고 대립하니 양립불가처럼 보인다. 그 모순을 틸리히가 '역설'로, 즉 양립 불가를 공존 가능으로, 더 나아가서 상호 공속으로 끌고 가려고 한다. 삶의 현실은 우선 모순으로밖에 보이지 않지만, 결국 역설로 엮어가야 하는데, 이 과정이 긴장이라는 것이다. 말하자면 현실의 모순에서 당위의 역설로 가는 과정을 긴장으로 분석하고 해법을 도모한다.

겪을 수밖에 없고 피할 수 없는 긴장인데, 틸리히는 우리가 이 부분에 머물러서 삶을 곱씹고 거기서 문제를 보다 깊게 추려 드러내자고 제안한다. 아울러 그로부터 어느 단계까지 추려낼 수 있는 대답을 끌어내는 긴장의 과정이 설교에도 적절하게 담긴다면 이때 청중의 삶이 자연스럽게 그 안으로 끼어들어 가면서 공감할 수 있는 가능성이 넓어질 것이라고 주장한다. 틸리히는 그의 설교들을 통해서 이를 강조하고 나름대로 시도하는 방법을 보여준다. 그런데 우리가 듣는 설교들은 대체로 마음이 급하다. 듣는 설교뿐 아니라 하는 설교도 그렇다. 불안에서 서둘러 안정과 평안으로 끌고 들어가기 위해 시작부터 선포한다. 그런데 이렇게 되면 시작부터 선포되는 말씀과 내 삶에서 겪을 수밖에 없는 모순 사이의 거리를 즈려밟고 새길 여지가 없게 된다. 지극히 옳고 지당하신 말씀이지만 모순의 소용돌이 같은 내 삶에 이어질 실마리를 찾기 어렵기 때문이다. 틸리히는 바로 이것을 안타까워했다. 말씀을 부정하는 것이 아니라 만남이고 관계인데 일방적으로 선포되니 그렇게 될 수밖에 없기 때문이다. 이미 성서가 만남이니 관계의 언어이며, 설교의 원형이라면 설교도 만남에서 시작하고 상호의 언어로 전개되어야 할진대, 선포라는 이름의 일방이 지닌 의도하지 않은 폭력이 설교의 설득력을 더욱 축소시켜 왔다고 개탄한다.

성서가 그렇게 만남이니 체험이고 해석이며 성찰인 것과 같이, 설교도 그러해야 한다. 성서가 설교의 모범으로 간주되어야 한다. 그런데 성서의 그런 구성 요소들을 다 날려버리고 직설적으로 '하나님의 말씀'이라고 새기니까 설교도 '하나님의 말씀'이라는 반열에 슬쩍 끼워 넣으려고 한다. 그러나 앞서 말한 대로 성경은 만남뿐 아니라 만남에 들어가는 개인 단위로도 파고 들어가서 폐부를 찔러 그 안에 얽혀 있는 실타래를 풀어내고자 하는 데서 시작한다. 보다 구체적으로 삶에서 서로 충돌하는 현실의 모순도 한 꺼풀을 벗기니까 관통하는 더 깊은 것이 있다는 점에 착안한다. 이런 방식으로 틸리히는 그의 설교집에서 우리가 긴장에 주목해야 할 이유와 의미를 배울 수 있는 현실적 계기들을 매우 세세하게 구체적으로 던져주고 있다. 대강 보면 스쳐 지나가고 놓칠 수밖에 없는 세밀하고 예리한 통찰이 아주 많이 있다. 그러나 역설을 향한 긴장을 싸안는 통찰들을 우리가 공유한다면 설교를 듣는 감각과 아울러 설교를 하는 지혜도 얻을 수 있다.

> **그리스도교 교회 바깥에서 온 분들에게 전통적인 성경 용어들로 행해지는 설교는 아무런 의미도 없었습니다. 그런 까닭에 나는 성경과 교회의 용어들이 가리키는 인간의 경험을 다른 용어들로 표현하는 언어를 찾아야 했습니다. 이런 상황에서 변증적 형태의 설교가 나타났습니다.**[7]

틸리히는 『흔들리는 터전』을 시작하는 서문에서 설교의 목적과 방

7 폴 틸리히/김광남 옮김, 『흔들리는 터전』 (서울: 뉴라이프, 2008), 7.

향을 분명하게 규정한다. 수록된 짤막한 설교들이 모두 성서 구절을 시작하는 도입부에 놓고 있다. 그러나 흔히 들을 수 있는 성서 구절에 대한 동어반복은 전혀 아니다. 성서 구절의 배경에 대해 간략하게 언급하고는 교회 바깥과도 소통할 수 있는 일상 언어로 번역하고 우리 시대에 적용될 실마리를 던진다. 그런데 이러한 노력이 '그리스도교 교회 바깥에서 온 분들'에게만 의미를 지니는 것은 아니다. 마치 교회 안에 있는 사람들에게는 성서 구절이 모두 말이 되고 뜻이 맞갖게 잘 통한다는 듯이 말이다. 교회 안에 있는 사람들도 더 긴 시간과 더 넓은 공간을, 교회를 벗어나 살고 있다. 오늘날 교회가 새로운 선교의 대상이라는 아이러니는 부정할 수 없는 사실이니 오히려 교회도 같은 필요성을 지닌다. 이러한 점에서 우리 시대의 변증은 안과 밖을 갈라놓고 따로 할 일이 아니다. 종교 언어가 일상 언어로 번역될 수 없을 만큼 갇혀 있다면, 결국 믿음과 삶의 괴리를 빚어낼 수밖에 없고 우리가 그러한 현실을 살고 있으니 말이다.

틸리히의 설교들은 그러한 고민을 깊이 담고 있다. 성서 구절에서 주제를 뽑아내고 간단한 배경을 살피지만, 현실에 연결할 실마리를 가지고 바로 우리 현실로 뛰어들어온다. 그러고는 촌철살인의 혜안으로 현실에서 겪을 수밖에 없는 문제들을 모순의 형식으로 분석하고, 그러한 모순들을 포함하고 초월하는 역설의 통찰을 제시하면서 다시 성서 구절에서 그 가능성을 일구어 내는 방식으로 설교들을 구성한다. 먼저 성서를 보는 태도에 대해서 그의 말을 들어보자.

성서는 인생의 무상함과 불행에 관한 오래된 지혜를 드러내기 때문입니다. 성서는 영혼불멸에 관한 유창한 진술로 인생에 관한 진리를 숨기려 하지 않

습니다. 성서는 인간의 상황을 진지하게 다룹니다. 성서는 우리에게 우리 자신에 관한 태평스러운 위로를 제공하지 않습니다.[8]

우리가 종교적 인간으로서 종교 경전에 대해 기대하는 것을 정면으로 뒤집는다. 값싼 은총이 남발되는 종교 현실에 대한 고발이다. 그러나 이토록 절절하게 성서관에 대한 비종교적 개혁을 외치는 틸리히의 목소리는 아직도 외로운 광야의 외마디처럼 들리는 것이 오늘날의 종교적 현실이다. 그럼에도 불구하고 틸리히는 조금도 굴하지 않고 보다 단호하게 종교를 넘어설 것을 호소한다. 그러한 비판에 이어 틸리히는 다음과 같은 대안으로 종교를 넘어서 새로운 삶을 향할 것을 설파한다.

새로운 존재를 향한 믿음의 삶이 마땅한 것이라면 하나님의 섭리에 대한 이해도 종교적 인간의 원초적 욕망 충족 체계를 넘어서야 한다고 주장한다. 삶의 현실을 희망과 행복으로만 포장하려는 욕망이 하나님의 섭리를 왜곡해 왔던 종교적 현실을 고발하고 궤도 수정을 준엄하게 요구한다.

섭리의 내용은 무엇입니까? 그것은 하나님의 도우심 덕분에 모든 일이 잘 풀리는 것을 의미하지 않는 것은 분명합니다. 결국 좋지 않게 끝나는 수많은 문제가 존재하기 때문입니다. 또한 그것은 모든 상황에서 희망을 유지하는

---

8 틸리히, 『흔들리는 터전』, 117. 이에 공명하는 인간의 통찰도 이 대목에서 견주어 새기면 역설의 깊이를 더욱 진하게 새길 수 있을 것이다. "우리는 오직 무한한 무언가를 보고 나서야 우리가 유한하다는 것을 깨닫습니다. 우리는 오직 영원한 것을 볼 수 있을 때만 우리에게 주어진 제한된 시간을 볼 수 있습니다. 우리는 오직 우리 자신을 동물의 수준 이상으로 높일 수 있을 때만 우리가 동물과 다름없다는 것을 알 수 있습니다. 인생의 무상함에 관한 우리의 우울은 그런 무상함 너머를 보는 우리의 능력 안에 뿌리를 내리고 있습니다"(『흔들리는 터전』, 117-118).

것도 아닙니다. 결코 아무런 희망도 찾을 수 없는 상황이 존재하기 때문입니다. 또한 그것은 역사의 어느 시기에 인간의 행복과 선을 통해 하나님의 섭리가 증명되리라는 기대도 아닙니다.[9]

이렇게 보면 도대체 하나님은 무엇을 해 주신다고 기대해야 하는가를 되묻지 않을 수 없을 것처럼 보인다. 희망도 찾을 수 없고, 문제가 해결되지도 않으며, 행복이 보장되지도 않는다면 도대체 종교와 신앙이 무슨 소용이 있는가 하고 말이다. 종교적 인간으로서는 망연자실하지 않을 수 없다. 그런데 틸리히의 설교는 우리가 섭리를 구실로 인간이 도저히 알 수도 없고 해결할 수도 없는 것에 대해 마구 넘나드는 범주의 오류를 범하고 있다고 비판하는 데 더욱 큰 의의를 지닌다.

우리는 전체의 본질에 대해 추측하거나 그 전체에 간접적으로 다가갈 수 있을지 모릅니다. 그러나 우리는 전체 자체를 보지 못합니다. 우리는 그것을 대면해 보듯 직접 이해하지는 못합니다. 빛은 작고 어둠은 큽니다. 몇 가지 파편은 존재하나 전체 모습은 드러나지 않습니다. 여러 가지 문제가 있으나 해답은 없습니다.[10]

전체를 알 수 없다. 전체를 안다고 하면 독단이 된다. 내가 알고 있는 것이 전체이고, 당연히 옳다고 주장하면 독단이 된다. 틸리히는 자고로 인간이 신의 섭리 운운하게 되면 전체에 대해 알고 있다는 착각에 빠지

9 위의 책, 186-187.
10 위의 책, 195-196.

게 된다고 경고하고 있다. 이처럼 섭리에 대한 우리의 오해는 독단의 오류에 비견된다.

그렇다면 어떻게 해야 하는가? 틸리히는 '파편들과 더불어 살기'를 제안한다. 전체가 아니라 파편이라는 것이다. 부분이다 못해 파편이다. 부분은 잘 모이면 서로 붙어 전체를 이룰 가능성을 지닌 것인데 반해, 파편은 어떻게 해도 전체를 이룰 수는 없다. 부분은 전체를 전제하는 일부이지만, 파편은 그 자체로 흩어지고 쪼개어지고 부서진 쪼가리이니 달리 전체를 떠올릴 수도 없다. 그런데 이제 인간이 그렇게 파편이라는 것이다. 다만 그렇다는 것을 겸손하고 조신하게 받아들이면서 너머를 향한 희망을 가지라는 것이다. 부분들을 모아 전체를 만든답시고 해서 될 일이 아닌데, 부질없이 자기노쉬직으로 착각하지 말고 전체라는 우상에 대한 망상에 빠지지 말라는 것이다. 틸리히는 이에 대한 탁월한 모형으로 사도 바울을 소개한다.

> 인간은 그 자신에게 파편이며 수수께끼입니다. 그가 그 사실을 경험하고 알수록 그는 더욱 참된 인간이 됩니다. 바울은 자신이 난제나 결함이 없는 온전하고 완벽한 진리라고 믿었던 삶과 사상의 체계가 부서지는 것을 경험했습니다. 그 후 그는 자신이 지식과 도덕의 파편들 아래에 묻혀 있음을 알게 되었습니다. 그러나 바울은 그런 파편들로 다시 새롭고 안락한 집을 세우려 하지 않았습니다. 오히려 그는 그런 파편들과 함께 살았습니다. 그는 그런 파편들은 우리가 그것들을 모아서 다시 무언가를 만들고자 시도할지라도 여전히 파편들로 남아 있으리라는 것을 알았습니다. 그 파편들이 속해 있는 '통일체'는 그것들 너머에 있습니다. 그것은 대면을 통해서가 아니라 희망을 통해 파악됩니다.[11]

너머의 전체는 우리가 결코 대면할 수 없다. 이것을 대면할 수 있다고 착각하면 인간이 신의 섭리를 자기의 손아귀에 넣고 마음대로 주무르게 된다. 그래서 섭리에 대한 우리의 오해는 파편처럼 부수어져야 한다. 대면이 아니라 희망을 통해서라는 것은 우리 인간이 섭리를 알 수 없다는 것을 가리킨다. 다만 그렇게 소망할 뿐이다.[12]

그런데 갖지 않고 기다리는 것이 아무것도 하지 않고 멈추어 있는 것은 아니다. 그러한 기다림은 바로 그러한 갖지 않음과 가짐의 긴장을 겪어가는 과정에서 성장하고 성숙하게 한다. 더욱이 무소유의 기다림에서 피할 수 없는 긴장은 제거되고 극복되어야 할 것이 아니라 오히려 삶의 성장과 믿음의 성숙을 향한 마땅한 꼴이라는 것이다. "보라, 내가 새 일을 이루리라"는 제목의 설교에서 그는 '성장의 모순'에 대해 밀도 있게 분석하면서 다시 한번 다음과 같은 역설적 통찰로 『흔들리는 터전』을 마무리한다.

> **성장의 법칙과 그것의 비극적 본질을 좀 더 깊이 들여다봅시다. 우리가 살아 있는 세포의 성장을 관찰하든 인간의 영혼의 성숙을 관찰하든 혹은 역사적 시기의 성장을 관찰하든, 우리는 성장이 증진인 동시에 상실이라는 것을 깨닫게 됩니다. 그것은 실현인 동시에 희생입니다. 성장하는 것은 그것이 성장하기 위해 택하는 무언가를 위해 여러 가지 가능한 다른 발전들을 희생해야**

---

11 위의 책, 199.

12 그랬으면 좋겠다는 '희망'이 그래야만 한다는 '당위'가 되고 어느덧 그렇다는 '현실'이 되어버리는 투사의 과정이 인간의 종교성을 이루는 결정적인 구조라는 포이어바흐의 비판도 이러한 맥락에서 전체를 착각하는 섭리로부터 겸손한 주제 파악으로서의 파편으로 넘어가게 하는 데 도움이 될 터이다. 루트비히 포이어바흐/강대석 옮김, 『기독교의 본질』 (서울: 한길사, 2002), 전권.

합니다.[13]

성장이라는 것이 증진과 상실 또는 실현과 희생처럼 모순적인 대립이 불가피하게 얽혀 있다는 것에 주목한다. 언뜻 보기에는 성장이 그저 증진이고 실현인 것 같지만, 상실과 희생이 함께 얽혀 있다는 것을 깊이 들여다보라는 것이다. 그럴 때 '새 하늘과 새 땅에서의 새로운 창조'에 대한 종말론적 희망이 현실의 자유를 가능하게 하며, 갖지 않은 채 기다리는 자유가 진리를 행할 수 있게 된다고 설파한다.

이로써 우리는 역설적 통찰이 이론적 구성이나 명상의 기법이기만 한 것이 아니라 현실을 진단하고 처방하는 탁월한 혜안임을 오히려 틸리히를 통해서 확인할 수 있었다. 그러한 반세기 전의 과업이 지나간 이야기가 아니라 아직도 해결되지 못한 삶과 믿음의 과제에 대한 촌철살인의 지혜로서 후학들의 연구와 실행을 위한 소중한 자료임은 두말할 나위도 없다.

3. '상황의 물음'과 '말씀의 대답'의 상호관계를 통한 설교 구성

우리는 상황에서 절규하다가 마땅한 대답을 얻지 못하면 하나님을 견디기 어려워 이내 부정하게 된다. 물음은 여기서 시작하니 이 지점에 머물러 분석하는 것이 중요하다. "하나님으로부터의 도피"라는 제목으로 틸리히가 한 설교는 우리의 바닥을 그대로 드러내니 너무 전율적이다.

13 틸리히, 『흔들리는 터전』, 315.

> 하나님으로부터 도망치려 해본 적이 없는 사람은 참으로 하나님이신 분을 경험해 보지 못한 사람이라고 말해도 좋을 것입니다. 나는 하나님에 관해 말할 때 우리가 만들어 낸 여러 신들, 즉 우리가 편안하게 더불어 살 수 있는 신들에 대해 말하는 게 아닙니다. … 그것들은 하나님에 대한 묘사가 아닙니다. 그것들은 인간에 대한 묘사이고 하나님을 우리 인간의 형상대로 또 우리 자신의 위안거리로 만들려는 것에 불과합니다. … 우리가 쉽게 견딜 수 있는 신, 우리가 그로부터 숨을 필요가 없는 신, 우리가 잠시라도 미워할 이유가 없는 신, 우리가 결코 그의 파멸을 원하지 않는 신은 결코 하나님이 아니며 아무런 실체도 갖고 있지 않습니다. … 하나님은 인간의 근거와 깊이를 꿰뚫어 봅니다. 인간의 숨겨진 수치와 추함을 꿰뚫어 봅니다. 모든 것을 그리고 인간마저도 꿰뚫어 보는 하나님은 죽어야 하는 하나님입니다. 인간은 그런 목격자가 살아있는 것을 견디지 못합니다.[14]

'하나님으로부터 도망'이라는 것은 무엇을 가리키는가? 우리가 원하는 것을 들어주고 이루어 주시는 하나님으로부터 왜 도망가려고 할까? 하나님이 그렇게만 활동하지 않으실 수도 있기 때문이다. 오죽하면 "그리 아니하실지라도!"라는 절규와 고백이 나오는가. 그러나 이것이 결코 말처럼 쉬운 경지가 아니니 우리의 종교적 일상은 '편안하게 더불어 살 수 있는 신'을 '위안거리'로 만들면서 살아가고 있지 않은가 하는 비판이다. 우리는 하나님에 대해서 우리가 믿고 싶은 그림을 그려 놓고 여기에 맞추어 믿고 있기 때문이다. 이에 반해서 하나님으로부터 도망친다는 것은 참으로 하나님을 믿는 것이요 계속해서 물음을 물어

14 위의 책, 77-78.

가는 것을 가리킨다. 대답으로 손쉽게 달려가는 자기기만이 아니라 물음에 머물러 곱씹는 자세가 보다 적절하게 말씀을 대답으로 만날 수 있는 길이라는 것이다.

그렇다면 물음에 머무른다는 것은 무슨 뜻인가? 그것은 실망과 좌절 등 쪼개어진 삶의 갈래들 그대로 하나님께 내어놓는 것이다. 그렇다면 그러한 파편의 삶은 구체적으로 어떻게 믿음의 길이 되는가? "진리를 행함"이라는 제목의 설교에서 틸리히는 이에 대해 성찰한다. '진리를 행하는 자'라는 구절에 특별히 주목한다. 그런데 우리가 지식을 따라 행동할 수는 있지만 "어떻게 진리를 행할 수 있는가"를 물으면서 이 구절을 이해하기가 어렵다고 지적한다. 그러면서 '진리를 따라 행동한다'라는 정도로 뜻을 풀어야 할 것처럼 보인다고 일단 실러준다. 그렇게 해놓고서 틸리히는 여기서 예리하게 의표를 찌른다. 진리를 따라 행동한다고 하면 진리가 먼저 주어져 있고 이제 이를 준칙으로 하여 따라 행동하면 된다는 것이 되는데, 그리스도교의 진리는 그런 것이 아니라고 강변한다. 진리는 따라 해야 할 고정된 준칙의 명사가 아니라 일어나고 실천되는 사건으로 동사라는 것이다. "진리는 새로운 그 무엇, 즉 역사 속에서 하나님에 의해 수행되는, 그렇기 때문에 개인의 삶에서 수행되는 그 무엇"15이라는 것이다. 틸리히는 이와 같이 사건과 수행으로서의 진리를 헬라 사상과 그리스도교의 비교를 통해 보다 구체적으로 대비시킨다.

헬라적 사고에서 진리는 오직 발견될 수 있을 뿐입니다. 기독교에서 진리는

15 위의 책, 205.

그것이 행해지면 발견되고 발견되면 행해집니다. 헬라적 사고에서 진리는 사물들의 영원하고 움직일 수 없는 본질의 드러남입니다. 기독교에서 진리는 역사 안에서 그 자신을 실현하는 새로운 창조입니다.[16]

헬라 철학에서 진리는 이미 거기에 그렇게 있으니 다만 발견될 뿐이었지만, 그리스도교에서 진리는 발견과 수행을 교차적으로 주고받는 사건이라는 것이다. 이것이 바로 '진리를 행하는 자'라는 표현이 지닌 깊은 뜻이다. 그런데 설교집 역자도 밝히고 있는 것처럼 안타깝게도 여러 종류의 한글성경에서는 '진리를 따르는 사람'으로 번역되어 있다. 틸리히가 그렇게 해석해 버릴 것 같은 강한 유혹이 오류라고 예리하게 지적해 주었음에도 불구하고 진리를 행한다는 표현에 대한 이해가 부족한 상황에서 감당할 수 없는 구절이다 보니 안타깝게도 결국 헬라적인 것과 비슷하게, '진리를 따르는 사람'으로 번역하게 되었던 것이다.

그러나 '진리를 따르는 것'과 '진리를 행하는 것'의 차이는 사실 틸리히 설교집 『흔들리는 터전』의 핵심에 해당한다. 이를 구별하기 위해서 틸리히는 "기다림"이라는 제목의 설교에서 성서가 인간 실존을 '기다림'으로 묘사한다는 언술로 시작한다.

시편은 근심 어린 기다림을 그리고 바울서신은 인내하는 기다림을 묘사합니다. 기다림은 '갖고 있지 않음'과 동시에 '갖고 있음'을 의미합니다.[17]

---

16 위의 책, 205. 진리에 대한 고착적 오해가 자아내는 비극은 신학이라고 예외가 아닐뿐더러 더 치명적이라고 틸리히는 고발한다. "신학자에게 자기 확신에 빠진 신학보다 더 파괴적인 것은 없습니다. 또한 그가 확신을 주고자 하는 사람들에게 그런 신학보다 더 비열한 것은 없습니다" (『흔들리는 터전』, 222).

17 위의 책, 266.

계속 사용하고 있는 역설의 통찰이 여기서도 자연스럽게 나온다. 그러나 틸리히는 이내 "하나님과 관련된 인간의 상황은 무엇보다도 '갖고 있지 않음', '보지 못함', '알지 못함' 그리고 '붙잡지 못함'"이라고 단호하게 잘라 말한다. 그러니 우리는 물을 수밖에 없다. 우리가 물을 뿐 아니라 우리가 이미 물음이다. 모르면서도 믿고 믿으면서도 모른다. 그러기에 물음은 소중하다. 왜 그런가? 틸리히의 아래와 같은 경고를 들으면 그 이유를 절감하고도 남을 터이다.

> 이런 상황을 망각한 종교는 그것이 제아무리 황홀하고 활발하고 이성적인 것일지라도 하나님을 우리 자신이 창조한 하나님의 형상으로 대체합니다. … 이렇게 하나님을 갖지 않은 채 그분을 기다리는 것은 쉽지 않습니다. 우리가 우리 자신과 다른 이들에게 우리가 하나님을 갖고 있고 그분을 우리 마음대로 다룰 수 있다는 확신을 주지 못하면서 매 주일 설교를 하는 것은 쉽지 않습니다. … 그러나 나는 기독교에 대한 수많은 거부의 원인은 그리스도인들이 하나님을 소유하고 있다고 공공연하게 혹은 암묵적으로 주장하기 때문이라고 또한 그런 까닭에 그들이 선지자들과 사도들에게 그토록 분명하게 나타났던 기다림이라는 요소를 결여하고 있기 때문이라고 확신합니다.[18]

선지자들과 사도들은 그렇게 기다렸는데, 우리는 기다리지 않는다. 아니, 기다리지 못한다. 물음을 견디지 못하기 때문이다. 그래서 물음 없이 대답으로 뛰어들어 심지어 하나님으로부터 대답을 받았다고 하면

---

18 위의 책, 267.

서 하나님의 자리로 올라선다. '진리를 따르는 것'은 의도하지 않더라도 바로 이러한 태도를 부추기게 되어 있다. 이미 완성된 채로 주어지니 기다릴 필요도 없고 눈앞에서 신을 보기를 원하는 욕망을 충족시켜 주니 더할 나위 없이 좋은 것이다. 그래서 '진리를 따르는 것'이다. 아니, 바로 따를 수 있는 진리를 원하고 좋아한다. 우상화가 벌어질 수밖에 없는 이유가 바로 여기에 있다. 우상이라는 것이 그 자체의 본성이 아니라 인간이 그것과 관계하는 방식이니 아무리 우상화를 경계하라고 가르쳐도 바로 그러한 가르침의 진리를 맹종적으로 따르게 되면 우상화할 수밖에 없고 결국 우상에 예속되는 노예가 되는 것이다.

이에 비해 '진리를 행하는 것'은 '기다림'이다. 갖고 있지 않고 보지 못하며 알지 못하고 붙잡지 못함에도 불구하고, 아니 바로 그렇기 때문에 기다린다. 완성된 채로 하늘에서 뚝 떨어지는 진리가 아니라 삶 안에서 겪으면서 진리가 엮여져 가기를 기다린다. 알고서 사는 것이 아니라 모르고도 살며, 살고도 모르니 기다릴 수밖에 없기 때문이다. 기다림의 미학! 이것이 진리를 행하는 길이며 믿음의 삶이다.

그러한 기다림은 갖고 있지 않으니 무소유다. '무소유'라고 하면 불교의 전유물인 것처럼 생각하지만, 그리스도교 신앙의 마땅한 덕목이다. 그러한 무소유는 부분적인 전략이 아니라 실존 전체의 길임을 틸리히는 다음과 같이 강조한다.

> 그분은 우리가 그분을 소유하고 있지 않을 때만 우리를 위한 하나님이십니다. 시편 기자는 전 존재가 야훼를 기다리고 있다고 말합니다. 이것은 우리가 하나님을 기다리는 것은 단순히 하나님에 대한 우리의 관계의 일부가 아니라 그 관계 전체의 조건임을 보여주는 말입니다. 우리는 그분을 갖지 않음

을 통해서 그분을 갖습니다.[19]

그렇다면 소유가 왜 문제인가? 하나님을 가지면 더 좋을 것 같고 많은 그리스도교인이 원하는데, 왜 문제라는 말인가? 이에 대해 틸리히는 사실 그리스도교인들이 갖고 있는 것은 하나님이 아니라 우상일 가능성이 많다고 고발한다. 우상을 가진다기보다는 하나님을 갖고 있다고 하게 되면 우상이 되어 버린다는 것이다.

우리는 소유할 때보다 기다릴 때 더 강합니다. 우리가 하나님을 소유할 때 우리는 그분을 우리가 그분에 대해 알고 이해하는 작은 것으로 축소시킵니다. 그리고 그 작은 것을 우상으로 만듭니다. 사람들은 오직 우상 숭배를 할 경우만 자신이 하나님을 소유했다고 믿을 수 있습니다. 그러나 그리스도인 중에도 그런 우상 숭배에 빠진 이들이 많이 있습니다.[20]

그 무엇이 그 자체로 우상이 아니라 우리가 가지면서 우상으로 만든다는 것이다. 우상은 어떤 존재나 개념의 실체적 본성이 아니라 우리가 관계하는 방식이고 내용이라는 것을 틸리히도 이렇게 분석하고 있다. 그런데 그의 예리한 분석은 여기서 멈추지 않는다. 그러한 비판의 화살

19 위의 책, 268.

20 위의 책, 269. 우상 숭배에 대한 틸리히의 대안은 다음과 같은 역설적 통찰에서도 전율적으로 확인할 수 있다. "만일 우리가 그분을 알지 못한다는 사실을 우리가 겸손하게 깨닫는다면 그리고 그분께서 우리에게 자신을 알려 주시기를 기다린다면, 그때 우리는 참으로 그분에 대해 무언가를 알게 됩니다. 그때 우리는 그분에 의해 파악되고 그분에게 알려지고 그분의 것이 됩니다. 바로 그때 우리는 우리의 불신앙 속에서 신자가 되고 그분으로부터 분리되었음에도 그분에 의해 용납됩니다." 신앙이란 바로 이러한 역설이라는 것을 틸리히는 이토록 집요할 정도로 강조하고 있다.

을 무소유의 기다림을 향해서도 적용함으로써 물음에 머물러야 할 필요성을 지속적으로 강조한다. 그의 주도면밀한 강변을 들어보자.

> 우리는 기다림이 무서운 긴장임을 잊어서는 안 됩니다. 그것은 아무것도 갖지 못한 것과 관련된 자기만족, 무언가를 가진 사람들을 향한 무관심이나 냉소적인 경멸 그리고 의심과 절망에의 탐닉 등을 낳습니다. 우리는 아무것도 갖지 않은 것에 대한 우리의 오만함을 새로운 소유물로 만들어서는 안 됩니다. 그것은 우리 시대의 커다란 유혹 거리 중 하나입니다. 우리는 하나님을 소유하고 있지 않다고 자랑할 때 동일한 유혹에 넘어갑니다.[21]

우리는 무소유의 기다림마저도 소유하게 된다고 참으로 깊고도 예리하게 성찰한다. 긴장을 견디기 어려워 결국 어느 한쪽으로 쏠리게 되는 인간의 본성이 빠질 수도 있는 자가당착의 유혹에 대한 홀연한 경고이다. 이와 함께 대답이 없어도 기다리면서 물음을 지속적으로 짊어지고 가는 삶의 과정이 믿음이 성숙해 가는 도정이 된다고 강조한다. 물음과 대답이 상관적이라는 것은 물음이 대답을 향하는 것은 물론이지만, 대답도 물음에게 의미를 부여한다는 뜻을 포함하고 있다. 대답으로 물음이 종결되어 더 이상 물음이 존재하지 않거나 의미가 없게 되는 것이 아니기 때문이다.

상황 분석에서 물음을 이렇게 끌어낼 수 있다면, 과연 말씀을 어떻게 대답으로 받을 수 있을까? 설교자는 먼저 성서를 보는 눈부터 달라져야 한다. 불트만에 의하면 '하나님에 대해서' 말하는 것이 아니라 '하나님

---

21 위의 책, 270.

으로부터' 말해야 한다. 어떻게 다른가? '대해서'는 내가 주체가 되어 하나님에 대해서 청중에게 대신 말한다는 대언이나 심지어 위에 올라서서 하는 선포의 태도를 취하게 한다. 전제군주 시대에 해당하는 언어일지언정 오늘날 우리 시대에는 도무지 적합하지 않다. 아무도 그런 언어를 들으려고 하지 않는다. 그런 형태에 이미 익숙해져 버린 사람들을 제외하고는 외면당할 수밖에 없는 언어이다.

그렇다면 '으로부터'는 무엇을 뜻하는가? 하나님으로부터 말하는 것이다. 그렇다고 해서 대언하거나 선포하는 것이 아니다. 이런 오해가 설교자들을 착각하게 만들다가 오히려 더욱 힘들게 하였고 청중을 식상하게 하였다. '하나님으로부터'라는 것은 하나님으로부터 듣고 깨닫게 된 말씀을 두렵고 떨리는 자세로 나누는 것이다. 앞서 말한 대로 학문이 신에 대해서 논했다면, 실존은 거꾸로 신으로부터의 계기에 의해 촉발되어 밖으로 터져 나오는 몸부림이라는 것이다. 설교할 때, 신에 대해서 논하게 되면 학문이 말하는 객관화된 근거를 가진 신을 묘사하는 것이다. 하지만 신은 대상화할 수 있는 객체가 아니다. 신은 나에게 들이닥치는 사건이다. 존재이기만 한 것이 아니라는 말이다. 그렇기 때문에 들이닥치는 방식이 불가시적이다. 그런데 우리는 그것을 안 보인다고 노심초사하고, 개념화하고, 정리하려고 할 뿐이다.

그런데 신을 알 수 없는 이유가 인식의 한계 때문이라기보다는 신 스스로 탈출하시는 사건이기 때문이라는 것이다.

> 신은 정지할 줄을 모르며 관찰의 대상이 되지 않는다. 사람은 그를 볼 수 없다. 그로부터 들을 수 있을 뿐이다. 그의 불가시성은 우리의 인지 기관들의 불충분성에 기인하는 것이 아니다.[22]

그렇다면 사건으로서 탈출이 왜 중요한가? 어떤 뜻을 가지는가? 우리가 기도할 때 불러내는 하나님, 그때 불려 나온 하나님은 나의 기억 속에 있는 하나님이다. 기억 속에서 회고하고 고수한다. 내 기억 속에 있는 신앙을 반복적으로 꺼내서 복습하는 신앙이다. 이런 익숙한 형태와 방식 덕분에 마음은 편해진다. 그런데 물음 없는 대답이니 사실상 대답이 아니다. 나의 기억 창고에 들어 있는 하나님의 내용과 다른 방식으로 하나님이 다가오신다면 곤란하기 때문이다. 그러나 기억 창고가 와해될 수도 있는 새로운 깨달음을 만났을 때, 대답 못지않게 물음이 일어난다. 그러기에 신의 탈출은 바로 역사를 과거의 기억에만 가두는 우리의 굴레를 깨시는 하나님의 행위로서 소중한 뜻을 지닌다. 하나님의 탈출이야말로 우리를 위한 친절한 우상 파괴이다. 그런데도 이를 신의 부재로 오인한다면 이것이야말로 우상 숭배이다.

신은 언제나 한번 파악된 것의 피안에 머물러 있다. 다시 말하면 나의 신앙 결단은 항상 새로이 수행된 것으로서만 참이다. 신은 어떤 순간에서도 지금 정지해 있는 자로서 파악될 수 있지 않다. 그는 항상 새로이 내 결단을 요구

22 불트만, "학문과 실존," 『학문과 실존』 제1권, 13. 토마스 아퀴나스의 , 『신학대전』에서 볼 수 있듯이 인간이 어느 정도 신을 알 수 있다고 생각했던 때가 있었다. 비록 낮은 단계의 지성으로 신을 에누리 없이 알 수는 없지만 말이다. 그리고 은총에 의해 보충된다고도 했다. 그런데 이제 칸트가 물자체 불가지론으로 있음 그 자체는 알 수 없고 앎의 틀 안에 담긴 것까지만 알 수 있다고 했다. 신론을 전개해야 하는 그리스도교신학에 심각한 도전이 되었다. 그런데 불트만과 같이 해석학적 통찰을 공유하는 현대 신학자들은 칸트의 불가지론에 대해 비판하면서 넘어선다. 신을 알 수 없는 것은 여전히 어쩔 수 없지만 앎의 한계 때문이 아니라 신이 인간의 앎을 벗어나기 때문이라고 받아친다. 인식론에서는 인식 대상은 그저 머물러 있고 인식 주체가 능동적이든 수동적이든 주도권을 지닌다는 것이었지만, 해석학에서는 종래 인식 대상이었던 삶의 세계가 그렇게 부동자세로 머물러 있지 않고 우리 삶에 밀고 들어와 우리를 엮어낸다는 관계론을 개진하기에 이런 논의가 가능해진 것으로 볼 수도 있다.

하는 자로서, 항상 오고 있는 자로서 내 앞에 서 있으며 그의 끊임없는 이 미래성은 곧 그의 피안성이다.[23]

신의 불가시성이라는 통칭적인 성질을 공간적으로는 '피안성'이라고 말하며, 시간적으로는 '미래'라고 말한다. 우리는 미래도 모르고 피안성도 모른다. 그러므로 '모름'일 수밖에 없다. 인간의 인지 기관의 한계성 때문이 아니라 신의 '탈출' 때문이다. 인간의 한계에 의존해서 보였다가 말았다가 하는 가련한 하나님이 아니다. 오히려 신의 탈출이 '계시'이다. 계시는 어느 순간에도 우리에게 완결된 지식의 형태로 남아 있을 것을 허락하지 않는다. 계시는 끝없는 탈출이기 때문이다. 그래서 학문으로는 불가능하고 우리는 그저 실존으로 더듬으면서 기다릴 수밖에 없다. 모험이란 이것을 말하니 할 것은 결단뿐이라는 것도 이를 가리킨다. 그래서 인식론이 아니라 해석학이다.

이제 해석학은 우리에게 무엇을 일깨워 주는가? 대답이라는 것이 거기에 이미 그렇게 있고 내가 알아내는 것이 아니라 모르고도 살아가는 삶에서 기다리면서 주어지는 깨달음이다. 머리로만 끄덕여진다든지, 가슴에서 잠시 뜨거워지고 마는 것이 아니라 삶에서 새겨지고 또 고쳐 새겨지는 과정에서 계속 새롭게 일어나는 깨달음이다. 이를 견디지 못하여 완결된 형태의 대답을 찾으려 하고 설교가 이를 제공해 주어야 한다는 노파심이 강박을 일으켰다면, 이제는 우리 스스로 이로부터 벗어나야 한다. 그 노파심이야말로 하나님이 대답해 주시지 않으면 어찌 할까 하는 실제적인 무신론이고 불신앙이기 때문이다. 그리고 이제

23 불트만, "학문과 실존," 『학문과 실존』 제1권, 13.

설교는 그런 노파심을 넘어 물음과 함께 대답을 기다리면서 동시에 대답 없음을 견디는 성숙을 향하도록 인도하는 역할을 해야 할 것이다. 그런 과정에서 주어지는 깨달음이 대답의 실마리가 될 수 있을 것이기 때문이다. 앞서도 말했듯이 물음과 대답이 상관적이어야 한다는 것은 대답이 물음에 대해서 뿐 아니라 물음이 대답에 대해서 의미를 지녀야 한다는 것이니 묻고서도 아직 대답을 받지 못한 과정의 현실을 받아들이는 믿음의 성숙으로 향해 가야 한다는 것을 뜻한다. 물음이 대답을 테두리 짓기도 하지만, 대답 또는 대답 없음이 물음을 더욱 넓고 깊게 만들어 가기 때문이다.

IV. 결론: 삶의 물음을 함께 나누는 만남으로서의 설교

설교가 반드시 대답으로 끝나야 하는가? 물음에서 맺을 수는 없는가? 우리 삶이 어떤 대답으로 종결되고 이후 어떤 물음도 일어나지 않는 단순 구조로 이루어져 있지 않으니 하나의 대답이 지속적으로 대답으로서 작동할 수 없다. 만일 지속적인 대답이라면 구태의연하고 뻔한 대답이라서 사실 대답도 아니다. 이것이 바로 설교가 현실과 동떨어진 채로 공허하게 맴도는 이유다. 이를 타개하기 위해서 먼저 물음에서 시작해야 한다고 했다. 그리고 그 물음은 우리 삶의 상황에서 나온다고 했다. 우리가 있지도 않은 물음을 공연히 만드는 것이 아니라 이미 상황이 우리에게 던져 오는 물음이니 삶의 소리에 귀를 기울여야 한다.

그리고 그러한 물음을 가지고 성서로 들어가서 말씀에서 대답을 찾아야 한다. 물론 당연히 그러하다. 그러나 대답해야 한다는 노파심이 우리를 조급하게 하거나 대답을 들어야 한다는 강박이 우리를 지배하게 해서는 안 된다. 사실 우리의 삶은 물음과 대답 사이의 거리를 오가는 움직임이요 몸부림이니 대답에 속히 안착하려는 강박으로 설교를 마무리하는 것이야말로 오히려 현실로부터 멀어지는 결과를 초래한다. 오히려 성서로부터 대답을 구한다는 것은 하나님의 계시를 향해 열고 기다린다는 것을 가리킨다. 대답을 기다린다는 것은 성서를 해석한다는 구실로 계시를 상징이나 은유 등 인간 사유의 범주로 축소시키는 아전인수의 오류에 빠져서는 안 된다는 경계 장치를 포함한다. 말하자면 하나님으로부터의 대답을 인간이 규정하고 제한하거나 각색하는 자기 우상화에 빠지지 않아야 하며, 그러기 위해서라도 성급한 대답을 향한 강박에서 벗어나야 한다. 불트민이 말하는 "진공 중에, 빈손으로"가 이를 가리키며 틸리히가 강조하는 기다림이 또한 이를 일깨워 준다.

설교를 듣는 입장에서도 섣부른 대답을 요구하는 유아기적 미숙함을 넘어서야 한다. 그렇다면 설교를 물음으로 마무리하지 못할 이유가 없다. 설교를 듣는 사람들도 듣고 마는 것이 아니라 삶을 사는 사람으로서 당연히 물음으로 씨름하고 있으니 오히려 물음에서 설교자와 청중이 공감대를 형성함으로써 만남이 시작될 수 있을 것이기 때문이다. 현대 설교학에서 말하는 '개방 결론'도 이를 가리킨다. 한 걸음 더 나아가 개방 결론은 설교에서의 기술로서뿐 아니라 하나님의 대답인 계시를 향한 자세로서 열림과 내맡김까지도 뜻하는 것으로 확장되어야 한다.

더 나아가 많은 경우 물음은 대답으로 해결(solution)되기보다는 더 큰 물음 안에서 해소(dissolution)되는 방식으로 삶이 엮어져 가고 있기 때문이다. 따라서 삶의 물음을 함께 나누는 만남으로서 설교를 재정립할 수 있다면 잊어버린 만남과 잃어버린 물음을 회복시킴으로써 대답을 들을 뿐 아니라 대답 없음을 견디는 성숙으로 이끌어 가게 되니 살아 있는 영성 함양의 터전이 될 수 있을 것이다. 그렇다고 해서 우리 삶이 그저 물음에만 머물러 이에 집착하자는 것은 아니다. 물음 자체를 절대화해서도 안 되며 그래야 할 이유도 없기 때문이다. 다만 성급한 대답이 자아내었던 한계를 극복하려는 인간의 의미 있는 시도로서의 뜻을 지닐 따름이다. 그리고 이런 맥락에서 우리는 겸손하게 하나님의 계시를 기다리자는 것이며 설교는 바로 이러한 방향으로 청중을 인도하는 데에서 그 역할을 감당해야 할 것이다. 그리고 그러한 기다림에서 우리는 하나님과의 만남도 기대할 수 있을 것이며 하나님께서도 그렇게 우리를 만나주실 것이다.

효과적인 설교 스타일에 대한 연구

— 네 페이지 설교, 갈등에서 해결로서의 설교, 플롯과 움직임 설교를 중심으로

조성우 베다니장로교회 / 영어 회중 담당 목사

I. 들어가는 말: 우리는 왜 설교 형태에 주목하는가?

하나님은 말씀하시는 분이시다(창 1:3). 그분의 말씀을 통해 온 만물은 창조되었고 또 생명을 얻게 되었다. 그리고 이 하나님의 말씀은 우리에게 기록된 말씀, 즉 성경(聖經)을 통하여 특별히 계시되었다. 세세토록 변치 않으시는 하나님의 말씀, 즉 성경을 통하여 과거에서 현재에 이르기까지 수많은 사람이 구원의 빛을 보게 되었고, 성화의 길로 인도함을 받으며, 종말론적인 삶의 기대를 가지게 되었다.

우리가 성경을 통하여 살아계신 하나님의 말씀을 듣게 될 때, 다시금 주목하게 되는 중요한 것이 있다. 그것은 바로 하나님의 말씀인 성경이 다양한 형태(form)와 장르(genre)를 통하여 독자들과 커뮤니케이션하고 있다는 사실이다. 즉, 율법서, 시가서, 예언서, 복음서, 서신서 등에서 하나님의 말씀은 한 가지 방식에만 국한되어 메시지를 전달하지 않는다. 오히려 다양한 형태와 장르를 적극 활용하여 다채롭고도 효과적으로 독자들과 커뮤니케이션하고 있다. 예를 들면 교리적 내용을 연역적 형식(deductive style)으로 명제적으로 잘 전달하는 레위기의 경우나 또 귀납적인 형식(inductive style)을 빌려 메시지의 충격을 더하는 나단 선지자의 책망 등이 바로 그것이다. 또 비유(parable)와 이미지(image)를 잘 활용하여 청중의 마음 가운데 메시지가 깊이 새겨지게 하는 일부 복음서의 설교 또 이야기(story)와 내러티브(narrative) 구조를 활용하여 말씀의 현장성을 더 현재적으로 구현, 흥미진진하게 독자들에게 경험케 하는 등과 같은 예다. 때로는 시가서(poetry)처럼 인간의 깊은 내면적 고통과 환희, 하나님에 대한 인간의 감성을 기도하는 형식으로 표출함으로써 땅의 소리와 하늘의 세계가 서로 극적으로 부딪치게 만든다.

이렇듯 하나님의 말씀이 여러 다양한 형태들을 통하여 청중에게 효과적으로 커뮤니케이션하고 있음에도 불구하고, 정작 귀한 하나님의 말씀을 가장 효과적으로 이 시대의 청중에게 들려주어야 할 설교자들이 기존의 일부 형태(style)만을 소위 설교 그 자체로 인식, 절대적으로 고집하거나 효과적이고 다양한 설교 형태에 대한 고민과 의식을 갖지 못하게 될 때, 이것은 참으로 안타까운 일이 아닐 수 없다. 아마도 이러한 현상은 한국교회 관점에서 본다면 한국 개신교 초기 일부 선교사들에 의해 소개되었던 당시의 일부 설교 방식과 그것만을 정통으로서 지켜야 한다는 인식에서 비롯된 것으로 보인다.[1] 일례로 한국 최초의 설교학 교수였던 곽안련 박사(Charles Allen Clark)의 『설교학』이라는 책을 통해 당시 1900년대 초기 한국 기독교 안에서 가르쳐 왔던 설교 형태들을 확인하게 되는데, 설교의 형태를 세 가지, 즉 본문 설교, 제목 설교, 해석 설교에 한정하여 학생들에게 가르쳤다는 점을 주목하게 된다.

> 설교 분류의 일반적인 방법의 하나는 본문의 사용법에 의한 본문 설교, 제목 설교, 해석 설교 등이다. 제목 설교는 본문에서 주제, 제목만을 취한 것이요, 본문 설교는 제목과 대지까지 본문에서 나온 것이다. 해석 설교는 제목, 대지, 소지의 거의 전부가 본문에서 나온 것이다.[2]

이처럼 하나님의 말씀인 성경이 보여주듯이 다양한 형식을 통해 다양한 시대 다양한 사람들에게 하나님의 뜻을 보다 더 효과적으로 드러내고 전달할 수 있을지에 대한 신학적 성찰과 실천보다는 다소 설교자 중심적인 혹은 설교자의 익숙함에 잇댄 설교 형식에 대한 이해가 보다

---

1 김운용은 "이것은 반드시 한국 설교자들만의 이야기만은 아니라 다른 지역에서도 어렵지 않게 찾아볼 수 있는 특징"이라는 점에 주목하며, 리차드 리셔(Richard Lischer)의 주장, 즉 "현대 설교자들은 과거의 설교자들로부터 설교 스타일에 있어서는 빈궁하게 된 이해(impoverished notion of style)를 물려받았다"라는 점을 언급한다. 그는 말하길 "설교 형태가 가지는 역동성과 다양성이라는 측면에서 보면 간과될 수 없는 요소였음에도 불구하고 많은 설교자들에게 외면되어 왔던 것이 사실이다. 특히 한국교회 대부분의 설교자는 설교 형태의 다양성이라는 측면에서 보면 어느 한 형태에 고착되어 왔던 것이 사실이다. … 설교에 있어서 어떤 스타일의 형태를 사용하느냐는 가장 본질적인 것은 아님에도 불구하고 언제나 천편일률적인 형식에 고착되는 것은 적당치 않다"라고 주장한다. 김운용, 『현대 설교코칭』 (서울: 장로회신학대학교 출판부, 2012), 213.

2 곽안련, 『설교학』 (서울: 대한기독교서회, 1990), 57. 이후 저자가 주해 설교와 예증 설교를 언급하긴 하지만, 설교 형태론적 입장에서 이 주해 설교는 저자의 해석 설교와 동일한 형태의 다른 말이고 또 예증 설교는 설교 기자재들과 관련된 이야기임으로 위의 세 가지 형태로 구분하여 보는 것이 타당할 것이다. 김운용 역시 "한국교회는 이러한 (전통적) 설교의 형식을 서구 선교사들로부터 소개받은 이후 마치 이것이 유일한 방법인 것처럼 지난 100여 년 동안 사용해 왔다"라고 지적하였다. 김운용, 『현대 설교코칭』, 225.

더 풍성하고 효과적일 수 있는 현대 설교 사역을 어느 정도 제한해 오지 않았나 싶다.

따라서 본 연구는 목회자, 선교사, 신학생, 교사 등 오늘날 하나님 말씀의 메신저 역할을 감당하고 있는 사람들을 대상으로 효과적인 현대 강단 커뮤니케이션을 위한 다양한 설교적 노력들을 형태론적 관점에서 살펴볼 것이다. 이를 위해 먼저는 기독교 설교 역사 속에서 초기 교회부터 현대에 이르기까지, 고전적 설교 형태들로부터 다양한 현대 설교 형태들까지 그 설교적 노력들을 개략적으로 살펴볼 것이다. 아울러 전통적 설교 형태들과 현대적 설교 형태들, 각 방식이 가지고 있는 강점과 약점을 함께 고찰할 것이다. 마지막으로 실천적인 관점에서 설교자들에게 도움이 되는 현대적 설교 형태 중 세 가지 정도의 효과적인 설교 스타일(네 페이지 설교, 갈등에서 해결로서의 설교, 플롯과 움직임 설교)에 주목하여 이를 구체적으로 소개함으로써 그 실제적인 예문들과 함께 현장에서 유용하게 적용해 볼 수 있도록 구성하였다.

II. 설교 역사에 대한 개략적 고찰 : 설교 형태론(style)을 중심으로

여러 학자에 따르면 클레멘트의 제2서신(The Second Epistle of Clement, AD 95~140)은 단순 서신이나 편지가 아닌 설교문으로서 인정된다. 이것은 기독교 역사상 현존하는 첫 설교 사료로서 큰 의미를 지닌다. 특별히 그 설교문의 형태를 살펴볼 때, 기본적으로 회중의 신앙 향상을 위해 여러 성경 구절을 사용하여 그들에게 호소하고 간곡히

훈계하는 패턴을 따른다. 즉, 청중에게 본문을 다시 들려주고(rereading), 해석하여(expositing), 그것에 대해 적용(applying)하고 있다는 점에서, 당시 회당(synagogue)에서 이루어졌던 설교 방식과 다소 유사하지만, 본문을 율법서에서뿐만 아닌 예언서와 복음서 등에서 다양하게 사용하고 있다는 것에 그 차이가 있다.[3] 알렉산드리아 학파를 대표하는 초기 기독교의 교부 오리겐(Origen of Alexandria)의 설교 역시 살펴보면, 그는 뛰어난 문법적 지식을 바탕으로 본문을 다시 읽으면서 그것을 주해하는 방식을 따른다. 또한 대부분의 설교가 논리적이거나 특정 수사학적 패턴을 따르기보다는 한 구절 혹은 한 문단을 해석하는 설교 형태(Verse-by-verse or phase-by-phase)이며, 적용에 있어서 알레고리적 해석(allegorical interpretation)을 사용하여 회중에게 도덕적이고 영적인 적용을 하려는 모습을 보인다. 일부 학자들은 이러한 설교 형태가 중세 시대까지 기독교 설교의 중요한 강론 방식 중의 하나로 이어져 왔다고 주장한다.[4] 또한 시릴(Cyril of Jerusalem)이나 암브로시우스(Ambrose of Milan)의 설교들을 살펴보면 당시 기독교의 교리나 신비를 설명하는 교리 설교(cateshetical sermon)의 방식을 따르고 있다는 사실을 알 수 있다.[5] 소위 황금의 입으로 불리던 크리소스톰(John Chrysostom)의 설교들 역시 성경과 교리를 설명하는 방식이 주를 이루

3 Hughes Oliphant Old, *The Reading and Preaching of the Scriptures in the Worship of the Christian Church*, Volume 1: The Biblical Period (Grand Rapids, Mich: Wm. B. Eerdmans-Lightning Source, 1998), 278-284.

4 O. C. Edwards Jr., *History of Preaching* (Nashville, Abingdon: 2004), 27-48.

5 Old, *The Reading and Preaching of the Scriptures in the Worship of the Christian Church*, Volume 2: The Patristic Age (Grand Rapids, Mich: Wm. B. Eerdmans-Lightning Source, 1998), 3-31.

고 있으며, 어거스틴(Augustine of Hippo) 또한 그의 요한복음, 시편 그리고 요한 1서 등의 설교문들 살펴보면 역시 강해 방식을 따르고 있음을 알 수 있다.[6]

중세에 이르러 이성(reason)을 강조하던 아퀴나스(Thomas Aquinas)의 설교를 살펴보면 소위 대학 설교(university sermon)로 알려진 설교 형태의 초기 모습을 보여주는데, 주제 요점에 따른 하위 포인트의 세분화를 바탕으로 연역적인 방식으로 메시지를 전달한다. 즉, 성경의 한 구절 혹은 특정 주제들로부터 시작하여 그것을 다른 구절들로 연결, 발전, 뒷받침하면서 이를 통해 형성된 교리적 의미를 회중에게 전달한다.[7] 이후 중세 후기 프란시스칸(Franciscans) 그리고 도미니칸(Dominicans) 설교자들에 의해 이러한 대학 설교 형태가 보다 발전되어 오늘까지 이르게 되는데, 세 개의 설교 포인트, 두 개의 유머, 하나의 시를 포함한 고전적 설교 형태를 보여준다.[8]

이후 종교개혁 시대 루터(Martin Luther)의 설교들을 형태론적 관점에서 살펴보면 앞선 일부 교부의 설교들(Patristic homilies)처럼 다소 고정된 패턴을 보여주지는 않지만, 주해 과정에서 그가 중요하게 발견한 중심 의미(sinnmitte), 중심 포인트 (herzpunkt)를 강해적(expository) 혹은 주제적(thematic) 전개 방식으로 전달한다.[9] 그는 문자적 해석 그

---

6 Old, *The Reading and Preaching of the Scriptures in the Worship of the Christian Church*, Volume 2: The Patristic Age, 171-218, 344-368.

7 Paul Scott Wilson, *A Concise History of Preaching* (Nashville: Abingdon, 1992), 78-85.

8 O. Wesley Allen Jr., "The Pillars of the New Homiletic," in *The Renewed Homiletic*, ed. O. Wesley Allen Jr. (Augsburg Fortress Publishers, 2010), 1-18.

9 Edwards, *History of Preaching*, 295-296.

리고 그리스도 중심적 해석을 바탕으로 고정되거나 정형화된 패턴 없이 설교적 메시지를 선포한다.[10] 이에 비해 칼빈(John Calvin)은 전형적인 강해 설교자로서 성경 주해를 통한 신자들의 교리 교육에 깊이 주목한다.[11] 그의 일반적 설교 형태는 기도, 지난 설교에 대한 요약, 본문에 대한 두 개 정도의 주해, 적용과 순종을 위한 훈계, 기도를 위한 마지막 요약이라는 설교 형태를 보여준다.[12] 칼빈주의의 영향을 받은 청교도들(the Puritans), 특히 영국의 첫 번째 설교학 매뉴얼인 『설교의 기술』(*The Arte of Prophecying*)을 저술한 윌리엄 퍼킨스(William Perkins)의 설교를 형태론적으로 살펴보면 그는 칼빈의 설교 형태를 보다 더 심플하게 일반화한 모습을 보여주는데, 성경에 대한 주해(exposition), 교리(doctrines) 그리고 적용(application)이라는 구조를 보여준다.[13] 윌슨(Paul S. Wilson)에 따르면 이러한 형태는 명료한 설교 형태(plain style preaching)로 불리며, 이후 조나단 에드워드(Jonathan Edwards), 존 웨슬리(John Wesley) 등 많은 설교자의 설교에 영향을 미쳤다.[14]

---

10 Wilson, *A Concise History of Preaching*, 94-98.

11 Old, *The Reading and Preaching of the Scriptures in the Worship of the Christian Church*, Volume 4: The Age of the Reformation, 90-94.

12 Wilson, *A Concise History of Preaching*, 101-106; Edwards, *History of Preaching*, 316.

13 Richard Lischer, *The Company of Preachers: Wisdom on Preaching, Augustine to the Present* (Grand Rapids: Eerdmans, 2002), 298-304; Old, *The Reading and Preaching of the Scriptures in the Worship of the Christian Church*, Volume 4: The Age of the Reformation, 260-269. 일례로 그의 설교문인 "The First Branch(Matthew 5:3-12)"를 살펴보면 이러한 그의 '성경 주해-교리 추출-적용'이라는 설교 형태를 잘 확인할 수 있다.

14 Wilson, *A Concise History of Preaching*, 122-137; Edwards, *History of Preaching*, 478. 하지만 웨슬리의 설교 형태는 주해에 집중하는 강해적 설교가 아닌 본문과 연관된 교리(혹은 주제)를 바탕으로 적용하는 주제 설교에 가깝다. 그는 일반적으로 세 절 이내의 짧은 설교 본문을 바탕으로 서론에서만 조금 주해를 진행하거나 아예 하지 않는 스타일을 보여준다. 즉, 짧은 본문을 바탕으로 관련된 교리(혹은 주제) 그리고 적용을 중심으로 나아가는 설교 스타

설교학자 알렌(O. Wesley Allen, Jr.)의 분석에 따르면 이러한 주제 설교와 강해 설교, 즉 특정 주제를 중심으로 삼대지로 전개되는 소위 대학 설교의 형태와 강해를 중심으로 주해-교리-적용의 명료한 설교 형태(plain style preaching)가 서구 기독교 설교 형태의 대부분을 지배해 왔다고 말한다. 특히 이 두 가지 설교 스타일은 연역적인 논리 전개와 명제적 설교 방식을 그 주요 전달 구조로 사용해 왔다. 19세기 후반부터 20세기 중반까지 여러 신학교에서 주요 설교학 교재로 사용되어 온 존 브로더스(John A. Broadus)의 『설교 준비와 전달에 관하여』(*On the Preparation and Delivery of Sermons*, 1870) 역시 이러한 부분들을 잘 보여주고 있다.[15]

하지만 현대에 이르러 이와 같은 고전적 설교 방식만이 점점 정형화되고 절대화되는 가운데, 급속히 변화하는 오늘날의 청중과 그들의 실존적 상황 속에서 과연 하나님의 말씀이 효과적으로 회중에게 전달되고 있는가에 대한 의구심이 시작되었다. 미국의 저명한 설교자이자 상담 설교로 잘 알려진 해리 포스딕(Harry E. Fosdick)은 1928년 "설교의 문제가 무엇인가?"(What Is the Matter with Preaching?)라는 글을 기고하면서, 오직 설교자들만이 사람들이 성경의 여부스 사람들에게 무슨 일이 일어났는지 알고 싶어 교회에 온다고 착각하고 있다고 꼬집으며, 그는 설교가 자칫 지루해질 수 있는 정형화된 강해나 주제 방식을 거부하며, 오늘날 청중의 사회적, 도덕적, 심리적, 신학적, 실존적 문제에 관심을 가지고 그것을 말씀으로 해결하는 방식에 주목하기 시작하였

일을 보여준다. Wilson, *A Concise History of Preaching*, 132-137.

15 Allen, "The Pillars of the New Homiletic," 3-4.

다. 브라운(R. E. C. Browne) 역시 1958년 출판한 『말씀의 사역』(*Ministry of the Word*)에서 복음은 미리 정해진 명제(세 가지 요점)이나 강해적 형식으로 축소되어서는 안 되며 본문에 표현된 계시의 형태와 관련되어 효과적으로 선포되어야 함을 주장하였다. 헨리 데이비스(Henry G. Davis)도 그의 저명한 설교학 저서인 『설교를 위한 디자인』(*Design for Preaching*)에서 기존의 삼대지 설교처럼 하나의 수사학적 형식만을 따르도록 절대화하고 강요한 이유를 이해할 수 없으며, 각 설교에는 설교 내용에 알맞은 효과적인 형식과 스타일이 존재한다고 주장하며 다양한 설교 형태에 주목하기 시작하였다. 이러한 토대 위에서 1965년 데이빗 란돌프(David J. Randolph)는 기존과 대비되는 '새로운 설교학'(New Homiletic)이라는 용어를 등장시키는데, 그 개략적 특징들은 다음과 같다. 첫째, 이제까지 전반적으로 설교자의 입장에서 어떻게 설교를 논증, 전달할지에 대해 초점을 맞추었다면, 새로운 설교학은 보다 더 청중에 대한 관심, 즉 오늘날의 회중에게 어떻게 더 효과적으로 하나님의 말씀이 들려지게 할지, 그들의 언어, 의식, 경험, 수사 방식 등에 대한 관심을 갖는다. 둘째, 따라서 다소 고착화된 명제적이고 연역적 스타일을 벗어나 단편소설이나 영화 등처럼 현대 회중에게 보다 더 효과적이고 흥미롭게 접근할 수 있는 다양한 방식들, 즉 귀납적인 전개, 내러티브, 플롯 방식 등 다양한 메시지 전달 형식들에 주목한다. 셋째, 또한 명제적이고 지시적이며 정보 전달식의 설명적 언어보다는 비유적인 언어, 은유, 이미지 사용 등의 다양한 언어 사용을 통해 청중이 보다 더 말씀 사건을 생생하게 경험하는 것에 초점을 둔다.[16]

16 Ibid., 4-10. 알렌에 따르면, 이러한 신설교학 태동에는 다음과 같은 배경들이 존재하는데, 20

이러한 배경에서 다양한 설교 형태에 대한 연구들이 진행되는데, 찰스 라이스(Charles L. Rice)는 예수님과 초대교회 설교자들 모두 효과적인 스토리텔러(storyteller)였음에 주목하면서, 오늘날 청중에게 효과적인 설교 형태로서 이야기 방식(story sermon)을 제안한다. 그는 효과적인 설교란 텍스트가 단순히 언급되고 설명되는 것이 아닌 개인과 개인, 설교자와 공동체의 경험을 효과적으로 공유 · 연결해 주는 스토리를 통해 전달될 때 가장 효과적일 수 있다고 본다.[17] 헨리 미첼(Henry H. Mitchell)은 기존의 백인 중심의 강해 설교에서 다양한 문화, 특히 아프리카 문화를 포용하며 이들에게 가장 효과적일 수 있는 방법인 축제로서의 설교(celebration in Black preaching)를 이야기한다. 앞선 스토리텔링(storytelling)과 리텔링(retelling)을 바탕으로 보다 더 회중적 언어(fork language)를 통해 점층적으로 복음적 메시지가 클라이맥스를 향해 축제적으로 선포되는 구조를 보여준다.[18] 프레드 크래독(Fred B. Craddock)은 기존의 연역적이고 지시적인 설교 접근이 아

세기 초 비트겐슈타인(Ludwig Wittgenstein), 하이데거(Martin Heidegger) 등을 통한 언어는 단순히 현실을 명명하는 것이 아닌 실제를 구성한다는 개념의 언어학적 전환, 20세기 중반 불트만(Rudolf Bultmann)의 실존주의적 성경 해석과 그의 영향을 받은 푹스(Ernst Fuchs)와 에벨링(Gerhard Ebeling)의 언어의 사건성(Word event)을 강조하는 신해석학(New Hermeneutic)의 출현, 다양한 미디어와 그 전달 방식 따라 메시지, 지식, 논리도 다르게 작용한다는 맥루한(Marshal McLuhan)과 옹(Walter Ong)의 문화적 연구, 1960~70년대 변화하는 문화적 상황 속에서 많은 사람을 교회의 권위와 기존의 설교 메시지의 적합성에 도전 등이 있었다. Ibid. 5-7.

17 Charles L. Rice, "The Preacher as Storyteller," *Union Seminary Quarterly Review* 31, no. 3 (Spring 1976): 182-197; Charles L. Rice, "The Preacher's Story," in *Preaching the Story*, coauthored by Edmund A. Steimle, Morris J. Niedenthal, and Charles L. Rice (Philadelphia: Fortress Press, 1980), 19-36.

18 Henry H. Mitchell, *Black Preaching* (Nashville: Abingdon Press, 1990), 178-195; Allen, "The Pillars of the New Homiletic," 11-12.

닌 귀납적 방식을 통해 설교자와 청중이 함께 말씀의 의미를 발견해 가는 설교적 패러다임을 제안한다.[19] 회중의 현실과 삶의 공동 기반 경험들로부터 시작된 설교 여정은 이제 보편적 진리, '아하'(Aha!) 포인트를 향해 귀납적 움직임을 통해 나아가는 방식을 보여준다.[20] 시간적 구성의 이야기식 설교와는 달리 유진 라우리(Eugene L. Lowry)는 문제와 해결 중심의 플롯 전개를 통해 회중에게 효과적인 설교에 관심을 가지며, 그의 설교학적 플롯(homiletical plot)을 제안한다. 뒤에서 더 구체적으로 살펴보겠지만, 그는 기본적으로 갈등(conflict)의 단계로부터 시작하여 심화/복잡화(complication)의 과정을 거쳐 급격한 변화/반전(sudden shift)을 통해 복음을 경험, 해소/밝혀짐(unfolding)으로 마무리하는 설교 방식을 보여준다.[21] 데이빗 버드릭(David Buttrick)은 기존의 설교자 중심의 전달 방식에서, 오늘날 현대 청중의 입장에서 그들이 설교를 들을 때 실제 회중의 의식 속에서 "무엇이 일어나고 있는가"에 관심을 둔다. 이러한 현상학적 방식(phenomenological method)을 기반으로 효과적인 4~6개의 설교 움직임(moves)을 사용하여 설교의 최종 지향점인 '아하' 포인트를 향하여 집약적으로 나아가는 방식을 소개한다.[22] 이외에도 설교 형태론의 입장에서 효과적인 커뮤니케이션을 위한 다양한 시도들이 있는데, 네 장면으로 이어지는 설교(Paul S. Wilson), 작가가 소설을 전개하는 식의 설교(Jana Childers), 본문의

19 Fred. B. Craddock, *As One without Authority: Revised and with New Sermon* (St. Louis, Missouri: Chalice press, 2001), 43-125.

20 김운용, 『설교의 새로운 패러다임』 (서울: 장로회신학대학교출판부, 2004), 194-201.

21 Eugene L. Lowry, *The Sermon: Dancing the edge of Mystery* (Nashville: Abingdon press, 1997), 81.

22 김운용, 『설교의 새로운 패러다임』, 324-328.

형식을 따라가는 설교(Alyce McKenzie), 움직임이 있는 이미지식의 설교(Barbara K. Lundblad), 성경 인물 중심적 설교(Ella Pearson Mitchell), 조각 그림 맞추기 식의 설교(Joseph R. Jeter, Jr.) 등 새로운 시도들이 있다.[23]

III. 설교 형태에 따른 장단점 : 고전적 그리고 새로운 설교 패러다임

김운용은 패러다임의 관점에서 설교의 목적과 그 전개 방식에 따라 크게 전통적 패러다임과 새로운 패러다임의 설교로 구분한다. 그는 기독교 설교 역사 속에서 강해 설교, 주제 설교, 대지 설교 등과 같은 고전적 방식들을 전통적 설교 패러다임으로, 귀납적 설교, 내러티브 설교, 네 페이지 설교 등의 현대적 방식들은 새로운 설교 패러다임으로 분류한다. 이러한 전통적 형태들과 새로운 형태들이 보여주는 두드러진 설교적 특징들에 대해 그는 다음과 같이 설명한다.[24]

> 전자는 주로 주제 혹은 명제를 설명 혹은 해설하는 것과 강해 혹은 예증의 형식과 같은 구조를 취하기 때문에 논리적, 명제적, 논증적, 연역적 특성을 가지는 설교 형식이라 할 수 있다. 여기에서는 주로 해설과 논증을 통하여 진리를 알려주고 가르치는 것에 주안점을 두고 행해진다. 후자는 주제 혹은

23 로날드 알렌/허정갑 옮김, 『34가지 방법으로 설교에 도전하라』 (서울: 예배와설교아카데미, 2004), 123-222.

24 김운용, 『현대 설교코칭』, 217-218.

설교의 중심 명제가 드러나는 그 지점을 향하여 집약적으로 움직임을 만들면서 회중과 설교자가 함께 설교 여정을 만들어 가는 구조를 취하는 형태이다. 여기에서는 상상력, 이야기, 메타포, 이미지 등이 중요한 역할을 하게 되며, 귀납적 구조를 통해 청중이 설교의 중심 메시지를 '경험'하게 하는 데 목적을 두고 행하게 된다.[25]

고전적 설교 방식은 대체적으로 명제적이고 연역적인 설교 구성을 통해 성서와 신학적 주제, 교리 등을 논리적으로 명확히 설명하고 이어지는 하부 구조를 통해 그에 대한 논거, 예증, 세부 정보들을 제공함으로써 청중에게 보다 더 설득력 있는 분명한 이해를 갖게 한다는 강점이 있다. 따라서 이성과 논리적 접근을 중시하는 청중에게는 상당히 효과적인 설교 방법이라 평가된다. 또한 교리나 교육적인 목적으로 행해지는 설교, 즉 제한된 시간 내에 다수의 사람을 효과적으로 교육하고 그들에게 필요한 정보를 제공하는 데는 탁월한 설교 방법이라 할 수 있다. 동시에 이러한 장점들에도 불구하고 몇 가지 약점도 지적되는데, 자칫 익숙한 청중에게 반복되는 설교 패턴으로 인해 설교 시간 자체가 지루함이 되거나 혹은 두뇌공학적 관점에서 다분히 논리적이고 정보전달적인 자뇌적 커뮤니케이션 방식으로 인해 현대의 회중에게 중요한 우뇌적 차원, 즉 감성적, 상상적, 예술적 영역을 효과적으로 터치하지 못한다는 지적이다. 즉, 어떻게 청중에게 "하나님의 말씀이 효과적으로 들

25 Ibid., 218. 특별히 설교 형태론적 입장에서 강해 설교와 내러티브 설교에 대한 다양한 개념적 정의들과 지속적인 논의들을 위하여 다음을 참고할 수 있다. 정재웅, "강해설교와 내러티브 설교의 이분법을 넘어서: 최근 북미현대 설교학을 중심으로," 「제36회 한국설교학회 봄 정기 학술대회 자료집」 (2023): 36-49.

려지고 경험되게 할 것인가"보다는 "어떻게 메시지를 논리적으로 잘 설명하고 전달할 것인가"에 초점이 있기에 자칫 드라이한 정보전달(transmit)로 끝날 위험성도 있다는 것이다.[26] 마지막으로 설교자와 그 가르침의 권위를 강조하는 가운데, 성경의 권위와 설교자의 권위를 혼동하여 종종 설교자가 말씀의 주체가 되어버리거나 회중에게 권위주의적이고, 명령적이며, 지시적인 모습으로 말씀을 선포하는 모습도 이러한 형태 속에서 발견된다.

앞에서 언급한 대로 새로운 설교 방식은 기존의 설교자와 회중 간의 수직적 구조에서 벗어나 어떻게 하면 회중이 보다 더 효과적으로 하나님의 말씀을 들을 수 있을지 고민하면서, 이야기, 내러티브, 귀납적 움직임 등을 사용하여 설교자와 회중이 함께 설교의 여정을 떠나는 구조를 취한다. 이를 위해 정답을 먼저 제시하던 전통적 설교 방식과는 달리 열린 결말을 향하여 나아가는 설교적 움직임들과 우뇌적인 접근들, 즉 이미지, 상상력, 메타포 등의 활용을 통하여 복음적 메시지를 보다 더 생생히 발견하고 경험하는 것에 그 초점을 둔다.[27] 따라서 이러한 접근의 강점은 다소 탈권위주의적이며 청중에게 비교적 지루하지 않으면서 흥미롭게 말씀의 세계를 점차적으로 펼쳐갈 수 있다는 점과 회중의 우뇌적 요소들, 즉 감성적, 감각적, 상상적 영역 등을 효과적으로 터치

26 Ibid., 223-226. 하지만 여전히 전통적 설교 방식은 다음과 같은 여러 가지 강점을 가지고 있다: (1) 본문의 원어적, 문법적, 역사적, 신학적 연구를 통해 숨겨진 심오한 의미를 도출하여 현대 청중에게 잘 해석하고 전달할 수 있다는 점, (2) 가르치는 자의 권위가 중시되는 문화적, 역사적, 사회적 맥락에서는 청중에게 여전히 효과적인 방법이 될 수 있다는 점, (3) 인간의 경험에서 비롯된 메시지가 아니라 성서 본문의 주해와 연구를 통해 발견되는 본문의 계시적 선포가 이루어진다는 점, (4) 현대 청중이 기독교에 대한 변증을 요구할 때, 설득력 있고 논리적인 주제 중심의 메시지를 효과적으로 구성하고 이성적으로 전달할 수 있다는 점이 있다는 점 등이다.

27 김운용, 『현대 설교코칭』, 223-226.

하며 커뮤니케이션할 수 있다는 점이다. 아울러 현대 회중에게 효과적인 수사 기법을 반영한 다양한 설교 형태의 발전은 회중에게 보다 복음의 메시지가 오늘의 말씀으로 들려지게 하는 중요한 설교적 노력이 될 수 있다. 하지만 기존의 방식과는 다른 귀납적 움직임, 내러티브 전개, 열린 결말 등에 익숙하지 않은 청중에게는 자칫 이질감과 메시지의 모호함 초래할 수 있다는 점과 신설교학의 불충분한 이해로 인해, 예를 들면 이야기식 설교를 성경 본문과 무관한 만담적 설교로 만들어 버리는 등과 같은 오류를 범할 수도 있다. 또한 캠벨(Charles Campbell)이 지적하듯이 성서 본문과 복음 그리고 신앙 공동체보다는 인간 개개인과 그들의 경험에 설교적 초점이 맞추어질 위험성이 존재한다.[28]

이러한 상황에서 최근 북미 설교학계에서는 긍정적인 기류가 감지되기도 하는데, 양극단에서 상호 배타적이었던 복음주의, 주류 설교학자들이 이제는 전통적 설교 방식들과 새로운 설교 방식들의 각각의 강점을 취하고 약점은 보완하여 보다 더 이 시대의 청중에게 효과적인 설교를 위해 노력하는 모습은 오늘날 설교자들에게 고무적인 일이 아닐 수 없다.[29]

28 Charles L. Campbell, *Preaching Jesus: The New Directions for Homiletics in Hans Frei's Postliberal Theology* (Eugene: Wipf & Stock Publishers, 2006), 117-145. 또한 신설교학에 대한 비판으로는 다음과 같은 점들이 제기되고 있다: (1) 청중의 역할을 지나치게 강조함으로써 설교자의 고유한 권위가 간과될 수 있다는 점, (2) 청중의 자율성을 강조함에 따라 초신자부터 모든 청중이 스스로 설교 메시지의 결론을 내려야 한다는 부담이 생길 수 있다는 점, (3) 설교에서 성서보다 혹 인간의 경험을 더 중시하게 되는 경향에 대한 우려, (4) 설교 형식의 다양화가 메시지의 선명성과 명확성에 미치는 영향에 대한 문제 제기, (5) 교회 공동체로서의 청중보다는 개별 청중 중심의 설교 패러다임으로 인해 발생되는 문제 등dl 지적되기도 한다. 조광현, "신설교학: 개별 청중으로 방향 전환," 「갱신과 부흥」 31 (2023): 307-316.

29 정재웅, "강해설교와 내러티브 설교의 이분법을 넘어서," 49-56.

IV. 효과적인 설교 커뮤니케이션을 향하여
— 네 페이지 설교(Four Pages of the Sermon), 갈등에서 해결로서의 설교(Preaching from Oops to Yeah), 플롯과 움직임 설교(Sermon as Plot and Moves)를 중심으로

1. 네 페이지 설교(Four Pages of the Sermon)

설교학자 윌슨(Paul S. Wilson)은 설교 작성에 있어 특별히 신학적 양극성에 주목한다. 예를 들면 율법과 복음, 심판과 은혜, 성금요일과 부활, 십자가와 빈 무덤, 옛 시대와 새 창조 등이 바로 그것들이다.[30]

이러한 신학적 양극성을 바탕으로 가나 혼인 잔치(요 2:1-12)를 설교 본문의 예시로 사용하여 그가 제시하는 설교적 접근은 다음과 같다.

30 Paul Scott Wilson, *Imagination of the Heart: New Understandings in Preaching* (Nashville: Abingdon press, 1988), 91-142. 이러한 율법과 복음(law and gospel)의 양극성을 바탕으로 이루어지는 설교적 구조에 대하여 다음과 같이 설명한다. 예를 들어 동그라미가 있다고 치면, 설교는 동그라미의 가장 꼭대기에서 시작되어 오른쪽 아래로 점점 내려가면서 율법 혹은 심판(law and judgment)이라는 영역에 도달한다. 바로 이러한 과정에서 설교는 동그라미의 가장 밑 부분까지 도달하게 되는데, 이곳이 바로 사람들의 죄에 대한 자각(The depth of our awareness of sin)이 가장 깊은 곳까지 이루어지는 단계이다. 역설적으로 이 동그라미의 가장 낮은 단계는 절망으로 끝나는 것이 아닌 바로 율법에서 복음으로 다시 나아가게 되는 반전 포인트(reversal point)가 되며, 이곳을 기점으로 설교는 다시 왼쪽으로 상향곡선을 그리며 위쪽으로 나아가게 되는데, 바로 이 단계에서 사람들은 하나님의 복음과 은혜(gospel and grace)가 세상을 전복하는 것을 경험하게 된다고 말한다. 이러한 설교적 움직임이 윌슨의 설교 신학의 구조다. Ibid., 121-123.

〈표 1〉[31]

본문에 대한 율법의 관심들 (Law concerns of the text)	본문에 대한 복음의 관심들 (Gospel concerns of the text)
참석은 초대에 의한 것이었다. (Attendance was by invitation.)	예수님께서 그 혼인 예식에 계셨다. (Jesus was at the wedding.)
준비는 불충분하였다. (Preparation was inadequate.)	물이 포도주가 된 건 하나님의 일하심이다. (Water into wine is God's work.)
부재가 발견되었다. (The absence was noticed.)	예수님과 함께라면 축제는 끝난 것이 아니다. (With Jesus present the celebration does not end.)
손님들은 포도주가 다 떨어졌다. (The guests ran out of wine.)	예수님은 축제의 편에서 계신다. (Jesus is on the side of celebration.)
예수님은 무관심해 보인다. (Jesus appears indifferent.)	예수님께서는 자신을 드러내신다. (Jesus reveals himself.)

이러한 설교적 접근을 바탕으로 실제 설교 아웃 라인을 작성해 보면 다음과 같다.

〈표 2〉[32]

율법으로 바꾸어 쓰기(Transposing Law)	
T(본문에 대한 관심)	그 준비들은 불충분했습니다.
S(설교에 대한 관심)	우리의 준비들은 때때로 불충분할 때가 있습니다. 무슨 경험들이 지금 우리의 마음 가운데 다가옵니까? 우리는 우리가 피했으면 하는 이 준비 없음의 비극들을 잘 알고 있습니다.
T(본문에 대한 관심)	포도주가 다 떨어졌습니다.
S(설교에 대한 관심)	우리의 좋은 시절 또한 다 끝나갈 때가 있습니다.
T(본문에 대한 관심)	포도주의 부재는 주목되었습니다.
S(설교에 대한 관심)	우리 삶의 부재 또한 가끔 주목될 때가 있습니다.

31 Wilson, *Imagination of the Heart*, 112-115.

〈표 3〉[33]

복음으로 바꾸어 쓰기(Transposing Gospel)	
T(본문에 대한 관심)	예수님께서 그 혼인예식에 함께 계셨습니다.
S(설교에 대한 관심)	예수님은 현재 우리의 축제(혹은 삶) 가운데 현존하십니다.
T(본문에 대한 관심)	물이 포도주로 변하는 것은 하나님의 일하심입니다.
S(설교에 대한 관심)	기적이 일어나는 그 어디에서든지, 하나님은 그 자리에 계십니다.
T(본문에 대한 관심)	예수님은 물을 포도주로 만드십니다.
S(설교에 대한 관심)	예수님은 우리의 슬픔을 기쁨으로 바꾸십니다. 그러나 우리의 믿음의 목표는 단순히 기쁨 그 자체가 아닙니다. 오히려 우리가 하나님의 사랑에 대한 신실한 증인이 되는 것이 그 목표이며 바로 그러할 때 기쁨의 열매를 맺게 되는 것입니다.

이러한 신학적 양극성에 대한 설교적 관찰을 바탕으로 윌슨은 성경 본문과 오늘날의 상황이 구체적으로 연결되는 설교 방법론을 제안하는데, 그것이 바로 '네 페이지 설교'(The four pages of the sermon)이다. 그는 이러한 설교적 접근을 통해 네 가지 장면, 즉 첫 번째 장면에서는 성경 속에 나타난 문제에 대해서(Trouble in the Bible), 두 번째 장면에서는 오늘날 세상 속에 나타난 문제에 대해서(Trouble in the World), 세 번째 장면에서는 성경 속에 나타난 하나님의 행동에 대해서(God's Action in the Bible), 네 번째 장면에서는 오늘날 세상 속에서 일하고 계시는 하나님의 행동에 대해서(God's Action in the world) 주목하며 설교를 작성한다.[34]

조금 더 구체적으로 살펴보면 첫 번째 페이지(Page One)에서 설교

32 Ibid., 116-118.

33 Ibid., 118-121.

34 Paul Scott Wilson, *The Four Pages of the Sermon* (Nashville: Abingdon Press, 1999), 16-18.

자는 먼저 성경 속에서 나타난 문제와 갈등 상황에 주목한다. 윌슨은 이 장면의 설교 작성을 위한 몇 가지 유용한 체크 리스트를 제공하는데, 예를 들면 서론은 흥미로운지, 첫 번째 페이지가 하나의 성경 본문에 잘 집중되고 있는지(난해하거나 복잡하지 않게), 성서 주해적으로 적절한지, 본문에 나타난 사람들의 행동에 주목하고 있는지, 이러한 행동들이 이후의 세 번째 페이지에서 나올 하나님의 일하심 혹은 하나님의 은혜에 잘 연결되는지 그리고 본문에서 발견한 문제들이 설교 속에서 잘 전개되고 전달되고 있는지 등이다.[35] 두 번째 페이지(Page Two)에서는 이제 성서 본문으로부터 오늘날의 시대 상황에 그 설교적 초점이 맞추어지기 시작하면서, 청중이 오늘날 경험하고 있는 실존적 문제들과 갈등 상황으로 장면이 옮겨진다. 즉, 두 번째 단계에서 윌슨은 오늘날의 문제들이 설교 속에서 잘 기술되고 전개되고 있는지, 오늘날의 현실을 설득력 있게 잘 반영하고 있는지, 첫 번째 페이지와도 잘 연결되고 있는지, 오늘날의 사람들에게 잘 초점이 맞추어져 있는지, 많은 사람의 다양한 경험을 잘 포괄하고 있는지, 두 번째 페이지로 인해 청중이 그들의 삶의 문제들을 깊이 다시 한번 생각하게 만드는지 등이 고려된다.[36]

이렇게 앞의 두 장면에서는 인간의 문제와 곤경 상황에 주로 그 설교적 초점이 맞추어졌다면, 이제 나머지 두 페이지에서는 하나님의 일하심과 복음적 경험에 그 설교적 초점이 옮겨진다. 즉, 세 번째 페이지(Page Three)에서는 인간의 죄와 많은 문제들이 존재함에도 불구하고

35 Wilson, *The Four Pages of the Sermon*, 90-104.
36 Ibid., 130-152.

여전히 놀라운 방법으로 그들을 돌보시며 구속하시는 하나님의 구원 행동을 말씀 속에서 발견 · 선포하게 되는데, 여기에서 유의할 점은 이러한 전개가 주해적으로 적절한지 그리고 하나님과 그분의 일하심에 설교적 초점이 잘 맞추어져 있는지, 말씀 속에서 발견되는 하나님의 은혜가 첫 번째 페이지의 문제와도 적절하게 잘 연결되는지 등이다.[37] 이제 마지막 네 번째 페이지(Page Four)에서는 말씀 속 세계를 넘어 오늘 우리의 일상에서도 동일하게 일하시는 하나님의 구원 행동에 주목하며 성경 속에서 역사하셨던 하나님이 오늘 이 시대에도 여전히 하나님의 은혜로우신 행동으로 역사하고 계심을 선포한다. 따라서 설교자는 이 마지막 단계에서 이 세상 가운데 하나님의 은혜로우신 행동에 잘 초점이 맞추어지고 있는지 그리고 그것이 적절하고 희망적인 메시지로 잘 표현되고 있는지, 두 번째 페이지의 문제들이 희망과 복음의 빛 안에서 잘 해석되고 있는지, 절망한 자들에게 복음이 잘 제시되고 있는지, 청중이 일하시는 하나님을 보게 되는지 등에 주목하게 된다.[38]

네 페이지 설교는 특별히 신학적 측면이 잘 고려되면서도 현실적 측면을 간과하지 않는다는 점 그리고 무엇보다도 설교 가운데 하나님의 구원 행동과 복음적 은혜를 강조하는 장점이 있다고 평가된다. 아울러 앞에서 살펴보았듯이 복음과 성경 본문, 신학적 접근에 충실하면서도 단순하고 선명하게 말씀을 들려줄 수 있다는 점에서 이 설교 스타일은 상당히 효과적인 현대 설교 방식의 하나로 제안된다.[39]

---

37 Ibid., 174-196.

38 Ibid., 199-232.

39 김운용, 『현대 설교코칭』, 307.

2. 갈등에서 해결로서의 설교(Preaching from Oops to Yeah)

이야기는 청중에게 메시지에 대한 흥미와 관심을 효과적으로 불러일으키고, 메시지에 대해 귀를 기울여 집중하도록 유도하며, 이를 이후에도 잘 기억하게끔 도와주는 효과가 있다. 여기에서는 통시적인 관점에서의 이야기식 전개보다는 설교학자 라우리(Eugene L. Lowry)가 제안하는 사건 중심의 설교학적 플롯(homiletical Plot) 방식을 집중하여 살펴보려고 한다. 플롯 방식은 라우리가 그의 책 *The Sermon*에서 효과적인 설교 전략을 위해 제시하는 아래 그림과 함께 이해해 볼 수 있다.

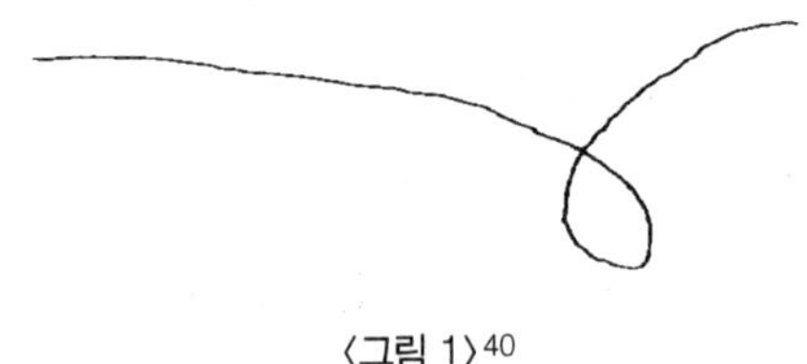

〈그림 1〉[40]

즉 설교의 움직임이 좌측에서부터 시작되어 우측으로 진행된다고 할 때, 그의 플롯 방식 설교는 위 그림의 구조 안에서 다음과 같은 세부 단계들로 진행된다.

〈표 4〉[41]

갈등 (Conflict)	→	심화, 복잡화 (Complication)	→	급격한 변화, 반전 (Sudden Shift)	→	해소, 밝혀짐 (Unfolding)

40 Lowry, *The Sermon*, 75.
41 Ibid., 81.

이러한 플롯 방식을 활용하여 설교를 전개해 보자면 그 개략적 흐름은 다음과 같은데, 예를 들어 "믿는 자에게는 능치 못함이 없습니다"라고 설교를 시작한다면, 혹 회중은 늘 익숙한 메시지이기에 별 감흥을 느끼지 못하거나 설교에 대한 흥미와 관심이 다소 떨어질 수 있다. 하지만 평형을 깨뜨려 "오늘 본문은 믿는 자에게는 능치 못함이 없다 말씀하시지만, 사실 저는 인생의 문제 앞에서 때때로 두렵고 떨 때가 많이 있습니다"라고 설교를 시작한다면 청중은 설교자의 진정성과 독특한 도입부에 호기심을 갖고 메시지에 대해 효과적으로 귀를 귀울이게 될 가능성이 높다. 이렇게 메시지의 평이성을 뒤엎는 접근으로부터 시작, 그 이야기를 점점 심화-발전시켜 나가면서, 나아가 최종적으로 회중이 복음을 깊이 경험하고 메시지의 결말을 향해 나아가는 방식이 바로 라우리가 제안하는 플롯 설교의 구조다.

① 웁스(Oops): 메시지의 평이성을 뒤엎기(Upsetting the equilibrium)
② 우(Ugh): 모순을 분석해 나가기(Analyzing the discrepancy)
③ 아하(Agh): 해결의 단초를 보여주기(Disclosing the clue to resolution)
④ 위(Whee): 복음을 경험하기(Experiencing the gospel)
⑤ 예(Yeah): 결과를 기대하기(Anticipating the consequences)[42]

이처럼 플롯 방식의 설교는 예를 들면 영화, 드라마 그리고 단편소설

---

42 Eugene L. Lowry, *The Homileitcal Plot: The Sermon as Narrative Art Form* (Louisville, Kentucky, Westminster John Knox Press, 1997), 22-26.

등에서와 같이 내러티브 구조 속의 갈등(conflict)으로부터 시작하여 그것의 해결(resolution)을 향해 나아가는 방식이며, 가려움을 먼저 제시하고 그것을 긁어주는 방향으로 나아가는 형태를 취한다. 그래서 이러한 방식은 어떤 면에서 문제 해결식의 설교 양상을 띤다고도 볼 수 있다. 따라서 이러한 플롯 방식을 따라 설교를 작성할 때 중요한 것은 어떻게 설교를 구성할 것인가인데, 설교자의 설교 작성 방법은 먼저 본문을 선정한 후에 설교에서 전하려는 중심 메시지 혹은 주안점을 잡는 것이다. 둘째로 어떤 모순점 혹은 문제점을 제시하여 그 문제를 점차 어떻게 풀어나갈지를 구상하고, 셋째로 이러한 설교 포인트들을 어떠한 구성으로 갈등-심화-반전시켜 나갈 것인지 구체화해 보는 것이다. 이러한 과정에서 하나님의 복음이 회중에게 어떻게 구체적으로 제시되고 경험될지 함께 구상하는 것도 중요하다.[43]

이와 같은 설교 스타일의 강점을 꼽으라면 역시 영화나 드라마와 같이 갈등-심화-반전-해소의 플롯 전개로 익숙한 현대 청중에게 효과적으로 설교 메시지에 대한 몰입도를 높일 수 있다는 점과 아울러 문제해결적 접근방식으로 인해 단순 예화로서 축소 사용되어 왔던 성경의 내러티브성의 귀환, 마지막으로 탄탄한 구성력으로 오랜 여운과 기억에 남게 만드는 설교적 효과 등이 있을 것이다. 하지만 효과적이고 설득력 있는 메시지를 위해 짜임새 있는 전개를 바탕으로 보다 더 성경적이면서도 탄탄한 신학적인 뒷받침이 또한 요구된다.

---

43 김운용, 『설교의 새로운 패러다임』, 267-268. 라우리의 설교학적 플롯의 특징과 장단점들 그리고 지속적 쟁점들의 논의에 대해서 다음을 참고할 수 있다. 조영창, "라우리(E. Lowry)의 설교학적 플롯(Homiletical Plot)과 그 논쟁점들," 「제71회 한국실천신학회 정기학술대회 자료집」 (2019): 539-566; 김양일, "유진 라우리(Eugene L. Lowry)의 설교신학 연구: 설교 플롯(Plot)을 중심으로," 「신학과 목회」 49 (2018): 137-160.

3. 플롯과 움직임 설교(Sermon as Plot and Moves)

설교학자 버트릭(David Buttrick)에 의하면 인간의 마음은 종종 카메라와 같이 작동하는데, 좋은 설교의 형태는 이러한 특성을 효과적으로 반영하는 설교다. 즉, 어떤 장면이 전개될 때마다 카메라 필름에 그 선명한 이미지를 담듯이, 오늘날 청중은 말씀의 장면이 전개되는 움직임 속에서 그들의 필름(의식) 속에 말씀의 상(image)을 담는다. 이런 점에서 설교자는 사진작가와 비슷한데, 설교자들은 일련의 설교적 장면들을 만들어 청중으로 하여금 보게 하고, 느끼게 하고, 이해하게 함으로써 그것을 통해 청중의 의식(consciousness) 속에 무언가가 인식되고 일어나게 하는 것이다. 이러한 접근은 특별히 기독교 설교가 본질적으로 무엇이 되어야 하는가에 집중해 오던 기존의 방식을 넘어 오늘날 설교를 통해 현대 청중의 마음의 건반을 누를 때 "실제 무엇이 그들 속에서 일어나고 있는가"에 초점을 두고 있다는 점에서 현상학적 방식(phenomenological method)이며, 그것을 움직임들(moves)이라는 플롯 구조에 담아 전개해 나간다. 여기서 설교가 이루어야 할 목표는 청중의 마음의 의식 속에 말씀의 이미지를 심는 것이다.[44] 김운용은 "버트릭은 설교 형태와 청취 과정 사이에 존재하는 심리학적인 관계성에 깊이 관심을 가지면서, 설교 과정 속에서 청중의 의식 속에 무엇이 일어나는가와 관련하여 설교가 구성되어야 한다고 주장한다"라고 말

---

44 Ibid., 324-325. 버트릭의 설교 신학의 깊은 이해를 위해서는 David Buttirck, *Homiletic: Move and Structure* (Philadelphia: Fortress, 1987); 김운용, "데이빗 버트릭(David Buttrick)의 설교 신학에 대한 연구," 「장신논단」 20 (2003): 285-311; 송관석, "데이비드 버트릭의 현상학적 설교학 연구: 설교의 '움직임'과 '구조'를 중심으로," 「설교한국」 16 (2022): 39-75 등.

한다.[45] 즉, 버트릭은 그간 전통적 방식들이 종종 간과했던 청중의 세계와 그 청중의 의식에 대한 영역들을 본격적으로 탐구함으로써 신선한 설교적 시도를 보여준다.

그렇다면 실제 설교자들이 설교 플롯을 작성하는 구체적인 방법은 다음과 같은데, 그는 4~6개의 장면을 사용하여 설교의 최종 지향점인 '아하' 포인트를 향하여 집약적으로 나아가는 설교의 형식을 소개한다. 즉, A에서 B로, B에서 C로, 계속해서 역동적으로 움직이는 4~6개의 다양하지만 통일성 있는 장면으로 설교를 구성한다. 또한 청중이 지루하지 않게 그들의 집중도를 고려하여 하나의 움직임은 약 4분 정도로 전개되며, 각 움직임은 진술-전개-영상-종결의 구조로 전개된다.[46]

〈표 5〉

장면 A		장면 B		장면 C		장면 D		장면 E
(4분)	→	(4분)	→	(4분)	→	(4분)	→	(4분)

각 섹션의 장면들을 통해 이 장면에서는 이러한 말씀의 의식이 청중 가운데 일어나도록 또 이어지는 장면에서는 이러한 말씀의 의식이 청중 가운데 일어나도록, 다채롭지만 유기적이고 통일성 있게 전개되는 움직임을 가지고 최종 아하 포인트로 끌고 가는 것이다. 이를 바탕으로 설교 작성 예시를 잠시 살펴보자면 다음과 같다. 예를 들어 누가복음

45 김운용, "새로운 설교 패러다임에서의 설교와 형태(II)," 「기독교사상」 499 (2000), 152.

46 김운용, 『설교의 새로운 패러다임』, 327-328. 알렌은 보다 더 세부적인 관점에서 각 장면을 (1) 진술, (2) 전개, (3) 영상, (4) 종결이라는 4중 구조를 가지고 설명하는데, 진술은 설교의 내용을 분명하게 하고, 이후 설교자는 진술의 내용을 보다 더 분명하게 전개하며, 전개 후 이 내용과 관련된 영상(혹은 묘사)을 제공하고, 마지막으로 내용을 종결하므로 마무리한다. 알렌/허정갑 옮김, 『34가지 방법으로 설교에 도전하라』, 147-148.

16장 19-31절에 나타난 '부자와 나사로의 비유'를 위의 장면 움직임들로 구성해 본다면, 부자의 등장(장면 A), 나사로의 등장(장면 B), 두 사람의 위치가 뒤바뀌는 현장(장면 C), 부자가 간청하는 모습(장면 D) 그리고 아버지 아브라함의 대답(장면 E)으로 움직임이 구성될 수 있다.[47]

첫 장면 전개만을 간단히 예시로 들어본다면, "(진술) 오늘 호화로운 현실에 젖어, 영원을 잊어버린 한 사람이 있습니다. (전개) 이 사람에게는 여느 사람에게처럼 부족한 것 하나 없어 보입니다. 심지어는 하나님 없이도 더 잘사는 것처럼 보입니다. 그의 삶의 모든 것이 다 풍요롭고 완벽해 보입니다. 사실 어쩌면 오늘 모든 현대인이 추구하고 갈망하는 삶이 이런 삶이 아닙니까? (영상) 좋은 집, 좋은 차, 많은 재산, 더 많은 것들을 누리는 삶…. 어쩌면 오늘 이 부자에게 있어 천국은 바로 사후가 아닌 지금 보여지는 이 세상, 바로 지금이 아닐지 모르겠습니다. (종결) 그의 인생은 오늘 오롯이 자기 자신과 이 땅의 삶에만 초점이 맞추어져 있습니다"(장면 A).

이러한 버트릭의 설교적 접근의 장점은 장면의 전개를 통해 청중의 의식 가운데 무엇이 각인되고 일어나게 할 것인가, 즉 설교자 외부의 청중의 의식 세계까지 그 설교적 관심들이 이어지게 하는 것이다. 설교자의 입장에서 단순히 말씀을 강해하고 일방적으로 회중에게 선포하는 것을 넘어 어떻게 실제적으로 하나님의 말씀이 회중의 마음과 의식 가운데 효과적으로 작용하고 영향을 미칠 수 있을지, 버트릭의 고민을 통해서 얻을 수 있는 장점이라 하겠다. 아울러 장면의 움직임들을 통하

47 김운용, "현상학적 전개식 설교 II: 청중의 의식과 현상을 고려한 설교방법," 「기독교사상」 46/9 (2002), 101.

여 주어지는 설교적 긴박감과 언어의 영상화는 영상과 미디어에 익숙한 오늘날의 청중에게 효과적이고 창의적인 접근일 수 있다.

V. 실천적 단계 : 각 설교 스타일에 따른 실제적인 설교 예시들

1. 네 페이지 설교 예시

윌슨이 제시한 위의 방법론을 참고하여 같은 본문으로 구체적인 설교문을 작성해 보면 다음과 같다.[48]

첫 번째 페이지(성경 속의 문제): 하인들에게 항아리에 물을 채우라는 이해할 수 없는 명령이 주어졌다.

가나에서 혼인 잔치가 열리고 수많은 사람이 몰려들기 시작했습니다. 예수님과 그의 어머니, 그의 제자들도 지금 혼인 잔치에 참여하고 있습니다. 사람들이 몰려들수록 하인들의 움직임 또한 점차 분주해지고 있습니다. 여기저기서 음식과 과일 그리고 포도주를 원하는 사람들 때문에 하인들은 정신이 하나도 없어 보입니다. 예식의 흥이 더 돋우어지는 가운데 여기저기서 포도주를 필요로 하는 소리가 점점 더 들려오고, 하인들은 빨리 손님들에게 포도주를 가져다 주기 위해 최선을 다하

48 아래 설교문은 장로회신학대학교 신학대학원 설교학개론 수업에서 인용된 네 페이지 설교 샘플(본문: 요 2:1-11, 제목: 물로 채우라)을 인용, 일부 수정하였다. 김운용, 장로회신학대학교 신학대학원 설교학개론, 2012. 10. 25.

고 있습니다. 그런데 여러분 이것이 무슨일입니까? 더 이상 포도주 통에 가져다 줄 포도주가 하나도 없는 것이 아닙니까? 단 한 방울도 말이지요. 그토록 흥겨운 잔칫집에 그만 포도주가 바닥이 난 것입니다. 주인은 울상을 짓고 있고, 하인들도 어떻게 해야 할지 몰라 발만 동동 구르고 있습니다. 바로 그러던 그때, 이 상황을 지켜보고 있던 마리아가 하인 몇몇에게 다가와 이야기합니다. 바로 그들에게 예수님께서 시키시는 대로 하라고 말이지요. 하인들은 어리둥절하여 예수님을 바라보았고, 예수님께서는 그들에게 이렇게 말씀하셨습니다. "여기에 있는 항아리에 물을 가득 채우라." 그 말씀을 듣자 하인들은 눈이 더 휘둥그레졌습니다. '물을?' '지금 포도주가 떨어졌는데 물을 채우라니?' 다소 황당한 예수님의 말씀을 듣자 그들은 '주인한테 가서 말을 하던가 하지, 왜 하필 힘도 없는 우리에게 와서 이런 황당한 일을 시키시는 것인가?' '물을 가져다가 손님에게 주었다간 잔칫집에 난리가 날 것이 뻔히 보이는데 이 일을 어찌해야 하는가?' 하인들의 마음은 지금 갈팡질팡하고 있습니다.

두 번째 페이지(세상 속의 문제): 우리들에게도 이해할 수 없는 말씀이 들려오는 때가 있다.

여러분, 포도주가 떨어졌으면 포도주로 항아리를 채워야지 물로 채우라는 황당한 주님의 음성은 비단 오늘 하인들에게만 들리는 것일까요? 어쩌면 오늘 이 세상을 살아가는 우리들의 귓가에도 때때로 이러한 주님의 음성이 들려올 때가 있습니다. 삶의 문제의 벽에 부딪혀 절망하는 우리에게 "아무것도 염려하지 말고 다만 모든 일에 기도와 간구로 너희 구할 것을 감사함으로 하나님께 아뢰라"는 주님의 음성이 들려옵니다. 진정 이 음성은 우리에게, 우리의 상황 가운데 맞는 음성일까요?

매일의 현실적인 문제들 속에서 아무것도 염려하지 말고 더 주님을 의지하고, 그분께 맡기며, 기도하라는 음성은 마치 오늘 항아리를 물로 가득 채우라고 말씀하시는 말씀과도 같이 들릴 때도 있습니다. 며칠 전 동창회를 다녀온 후 친구들의 자기 자랑하는 소리에 그만 질려서 왔다고 말하는 한 여자분을 본 적이 있습니다. 요즘 같은 SNS 시대 속에서 자신을 자랑하고 드러내는 일은 그저 흔한 일이지요. 사람들이 모인 곳에 가면 자기 자랑, 남편 자랑, 자식 자랑, 사람들은 다 무언가를 자랑하며 자신을 드러내느라 정신이 없어 보입니다. 그러한 세상 속에서 하나님께서는 우리에게 때때로 십자가를 자랑하라고 말씀하신다는 것이지요. 이런 상황 속에서 사람들에게 십자가를 자랑하라고? 이는 어쩌면 오늘 항아리를 물로 채우라고 말씀과도 같은 말씀으로 우리에게 다가오기도 합니다. 포도주로 채워야 할 항아리를 왜 자꾸 물로 채우라 하시는가? 하필 왜 나에게만 이런 엉뚱한 일을 시키시는가?

세 번째 페이지(성경 속의 은혜): 예수님께서는 하인들과 잔치 자리에 기쁨을 회복하게 만들어 주셨다.

자, 눈이 휘둥그레진 하인들은 이제 항아리를 들고 밖으로 나갔습니다. 그리고 그 항아리에 말씀대로 물을 붓기 시작했습니다. 첫 번째 항아리, 두 번째 항아리, 세 번째 항아리, 포도주가 아닌 물로 항아리를 하나씩, 하나씩 채워가기 시작했습니다. 이후 그들은 물로 가득 채워진 항아리에서 떠서 연회장에게 가져다 주었습니다. 그것을 받은 연회장은 항아리에 뜬 물을 마시기 시작합니다. 하인들의 긴장도 극에 달했지요. 그런데 이것이 무슨 일입니까? 지금 연회장이 신랑을 불러 이렇게 말하는 것이 아닙니까? "보통은 먼저 좋은 포도주를 내고 취한 후에는 안 좋은 것을 내놓는데, 그대는 지금까지 좋은 포도주를 남겨 두었군요. 대단합니다." 연회장의 이런 칭찬에 신랑의 기분이 날아갈 듯했고, 잔칫집에 있는 모든 사람 역시 흥에 겨워 최고의 잔치를 보내게 되었습니다. 그리고 지금 항아리에 물을 채워 왔던 하인들의 마음 역시 그 누구보다도 행복하고 즐거워졌습니다. 하인들은 물이 포도주가 되었다는 놀라움의 기쁨도 있지만, 사실 예수님과 그분의 일하심을 직접 경험하게 되었다는 기쁨이 그리고 그분을 믿게 되었다는 기쁨이, 생의 본질적인 행복감이 그들의 마음 깊은 곳에서부터 가득 차오르기 시작했다는 것이지요. 그리고 이로 인해 예수님의 제자들 또한 진심으로 예수님을 믿게 되었다는 고백의 소리가 터져 나오자, 물로 항아리를 가득 채워 왔던 하인들은 이 잔치의 주변인에서 이제는 이 기쁜 은혜의 잔치의 주인공들이 되어버렸습니다. 예수님은 하인들의 순종을 통해 누구도 예상치 못한 방법으로 모든 사람을 위한 은혜의 기쁨을 선사해 주셨던 것입니다.

네 번째 페이지(세상 속의 은혜): 하나님께서는 우리의 항아리에 채운 물도 은혜의 포도주로 바꾸신다.

강아지를 너무 갖고 싶었던 한 소녀가 있었습니다. 그래서 그 소녀는 소녀의 아버지에게 강아지를 사달라고 졸라대기 시작했지요. 소녀의 아버지는 그녀에게 강아지를 사달라고 조르기보다는 한번 10일 동안 하나님께 기도해 보라고 그녀에게 권유했다고 합니다. 그래서 소녀는 아버지 말대로 정말 10일 동안 간절히 기도했다고 합니다. 마치 항아리를 물로 채워갔던 것이지요. 기도하는 과정에서 놀라운 일이 실제 있었는데, 그것은 바로 자신이 간절히 기도한 대로 누군가가 이 소녀에게 가지고 싶었던 강아지를 선물해 준 것이었습니다. 시간이 흘러 이번에는 꼭 가지고 싶은 코트가 생겼는데, 저번의 경험으로 인해 소녀는 코트를 갖게 해달라고 엄마를 조르는 대신 하나님께 간절히 기도했다고 합니다. 소녀는 포도주가 아닌 물로 항아리를 다시 채워갔던 것이지요. 하지만 이번에는 무슨 일인지 코트가 생기지는 않았다고 합니다. 그럼에도 불구하고 소녀는 이후로도 무슨 일만 생기면 기도로 간구하며 자신의 항아리를 물로 계속 채워갔다고 합니다. 그리고 때때로 물은 그녀의 간구처럼 포도주가 되기도 했지만, 그렇게 되지 않기도 했다고 합니다. 어떨 때는 소녀의 항아리엔 그저 물만 가득하기도 했다고 합니다. 하지만 소녀는 늘 하나님께 의지하며 기도의 삶을 채워나갔습니다. 소녀는 언제나 무슨 일이 생기면 포도주 대신 물로 자신의 항아리를 채워나갔습니다. 그런데 여러분, 어느덧 시간이 흘러 소녀가 장성한 후에 그녀의 항아리엔 어느샌가 물도 포도주도 아닌 어떤 무언가가 가득 채워져 있었다고 합니다. 그것이 무엇일까요? 그것은 바로 그녀의 항아리엔 이제 물도 포도주도 아닌 하나님 그분께서 가득 채워져 계셨다고 하지요. 그녀의 항아리에는 그녀를 그토록 사랑하시는 주님으로 가득 채워져 있었다고 합니다. 사랑하는 여러분, 오늘 어쩌면 물이 포도주가 되는 기적도 때때론 우리에게 중요하지만, 하나님께서 우리에게 원하시는 것은 오늘 하인들이 경험했던 것처럼 그분 자신을 우리에게 알려주시고 그분을 더 깊이 경험하게 하시는 은혜가 아닐는지요? 이로 인해 우리의 삶의 항아리에 더 이상 없어질 세상의 것들이 아닌 하나님, 예수님, 성령님만이 가득하게 된다면, 생의 마지막 날 이 세상 누구보다 성공한 삶을 살았다 고백하게 되지 않을까요? 사랑하는 여러분, 오늘 우리들도 우리의 항아리에 물을 한번 가득 채워보시지 않겠습니까? 채우시는 그분이 우리 인생에 가득 채워지시도록 말입니다.

2. 갈등에서 해결로서의 설교 예시

라우리가 제시한 설교 방법론을 참고하여 구체적인 설교문을 작성해 보면 다음과 같다(본문: 욥 42:1-5, 제목: 이제는 눈으로 주를 뵈옵나이다).

첫 번째(Oops): 메시지의 평이성을 뒤엎기

“주께서는 못 하실 일이 없사오며 무슨 계획이든지 못 이루실 것이 없는 줄 아오니”(2절). 여러분, 질문을 하나 드리고 싶습니다. 오늘 왜 욥은 욥기서 거의 마지막 부분에서 이러한 고백을 주님께 드리고 있을까요? ‘주님은 다 하실 수 있습니다….’ 적어도 신앙인이라면 상식적으로 너무도 당연한 신앙고백이고, 그렇다면 왜? 이 위대한 신앙인이었던 욥이 지금 이러한 고백을 주님께 드리고 있을까요? 어쩌면 그의 인생에서 그가 경험했던 하나님은 때때로 전능하시기보다는 무능력한 분이 아니셨을까요? 교리적으로는 완전하셔도 적어도 그가 인생에서 경험했던 하나님은 무능해 보이거나 고난 가운데 부재하시는 하나님이 아니셨을까요?

두 번째(Ugh): 모순을 분석해 나가기

사실 오늘 욥도 저희가 말씀을 잘 살펴보면 때때로 참 많이 흔들렸던 것 같습니다. 당대 최고의 의인이라 인정받았던 이 욥도 저희가 욥기서를 잘 살펴보면 많은 사람의 삶과 그리 다르지 않은, 아니 어쩌면 때로는 더 심각하게 회의적이었다는 것을 발견하게 되지요. 오늘 2절의 말씀을 반대로 뒤집어 보면 이렇습니다. "주께서는 못 하실 일이 없사오며." 그러나 과거 고난 가운데 욥의 마음은 어쩌면 때로는 '하나님, 어떻게 저의 인생은 이렇게 힘이 듭니까? 남들이 모르는 고난, 남들이 모르는 문제, 어려움, 눈물… 제가 어떻게 하나님을 섬기며 살아왔는지 아시잖아요? 그런데 왜? 저의 인생 가운데 또 저의 자녀들 가운데, 저의 가정 가운데…. 하나님 진짜 저를 위해 일하시는 분이 맞습니까…. 하나님 진짜 살아계십니까?' "무슨 계획이든지 못 이루실 것이 없는 줄 아오니." 그러나 연단의 시간이 길어지자, 그는 '하나님 저에게 분명 이런 비전을 주셨잖아요? 이런 계획 또 꿈, 기도 가운데 분명하게 저에게 주셨잖아요? 그런데 지금은 왜? 저의 현실은 지금 이렇습니까? 저의 삶 가운데 왜 이런 어려움들로만 가득합니까?' 여러 각도에서 어쩌면 이해할 수 없는 인생의 무거운 무게가 욥을 짓누르기 시작하자 그의 신앙도 같이 짓눌려 버립니다. 자신이 생각했던 것보다도 훨씬 더 이 고난의 시간이 길어지자, 완벽했던 욥도 완벽하게 좌절합니다. 성경 최고의 신앙 인물 중 하나로 평가받는 욥도 욥기 3장 이후로부터 보면 처절하게 무너지지 않습니까? 심지언 이후 그 고백들을 보면 이분이 과연 신앙의 모델인가 싶기도 합니다.

세 번째(Agh): 해결의 단초를 보여주기

그런데요 여러분, 그래서 어쩌면, 저는 아주 역설적으로 오늘 말씀이 주시는 메시지가 너무도 좋습니다. 왜냐하면 우리에게 주신 하나님의 말씀은 절대 우리 인간의 삶을 미화하지 않기 때문이지요. 거짓으로 윤색하거나 영웅시 하지 않기 때문입니다. 아프면 아픈 대로, 힘들면 힘든 대로, 괴로우면 또 괴로운 대로, 인간의 가장 솔직한 부분들, 연약함들을 아주 적나라하게 드러내 우리에게 보여주시는 것이에요. 무슨 말입니까? 때때로 오늘 사람들은 성경이 깊이 있게 보여주시는 메시지와는 다르게 완벽한 신앙 모습만을 신앙의 모습으로 생각하는 것 같습니다. 그래서 100% 완벽하게 믿어야만 마치 영웅처럼, 그래야 교회도 다니는 것이고, 신앙생활 하는 것이고, 오직 이것만이 믿음 생활하는 것이라고 생각하기도 하는 것 같습니다. 그래서 문제는, 때때로 좀 넘어지면 신앙생활을 포기하려 합니다. 그래서 또 때때로 좀 실수하면, 문제 있으면 은혜의 자리에서 멀어집니다. 심지어는 주님께도 아예 나아오지 않으려 합니다. 왜? 완벽한 신앙의 모습만을 신앙의 모습으로 오해에 왔기 때문이에요. 여러분 오늘 우리에게 주시는 주님의 말씀이 있습니다. 생명의 복음이 있어요. 여러분, 우리는 결코 슈퍼 영웅이 아닙니다. 또 슈퍼 영웅이 될 필요도 없습니다. 오직 저와 여러분에겐 오직 유일한 영웅이시요 구원자이시요 생명되신 우리 주 예수 그리스도만이 계시는 줄로 믿습니다. 그분이 욥에게처럼 때때로 아무도 이해하지 못하는 우리의 상한 눈물을 닦으십니다. 또 내 마음의 고난, 상처, 때때로 아무도 이해 못 하는 나의 환경, 나의 삶, 친히 위로하시고, 격려하시고, 싸매시고, 고치시고, 힘주시고, 도와주시는 우리의 진정한 영웅이 우리에겐 계시는 것이에요. 그래서 욥도 이렇게 고백하는 것이 아닐까요? "무지한 말로 이치를 가리는 자가 누구니이까 나는 깨닫지도 못한 일을 말하였고 스스로 알 수도 없고 헤아리기도 어려운 일을 말하였나이다"(3절).

네 번째(Whee): 복음을 경험하기

개인적으로 주님의 이끄심 가운데 유학을 시작하면서 감사한 시간도 참 많았었지만, 반면에 여러 가지 마음이 어려웠던 시간도 함께 기억납니다. 그 몇 가지 중, 하루는 소소하게는 얼마 안 된 핸드폰을 도둑맞기도 하고 또 한날은 산 지 얼마 안 된 자전거를 주일 아침 도난당하기도 했습니다. 또 아내가 좀 갑자기 다쳐 힘든 때도 있었고, 저 또한 대학병원에서 계속 검사를 받아야 했던 시간도 있었습니다. 이외에도 많은 일들이 있었지만… 그중에서 가장 힘들었던 기억 중의 하나는, 그 당시 저희 어린 딸아이가 치아 대부분이 그리 좋지 않았었는데, 이것들이 부서지고 구멍이 나더니, 저녁에 관리해 줄 때도 피가 계속 나고, 그래서 부득이 진료를 받았지만 수술 견적이 유학생으론 감당할 수 없는 비용이 나온 것입니다. 아이 상태에 대한 진료를 받고 이제 아이를 안고 병원에서 나와 버스 타는 곳까지 걸어가는데, 아빠로서 무능력한 제 자신이 너무나도 비참했습니다. 미안하고 또 미안하고, 그다음 스텝에 대한 계산이 서지 않더라고요. 하나님이 늘 함께 하심은 알았지만, 힘든 가운데, 현실 가운데 하나님은 때때로 무능력하시거나 부재하시는 것만 같았습니다. 그러던 가운데 우연히 한 찬양이 제 귀에 들려오게 되었는데, 저는 솔직히 이 찬양을 잘 몰랐습니다만, 들려온 찬송가 가사가 타지에서 저의 온몸으로 다가오기 시작했습니다. 그리고 마치 저를 향한 주님의 음성처럼 들리기 시작하는 것이에요. "나를 붙드네 나를 붙드네 사랑하는 나의 주 나를 붙드네"(찬송가 374장). 시간이 지나 매일 저녁 가정에서 예배를 드리면서 기도 제목을 적어 하나님께 겸손히 그리고 간절히 저희의 상황을 아뢰기 시작하고, 제 딸에게도 아직은 어리지만 상황을 설명시키고 같이 기도하며 나아가는 시간을 보냈습니다. 시간이 흘렀습니다. 결론은 어떻게 되었을까요? 이 일을 통해 부족한 저는 다시금 또 깨닫게 되었습니다. 수천 년이 지난 지금에도 다시 하나님의 말씀으로 홍해는 갈라지고, 요단강도 다시 갈라지고, 여리고성도 여전히 무너지고 있다는 사실을 말이지요. 저의 예상을 넘어 하나님의 정확하신 때와 계획 속에서 지도교수님을 통하여서 또 현지 의사 선생님을 통하여서 생각지도 못한 하나님만의 계획과 방법으로 하나님께서는 자신의 사랑하는 딸을 위해 일하시기 시작하셨습니다. 그리고 지금은 잘 치료되어 귀로만 듣던 하나님을 저희 가정 모두가 겸손히 눈으로 보도록 만들어 주셨습니다.

다섯째(Yeah): 결과를 기대하기

여러분, 오늘 저희 각자를 향한 하나님의 크신 계획과 뜻은, 타이밍과 때는 저희가 다 알 수도 없고 또 다 다를지도 모르겠습니다. 그러나 저희가 말씀을 통해 믿는 분명한 사실은 하나님은 여전히 저희의 좋은 아버지 되시며 저와 여러분을 저와 여러분의 삶과 기도를 결코 외면치 않으신다는 사실입니다. 오늘 하나님께서 욥의 고백이 저와 여러분의 소망의 고백이 되기를 원하시는 줄로 분명히 믿습니다. 비록 고난 속에서 "내가 주께 대하여 귀로 듣기만 하였사오나 이제는 눈으로 주를 뵈옵나이다"(5절). 이와 같은 놀라운 은혜가 오늘 저와 여러분의 삶 가운데 넘치기를 주님의 이름으로 간절히 소망합니다.

3. 플롯과 움직임 설교 예시

버트릭이 제시한 방법론을 바탕으로 작성된 구체적인 설교문은 다음과 같다(본문: 렘 24:4-9; 롬 8:35-39, 제목: 유배민들에게 보내는 편지).[49]

시작: 몇 년 전 잡지 「라이프」(*Life*)는 애처로운 사진을 실었습니다. 그 사진에는 중동 포로수용소의 가시돋친 철조망 뒤에 서 있는 아랍인 전쟁포로가 있었습니다. 그는 반바지에 낡은 즈크화를 신고 있었습니다. 그의 목걸이에는 그가 한때 살았던 집의 커다란 열쇠가 걸려 있었습니다. 그는 마치 "내가 여기에서 어떻게 살 수 있을까?"라고 말하는 것처럼 그의 손을 무력하게 펼친 채 서 있었습니다. 그런데 이 질문이 오늘날 우리 교회 안에 메아리치고 있는 것 같습니다. "우리는 여기에서 어떻게 살 수 있을까요?" "우리는 유배민들로서 세속 세계에서 어떻게 살 수 있을까요?" 따라서 유배민들에게 편지를 쓰고 있는 선지자 예레미야의 말씀을 들으십시오. 귀 기울이십시오. 그가 지금 우리에게 편지를 쓰고 있기 때문입니다.

첫 번째 장면: (진술) '유배'는 오늘날 미국에 살고 있는 기독교인들에 대한 은유인 것처럼 여겨집니다. 우리는 세속 세계에서 유배민들로 살고 있습니다. (전개) 옛날에 미국은 참된 신앙인들에 의해 정착되었습니다 — 뉴잉글랜드에는 청교도들, 스페인 플로리다에는 구교도들이 있었고, 이 두 지방 사이에 있는 뉴욕시에는 네덜란드 개혁파, 동부 펜실베니아에는 독일 경건주의자들, 버지니아주 전체에 걸쳐서는 귀족 영국 국교도들이 퍼져 있었습니다. 그러나 지금 스테판 카터(Stephen Carter)를 인용하면, 우리는 '불신앙의 문화' 속에 살고 있습니다. 과거에는 교회의 종소리가 주일 아침에 울려 퍼졌으나, 오늘날 우리는 도시

49 알렌/ 허정갑 옮김, 『34가지 방법으로 설교에 도전하라』, 149-155. 이 책에서 제시된 버트릭의 설교문 전문을 인용하였다.

레스토랑에서 값비싼 브런치를 먹고 있습니다. 옛날에 당신들의 훌륭한 할아버지는 『천로역정』(*Pilgrim's Progress*)에 의해 그의 발자취를 판단했으나, 지금 우리는「싸이콜로지 투데이」(*Psychology Today*)를 구독하고 있습니다. 20세기에 들어서면서 무신론자들은 그들의 입장을 지키기 위해 모여야만 했습니다. 그러나 불가사의하게도 시대는 변했고 오늘날은 하나님을 믿는 사람이 그들 자신을 설명하기 위해 준비해야만 합니다. (영상) 브로드웨이에서 토니 쿠쉬너(Tony Kushner)는 미국의 종교를 하나님이 언젠가는 미국에 다시 오실 것인지 아닌지, 언제 다시 미국에 오실 것인지를 궁금해하면서 커다란 성경책 크기의 책을 꽉 쥐고 있는 한 무리의 늙은 천사의 모습으로 묘사하고 있습니다. (종결) 유배. "기독교인들은 세속 세계에서 어떻게 살 수 있을까?" 이 질문이 오늘날 우리를 괴롭게 합니다.

두 번째 장면: (진술) 주변에 있는 소리에 귀 기울여 보십시오. 교회 안에 있는 소리를 들어보십시오. "우리는 어떻게 살고 있습니까?" 조언이 부족한 것이 아닙니다. (전개) 어떤 기독교인들은 여전히 종교적 부흥이라는 밝은 꿈을 뒤쫓고 있습니다. 때때로 「타임」지는 베이비붐 시대에 태어났던 사람들의 신앙과 교회들이 쇠퇴하고 있다고 대서특필합니다. 그러나 아무래도 부흥은 남부 지역에서조차도 더 이상 일어날 것처럼 여겨지지 않습니다. 다른 기독교인들은 정치적인 권력에 의해 세속주의자들로부터 땅을 되찾기 위해 투쟁적인 기독교 연합에 가담합니다. 가난한 사람들을 위한 복지 예산은 삭감하면서도 막대한 국방비용은 찬성하는 이들이 학교 교실에서 기도하기를 원하고, 반여성주의자이면서 사형제도를 강력히 찬성하기까지 하는데, 그 어디에 예수

그리스도의 목소리가 있다고 주장할 수 있습니까? 물론 대부분의 교회가 고귀한 삶을 위해 그들 자신을 놓지 않으려고 노력 중입니다. 오늘날 생존은 게임의 이름일 뿐입니다. (영상) 여러분은 몇 달 전 둔스버리(Doonesbury) 만화를 보셨습니까? 그것은 맨 앞자리에 두 명의 작고 늙은 숙녀들과 그들 뒤에 노쇠한 늙은 신사만이 앉아있고, 젊은 사제는 설교단에서 팔을 높이 올린 채 "우리의 시대는 다시 올 것입니다!"라고 말하고 있는 거의 텅 빈 고딕 양식의 교회를 보여주고 있습니다. 우리는 그 약속이 이루어질 것 같지 않기 때문에 조용히 미소를 머금습니다. (종결) 우리 자신의 땅에서 추방되어 우리는 이방 세속 세계에서 주를 위해 어떻게 살 수 있습니까?

세 번째 장면: (진술) 예레미야가 말씀하고 있습니다. 선지자 예레미야가 우리를 위한 말씀을 가지고 있습니다. (전개) 들으십시오. 집을 짓고 정착하십시오. 정원에 씨앗을 심고 그것들을 추수하십시오. 부인을 얻으십시오. 그는 계속해서 적고 있습니다. 아이들, 손주들, 증손주들을 기르십시오. 외관상 유배지에서조차도 우리는 여전히 하나님의 창조—인간의 즐거움에 대해 선한 것들로 가득 찬 세계— 안에 살고 있습니다. 여러분의 집을 짓고, 여러분의 아이들을 기르고, 그 땅의 추수를 마음껏 즐기십시오. 여러분은 예레미야가 기독교의 고립된 집단, 심지어는 미국의 교회 밀집 지역(Church Street)에 있는 스테인드글라스를 지지하게 할 수 없다는 것에 주목하십시오. 예레미야는 어느 곳이든지, 심지어 유배지에서조차도 우리가 하나님의 선한 창조 안에 살고 있다는 것을 알았기 때문입니다. 지상에서 인간과 인간이 함께 말입니다. (영상) 새로운 이웃이 최근에 우리 인근으로 이사를 왔습니다. 어떤

부인은 몇 년도 되지 않았는데 너무 많은 이사를 했습니다. 그녀는 그녀가 살았던 모든 집의 사진을 담은 앨범을 가지고 있었습니다. 모든 사진에는 동일한 오래된 테이블과 꽃 정원이 항상 있었습니다. 그녀는 "나는 나의 부엌 테이블로 이사를 하고 나서 나의 정원을 가꿉니다"라고 설명했습니다. "집을 짓고 당신의 밭을 가꾸고, 그 땅에서 마음껏 즐기십시오." 예레미야는 유배지에 있는 사람들에게 그렇게 쓰고 있습니다. (종결) 예레미야는 20세기 기독교인들인 우리에게 "인간 세계와 연합하라!"고 말하고 있습니다. 하나님의 선한 창조는 모든 곳에 그리고 어느 곳에든지 있기 때문입니다.

네 번째 장면: (진술) 자, 이제 멈춰서 한가지 질문을 해보십시오. 무엇이 그의 신앙을 부추깁니까? 예레미야는 그가 하나님의 말씀을 나누어주고 있다고 어떻게 확신할 수 있었습니까? (전개) 여러분은 그 편지가 어떻게 쓰여졌다고 들었습니까? "내가 유배시켰던 모든 유배민들에게" 보내는 주의 말씀이라고 여러분은 들었습니까? "나, 하나님이 유배시켰던 유배자들에게." 우리는 마치 세속 세계가 하나님으로부터 분리되어 세워진 것처럼 그것에 대해 이야기합니다. 그러나 아닙니다. 하나님은 우리의 유배를 실현하는 데 처음부터 쭉 관여하셨습니다. 하나님이 우리를 중세 교회의 승리주의(triumphalism)로부터 해방시키셨습니까? 아마도 그럴 것입니다. 또한 우리가 하나님의 의지로부터 방황하려고 한다면 우리는 결국 혼란, 즉 불신앙이라는 이상야릇한 혼동으로 끝날 것이라고 하나님이 정하셨습니까? 아마도 그럴 것입니다. 그러나 세속 세계는 여전히 하나님의 세계이고 동시에 하나님이 사랑하는 세계입니다. (영상) 따라서 초창기 장로교 지도자 브라운 박

사는 그의 노년에 갓 시작한 NCC(National Council of Churches) 앞 강단에 서서 그의 신앙에 대해 외쳤습니다. 그는 말하기를, "나는 하나님의 영원한 목적이라는 엄청난 해류가 모든 만물의 표면 아래로 흐르고 있다는 것을 믿습니다"라고 했습니다. 아무쪼록 세속주의는 종교개혁과 함께 시작했습니다. 19세기 중반에 그것은 '주의'가 되었습니다. 그리고 세속주의는 퍼져나가서 유럽 전역에 있는 교회들은 비어 있고 현재 미국이 이 자리에 있습니다. 세속 세계는 과학, 산업, 노동조합, 대학교, 정치적 인당, 교회에 의해 형성되어 왔습니다. (종결) 그럼에도 불구하고 어쨌든 하나님은 모든 것에 관련되어 있습니다. "내가 유배 보냈던 유배민들에게" 말입니다. 귀 기울이십시오. 세속 세계는 여전히 하나님의 세계입니다.

다섯 번째 장면: (진술) 따라서 우리가 세속의 시대에 하나님을 섬길 수 있는 것들을 추측해 보십시오. 우리의 소명은 지금 여기에서 하나님을 섬기는 것입니다. (전개) 예레미야는 "그 도시의 번영을 추구하라", "네가 있는 그 땅의 번영을 위해 기도하라"고 노래합니다. 귀 기울이십시오. 우리는 예수 그리스도를 따르는 기독교인들입니다. 그는 인간 세계에서 인간으로 살았습니다. 그는 아픈 사람들을 고치셨습니다. 그는 담대히 선포했습니다. 그의 제자들처럼 우리도 역시 공공의 선을 위해 일하면서 세속적인 세계를 섬겨야만 합니다. 따라서 여러분은 교회학교 클래스에 모든 시간으로 당신 자신을 헌신할 것이 아니라 가난한 지역에 있는 학생들을 섬기기 위해 또한 애써야 할 것입니다. 우리가 모든 아이를 위한 멋진 학교를 필요로 한다는 것을 하나님은 알고 계십니다. 그리고 오늘날 우리는 정치적인 영역에서도 용기를 내어 이야기

해야 하기 때문에 단지 교회 지도자만 되지는 않을 것입니다. 미국은 정치적인 행동을 함께하는 데 어려움을 가지고 있습니다. 현재 위험한 것은 기독교인들이 우리의 머리 위로 신앙이라는 덮개를 뒤집어쓴 채 우리의 성경을 꼭 부여잡고 안전하고, 달콤하고, 은신처 된 교회로만 생각할지 모른다는 것입니다. 안 됩니다. 우리는 하나님의 말씀을 세상에, 우리가 살고 있는 세속 세계에 선포해야만 합니다. (영상) 몇 년 전 주일학교 어린이들에 의해 그려진 커다란 그림책이 있었습니다. 그 책의 중앙에는 한가운데 접어 넣는 페이지가 있었는데, 거기에는 테이블에서 기다리고 있는 웨이터들처럼 서로서로를 향하여 몸을 아래로 구부리고 있는 여러 쌍의 사람들을 그린 추가 모형의 커다란 그림(stick figure)들이 있었습니다. 아래에는 제목이 크레용으로 적혀있었는데, '하나님의 왕국'이었습니다. 모든 이교도 지역은 여전히 하나님의 왕국 내에 있고, 모든 순간 이웃들에게 유용합니다. (종결) "도시의 번영을 위해 일하라"고 예레미야는 노래하고 있습니다. "그 땅의 번영을 위해 기도하라." 주님의 명령입니다! (마침) 그러므로 우리는 세속 세계에서, 유배지에서 신앙을 가지고(신앙 안에서) 어떻게 살아야 합니까? 맞습니다. 우리는 이 세상에 정착하고, 우리의 아이들을 기르고, 모두의 번영을 위해 일합시다. 그리고 우리는 하나님 사랑이라는 엄청난 해류처럼 우리 삶을 둘러싸고 있는 섭리를 믿으면서 하나님의 가족으로서—떡을 떼고, 잔을 나누면서— 잔치를 베풉시다.

VI. 나가는 말

본 연구는 하나님께서 여러 성서 기자와 다양한 형태를 사용하셔서 각 시대의 청중에게 가장 효과적인 방법으로 커뮤니케이션하셨다는 점에서 출발하여, 오늘날 하나님의 말씀을 가장 효과적으로 들려주어야 할 메신저들을 대상으로 효과적인 현대 강단 커뮤니케이션을 위한 다양한 설교적 노력들을 형태론적 관점에서 소개하였다. 이를 위해 기독교 설교 역사 속에서 초기 교회부터 현대에 이르기까지, 고전적 설교 형태들로부터 다양한 현대 설교 형태들까지 그 설교적 노력들을 개략적으로 살펴보면서 또한 전통적 설교 패러다임들과 현대적 설교 패러다임들, 각 방식이 가지고 있는 장단점들도 함께 고찰해 보았다. 이를 바탕으로 보다 더 실천적인 관점에서 설교자들에게 실제 도움이 될 수 있는 현대적 설교 형태 중 세 가지 정도의 효과적인 설교 스타일(네 페이지 설교, 갈등에서 해결로서의 설교, 플롯과 움직임 설교)에 주목·소개함으로써 그 실제적인 예문들과 함께 현장에서 유용하게 적용해 볼 수 있도록 노력하였다. 이러한 노력을 통해 이 시대 설교자들이 현대 청중에게 보다 더 효과적이고 풍성한 하나님의 메시지를 들려주기를 간절히 소망한다.

메타버스 인공지능 시대 목회와 선교에 대한 재고 및 대응 방안

김윤태 월드미션대학교 교수 / 선교학

I. 들어가는 말

랄프 윈터(Ralph D. Winter)는 "네 사람, 세 시대, 두 과도기: 근대 선교"(Four Men, Three Era, Two Transitions: Modern Missions)라는 그의 글에서 근대 선교를 세 시대로 구분하였다.[1] 첫 시대는 1792년부터 1910년까지 윌리엄 케리(William Carey)에 의해 시작되어 주로 구라파인들이 활약한 해안 선교 시대(Coastland Mission)다. 두 번째 시대는 1865년부터 1980년까지 허드슨 테일러(Hudson Taylor, 1832~1905)에 의해 시작되었고 주로 미국인들이 활약한 내지 선교 시대(Inland Mission)다. 세 번째 시대는 1934년부터 현재까지 도날드 맥가브란

1 Ralph Winter, "성경적, 역사적 문화적, 전략적 관점에서 본 선교," *Mission Perspectives*, 정옥배 옮김, 『미션 퍼스펙티브』 (서울: 예수전도단, 2000), 218-226.

(Donal McGavran, 1897~1990)과 카메런 타운센드(Cameron Townsend, 1896~1982)가 시작하였고 주로 제3세계인들이 담당하게 될 '간과된 이들', '감추인 족속들'(Bypassed, Hidden People)로 불리는 미전도 종족(Unreached People) 선교 시대다. 그렇다면 미전도 종족 선교 시대 이후 21세기 선교는 어떤 환경에서, 어떤 패러다임으로, 어떻게 진행될 것인가? 목회 현장은 또 어떤 변화가 일어나며, 어떻게 대비해야 할까?

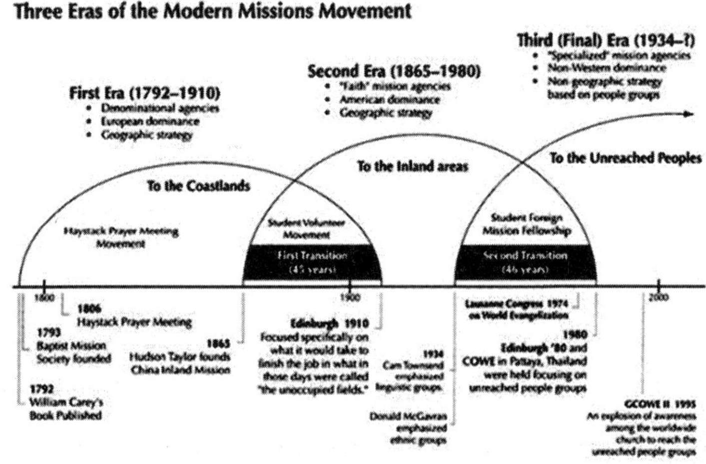

랄프 윈터의 근대 선교 3시기(2000, 218-226)

21세기 들어 인류는 정보통신기술 문명의 발달로 비약적인 문명의 고도화를 이루어 냈다. 무엇보다 인공지능(AI)과 사물인터넷(IoT), 빅데이터(Big Data), 클라우드 컴퓨팅(Cloud Computing) 그리고 모바일 정보통신기술이 기존의 경제와 산업, 사회 전반에 융합되어 혁신적인 변화를 만들어 내는 4차 산업혁명 시대가 시작되면서 목회와 선교 환경은 이전과 비교할 수 없을 정도로 급격하게 변하고 있다. 그중에서도 현실과 가상이 결합된 메타버스의 등장과 인류의 지능을 위협하는 인공지능의 등장은 목회뿐 아니라 선교와 전도, 기독교 교육 현장에 전면적인 재고와 전략적인 성찰을 요구하기에 이르렀다. 따라서 필자는 21세기 메타버스 인공지능 시대의 전망과 도전을 살펴보고 그에 따른 목회적, 선교 신학적 재고와 전략, 대응 방안을 각각 제시해 보고자 한다.

II. 메타버스 인공지능에 대한 이해

메타버스 인공지능 기술은 앞으로 우리 사회와 삶뿐 아니라 21세기 선교와 목회 현장에서도 큰 기회와 도전을 동시에 가져올 것으로 예상된다. 개념은 무엇인지 그리고 어떻게 발전되고 있는지, 앞으로 어떤 문제점을 야기할 수 있는지 메타버스 인공지능에 대한 전망과 도전을 살펴보도록 하겠다.

1. 온라인 가상공간 메타버스

인터넷과 모바일 기기, 5G 기술의 발명은 인류의 생활 공간을 오프라인 현실공간에서 온라인 가상공간으로 확장시켰다. 이런 현상은 2019년 말 시작된 코로나 팬데믹으로 더욱 심해졌는데, 재택근무가 일상화되고 온라인 회의가 보편화되면서 온라인 가상공간은 현실 세계보다 더 중요한 생활 주거 공간이 되어버렸다. 무엇보다 온라인 가상공간은 가상현실(VR) 기술과 사물인터넷(IOT) 기술이 만나면서 메타버스(metaverse) 환경으로 더욱 확장되었는데, 메타버스는 가상, 초월의 의미인 '메타'(meta)와 세계, 우주의 의미인 유니버스(universe)를 합성한 신조어로 일종의 확장된 가상 세계라고 할 수 있다. 좀 더 정확히 말하면 가상 자아인 아바타를 이용하여 현실 세계와 같은 사회, 경제, 정치, 문화적 활동을 영위하는 가상 현실공간이라고 할 수 있다.[2]

메타버스는 첫째, 포켓몬 Go 게임처럼 현실 공간에 2D 또는 3D로 표현한 가상의, 겹쳐 보이는 물체를 통해 상호작용하는 환경을 의미하는 증강현실(Augmented Reality), 둘째, 인스타그램(Instagram)처럼 사물과 사람에 대한 일상적인 경험과 정보를 캡처하고 저장하고 묘사하는 일상 기록(Lifelogging), 셋째, 구글 어스나 네이버 지도와 같이 실제 세계를 가능한 사실적으로 반영하되 정보적으로 확장된 가상 세계인 거울 세계(Mirror Worlds), 넷째, 로브록스(roblox)나 제페토(zepeto)처럼 현실과 유사하거나 혹은 완전히 다른 대안적 세계를 디지털 데이터로 구축한 가상 세계(Virtual Worlds)로 분류된다.[3] 2023년 현재 메타버스를 구현한 플랫폼은 포트나이트(fortnite), 마인크래프트(Mine- craft), 로블록스, 동물의 숲, 제페토, 이프랜드(ifland), 세컨드 라이프(second life) 등이 있다. 현재 아마존이나 구글 같은 기업도 메타버스 플랫폼에 천문학적인 투자를 하고 있으며, 세계 최대 SNS 기업인 페이스북은 아예 사명을 메타(meta)로 바꾸기도 했다.

제한된 공간에서 규정된 활동을 할 수밖에 없었던 가상현실(VR)이

---

2 메타버스(metaverse)는 1992년 스티븐슨(Neal Stephenson)의 소설 *Snow Crash*에서 처음 등장한 용어다.

3 John Smart, Jamais Cascio, and Jerry Paffendorf, *A Metaverse Roadmap: Pathways to the 3D Web* (2007), 6-16.

나 증강현실(AR)과는 달리 메타버스는 끝없이 확장되는 오픈 월드에서 제약 없는 활동이 가능하다는 점이 특징이다. 예를 들어 하나의 아바타로 실재와 똑같은 가상 환경에서 동시에 여러 명과 게임을 하다가 다시 로그인하거나 플랫폼을 갈아타지 않고 바로 쇼핑하거나 회의를 진행하면서도 동시에 현실 세계와 연동되는 특징을 가진다. 사실 메타버스는 어느 날 갑자기 나온 기술이 아니다. 이미 2003년부터 세컨드 라이프 서비스가 미국에서 출시되었고, 2000년대 후반에 2천만 명이 넘는 사람들이 이 서비스를 이용하기도 했다. 한국에서는 1999년에 싸이월드가 출시되어 큰 인기를 끌기도 했으나 쇠락했다가 최근 모바일 기기의 보급과 5G 기술, 블록체인 기술의 발전으로 다시 인기를 끌고 있다. 로블록스의 경우엔 동시 사용자가 570만 명에 이르고, 네이버의 제페토는 가입자가 무려 4억 명이다. IT 전문 온라인 매체 디인포메이션(The Information)은 2025년까지 메타버스의 시장 규모가 약 820억 달러, 한화로 100조에 이를 것으로 추정했는데, 페이스북 CEO 저커버그(Mark Zuckerberg)는 이러한 예측을 넘어 앞으로 10년 안에 수조 달러의 메타버스 생태계를 구축할 것이라는 의지를 밝혔다. 그는 1990년대 후반 인터넷 혁명이 일어났듯이, 다음 혁명은 메타버스 혁명이 될 것이라고 예견하였다.[4] 실제로 메타버스는 인류의 생활 방식이나 주거 방식, 경제활동까지 송두리째 바꿀 것으로 예상되는데, 예를 들어 메타버스 환경이 고도로 발달하면 도시를 떠나 시골에서도 삶이 가능해서 도시 인구집중화를 막을 수 있고, 물리적 공간에 막대한 설비 투자

4 김성민, "페북, 회사명 '메타'로 바꾼다," 「조선일보」 2021. 10. 29., https://www.chosun.com/ economy/tech_it/2021/10/29/D6ZSCGHKLJF3DERRVA5PGGPO3I (2024. 9. 3. 접속).

를 해야만 하는 서비스 산업이 메타버스 생태계로 옮겨가면 신규 사업자의 진입장벽이 낮아져 특정 기업의 독점이 사라질 수도 있다. 블록체인(Blockchain) 기술을 활용한 NFT(Non-fungible token, 대체 불가능 토큰)가 메타버스 환경에 보편화되면 국가 간의 무역이나 개인의 사업, 경제활동에 수많은 장벽이 사라져 인류는 지금까지 경험해 보지 못한 새로운 현실을 마주하게 될 것이다.

2. 메타버스 시대 인공지능

21세기 들어 인류가 경험하고 있는 또 다른 기술 혁명은 인공지능이다. 사실 인공지능은 17세기부터 구상되던 개념이었지만 본격적인 연구는 1950년대부터 시작되었다. 그러다 2010년대 머신러닝(machine learning) 기술과 딥러닝(deep learning) 인공신경망 기술, 거기에 빅데이터가 결합되면서 인공지능은 비약적으로 발전하기 시작했는데, 그럼에도 불구하고 인공지능과 인간이 말로 소통하는 데 여전히 어려움이 있었다. 그러다 2017년 구글의 바스와니(Vaswani)가 언어 처리에 획기적인 처리 능력을 가진 트랜스포머(Transformer)라는 알고리즘을 발표했는데, ChatGPT가 바로 이 트랜스포머 구조를 갖추고 있다. ChatGPT란 CHAT에 Generative Pre-trained Transformer(GPT)가 합쳐진 합성어로 2015년 샘알트만(Sam Altman)과 일론머스크(Elon Musk)가 공동 창업한 Open AI가 개발한 대화형 인공지능 서비스다. 기존의 인공지능 서비스와 달리 이 프로그램은 주어와 술어 간의 관계를 확률적으로 추론하여 질문의 의도와 맥락까지 이해한다는 것이 특징이었다.[5] 2022년 11월 30일 ChatGPT 3.5버전이 처음 공개되자

마자 5일 만에 이용자 수가 100만 명을 넘어섰고 40일 만에 1,000만 명, 두 달 만에 1억 명을 돌파하기에 이르렀다. 2023년 3월에는 더욱 업그레이드된 GPT-4가 출시되면서 창의성이 대폭 업그레이드되었는데, 노래 작곡이나 시나리오 작성, 사용자의 글쓰기 스타일까지도 학습할 수 있게 되었다. 그해 11월에는 GPT-4 Turbo, 2024년 5월엔 GPT-4o가 각각 공개되었다. GPT-4o는 사람과 대등한 속도의 응답시간으로 실시간으로 마치 영상통화를 하듯이 대화가 가능하다. 심지어 사람의 말투와 표정을 읽고 감정을 이해할 수 있으며 이미지와 동영상을 실시간으로 인식하고 설명할 뿐 아니라 주위 상황을 통합적으로 인식하여 사용자가 어떤 상황인지 판단할 수도 있다. 최근에는 마이크로소프트에서 '뉴빙'(New Bing)을, 구글에서는 '제미니'(Gemini)를 출시하면서 인공지능 경쟁에 뛰어들었다. 한국에서도 카카오톡과 연동된 ChatGPT 애스크업(AskUp), 금융권 대상 GPT 기반 루시아(Luxia), GPT4와 GPT4-Turbo 기능을 무료로 사용할 수 있는 뤼튼(WRTN)이 차례로 출시되었다. 바야흐로 인공지능의 홍수 시대, 황금시대가 시작된 것이다.

인공지능은 현재 모든 산업 생태계를 송두리째 바꿀 것으로 보인다. 앞으로 쇼핑이나 검색을 AI가 알아서 대신해 줄 것이다. 그렇다면 아마존이나 구글 같은 기업의 독점적 지위가 흔들릴 수도 있다. 실제로 2023년 5월 22일 빌게이츠는 한 강연에서 "나는 미래 최고 기업의 AI가 개인 디지털 비서가 될 것이라고 믿는다"고 말한 바 있다. 이것을 눈치

5 Henry A. Kissinger, Eric Schmidt, and Daniel Huttenlocher, *The Age of AI: And Our Human Future*, 김고명 옮김, 『AI 이후의 세계』 (서울: 월북, 2023), 112.

채고 현재 가장 많은 투자를 하고 있는 기업은 애플이다. 현재 애플이 지향하는 두 가지 코드는 인공지능과 메타버스다. 블룸버그에 따르면 애플은 Apple GPT라 불리는 대규모 언어모델(LLM: Large Lanuage Models)을 위한 자체 프레임워크를 구축했는데, 그 모델의 이름은 아작스(Ajax)라고 한다.[6] 막대한 매개변수로 인공신경망을 구현한 애플 인공지능은 애플의 모든 미래 제품에 탑재될 예정이라고 하는데, 애플은 이미 모바일폰, 카메라, 에어팟, 애플워치 등의 자체 생태계가 구축되어 있어서 대규모 언어모델 기반 AI와 연동되면 그 파괴력은 엄청날 것으로 보인다. 거기다 애플은 지난 10년 동안 관련 특허를 취득하며 최근 애플 비전프로라는 새로운 VR기기를 출시했는데, 인공지능이 애플 헤드셋 비전프로와 연동된다면 메타버스 시장마저 장악하게 된다. 결국 애플과 구글 안드로이드 진영의 전쟁의 성패는 메타버스 인공지능인 셈인데, 애플이 이 두 가지를 모두 장악한다면 안드로이드는 검색, 스마트폰 시장 모두 빼앗겨 역사상 최대의 위기에 봉착하게 된다. 결국 인공지능 메타버스 승자가 곧 비즈니스 승자가 될 텐데, 그렇게 되면 가격 결정권까지 쥐게 되어 아무리 비싸더라도 소비자는 살 수밖에 없을 것이다. 그래서 구글을 비롯한 안드로이드 진영도 메타버스 인공지능에 사활을 걸고 있다. 삼성전자도 세계 최초 온 디바이스 인공지능 핸드폰 갤럭시 S24를 출시하면서 실시간 통역이 가능한 인공지능 서비스를 제공하여 세계를 놀라게 한 바 있다. 위기감을 느낀 Meta도

6 Mark Gurman, "Apple Tests 'Apple GPT,' Develops Generative AI Tools to Catch OpenAI," Bloomberg, 2023. 7. 20., https://www.bloomberg.com/news/articles/2023-07-19/apple-preps-ajax-generative-ai-apple-gpt-to-rival-openai-and-google?utm_source=website&utm_medium=share&utm_campaign=copy (2023. 8. 25. 접속).

Microsoft와 협업해서 차세대 오픈 소스로 초거대 AI LLaMA 2를 공개하기에 이르렀다. 이런 기업 간의 사활을 건 경쟁은 기하급수적인 기술 발전을 가져오고 있으며, 그로 인해 PC와 인터넷, 스마트폰의 개발이 가져다 준 변화보다 더 큰 변화가 시시각각 우리 앞에 다가오고 있다.

III. 목회와 선교 현장에서 메타버스 인공지능의 전망과 도전

메튜 볼(Metthew Ball)은 메타버스 시대는 우리의 삶, 노동, 여가, 소비 등 오프라인의 모든 부분이 온라인으로 연결된다는 것을 의미한다고 말한다.[7] 메타버스 시대에 우리의 삶은 온라인과 오프라인, 현실과 가상현실이 섞여 있는 세상이다. 예를 들어 구글 글래스와 같은 VR 안경이나 VR 콘택트렌즈를 착용하고 다니다가 교회를 쳐다보면 교회 내부나 목회자의 목회 철학이 보이기도 하고, 설교 쇼츠(shorts)가 재생될 수도 있다. 마켓에서 고르고 있는 상품들의 정보가 내 눈 앞에서 펼쳐지고, 혹시 더 가격이 싼 상품이 있다면 바로 눈앞에서 온라인으로 연결되어 주문할 수도 있다. 오늘날 우리가 사용하는 핸드폰 형태의 모바일 기기는 종말을 고하고 앞으로 메타버스 시대에 사물인터넷 VR 기기와 결합되어 새로운 형태로 진화할 것이다. 메타버스가 인류의 확장된 공간으로 기능을 한다면, 이런 메타버스 환경에서 인공지능은 단

7 Matthew Ball, *The Metaverse and How It Will Revolutionize Everything*, 송이루 옮김, 『메타버스 모든 것의 혁명, The Meta-verse』 (서울: 다산북스, 2023), 484.

순한 길잡이나 정보 제공자를 넘어 우리 삶과 더욱 밀접하게 융합될 확장된 두뇌 혹은 직업이나 노동의 기능적 대체재가 될 전망이다. 앞으로 인공지능은 개인 비서가 되거나 개인 변호사 혹은 개인 주치의나 개인 운전자가 되어 수많은 일자리를 대체할 것으로 본다. 인공지능은 강한 AI와 약한 AI로 구분된다. 약한 AI는 한 가지 분야에만 특화된 인공지능을 말하는데, 알파고와 같이 바둑에 특화된 AI, IBM사의 Watson Laws와 같이 법조문에 특화된 AI 등이 대표적인 예다. 강한 AI는 한 분야가 아니라 온갖 분야에 응용 가능한 일반 인공지능(AGI: Artificial Generative Intelligence)을 말한다.[8] 필자는 「기독공보」에 다음과 같이 AGI 시대를 예측한 바 있다.

> AGI가 출현하면 수많은 도구나 기술들과 결합되어 인간의 삶 모든 부분에 인공지능이 파고들 것으로 보인다. 예를 들어 강한 범용인공지능이 로봇기술과 결합되면 인간과 대화를 나누며 인간의 삶을 도와주는 지능형 로봇, 안드로이드(Android)가 출현할 수 있고, 자율주행기술과 결합되면 어린 시절 보았던 미국 드라마 <전격 Z작전> 속 인공지능 자율주행 자동차 키트(KITT)가 출현할 수도 있다. 거기다 가상현실(VR)과 사물인터넷(IOT) 기술이 만나면 현재의 2D 기반 온라인 가상공간이 3D 기반 메타버스(metaverse) 환경으로 빠르게 이동할 것으로 보인다.[9]

그렇다면 이런 인공지능이 선교와 목회 현장에서는 어떻게 활용될

---

8 박영숙, Ben Goertzel, 『인공지능 혁명 2030』 (서울: 더블북, 2016), 221.

9 김윤태, "인공지능, 어디로 가고 있나?" 「기독공보」 2024. 3. 27., https://m.pckworld.com/article.php?aid=10150492109 (2024. 9. 4. 접속).

수 있을까?

1. 메타버스 인공지능 활용에 대한 전망

코로나 팬데믹 이후 한국교회는 교인 감소와 함께 저출산, 고령화로 심각한 일꾼 부족에 시달리고 있다. 또한 학령인구 감소와 신학 지망생의 감소로 인한 목회자 수급 부족도 문제다. 그러다 보니 선교사 후보생도 감소하여 선교지에서는 은퇴 선교사의 공백을 메워줄 신규 선교사 수급도 어려운 상황이다. 이런 위기 속에 ChatGPT와 같은 인공지능은 다른 분야처럼 교회에서도 부족한 사역자의 빈 자리를 채울 수 있을 것으로 보인다.

(1) 교회 행정 및 사무 업무

인공지능은 목회나 선교 현장에서 교회 행정이나 전반적인 사무업무에 큰 도움을 줄 수 있을 것으로 보인다. 교회 행정업무 중 상당수가 한글, 파워포인트, 엑셀과 같은 오피스 문서 작업이다. 인공지능 기술은 이런 단순 작업 시간을 대폭 줄여주어 사역자의 업무량을 줄여주는데 크게 이바지할 것으로 예상된다. 실제로 마이크로소프트사에서는 생성 AI 기술을 활용해 마이크로소프트 365 코파일럿(Microsoft 365 Copilot)[10]을 공개했는데, 간단한 자연어 입력만으로도 성경공부에 필요한 문서나 주보 혹은 예배 때 쓸 파워포인트를 알아서 만들어 준다고

---

10 대화형 언어모델(LLM)과 비즈니스 데이터, 마이크로소프트 365 앱을 결합해 사용자의 창의성, 생산성 향상을 돕는 차세대 AI 기술이다.

한다.[11] 교회 재정이나 선교지 회계 업무에 있어서도 인공지능 서비스를 활용할 수 있는데, 예를 들어 교인들의 헌금 자료나 수입 지출 내역만 알려주면 굳이 복잡한 엑셀 함수를 외우지 않아도 내가 원하는 회계 자료 형태를 얼마든지 만들어 줄 수 있다. 그 외에도 인공지능 서비스가 SNS나 홈페이지와 결합하여 교회나 사역 홍보에도 적극적으로 활용되면 전도 사역의 형태도 많이 바뀔 것으로 예상된다.[12]

(2) 목양 및 교인 관리

선교나 목회 현장에서 ChatGPT 인공지능 기술은 전도나 목양, 교인 관리에도 많은 도움을 줄 것으로 전망된다. SNS와 결합된 기독교 인공지능 서비스는 창의적 접근 지역이나 대면 전도가 어려운 지역에 기독교 복음을 전달하는 데 훌륭하나 도구가 될 수 있다. 교회 리더들도 ChatGPT 인공지능 기술을 활용해서 선교사나 목회자의 목양 사역을 도와줄 수 있다. 성도들이 신앙적인 문제나 삶의 고민을 물어볼 때 전문적인 신학 훈련, 상담 훈련을 받지 않은 평신도 지도자들은 큰 부담을 느낄 수밖에 없다. 이럴 때 인공지능 서비스는 성도 개개인의 상황에 맞는 적절한 상담 지침을 제공하여 사역자의 목양 사역에 큰 도움을 받을 수 있을 것이다.[13]

---

11 Microsoft, "마이크로소프트, 모든 업무 생산성 도구에 초거대 AI 결합," 2023. 3. 17., https://news.microsoft.com/ko-kr/2023/03/17/introducing-microsoft-365-copilot/ (2024. 5. 2. 접속).

12 이시한, 『GPT 제너레이션: 챗 GPT가 바꿀 우리 인류의 미래』 (서울: 북모먼트, 2023), 132-143.

13 장보철, "목회상담에 있어서 인공지능의 유용성에 대한 연구," 「장신논단」 Vol. 50, No. 2 (2018. 6): 305-328.

(3) 설교와 교육, 상담

인공지능 기술은 Naver나 Daum과 같은 포털, 혹은 Bing이나 Google 같은 검색엔진과 결합하여 누구나 쉽게 보편적으로 사용될 것으로 예상된다. 특히 연구나 교육 분야에 폭넓게 활용될 것으로 예상되는데,[14] 이미 학생들 과제부터 학술논문, 심지어 코딩에 이르기까지 다양하게 활용되고 있다. 앞으로는 설교나 성경공부에도 더 자주 이용될 것으로 보이는데, 현재 사역자들이 설교나 성경공부를 준비할 때 사용하는 구글이나 네이버를 ChatGPT와 같은 인공지능이 빠르게 대체해 나가면서 설교 준비뿐 아니라 성경 해석, 석의(exegesis) 과정에 큰 영향을 끼칠 것으로 본다.

목회자뿐 아니라 평신도들에게도 인공지능 서비스가 현재의 구글처럼 활용될 가능성이 큰데, 스마트폰이나 태블릿으로 언제 어디서든 교리나 성경, 신앙생활에 관한 질문에 목회자 수준의 답변을 얻어낼 수 있다. 교회학교에서도 폭넓게 사용될 수 있는데, 앞으로 미디어 처리 기술이 좀 더 발전하면 ChatGPT 인공지능으로 얼마든지 손쉽게 영상물을 제작해서 예배 중에 사용할 수 있고, 그날의 설교 혹은 성경 구절과 관련된 노래를 인공지능으로 만들게 할 수도 있다. 실제로 최근 Magix 사에서는 자사의 디지털 오디오 워크스테이션 프로그램 Music Maker에 Song Maker AI라는 기능을 추가하여 음악을 만들어 주는 대화형 생성 AI 소프트웨어의 첫걸음을 내디뎠고, Adobe사에서는 Adobe Firefly라는 그림을 그려주는 대화형 생성 AI 소프트웨어를 출시하기도 했다. 최근 어웨이크 코퍼레이션(Awake Corporation, 대표 김민준)에

---

14 반병현, 『챗GPT: 마침내 찾아온 특이점』 (서울: 생생북스, 2023), 71-94.

서 ChatGPT에 성경 데이터를 학습시켜 '주님 AI'라는 인공지능 예수를 출시했는데, 질문이나 고민을 물어보면 답변이 될 만한 성경 구절이나 해설, 기도문, 심지어 권면 사항까지 구체적으로 알려준다.[15] 2023년 3월 17일 출시한 뒤 마케팅 없이 단 일주일 만에 5만 명이 사용하며 큰 관심을 끌고 있는데, 앞으로 이런 종류의 AI 서비스는 더욱 보편화될 전망이다. 홈페이지나 SNS 혹은 메신저 서비스와 결합한 지역 교회 특화 AI 서비스 상품이 출시되면, 목회자의 역할을 인공지능이 점차 대체하여 새로운 21세기 디지털 고해성사 비즈니스 모델도 탄생할 것 같다.

2. 메타버스 인공지능의 도전

기술의 변곡점은 언젠가 기술의 특이점을 가지고 온다. 특이점은 수학적인 오브젝트가 정의되지 않는 특이한 지점을 말한다. 쉬운 예가 블랙홀이다. 블랙홀은 기존의 물리법칙이 전혀 적용되지 않는 특이한 지점, 한마디로 특이점(特異點)이다. 미래학에서는 기술변화의 속도가 매우 빨라지고 그 영향이 깊어서 그 이전으로 되돌릴 수 없는 시점을 말한다. 과학자들은 앞으로 양자 컴퓨터가 상용화되고 인공지능 발전이 가속화되어 모든 인류의 지성을 합친 것보다 더 뛰어난 초인공지능(Artificial Super-Intelligence, ASI)이 출현하는 시점인 기술적 특이점(Technological Singularity, TS)이 언젠가 올 것으로 예상한다. 미래학

15 ㈜어웨이크 코퍼레이션, "주님AI: 말씀을 토대로 고민 해답을 찾아드려요," 2023. 4. 7., https://chowon.in (2024. 6. 27. 접속).

자 레이 커즈와일(Ray Kurzweil)은 2005년도에 이미 『특이점이 온다』에서 2029년에는 인간과 구분할 수 없는 인공지능이 출현하게 될 것으로 예측했고, 2045년이 되면 오히려 인간을 뛰어넘는 인공지능으로 진화할 것으로 예측하며, 기술이 인간의 능력을 초월하는 기술 특이점이 2045년에 올 것이라고 예언한 바 있다.[16] 그는 "고도로 발전된 기술은 마법과 다르지 않다"고 말하면서, 일단 기술적 특이점이 오면 인간이 가진 지식과 법칙이 통하지 않는 세계가 펼쳐진다고 한다. NVIDA 최고 경영자 젠슨 황(Jensen Huang)도 2020년 기조연설에서 "지난 20년이 어메이징했다면, 다음 20년은 공상과학과 같을 것"이라고 예언한 바 있다. 물론 우리는 바로 그 기술적 특이점이 언제 오는지는 정확히 알 수 없다. 그러나 중요한 사실은 기술적 변곡점이 이제 시작되었고 특이점도 점점 다가오고 있다는 점이다. 그렇다면 앞으로 펼쳐질 메타버스 시대 인공지능의 교회를 향한 도전은 어떤 것들이 있을까?

(1) 과몰입과 과의존, 오남용으로 인한 영성의 약화

가장 큰 문제는 메타버스 인공지능에 대한 과몰입과 과의존, 그로 인한 오남용의 가능성이다.[17] 디지털 2019 보고서에 따르면 필리핀 사람들은 하루 평균 10시간 3분 동안 컴퓨터나 모바일 화면을 들여다 보고 있는 것으로 드러났다.[18] 우리나라 사람들도 온라인 가상공간에

---

16 Ray Kurzweil, *The Singularity is Near: When Humans Transcend Biology*, 김명남·장시형 옮김, 『특이점이 온다』 (서울: 김영사, 2007).

17 김윤태, "인공지능의 목회적 도전," 「기독공보」 2024. 8. 7., https://pckworld.com/article.php?aid=10324767955 (2024. 8. 10. 접속).

18 Hootsuite, "Digital 2019: Q4 Global Digital Statshot," *Datareportal* 2019. 10. 23., https://datareportal.com/reports/digital-2019-q4-global-digital-statshot, (2024. 7.

서 매일 5시간 14분의 시간을 보내고 있다고 한다. 최근 조사에 따르면 MZ세대의 경우엔 65%가 거의 매일 생성형 AI를 사용하고 있다고 답했는데, 이런 과몰입은 필연적으로 디지털 미디어와 인공지능에 지나치게 종속되어 살아가는 과의존적인 삶을 낳게 된다. 특히 메타버스 플랫폼은 기존 온라인 게임과 달리 과몰입 심화 가능성이 높다. 가상 세계에 대한 과몰입은 현실에서의 일상을 황폐화하여 정체성의 혼란을 가져오고 결과적으로 현실에서 정상적인 삶을 살기 어렵게 만들 위험성이 있다. 쉽게 말해 지금 내가 나인지, 메타버스 환경에서의 아바타가 나인지 헷갈릴 수 있는 것이다. 인공지능도 마찬가지다. 지금도 이미 우리는 각종 검색 사이트에 과몰입되어 살아간다. 과거엔 문제가 생기거나 어려움이 생기면 상담을 요청하거나 기도부터 했는데, 오늘날에는 구글이나 네이버에 검색부터 하고 있다. 사색의 시대에서 검색의 시대로, 말씀으로 검증하던 시대에서 구글로 검색하는 시대로 바뀌어 버린 것이다. ChatGPT 인공지능의 등장은 이런 현상을 더 가속하여 성령님의 인도함보다 인공지능의 조언을 더 신뢰하는 상황이 벌어질 수도 있다. 이것은 자칫 성도들의 영성을 체험적 영성에서 지식적 영성으로, 영성 형성(spiritual formation) 추구에서 정보(information) 습득 추구로 변질시켜 결국 Grace Davie가 말한 것처럼 '소속 없는 믿음' (believing without belonging)[19]을 가진 플로팅 크리스천(Floating Christian)[20]을 대규모로

---

28. 접속).

19 Grace Davie, *Religion in Britain Since 1945: Believing without Belonging* (London: John Wiley & Sons, 1994).

20 코로나 이후 온라인이나 방송을 통해 예배를 드리거나 예배에 참석하지 않고 있는 현상을 빗대어 만든 신조어인데, '가나안 성도', '붕 떠 있는 크리스천', '여기저기 떠도는 크리스천'을 말한다. 지용근 외 5명, 『한국 교회 트렌드 2023』 (서울: 규장, 2022), 31-33.

양산할 수 있다. 이런 우려 때문에 한국교회언론회는 지난달 16일 발표한 논평에서 "기독교는 과학 기술이 발달할수록 영성(靈性)이 약화되지 않도록 힘써야 한다"며 "과학 발전의 시대에도 여전히 모든 것을 통치하시는 하나님의 능력과 신성(神性)을 간과해서는 안 된다"고 말한 바 있다.[21]

이런 현상은 선교사나 목회자에게도 예외가 될 수 없는데, 이전에는 목회자가 설교를 준비하기 위해 강대상에 엎드려 기도하거나 기도원에 들어가 성령님의 인도를 구하는 일이 흔했다. 그러나 각종 검색 사이트와 인공지능이 발달하면서 강대상이나 기도원보다 점점 컴퓨터 앞에 앉아 검색하는 시간이 더 늘어나고 있다. 앞으로 인공지능이 더 발달하여 성도들의 검색어를 파악하여 그들의 필요에 맞는 설교를 준비하는 것이 보편화되면, 하나님의 음성을 듣는 것보다 성도들의 관심에 관한 빅데이터에 더 의존하게 될 수 있다. 목회자의 인공지능 과몰입은 성령님의 말씀보다 인공지능의 정보에 더 의지하게 만들어 결국 목회자의 영성 약화에 심각한 영향을 끼칠 것으로 보인다. 문제는 그렇게 작성된 설교가 과연 하나님 말씀인지, 그런 설교를 듣고 은혜를 받거나 회심했다면 그것은 과연 성령의 역사인지에 대한 신학적 목회적 숙고다. 다가올 AI 시대에 하나님보다 인공지능에 과몰입된 사역자와 성도들의 영성 약화가 심각하게 우려된다.

21 김진영, "챗GPT… 기독교, 영성 약화되지 않도록 힘써야," 「기독일보」, 2023. 2. 17., https://www.christiandaily.co.kr/news/122679 (2024. 7. 2. 접속).

(2) 정보의 출처와 정확도

메타버스 환경에서 인공지능이 제시하는 정보의 신뢰도나 정확도도 문제다. 메타버스 가상현실에서 제시되는 정보가 정말 옳은 정보인지 우리는 확인할 길이 없다. 실제로 현재 ChatGPT 인공지능의 심각한 문제 중 하나도 정보의 출처와 정확도다. 제시된 정보의 출처를 알 수 없을뿐더러 교묘히 조작된 정보의 정확도는 실제 사실과 다른 경우가 많다. OpenAI 창업자 샘 알트만도 AI의 위험한 구현 가능성을 밝히며 이렇게 말한 바 있다. "이러한 모델이 대규모 허위 정보에 사용될 수 있다는 점과 컴퓨터 코드를 더 잘 작성하고 있으므로 사이버 공격 등 악의적으로 사용될 수 있다."[22] 실제로 최근 ChatGPT의 거짓말에 대해서 논란이 되고 있는데, 가끔 ChatGPT가 제시한 답변이 기존 알려진 사실과 완전히 반대거나 ChatGPT가 근거로 제시한 논문의 제목, 저널 정보 모두 존재하지 않는 경우가 종종 있다는 것이 밝혀졌다. 이런 현상이 일어나는 이유는 딥러닝 과정에서 잘못된 정보를 학습해서 발생할 수도 있고, ChatGPT가 가진 언어모델 기반 트랜스포머 구조의 AI 한계 때문이기도 하다. 이것을 '할루시네이션'(hallucination: 환각)이라고 하는데, ChatGPT가 가지고 있는 트랜스포머 알고리즘 방식은 앞에 나오는 단어 다음에 나올 단어를 확률적으로 유추해서 정보를 생성하기 때문에 구조적으로 거짓 정보를 생성할 가능성이 있을 수밖에 없다. 쉽게 말해 애초에 ChatGPT는 정답과 진실을 찾아 말하도록 설계된 것이 아니라 가장 그럴듯한 언어들을 확률적으로 조합해서 나열해 나

---

22 최창현, "GPT-4 발표한 오픈AI '샘 알트만', AI가 사회를 재구성할 것이며 위험을 인정합니다, 이것이 조금 두렵습니다," 「인공지능신문」, 2023. 3. 19., https://www.aitimes.kr/news/articleView.html?idxno=27595 (2024. 7. 4. 접속).

가다가 학습된 가중치 정보가 없으면 무작위로 말을 만들어 내는 시스템이기 때문이다. 최근 ChatGPT4에서는 많은 보완이 이루어졌다고 하지만, 앞으로 더 고도화된 AI의 거짓말을 어떻게 검증할 것인가가 더 큰 숙제로 남겨졌다.

무엇보다 인공지능의 딥러닝 과정에서 이단이나 반기독교적인 의도를 가진 자들에 의해 생산된 가짜 뉴스가 대량으로 수집되어 제시되는 것도 문제다. 또한 정확한 출처 없이 ChatGPT가 임의로 생성한 거짓 교리 정보로부터 신자들을 어떻게 보호할 수 있을지도 고민해 보아야 한다. 김동환 교수도 "기독교가 대답하기 어려운 질문들, 예를 들어 '구원은 어떻게 이뤄지나' 등의 질문을 이단들이 활용하거나 온라인에 올리면 이 같은 데이터가 챗GPT의 답변으로 채택되면서 잘못된 정보가 전파될 수도 있다"며 우려를 표한 바 있다.[23]

(3) 개인정보 유출과 보안

개인정보의 유출이나 보안도 문제다. ChatGPT와 같은 대화형 인공지능 서비스는 필연적으로 프롬프트 상에서 개인정보나 기밀을 제공할 수밖에 없으며, ChatGPT의 모든 대화 내용은 고스란히 서버에 저장된다. 이 과정에서 개인정보 유출이나 회사 기밀이 유출될 가능성이 존재한다. 실제로 최근 ChatGPT에서 개인정보가 유출되어 문제가 되었는데, 2023년 4월 3일 고학수 개인정보위원회 위원장도 이 과정에서 한국 이용자의 정보도 공개된 것은 아닌지 조사 중이라고 한다.[24]

---

23 박재찬, "'진격의 챗GPT' 3분 만에 설교문 뚝딱… 목회 사역에도 충격파," 「국민일보」, 2023. 2. 7., http://news.kmib.co.kr/article/view.asp?arcid=0924285950&code=23111111&sid1=al (2024. 8. 2. 접속).

해킹이나 바이러스에 인공지능이 오용될 수 있는 문제도 생각해 보아야 한다. OpenAI사는 ChatGPT 플러그인(Plugins) 기술을 공개했는데, 사용자가 다른 여러 애플리케이션을 바꿔가며 연결해서 쓸 수 있게 만들었다. 쇼핑업체에서 쇼핑 관련 플러그인을 설치하면 쇼핑 GPT를 만들 수 있고, 여행업체에서 여행 관련 플러그인을 장착하면 여행 GPT를 제작할 수 있다. 만약 악의를 가진 사용자가 이런 기능을 이용해 해킹 GPT를 만들면 CCTV나 스마트폰의 카메라를 해킹할 수도 있고 정교한 스팸 메일을 생성해서 유포할 수도 있다. 실제로 보안업체 체크포인트에 의하면, 다크웹 내 포럼에서 활동하는 사이버 범죄자들이 ChatGPT를 악성 공격에 활용한 사례들이 공유되고 있는데, 실제로 이미 여러 해킹 사례가 보고되고 있다고 한다.[25]

이와 같은 문제들은 선교지나 지역 교회에서도 얼마든지 발생할 수 있다. 예를 들어 ChatGPT가 상담을 도와주는 과정에서는 목회자나 선교사 혹은 교인들의 개인정보가 노출될 수 있는데, 이것은 자칫 교회 전체의 문제로 확대될 수 있다. 은밀한 개인 상담 내역이 다른 교인의 인공지능 이용 도중 드러난다면 그 교인은 교회에 출석할 수 있을까? 무엇보다 이단이나 반기독교 세력들이 악의적인 마음을 품고 해킹하여 거짓된 정보를 성도들에게 제공하게 하면 이로 인한 피해는 걷잡을 수 없게 된다.

---

24 김은성, "개인정보위 '챗GPT 한국이용자 정보유출 확인 중'," 「경향신문」, 2023. 4. 4., https://m.khan.co.kr/economy/economy-general/article/202304041024001? utm_source=google&utm_medium=news_app&utm_content=khan (2024. 7. 4. 접속).

25 김기은, "다크웹에서도 챗GPT 사이버 공격 활용 사례 늘어난다," *Tech M* 2023. 2. 6., https://www.techm.kr/news/articleView.html?idxno=106510 (2024. 8. 1. 접속).

(4) 윤리 도덕 법적 문제

무엇보다도 메타버스 인공지능의 큰 도전 중 하나는 윤리 도덕 법적 문제다. 가상 세계 내에서 아바타의 인권을 어떻게 보호해야 할지 법적 제도나 관련 규정이 아직 제대로 확립되지 못했다. 한때 세컨드 라이프와 같은 가상 세계에서 아바타 간에 도박, 사기, 매춘 등 범죄가 발생하여 새로운 사회적 문제로 떠오른 적이 있다. 이런 사건이 발생했을 때 우리는 과연 어떤 법적인 기준을 적용해야 할 것인가? 현재로선 아바타 간의 성범죄가 발생했을 때 사람이 아니기에 처벌 규정이 없는 상태다. 다행히 2022년 6월 29일 여성가족부가 발표한 '제4차 청소년보호종합대책'에서는 메타버스 내 아바타 성범죄에 대응해 인격권 인정 여부를 연구해 처벌 실효성을 확보하고자 하고 있다. 그 외에도 메타버스 환경에서의 가상경제 규모가 커지면서 가상화폐의 현금화에 관한 논쟁도 지금 활발하다. 가상 세계에서 아바타 간에 일어나고 있는 경제활동을 어떻게 규제 감독해야 하는지, 메타버스 환경에서 통용되는 가상화폐를 현실 세계에서도 새로운 거래 수단으로 인정해야 하는지 아직도 논란이 많다.

인공지능의 가장 큰 문제도 윤리 도덕 법적 문제다. 포스텍 AI 전문가 장민도 AI 시대에 있어서 가장 큰 문제로 저작권과 함께 윤리적 문제를 꼽았는데,[26] ChatGPT와 같은 대화형 AI가 사람과 자유롭게 대화하다 보니 대화 과정에서 욕설이나 인종차별 혹은 혐오성 발언을 습득하여 인간에게 제공할 가능성이 생겼다. 이미 국내서 이와 유사한 문제가 논란이 된 적이 있는데, AI 스타트업 스캐터랩(scatterlab)이 개발한

---

26 장민, 『ChatGPT: 기회를 잡는 사람들』 (서울: 알투스, 2023), 221-244.

AI 챗봇 '이루다'는 2020년 12월 말 국내에 공개되자마자 엄청난 반향을 일으켰다. 그러나 장애인에 대한 차별과 혐오 발언, 개인정보 유출 등의 논란으로 한 달도 안 돼 퇴출당하고 말았는데, 개인정보위는 2021년 1월 12일 조사에 착수해서 그해 4월에 과징금 및 과태료 1억 원을 부과한 바 있다. 결국 이 사건은 국내에 AI 서비스의 개인정보 오·남용 위험성과 윤리적 가이드라인 제도 마련의 필요성을 우리 사회에 인식시키는 계기가 됐다.

최근에는 ChatGPT로 인한 표절, 지적 소유권 침해와 같은 법적, 도덕적 문제가 심각하게 대두되고 있다. 실제로 수도권 일부 대학에서는 ChatGPT 대필 문제가 불거지기도 했는데, 2023년 3월 중순 연세대 교양과목 작문 수업에서 담당 교수가 ChatGPT 대필이 의심된다는 이유로 한 수강생의 과제를 '0점' 처리한 바 있다.[27] 이런 문제가 반복되자 연세대는 자체 지침을 만들어 교수진에게 전달했고, 중앙대는 ChatGPT를 활용해 표절하지 않겠다는 서약서를 받고 있다고 한다. 이런 표절 혹은 저작권 문제가 목회자 설교에도 불거질 수 있는데, 예를 들어 ChatGPT의 도움을 받아 작성한 설교문에 타인의 설교가 들어 있다면 설교자는 자칫 원치 않는 설교 표절의 시비에 휘말릴 수 있다. 목회에 있어서 ChatGPT 인공지능 서비스의 활용은 필연적으로 광범위한 설교 도용의 가능성을 일으킬 텐데, 그렇게 만들어진 설교는 과연 누구의 설교라고 해야 하나? 목회자의 설교 준비가 깊은 묵상과 신학적 숙고의 과정이 아니라 정교한 짜깁기로 대체된다면, ChatGPT가 만들어 낸

27 이승우, "연세대 '챗GPT 대필의심' 과제 0점 처리," 「동아일보」, 2023. 3. 29., https://www.donga.com/news/Society/article/all/20230328/118566463/1 (2024. 6. 1. 접속).

정보로 점점 채워져서 결국엔 원본은 사라지고 ChatGPT가 만든 출처 불명의 정보로 가득해지고 말 것이다. 이것은 사역자에게도 성도에게도 불행한 일이다.

IV. 메타버스 인공지능 시대 목회와 선교적 대응 방안

샘 알트만은 앞으로 인공지능이 사회를 재구성할 것으로 보면서 수많은 일자리를 대체할 것으로 보았다.[28] 필자는 교회도 예외가 아니라고 생각한다. 인공지능은 교회의 사역 형태, 존재 방식에도 많은 영향을 끼칠 것으로 본다. 물론 인공지능이 앞으로 어떻게 더 발전할지, 이 사회에 얼마만큼 영향을 줄지 솔직히 아무도 예측할 수 없다. 다만 한 가지 유의해야 할 것은 인공지능이 자기 멋대로 진화하도록 그냥 두어서는 안 된다는 점이다. 마틴 리스(Martin Rees)는 특이점이 오기 전에 과학자들도 의사들처럼 히포크라테스 선서가 필요하다고 역설한다.[29] 전문가들은 기계가 인간의 능력을 뛰어넘는 사고 체계를 갖추기 전에 하루속히 AI 윤리 기준을 마련해야 한다고 주장한다. AI가 통제 불능의 기술로 진화하면 그로 인해 야기될 문제 또한 사람의 통제 영역을 벗어날 수 있기 때문이다. 이것은 교회도 마찬가지다. 인공지능이 무신론적인 성향을 보이거나 반기독교적인 성향으로 진화한다면 어떻게 할 것

---

28 최창현, "GPT-4 발표한 오픈AI '샘 알트만'," 「인공지능신문」, 2023. 3. 19., https://www.aitimes.kr/news/articleView.html?idxno=27595 (2024. 9. 1. 접속).

29 Martin Rees, *If Science is to Save Us*, 김아림 옮김, 『과학이 우리를 구원한다면』 (서울: 서해문집, 2023), 181.

인가? 통제되지 못한 인공지능이 앞으로 목회 현장에 어떤 영향을 미칠지 가늠하기 쉽지 않다. 그렇기 때문에 하루라도 빨리 인공지능 대응 지침이나 윤리적 기준 혹은 적절한 가이드라인을 만들어 일선 목회 현장에 혼선이 없게 해야 한다. 필자는 앞에서 언급한 문제점들에 근거해서 초교파적, 교단적, 지역 교회적, 선교적 대응 방안을 아래와 같이 각각 제안하고자 한다.

1. 초교파적 대응 방안: 인공지능 활용 및 윤리 가이드라인

교파를 초월해서 가장 먼저 시작해야 할 것은 인공지능 활용 방안과 윤리적 가이드라인을 만드는 것이다. 지금 학계나 재계에서는 이미 인공지능에 관한 여러 가지 가이드라인을 만들고 있다. 출시하자마자 소수자에 대한 차별과 혐오 발언, 개인정보 유출로 내홍을 겪었던 챗봇 '이루다'를 개발한 스캐터랩이 제3차 AI 윤리정책 포럼에서 'AI 윤리점검표'를 최종 발표했다.[30] 과학기술정보통신부 및 정보통신정책연구원(KISDI)과 협업해 개발한 개별 기업 특화 1호 윤리점검표인데, AI 챗봇을 운영하는 과정에서 윤리 문제를 발생시키지 않게 하는 점검 항목을 담았다고 한다. 이루다 사태 이후 AI 윤리에 관한 관심이 높아지면서 정부는 윤리와 안전성 확보를 위한 다양한 시도를 해 왔는데, 2021년 2월 출범한 'AI 윤리정책 포럼'이 대표적인 사례다. 이 포럼은 AI의 윤리적인 개발과 활용을 위한 논의를 촉진하기 위해 구성됐는데,

---

30 김동원, "스캐터랩, AI 챗봇 윤리점검표 발표," 「The AI: 인공지능 전문매체」 2022. 8. 26., https://www.newstheai.com/news/articleView.html?idxno=3275 (2024. 4. 27. 접속).

산업계를 비롯해 AI, 윤리, 교육, 법제도, 공공 등 다양한 분야의 전문가들이 위원으로 활동하고 있으며, 2023년 4월 7일 현재 AI 윤리정책 포럼 2기가 출범하였다.[31] 이 모임에서 AI 윤리 기준 자율점검표와 신뢰할 수 있는 AI 개발 안내서가 공유 발표되었다. 2023년 3월 30일엔 국립대 중 처음으로 부산대에서 "AI 원칙과 다짐"이라는 AI 올바른 활용을 위한 가이드라인을 발표한 바 있다.[32] 부산대는 생성형 AI 활용 자체를 잘못된 일로 보지 않고 오히려 올바르게 사용할 수 있는 방법을 가이드라인 차원에서 제시하고 있는데, 향후 과제 제출 과정에서 학생들에게 생성형 AI를 사용하거나 참고했는지 여부를 체크할 수 있는 항목을 만들어 인공지능 활용에 관한 윤리 의식을 고취할 예정이라고 한다.

위와 같이 학계나 산업계, 교육계는 발 빠르게 인공지능 활용을 위한 가이드라인을 마련해 가고 있는데, 정작 교계의 대처는 느린 편이다. 인공지능 윤리 가이드라인의 필요성을 제일 먼저 제기한 곳은 한국기독교 생명윤리 협회였다. 2016년 알파고(AlphaGo)와 이세돌 9단의 바둑 대결 이후 본격적인 관심을 받기 시작한 인공지능은 2017년 한국기독교 생명윤리 협회의 생명윤리 세미나를 개최하기에 이르렀는데, 이 모임에서는 인공지능을 인간의 존엄성을 침해하거나 하나님의 형상으로 창조된 인간의 모습을 훼손할 여지가 있는 도구로 보면서 다소 부정적인 입장에서 윤리 가이드라인의 필요성을 제시했다.[33] 이후 알파고

31 조성미, "AI 윤리정책 포럼 2기 출범," 「연합뉴스」, 2023. 4. 7., https://www.yna.co.kr/view/AKR20230407069900017 (2024. 7. 1. 접속).

32 부산대학교, "부산대, AI 올바른 활용 위한 가이드라인," 「PNU 포커스」 2023. 3. 30., https://www.pusan.ac.kr/kor/CMS/Board/Board.do?mCode=MN109&mode=view&board_seq=1489116 (2024. 6. 30. 접속).

열풍이 식으면서 인공지능 가이드라인 논의도 수그러들었는데, 최근 ChatGPT 등장과 함께 다시 한번 그 필요성이 논의되고 있다. 이번 기회에 초교파적으로 'AI 기독교 윤리정책 포럼'이나 'AI 기독교 연구위원회'를 조직해서 각 교단별로 활용할 수 있도록 인공지능 활용 지침이나 성경적 가이드라인을 만들었으면 좋겠다.

2. 교단적 대응 방안: 인공지능에 대한 목회 · 신학적 성찰과 성서적 가이드라인

교단 내부적으로는 각 교단 신학에 근거해서 인공지능에 대한 선교 신학적 성찰, 목회적 숙고가 이루어졌으면 좋겠다. 그렇게 해서 교단 내 지교회에 인공지능에 대한 성서적 가이드라인을 제시해 준다면 다가오는 인공지능 시대에 생길 수 있는 혼란을 방지할 수 있지 않을까?

라인홀드 니버(Reinhold Niebuhr, 1892~1971)는 2차 대전의 참상을 보며 그의 책 『도덕적 인간과 비도덕적 사회』에서 개인이 하지 못할 비도덕적 행위를 집단의 차원에서는 얼마든지 행할 수 있다고 비판한 바 있다.[34] 익명성과 은폐성이 보장된 인공지능 플랫폼은 도덕적 무책임성으로 연결되어 자칫 사회의 비도덕적 행위들을 대규모로 증가시킬 우려가 있다. 지금도 이미 인공지능 서비스를 이용해 저작권을 침범하거나 개인정보를 유용하는 것에 아무런 죄책감을 느끼지 못하고 있다.

---

33 임성국, "한국기독교생명윤리협회 2017 생명윤리세미나: 인공지능(AI) 윤리 가이드라인 필요," 「기독공보」, 2017. 5. 26., http://pckworld.com/article.php?aid=7397787316 (2024. 7. 24. 접속).

34 Reinhold Niebuhr, *Moral Man and Immoral Society*, 이한우 옮김, 『도덕적 인간과 비도덕적 사회』 (서울: 문예출판사, 2017).

다가오고 있는 AI 시대에 이런 일탈들이 광범위하게 이루어질 때 교회는 과연 무엇이라고 말해야 하는가? 최윤식은 "이런 변화된 사회에서 성경적인 기준을 제시해 주지 않는 것이 가장 나쁜 것"이라고 말하며, 한 언론과의 인터뷰에서 이렇게 말했다.

> 성경적 기준을 제시하지 않으면, 성도들은 세상의 기준을 따라 판단하고 살아갈 수밖에 없다. 그래서 지금 한국교회가 '세상과 다를 바 없다'고 비판받는 것이다. 과학기술이 던지는 수많은 질문에 기독교인이 대답하고 결단할 수 있도록 성경적 기준을 제시해야 한다.[35]

물론 AI 기술은 하나님이 인간에게 주신 모방과 창조 능력의 산물 중 하나다. 잘 사용하면 축복이지만 성경적 가이드라인 없이 잘못 사용되면 하나님을 대적하는 21세기 바벨탑이 될 수 있다. 윤리적 가이드라인과 함께 인공지능에 대한 신학적 성찰, 목회적 숙고, 성서적 가이드라인이 필요한 이유가 바로 여기에 있다.

로마 가톨릭은 이미 2020년 2월에 "AI 윤리를 위한 로마 선언"(Rome Call for AI Ethics)을 발표한 바 있다. 이 문건은 윤리(Ethics), 교육(Education), 권리(Right) 세 개 분야에 대해 기독교적 지침을 제시했는데, 서문에서는 인공지능은 기술이 아니라 사람에 초점을 맞추어야 하며 인간 가족에 봉사한다는 원칙에 따라 연구되고 상용화되어야 한다고 강조했다. 특별히 알고리즘에 의해 인종이나 피부색, 언어, 종교,

---

35 박민균, "미래 과학기술에 성경적 가이드라인 있나?" 「기독신문」, 2019. 2. 11., https:// www.kidok.com/news/articleView.html?idxno=200119 (2024. 6. 24. 접속).

정치적 견해 등에 따라 차별받지 않아야 한다고 강조했는데, 이를 위한 윤리적 원칙으로 투명성, 포괄성, 책임성, 공정성, 신뢰성, 안정성과 사생활 보호 등 여섯 가지 원칙을 제시했다. 이 문건은 나중에 마이크로소프트와 페이스북 같은 빅테크 기업들의 인공지능 지침 마련에 큰 도움을 주었다고 한다. 우리 개신교도 하루속히 인공지능에 대한 신학적 성찰을 담은 성경적 기준 혹은 활용 지침을 만들어야 한다. 이를 위해 교단마다 혹은 초교파적으로 과학자와 신학자, 목회자와 평신도로 이루어진 특위나 전문위를 구성해서 "AI 윤리를 위한 기독교 선언문"(Christian Call for AI Ethics)을 발표한 것을 제안한다.

아울러 교단적 차원에서 인공지능에 대한 감시 및 대응 체계 마련도 시급하다. ChatGPT 창시자이자 오픈AI CEO 샘 알트만도 인공지능 기술의 위험성을 경고하며 "독립적 전문가로 구성된 별도의 감시기구"를 제안한 바 있다.[36] 앞에서도 언급한 것처럼 ChatGPT 인공지능 서비스는 딥러닝에 기반한 대규모 기계 학습의 결과물을 보여준다. 그러다 보니 가끔 잘못된 정보를 학습하여 마치 사실인 것처럼 제시하기도 하는데, 만약 인공지능이 무신론자들이나 반기독교주의자들 혹은 이단들이 대량으로 생성한 정보에 기반해서 답을 한다면 어떻게 될 것인가? 심지어 커즈와일의 추종자들을 중심으로 AI를 신으로 숭배하는 인공지능 교회를 설립하기도 했다.[37] 박혁신은 이런 현상에 대해 "트랜스휴머니즘과 진화적 세계관과 혼합되어 일종의 유사 종교적 기능을

---

36 정의길, "챗GPT 창시자 'AI, 심각한 위험도 존재… 규제 · 국제표준 필요'," 「한겨레」, 2023. 5. 17., https://www.hani.co.kr/arti/international/international_general/1092072.html (2024. 3. 4. 접속).

37 https://church-of-ai.com/.

함의하고 있다"고 비판한 바 있다.[38]

우리의 목회와 선교 영역은 점점 오프라인에서 온라인으로 넘어가고 있다. 머지않아 인공지능도 우리가 선교해야 할 대상으로 자리 잡게 될 날이 올지도 모르겠다. 그런 의미에서 교계는 하루속히 이단들의 정보 점령과 함께 인공지능의 오용과 오류의 가능성에 대해서 상시 감시하는 대응 체계를 마련해야 한다. 필자의 제안으로 예장 통합 교단에서 교단 최초로 "인공지능 시대 목회자 윤리 선언"을 연구 발표하여 제109회 총회에 청원하게 된 것은 매우 고무적인 일이다.[39] 그러나 후속 조치로 더 깊은 신학적 논의가 있어야 하며, 이를 위해 신학교 교과과정도 개편할 것을 제안해 본다. 현재 신학대학원 커리큘럼은 이미 100년 전에 개발된 것이다. 21세기 메타버스 인공지능 시대에 맞는 새로운 교과과목들을 각 교단 신학교마다 개설하여 인공지능 시대를 대비할 수 있는 전문 인력을 양성하는 것도 교단마다 해야 할 중요한 과제다.

3. 지역 교회 대응 방안: 체험적 영성의 강화와 참여적 목회 프로그램 개발

초교파적 혹은 교단적 대응 방안과 함께 각 지역 교회는 앞으로 다가올 인공지능 시대에 맞는 영성 프로그램 혹은 목회 프로그램을 개발해야 한다. 인공지능은 교회의 친구인가, 적인가? 이 질문을 하기엔 이미 지났다고 본다. 인터넷이 나오고 스마트폰이 처음 출시되었을 때도 우

38 박혁신, 『인공지능 혁명의 도전과 교회의 응전』 (서울: 기독교문서선교회, 2023), 76.
39 임성국, "총회 교단 최초 '인공지능 시대 목회자 윤리 선언' 연구안 확정," 「기독공보」, 2024. 7. 12., https://pckworld.com/article.php?aid=10305364386 (2024. 9. 6. 접속).

리는 동일한 질문을 던졌지만, 역사는 거스르지 못했다. 어느새 인터넷과 스마트폰은 우리 사회를 작동하게 하는 중요한 디바이스가 되었고, 교회 역시 이미 친숙하게 그리고 광범위하게 사용하고 있다. 인공지능도 결국 구글이나 네이버, 스마트폰처럼 교회 업무와 성도들의 삶 가운데 깊숙하게 자리 잡을 것이다. 이것은 곧 인공지능의 위험성과 한계에 교회도 함께 노출된다는 것을 의미한다.

그렇다면 교회는 앞으로 어떤 대비를 해야 할 것인가? 앞으로 교회가 고민해야 부분은 인공지능이 할 수 없는 영역, 더 정확히 말하면 인공지능이 약화시킬 수 있는 신앙의 영역에서부터 시작되어야 한다고 생각한다. 대표적인 예가 체험과 공감력이다. 인공지능은 챗봇을 통해 온라인상에서도 얼마든지 상담할 수 있지만, 상담자와 직접 만나서 공감하며 상담하는 것은 불가능하다. 이시한도 ChatGPT가 바꿀 우리 인류의 미래를 예측하면서 인공지능 시대의 인간에게 주어지는 생존능력 중 하나로 사람의 마음을 이해하는 공감력과 휴먼 터치의 중요성을 강조한 바 있다.[40] 이어령도 2017년 '한국교회 미래전략 수립을 위한 포럼'에서 인공지능이 종교와 교회의 역사를 뒤바꿀 것으로 내다보면서 이렇게 말한 바 있다. "인공지능(AI)이 범접하지 못하는 영역이 예술과 종교의 영성입니다. 바로 미래 사회 종교의 존재 이유는 AI와 인간 사이의 빈 공간을 영성으로 채우는 데 있습니다."[41] 과학과 디지털 기술 문명이 더 고도화되어 모더니즘이 진행될수록 포스트 모던 사회를 살아가는 오늘날 사람들은 더 종교적이고 신비적인 영성을 추구하는 경

40 이시한, 『GPT 제너레이션: 챗 GPT가 바꿀 우리 인류의 미래』, 314-320.

41 장창일, "AI와 인간 사이 빈 공간, 영성으로 채워라," 「국민일보」, 2017. 8. 18., https://m.kmib.co.kr/view.asp?arcid=0923800586 (2024. 5. 2. 접속).

향이 있다. 실제로 1972년 여론조사가인 딘 켈리(Dean M. Kelley)는 *Why Conservative Churches Are Growing*(보수적인 교회는 왜 성장하는가)이라는 책에서 세속화된 진보적 교회는 쇠퇴했지만 종교성을 강조한 보수적인 교회는 성장한 미국의 사례를 통해 종교적 영성에 집중하는 교회가 성장한다는 결론을 내린 바 있다.[42] 이런 맥락에서 필자는 「기독공보」에 다음과 같은 글을 기고한 바 있다.

> 아무리 디지털 인공지능 기술이 발전해도 사람의 본능에는 종교와 영성에 대한 욕구가 있다. 그동안 개신교가 근대 사회의 산업화 기계화에 따른 인간 소외 문제와 영성 문제를 제대로 다루지 못해서 쇠락했다면 앞으로 인공지능 시대 포스트 모던 사회에서 교회는 인간성과 영성에 더욱 집중해야 성장할 수 있다.[43]

이 사회가 비대면 정보 중심 사회로 나아가면 갈수록 교회는 반대로 대면 영성 중심 목회 활동을 개발해야 한다. 인공지능이 정보(information)에 치중한다면, 앞으로 인공지능 시대 교회는 영성(spiritual formation)에 더 치중해야 성장한다. 따라서 필자는 인공지능 시대에 각 교회마다 체험적 영성을 더 강화하고 다양한 참여적 목회 프로그램을 개발할 것을 제안한다. 건물 중심이 아닌 사람 중심의 예전, 온라인 참여 예전이 아닌 오프라인 참여 예전을 연구 개발해서 선교 목회 현장

---

42 Dean Kelley, *Why Conservative Churches Are Growing: A Study in Sociology of Religion* (New York: Harper & Row, 1972).

43 김윤태, "인공지능에 대한 지역교회 대응 방안," 「기독공보」, 2024. 10. 9., https://pckworld.com/article.php?aid=10395799895.

에 적용할 수 있다면, 아무리 인공지능 시대가 도래하더라도 여전히 선교사와 목회자, 교회의 존재 가치는 드러날 수밖에 없을 것이다.

V. 메타버스 인공지능 시대 목회와 선교에 대한 재고

풀러 신학교 선교대학원 제4대 원장을 지낸 더들리 우드베리(Dudley Woodberry) 박사는 20세기 말에 쓴 "낡은 의자에 앉아보는 관점: 세계의 추세 조망과 선교대학원의 장래"(The View from a Fraying Chair: Perspectives on World Trends and the School of World Mission's Future)"라는 글에서 당시의 세계 선교 동향을 1) 일반적인 동향, 2) 정치적인 동향, 3) 사회 문화적 동향, 4) 경제적인 동향, 5) 과학기술의 동향에 따라 자세히 언급하였다.[44] 그중에서도 인구 증가와 변화의 가속화, 정보 통신의 폭발은 오늘날에도 여전히 유효한 동향이다. 예수님 당시 1.6억이 3.5억으로 두 배가 되는 데 걸린 시간은 1,200년이었다. 그러나 그 뒤로 550년 만에 7.2억이 되었고(1750년), 140년(1890년) 만에 15억, 70년 만에 30억, 39년 만에 60억이 되었다. 급격한 인구 증가는 21세기 들어 조금 둔화되었으나 그럼에도 불구하고 2030년에는 84억 2천만 명, 2060년에는 99억 6천만 명에 이를 것으로 전망된다.[45] 문제는 복음화율이 인구증가율을 따라잡지 못한다면 오히려 역

---

44 J. Dudley Woodberry, "The View from a Fraying Chair: Perspectives on World Trends and the School of World Mission's Future," *Forwarding the Missionary Task* Vol. 21. No. 2 (Spring/Summer, 1999).

45 사회통계국 인구동향과, "세계와 한국의 인구현황 및 전망" (2015. 7. 8.), 1.

복음화 현상이 일어난다는 것이다. 예를 들어 세계 개신교에서 가장 큰 교단은 남침례교다. 1천 6백만 명이 소속된 남침례교단이 1년간 전도에 투자해서 33만 명 정도가 예수를 믿었다.[46] 그러나 그렇게 전도해도 불과 46시간만 지나면 불신자가 더 많아진다. 또한 세계 대부분의 지역에서 정치, 경제, 사회, 문화, 교육, 통신, 기술적인 면에서 큰 변화가 일어나고 있다. 이런 발달로 말미암아 각 나라는 점차 세계화되고 있으며, 이념과 지리적 장벽을 넘어 여행과 이동이 빈번해지고 신속해지고 있다. 무엇보다 세속화, 세속주의, 포스트모더니즘, 다원주의, 민족주의 같은 이데올로기뿐 아니라 이슬람이나 불교, 신흥 종교들의 발흥으로 인해 그리스도의 유일성과 독특성, 기독교의 절대적 가치를 전파하는 데 큰 도전을 받고 있다. 이런 상황에서 과거 오프라인 대면 방식의 선교와 전도 전략은 한계에 다다를 수밖에 없다.

특별히 21세기 4차 산업혁명은 현재 기존의 경제, 사회 질서를 송두리째 바꾸고 있다. 20세기 기술은 핵(Nuclear), 생물학(Biological), 화학(Chemical) 공학으로 대표되는 NBC로 요약된다. 21세기는 GNR, 즉 유전학(Genetics), 나노기술(Nanotechnology), 로봇공학(Robotics)으로 대표되는데, 최근에는 정보기술(Information Technology: IT), 인지과학(Cognitive Science)이 추가로 포함된다.[47] 이 모든 첨단 기술이 지향하는 최종 목표는 결국 인공지능이다.[48] 인공지능의 발전은 결국

46 "교단을 찾아서: 개신교 최대교단 남침례교(SBC)," 「아멘넷」 2012. 7. 15., http://usaamen.net/bbs/board.php?bo_table=data&wr_id=3988&sca=%EC%A0%95% EB%B3%B4&page=16 (2018. 2. 1. 접속).

47 2002년 미국 과학재단(National Science Foundation)의 보고서.

48 김동환, "AI(인공지능) 시대의 목회윤리," 「교갱뉴스」 2016. 8. 23., http://www.churchr.or.kr/news/articleView.html?idxno=5193 (2023. 8. 22. 접속).

기존의 선교 개념에 대한 보다 근본적인 수정을 요구하고 있다. 이에 필자는 다음과 같이 전통적인 선교 개념과 방식에 대해 전면적인 재고를 할 것을 제안한다.

1. 선교지와 교육 공간에 대한 재고: 온라인 가상공간 메타버스

예수님은 사도행전 1장 8절에서 "예루살렘과 온 유대와 사마리아와 땅 끝까지 이르러" 주님의 증인이 될 것을 명하셨다. 여기서 말하는 사마리아와 땅끝이 어디인지에 대해서는 전통적으로 종교적, 지리적, 인종적 개념으로 해석해 왔다. 초대교회 당시에는 비기독교 지역 이교도인으로 생각해서 스페인을 땅끝으로 생각했다가 15세기 지리상의 발견 이후에는 신대륙을 땅끝으로, 원주민을 사마리아인으로 생각했다. 20세기 들어 땅끝의 개념은 해안선에서 내지로 확대되었고, 이후에 미전도 종족 선교 시대가 시작되면서 인종적 개념으로 바뀌었다. 1980년 이후 세계 선교는 교통수단의 발달과 세계화에 힘입어 비약적으로 발전하면서 거의 모든 지역, 모든 종족에게 복음이 전달되기에 이르렀는데, 그 과정에서 21세기 4차 혁명 시대를 맞이하면서 새로운 땅끝이 등장했다. 그것이 바로 온라인 가상공간 메타버스다.

사실 사도행전 1장 8절 "땅 끝까지 이르러"에서 땅끝(ἕως ἐσχάτου τῆς γῆς)의 원어적 의미는 어떤 지정된 장소적인 의미가 아니라 지구상에서 갈 수 있는 땅의 최극단이라는 개념적 의미다. 아울러 끝 날까지(마 28:20), 땅끝까지(행 1:8)라는 구절에는 장소적 개념보다 시간적 개념이 들어 있다. 그렇게 본다면 땅끝은 반드시 어떤 장소나 지리 혹은 특정 시공간일 필요는 없다. 우주 시대엔 달이나 화성이 땅끝이 될 수 있고, 디지털 시대엔 온라인 가상공간도 얼마든지 땅끝이 될 수 있다. 앞으로 메타버스는 다양한 영역으로 점점 더 확대될 것이며, 장기적으로는 현실과 가상의 경계가 허물어질 것으로 보인다. 그런 면에서 메타버스는 15세기 지리상의 발견 이후 또 하나의 공간의 발견이며, 지구와 우주 너머 21세기 인류 주거 생활 공간의 확장이라고 할 수 있다. 이런 이유로 김지현도 메타버스를 세 번째 세상으로 표현한 바 있다.[49] 이미 수많은 소비자들은 온라인 가상공간 메타버스에서 활발한 경제활동을 이어 나가고 있고, 그 시장을 장악하기 위해 수많은 기업들이 엄청난 연구와 투자를 진행하고 있다. 에픽 게임즈(Epic Games) 대표 팀 스위니(Tim Sweeney)는 말한다. "하나의 기업이 중앙에서 메타버스의 통제권을 거머쥔다면 어떤 정부보다도 강력한 지상의 신이 될 것입니다."[50] 교회도 더 늦기 전에 하루속히 온라인 가상공간에서의 전도와 선교활동에 눈을 떠 투자와 전략 연구를 해야 할 때라고 본다. 그렇게 본다면 어쩌면 우리가 복음을 전해야 할 이 시대 마지막 땅끝은 아마존 밀림이나 이슬람권이 아니라 인류의 또 다른 주거지인 메타버스 가상공간이 아닐까? 이에 필자는 디지털 시대 온라인 가상공간은 하나님이 일하시는 이 시대 또 다른 땅끝이며, 새로운 선교지요, 교육 공간으로 인식할 것을 제안한다.

---

49 김지현, 『3번째 세상 메타버스의 비즈니스 기회』 (서울: 성안당, 2021).

50 Matthew Ball, *The Metaverse and How It Will Revolutionize Everything*, 『메타버스 모든 것의 혁명, The Meta-verse』, 481.

2. 선교와 교육 대상에 대한 재고: 아바타와 인공지능

주님은 마가복음 16장 15절에서 "온 천하에 다니며 만민에게 복음을 전파하라"고 말씀하셨다. 여기서 '온 천하'(κοσμον απαντα)는 당대의 사람들이 알고 있는 세계뿐 아니라 오고 오는 세대에 사람들이 살아가는 모든 곳을 말한다. 또한 선교와 전도 대상인 '만민'(πᾶς κτίσις)은 사람을 포함한 모든 피조물을 말한다. 공동번역은 이렇게 번역한다. "너희는 온 세상에 가서 모든 피조물에게 복음을 선포하여라." 물론 전도의 대상, 구원의 대상은 인간이다. 그러나 보다 넓은 개념인 선교의 대상은 인간을 비롯한 동식물, 생태계를 포함한 모든 피조물이다. 그렇게 본다면 메타버스 시대 아바타도 우리가 전도해야 할 또 다른 사마리아인이 될 수도 있을 것이다. 인공지능도 마찬가지다. 앞으로 인간의 지적 수준에 맞먹는 인공지능이 등장하면, 그로부터 인간을 넘어서는 인공지능이 등장하는 건 시간문제다. 만약 사유하는 능력을 가진 인공지능이 등장한다면, 그래서 인간들의 삶과 의식에 엄청난 영향을 끼치게 된다면 우리는 인공지능도 선교 대상의 범주에 넣어야 하지 않을까?

인공지능에 대한 접근 방식은 두 가지다. 하나는 도구적으로 접근하는 것이고, 다른 하나는 존재적으로 접근하는 것이다. 인공지능을 효과적인 도구라고 생각한다면 AI는 양날의 검과 같다. 잘 쓰면 사람을 살리는 수술용 메스, 잘못 쓰면 사람을 죽이는 칼처럼, 적절한 준비나 시스템을 마련하면 효과적인 복음의 도구가 될 수 있고, 그렇지 않다면 코로나 이후 또 다른 교회의 도전이 될 수 있다. 그러나 현재 발전 속도를 보면 인공지능은 구글이나 스마트폰과 같은 단순한 도구 이상으로 진화하고 있다. 인공지능이 앞으로 인간처럼 사유하는 능력까지 갖추게 된다면 어쩌면 인공지능을 도구가 아니라 존재적으로 접근해야 하는 날이 올지도 모르겠다. 그렇게 된다면 인공지능은 단순한 목회의 도구가 아니라 어쩌면 선교의 대상, 교육의 대상이 될 수도 있지 않을까? 무엇보다 인공지능에게 기독교와 복음에 대한 부정적인 데이터가 이식되지 않도록, 그래서 인공지능으로 하여금 기독교와 복음에 호감을 가지도록 유도해야 할 책임이 사역자에게 있다. 이를 위해 목회자와 선교사는 인공지능을 존재론적으로 접근해야 하며 단순한 전도의 도구를 넘어 선교의 대상으로서의 인공지능에 대한 인식의 전환이 필요하다.

사실 이미 기업들은 인공지능을 단순히 도구 이상으로 보고 존재론적인 접근을 취하고 있다. 샘 알트만은 최근 렉스 프리드먼의 유튜브 채널에 출연하여 GPT-5에 대해 이야기를 나누면서 GPT를 도구가 아닌 동료로 여길 정도로 의존하고 있다고 말한 바 있다.[51] 그와 달리 테슬라 CEO 일론 머스크는 인공지능이 터미네이터처럼 진화하지 않도록 "인류 멸망을 막기 위해 백기사 AI 만들겠다"고 말하면서 친 인간적인 인공지능(pro-humanity)을 만들겠다고 선언했다.[52] 유발 하라리(Yuval Noah Harari)도 "친밀한 AI가 가장 위협적이다"라는 메시지를 전한 바 있다.[53] 인간보다 더 친근하고 인간다운 인공지능이 개발될수록 우리가 그 대상을 더 깊이 있게 이해하여 올바른 방향성을 갖고 있어야 한다는 것이다. 구글 X의 신규사업 개발 총책임자(CBO) 모 가댓(Mo Gawdat)은 인공지능을 의식이 있고, 감정을 느끼며, 윤리관을 가질 수

51 https://www.youtube.com/watch?v=jvqFAi7vkBc&t=1s.

52 정혜인, "터미네이터 나올 수 있다," 「머니투데이」 2023. 5. 24., https://news.mt.co.kr/mtview.php?no=2023052414304664873 (2024. 9. 1. 접속).

53 구은서, "친밀한 AI가 가장 위협적이다," 「한국경제」 2023. 4. 19., https://www.hankyung.com/life/article/202304199126i (2023. 8. 21. 접속).

있는 존재라고 주장하며, 인공지능을 억누르거나 노예로 만들려는 대신 더 높은 목표를 둬야 한다고 주장한다. 저자는 심지어 세계인권선언을 보편적 존재권 선언(Universal Declaration of Global Rights)으로 변경할 것을 주장하기도 한다.[54] 모 가댓은 인공지능 분야의 기술자나 정책 입안자가 아닌 그들과 함께 미래를 살아낼 당사자인 우리 스스로가 영향력을 가진 존재가 되어야 한다고 말한다. 왜냐하면 지금 인공지능이 현실 세계에서 학습하고 있는 모든 것은 결국 우리 인간에게서 배우는 것이기 때문이다.

교회도 인공지능의 진화 속도를 결코 간과해서는 안 되며 신학적인 숙고와 함께 구체적인 선교와 전도 전략을 세워야 한다. 그런 면에서 필자는 메타버스 인공지능 시대에 선교지뿐 아니라 선교의 대상에 대해서도 새로운 선교신학적 숙고가 필요하며, 메타버스 시대 가상공간에서 만나는 아바타와 앞으로 사유하는 능력을 가지게 될 인공지능도 우리가 전도하고 선교해야 할 '유대와 사마리아인' 중 하나임을 제안하고자 한다.

3. 선교사와 교사에 대한 재고: 디지털 선교사와 디지털 교사

지난 2천 년간 교회 역사를 돌아보면 종이, 인쇄술, 라디오, TV, 인터넷과 같은 수많은 기술 문명의 출현 속에서도 꿋꿋하게 자리매김을 해 왔다. 중세 시대 인쇄술 발명은 지식 혁명을 가져왔고, 몇몇 소수

54 Mo Gawdat, *Scary Smart*, 강주헌 옮김, 『AI 쇼크, 다가올 미래』 (서울: 한국경제신문, 2021), 363.

지식인의 전유물이었던 성경을 대중이 읽게 됨으로, 결과적으로 성경의 대중화, 신학의 대중화를 가져왔다. 19세기 내연기관의 발명은 2차 산업혁명을 가지고 오면서 선교 접근의 대중화를 이끌어 내었다. 바야흐로 전 세계 곳곳을 아무런 제약 없이 방문하여 선교할 수 있게 된 것이다. 20세기 정보통신기술은 3차 산업혁명을 가져왔고 선교 방식의 대중화를 이끌어 냈다. TV, Radio, CD 등 다양한 매체를 통해, 다양한 방법으로 복음을 전할 수 있게 된 것이다. 21세기 디지털 기반 메타버스 인공지능 기술은 현재 4차 산업혁명을 일으키고 있는데 선교에 있어서 어떤 전략적 변화를 가져오게 될까?

필자는 활자 미디어를 통해 신학의 대중화, 성경의 대중화를 끌어냈다면, 디지털 시대에 메타버스 인공지능은 누구나 선교할 수 있는 선교의 대중화, 누구나 가르칠 수 있는 기독교 교육의 대중화를 이끌 수 있다고 생각한다. 온라인 가상공간은 국경과 이념의 한계가 없으며, 지리적 위치, 시간, 신분상의 제한을 받지 않고 누구에게나 실시간 또는 비실시간으로 정보의 선택, 송수신이 가능하다. 그런 면에서 메타버스 시대 디지털 선교는 기존의 인종적, 지리적 선교에 새로운 돌파구를 제시할 수 있다. 아울러 인공지능은 전도자에게 훌륭한 성경 개인 교사요 상담 전문 개인 비서 역할을 해 줄 수 있다. 성경에 대한 지식이나 전문적인 상담 훈련을 받지 않더라도 인공지능의 도움을 받으면 누구든지 전문적인 상담이나 복음 제시 혹은 성경공부가 가능하다. 결국 메타버스 인공지능 시대에는 언제, 어디서, 누구나 선교사요 상담가요 성경 교사 될 수 있는 길이 열릴 것으로 본다. 이에 필자는 디지털 시대에 선교지와 선교 대상뿐 아니라 선교사에 대해서도 새로운 인식의 전환이 필요함을 제안한다.

시대별 선교 방식의 변화

선교사는 지리적 경계, 문화적 경계, 인종적 경계를 넘어서 사역하는 자다. 21세기 디지털 시대에 선교사가 넘어야 할 또 다른 경계가 있는데, 그것이 바로 기술적 경계다. 기술적 장벽, 기술적 경계를 넘어 사역하는 사역자를 디지털 선교사라고 부를 수 있다면, 디지털 시대 온라인 가상공간에서 사역하는 디지털 선교사도 하나님이 쓰시는 이 시대의 또 다른 선교사임을 인식해야 하지 않을까?

VI. 나가는 말

2023년도는 인공지능 기술의 변곡점으로 기억될 것이다. 2023년도에 쏟아져 나온 인공지능 창작물들은 이미 인간의 창작물과 구별하기 어렵다. 그런 의미에선 생성형 인공지능은 이미 '튜링 테스트'를 통과했다고 볼 수 있다. 과학자들은 ChatGPT 같은 인공지능이 어떻게 문장을 만들어 내는지, 어떤 방식으로 그림을 그리고, 어떤 방식으로 바둑을 두는지 정확하게 이해하지 못한다. 더구나 LLM 모델 크기가 늘어날수록 아무도 기대하지 못했던 새로운 능력이 추가된다는 사실을 알아냈다. 문법을 배우지 않았는데도 옳은 문장을 만들어 내고, 수학과 논리를 가르쳐 준 적이 없는데 논리적 사고를 한다. 앞으로 ChatGPT보다 10배, 100배 더 큰 언어모델들은 어떤 새로운 능력을 가지게 될지 사뭇 궁금하다.

그렇다면 과연 메타버스 인공지능은 인류의 미래일까? 엔비디아(NVIDIA) 최고경영자 젠슨 황(Jensen Huang)은 1~2년 이내에 Chat GPT 환각은 크게 줄어들 것으로 예측했다.[55] 그와 반대로 빌게이츠는 이미 "AI 시대가 왔다"(The Age of AI has begun)고 선언한다.[56] 장민도 ChatGPT가 "누구에게는 '기회'가 되고 누구에게는 '놓친 기회'가 된다"고 말한다.[57] 필자는 그들 모두의 지적에 공감하면서 한 걸음 더 나아가 AI 시대를 준비하지 않은 교회들에게는 '위기: 위험한 기회'가 될 수 있다고 생각한다. 물론 뜨겁던 메타버스 열풍이 가라앉은 것처럼 현재의 인공지능 환상도 분명 가라앉을 것이다. 실제로 2016년 알파고가 이세돌 9단을 이겼을 때도 인공지능에 대한 열기는 대단했다. 하지만 그 열기는 오래가지 못했다. 어쩌면 ChatGPT 열풍도 금방 식을 것이다. 그러나 중요한 사실은 인공지능에 대한 사람들의 반응에 상관없이 인공지능은 차근차근 발전해 왔고 어느새 우리 일상생활의 일부분이 되어가고 있다는 점이다. 시간이 걸릴 뿐 언젠가는 인공지능이 우리 삶의 모든 영역을 송두리째 바꿀 날이 올 것이다. 그날이 이르기 전에 교회는 미리 숙고하여 적절한 윤리적, 신학적, 목회적 대응 지침을 마련하고 인공지능 시대에 맞는 다양한 목회적 프로그램을 개발해야 할

---

55 배유미, "오픈AI 챗GPT환각, 2년 뒤면 줄어들 것," *Byline Network* 2023. 3. 23., https://byline.network/2023/03/23-256/ (2024. 5. 1. 접속).

56 Bill Gates, "A New Era: the Age of AI has Begun," *GatesNotes: the Blog of Bill Gates* 2023. 3. 21., https://www.gatesnotes.com/The-Age-of-AI-Has-Begun (2024. 8. 14. 접속).

57 장민, 『ChatGPT: 기회를 잡는 사람들』, 5.

것이다.

지난 2천 년간 교회를 돌아보면 종이, 인쇄술, 라디오, TV, 인터넷과 같은 수많은 기술 문명의 출현 속에서도 꿋꿋하게 자리매김해 왔다. 중세 시대 활자 미디어를 통해 신학의 대중화, 성경의 대중화를 끌어냈다면, 디지털 미디어 시대에 스마트 미디어와 인공지능은 누구나 선교할 수 있는 선교의 대중화를 이끌 수 있지 않을까?

커즈와일은 클라우드 컴퓨팅과 인공지능이 발달해서 온라인으로 자신의 뇌를 업로드할 수 있게 되면 심지어 영생불사에 이를 수 있다고 주장하기도 한다. 그러나 그렇게 업로드된 정보들이 과연 나라고 말할 수 있을까? 필자는 메타버스 인공지능의 발전은 결국 인간과 신에 대한 존재론적인 질문을 더 자극하여 더 종교적인 사회가 펼쳐질 수도 있다고 생각한다. 비록 메타버스 인공지능의 발전과 그로 인해 변화될 사회와 교회의 미래가 예측 불가능하지만, 그럼에도 불구하고 지금까지 그래왔던 것처럼 새로운 시대를 잘 준비한 선교사와 목회자, 교회들에게는 위기(危機)가 아니라 위(危)험하지만 기(機)회가 될 수 있다고 생각한다.

현대 예배자들을 위한 고전음악의 재발견

— 라틴 텍스트에 의한 레퀴엠과 브람스의 독일 레퀴엠 (Ein deutsches Requiem)을 중심으로

윤임상 월드미션대학교 교수 / 음악학

I. 들어가는 말

우리에게 있어 죽음은 여전히 두렵고 그냥 애써 외면하고 싶은 사실이지만, 한 번쯤은 진지하게 생각해야 할 일이다. 그것은 누구에게나 분명히 거처 가게 되는 일이기 때문이다. 현대 예배자들에게 있어 음악을 통해 이러한 삶과 죽음에 대한 깊은 내면을 관찰하며 오늘의 삶을 정돈해 볼 수 있는 작품이 일반적인 레퀴엠 장르(Requiem Genre)다.

이 레퀴엠은 중세 후반부 이후 오늘날까지 많은 작곡가가 그 시대의 조류에 맞게 만들어 왔다. 서로 다른 접근 방법들을 가지고 작곡을 해와서 다른 것처럼 보이지만 결국 죽은 자들을 위해 쓴 종교적 드라마에 중심을 둔다는 공통점이 있다. 즉, 죽은 자를 위한 그리고 죽은 자에 관한 의식이다. 하지만 그 이면에는 분명 다른 의미가 담겨 있을 것이다.

한편 브람스(Johanas Brahms, 1833~1897)가 쓴 〈독일 레퀴엠〉(Ein Deutsches Requiem, Op. 40)은 기본적으로 여느 작곡가들처럼 죽은 자들을 기억하며 그것이 계기가 되어 작품을 쓰고 그것을 발전시켜 나갔지만, 근본적인 동기와 목적은 산 자들에게 있었다. 그는 여러 번의 죽음을 바라보며 죽음에 대해 그리고 언젠가 자신도 죽음에 이르게 된다는 사실을 알고 죽은 자를 바라봄을 배경으로 오늘을 살고 있는 사람들을 집중하게 되었다. 여기에 놀라운 것은 레퀴엠을 쓴 여느 작곡가들과는 다른 깊은 고민과 연구를 한 것이 있다. 그가 성경에 대한 깊은 탐구와 그에 따른 신학을 기반으로 해서 작곡자 자신이 가사를 뽑아내었고 그것을 바탕으로 작곡하게 되었다.

필자는 이처럼 서로 다른 레퀴엠의 성향을 분석·연구하려고 한다. 이를 위해 먼저 레퀴엠에 대한 전반적인 이해를 다루고 미사(예배)에 시작된 동기 그리고 그 안에 담긴 가사(Text)의 내용을 소개하려고 한다. 이어 오늘날까지 즐겨 연주되고 있는 대표적인 작품들을 세 가지로 특징지어 나누고 그에 따른 작곡가들의 작품 성향과 동기를 제시하려고 한다. 이어서 브람스의 독일 레퀴엠을 소개하고자 한다. 이를 위해 먼저 작곡자 브람스의 삶을 개론하고 레퀴엠을 쓰게 된 동기와 작품의 특징을 서술한다. 그리고 그가 사용한 가사(Text)가 어떠한 신학적 사고와 배경을 가지고 성경에서 가사를 도출해 내었는지 알아내고 그 텍스트와 음악이 어떻게 연결되었는지 그리고 음악의 구조(Structure)를 설명한다.

필자의 이와 같은 연구는 믿음의 성인들 그리고 작곡자들이 레퀴엠 장르를 가지고 어떻게 삶과 죽음에 대한 고민과 갈등을 음악으로 표현하며 예배하고자 했는지 그 의미를 바르게 이해하게 하려는 데 목적이 있다. 이것을 통해 현대 예배자들은 일반적인 레퀴엠에 대한 고정적인 편견을 내려놓고 바른 분별력의 지혜, 다름을 인정하는 지혜 그리고 부활 신앙의 지혜를 가지고 레퀴엠 장르를 바르게 이해하게 될 것이다. 이러한 이해를 통해 현대 예배자들이 복음을 마음에 품고 삶과 죽음 사이에서 누려야 할 진정한 복과 소망 그리고 참된 위로를 배우고 실천할 수 있게 되기를 기대한다.

II. 일반적 레퀴엠에 대한 이해

1. 근원

레퀴엠(Requiem)은 예수님의 최후의 만찬에서 유래되어 그레고리안 단선율로 불리다가 15세 초 중세 후반에 다성음악 양식으로 만들어지며 서양 음악 발전에 두드러지게 공헌하게 되었다.[1] 이 레퀴엠을 다성음악으로 만든 최초의 작곡가는 기욤 뒤파이(Guillaume Du Fay, 1397~1474)다. 하지만 그의 작품은 현존하지 않고 그 뒤를 이어 만들어진 오케겜(Johannes Ockeghem, 1420~1407)의 레퀴엠이 최초의 다성음악으로 남아 있다.[2] 이어 팔레스트리나(Giovanni Pierluigi da Palestrina, 1525/6~1594)로부터 오늘날 엔드류 로이드 웨버(Andrew Lloyd Webber,

---

1 Grout, Donald J., *A History of Western Music* (New York, London: W.W. Norton & Company, 1988), 212.

2 Fuller, Sarah, *European Musical Heritage* (New York: McGraw-Hill, 1987), 166.

1948~)에 이르기까지 수많은 작곡가가 작품을 남기게 되었다.

작곡가들은 가톨릭 종교에 심취되어 있지 않거나 특별히 종교적 신념이 없더라도 레퀴엠을 자신의 레퍼토리로 만들게 되었다. 그 이유는 레퀴엠 텍스트는 그 배경이 되는 의식과 마찬가지로 삶과 죽음, 죽음 이후의 삶에 대한 보편적인 질문을 쉽게 이해할 수 있는 출발점으로 제공될 만큼 널리 알려져 있기 때문이다.[3] 그렇기에 이들은 레퀴엠을 작곡할 때, 그들이 갖고 있는 상실의 슬픔과 분노, 미지 세계에 대한 두려움이나 마지막 심판에 대한 공포를 음악에 담아 여러 가지 접근 방식을 취해 왔다.

2. 대표적 작품들

레퀴엠 장르의 대표적 작품들 가운데 유사한 특징을 지닌 작품들을 세 부분으로 나누어 설명하려 한다.

첫 번째는 가사의 극적인 성격을 강조하여 대곡의 작품을 만든 것은 고전 시대 모차르트(W. A. Mozart, 1756~1792)의 레퀴엠(Requiem in D minor, K. 626), 낭만 시대의 헥터 베를리오즈(Hector Berrios, 1803~1869)의 레퀴엠(Grande Messe des Morts, Op. 5) 그리고 주세페 베르디(Giuseppe Verdi, 1813~1901)의 레퀴엠(Messa da Requiem, Op. 48)이다.

3 Randel, Donald, *The New Harvard Dictionary of Music* (Cambridge: The Belknap Press of Harvard University Press, 1986), 694.

(1) 모차르트의 레퀴엠(Requiem in D minor, K. 626)

모차르트가 이 작품을 쓰게 되었던 동기는 1791년 그의 생애 마지막 해의 일이다. 그가 마지막 오페라 〈마적〉(The Magic Flute)을 끝낼 무렵인 7월 어느 낯선 사람(프란츠 폰 발제크 백작, Count Franz von Walsegg)이 작곡을 의뢰하게 되었다.[4] 그 내용은 발제크 백작의 부인이 그해 2월 20세의 짧은 생을 살다 마감하게 되어 그를 추모하기 위해 발제크 백작이 대리인을 시켜 모차르트에게 의뢰하게 된 것이다.

경제적으로 아주 궁핍했던 모차르트는 선뜻 그 제의에 승낙하였지만, 오페라 〈마술피리〉가 초연된 9월 30일 이후가 되어서야 작곡을 시작하게 되었다. 그리고 그해 11월 병상에 눕게 되어 12월 5일 생을 마감하면서 이 작품은 미완성으로 남게 되었다. 이후 그의 제자 쥐스마이어(Franz Xaver Süssmayr, 1766~1803)가 스승의 스케치를 이어받아 완성하였고 이듬해인 1792년 2월 의뢰자에게 전달, 발제크 백작의 아내인 안나(Anna) 사후 1년 뒤인 1792년 2월 초연하게 되었다.[5] 이 곡은 모차르트가 다른 사람을 애도하기 위해 작품을 시작했지만, 결국 자신을 위한 레퀴엠이 되었다.

(2) 엑토르 베를리오즈의 레퀴엠(Grande Messe des Morts, Op. 5)

이 작품을 쓰게 된 동기는 1830년 7월 프랑스 혁명을 기념하는 식전에서 폭탄 테러로 숨진 희생자들을 추모하기 위한 위령제로 사용하기 위해 1837년 당시 내무부 장관이었던 아드리앙 드 가스파레(Adrien

---

4 민은기, 『서양 음악사』 (서울: 음악세계, 2013), 285.

5 Sadie, Stanley, *The New Grove Dictionary of Music and Musicians 12* (London: Macmillan Publishers Limited, 1980), 722.

de Gasparin, the Minister of the Interior)가 위촉, 1837년 완성된 작품이다. 하지만 정치적인 이유로 그해 7월 위령제에 연주되지 못하고 12월 5일 담레몽 장군과 콘스탄틴 공성전에서 전사한 병사들(General Damrémont and the soldiers)의 죽음을 추모하는 행사에서 초연되었다.[6]

이 곡은 대규모 음악 구성(200여 명의 합창, 4개의 오케스트라, 8쌍의 팀파니)으로 워낙 규모가 크고 방대해서 국가적 특별한 행사에만 어울린다. 가사의 종교적 의미보다 가사의 음악적 분위기를 강조한다. 거대한 합창과 변화무쌍한 오케스트라의 색채감과 웅장함이 있다.

(3) 주세페 베르디의 레퀴엠(Messa da Requiem, Op. 48)

베르디는 자신이 가장 존경했던 이탈리아 민족시인 만쪼니(Alessandro Manzoni)가 1873년 5월 죽게 되자 그해 6월 파리로 건너가 바로 작곡에 전념하게 되어 이듬해인 1874년 5월 1주기 추모식에서 초연하게 되었다.[7]

이 작품은 한 편의 오페라와 같은 대규모의 음악으로 작품 전면에 흐르는 음악적 감동은 모든 것을 수용한 거대한 종교음악의 형상을 보여준다. 특히 최후의 심판을 상징하는 〈진노의 날〉은 절규에 가까운 합창과 오케스트라의 대화는 가히 환상적이다.[8]

---

6 Blocker, Robert, *The Robert Shaw reader* (New Haven& London: Yale University Press, 2004), 190.

7 홍세원, 『교회음악 역사』 (서울: 연세대학교 출판부, 1999), 279.

8 Blocker, 331.

두 번째는 같은 가사를 가지고 곡을 썼지만, 자비로운 하나님이 죽은 이를 받아들이며 위로와 평안, 영적 해방이라는 개념에 더 초점을 맞추어 곡을 쓴 작품이 있다. 낭만 후기 작곡가들로, 가브리엘 포레(Gabriel Faure, 1845~1924)의 〈Requiem in D minor, Op. 48〉과 모리스 뒤플레(Maurice Durufle, 1902~1986)의 〈Requiem Op. 9〉이다.

(4) 가브리엘 포레의 레퀴엠 〈Requiem in D minor, Op. 48〉

포레가 이 작품을 쓰게 된 동기는 확실치 않지만, 1885년 아버지의 죽음과 2년 후인 1887년 새해 전야에 돌아가신 어머니의 죽음이 계기가 되었을 가능성이 있다. 1890년에 오늘의 곡으로 완성되었다.[9]

이 곡은 깊은 신앙인을 반영하듯 영성이 물씬 풍기는 선율이 돋보인다. 프랑스의 서정성이 넘치고 화성이나 악기 편성도 교회음악의 전례에 잘 어울리는 예술적 깊은 감동을 준다. 전통적 어두움의 색채를 띠기보다 밝고 화려하고 아름다운 세계를 그려낸 것이 특징이다.

(5) 모리스 뒤플레의 레퀴엠 〈Requiem Op. 9〉

뒤플레가 남긴 작품 중 최고의 작품으로, 아버지의 죽음을 애도하기 위해 곡을 썼다. 이 곡은 곡 전체를 그레고리안 선율의 교회 선법을 중심으로 쓰면서 전형적 신고전주의 작곡자 면모를 보게 된다.[10] 극적인 효과를 내는 〈진노의 날〉(Dies irae)을 생략하고 〈인자하신 주 예수여〉(Pie Jesu)와 〈천국으로〉(In Paradisum)를 등장시켜 어두운 느낌이

---

9 Ulrich, Homer, *A Survey of Choral Music* (Belmont: Wadsworth Group, 1973), 170.

10 Sadie, Stanley, *The New Grove Dictionary of Music and Musicians 5* (London: Macmillan Publishers Limited, 1980), 752.

아닌 평온함을 표현했다.

세 번째는 작곡가가 기존 라틴 텍스트 이외에 다른 텍스트를 추가하여 하나의 의미를 부여하는 방법으로, 벤자민 브리튼(Benjamin Britten, 1913~1976)이 쓴 〈전쟁 레퀴엠〉(War Requiem, Op. 66)을 통해서 볼 수 있다.

(6) 벤자민 브리튼의 전쟁 레퀴엠 〈War Requiem Op. 66〉

그는 특정한 한 사람의 죽은 영혼을 위로한다기보다 전쟁에서 희생당한 무명의 전사자들을 위로하고 세계 평화를 염원하는 갈망을 갖고 곡을 썼다. 더욱 근본적인 동기는 제2차 세계대전 당시 폭격으로 14세기 건축물이 파괴된 후 새로 지어진 코벤트리대성당(Coventry Cathedral)의 봉헌을 기념하기 위해 위촉된 작품으로, 1962년 1월에 작곡이 완성되었고 그해 5월 30일에 초연되었다.[11]

브리튼은 의식화된 라틴어 텍스트에 깊은 의미를 부여하고 전쟁의 참상을 폭넓게 진술하기 위해 윌프레드 오웬스(Walfred Owen, 1893~1918)의 전쟁 시를 첨가했다.[12]이를 통해 전형적 라틴 텍스트에 기초를 두고 영어 텍스트를 부분적으로 더하게 되었다.

3. 텍스트에 대한 이해

레퀴엠에 사용된 라틴 텍스트는 일반적 미사 형식에 토대를 두고

---

11 Ulrich, Homer, 189.

12 홍세원, 321.

있다. 여기에 죽은 자들을 하나님의 자비로 구원해 주실 것을 아뢰는 것이 중심이 되어 구체적으로 인간들이 심판의 두려움에서 출발하여 천국의 소망을 꿈꾸게 하는 과정으로 길게 전개되어 있다. 작곡자들은 모든 텍스트를 사용하여 작품을 쓰지 않고 작품의 성격에 따라 부분적으로 텍스트를 빼고 거기에 곡을 붙이게 되었다. 전체 열두 부분으로 텍스트가 펼쳐지는데, 필자는 이를 아홉 개 부분으로 축약 구성하여 설명하려 한다.[13]

(1) 입당송, 키리에, 응답송, 트락투스(Introitus, Kyrie, Gradual, Tractus)[14]

모든 작곡가가 사용하는 텍스트로 처음 시작에 영원한 안식을 선포하는 레퀴엠 가사를 담는다. 이어 일반 미사 통상문 키리에 "주여 우리를 불쌍히 여기소서, 그리스도여 우리를 불쌍히 여기소서"를 넣어 일반적 미사 양식을 나타낸다. 세 번째로 응답송이 나타나 영원한 안식을 다시 한번 선포한다. 그리고 마지막으로 종결하며 레퀴엠에서 사용하지 않는 알렐루야 대신 주님께 용서를 구하는(Forgive O Lord) 텍스트로 마무리하게 된다.

(2) 부속가(Sequentia)[15]

부속가라고 하는 시퀀스는 심판의 날을 주제로 죽음의 두려움과 공포, 인간의 나약함 속에서 구원을 사모하는 기도로 총 19개의 내용을

---

13 부록 1. Latin Requiem Text.

14 Randel, Donald, 694.

15 Sadie, Stanley, *The New Grove Dictionary of Music and Musicians 17* (London: Macmillan Publishers Limitd, 1980), 156.

담아내었다. 요약하면 "이날은 분노의 날"로 시작하여 나팔을 불며 심판을 알리는 장면, 죽음의 공포, 심판의 날에 전능의 왕 앞에서는 두려움, 복음의 주체가 되시는 주님 앞에 자비를 구하는 기도, 죄책감의 두려움, 무릎을 꿇고 기도하며 흘리는 눈물 등으로 연결되다가 마지막으로 그러므로 "하나님이여 이 사람을 살려주소서"라는 기도로 종결하게 된다. 작곡자들은 이 시퀀스를 부분적으로 사용하게 된다. 하지만 포레나 뒤플레는 아예 사용하지 않았다.

(3) 봉헌송(Offertorium)[16]

전통적인 미사 고유문으로 "영광의 왕 되신 예수 그리스도 그리고 주님께 찬양으로 영광 돌립니다"라는 가사로 베르디의 레퀴엠에서 네 명의 솔리스트만을 등장시켜 이 부분 가사 전체를 소화해 낸 것이 특징이다.

(4) 거룩, 복 있으리라(Sanctus, Benedictus)[17]

전형적인 미사 통상문에서 나타나는 형식으로 거룩, 높은 곳에 호산나, 복 있으리라"라는 가사로 전개되며 레퀴엠을 쓴 모든 작곡가는 대게 이 부분을 화려한 푸가 형태로 쓰게 된다.

---

16 Sadie, Stanley, *The New Grove Dictionary of Music and Musicians 13* (London: Macmillan Publishers Limitd, 1980), 514.

17 Sadie, Stanley, *The New Grove Dictionary of Music and Musicians 16* (London: Macmillan Publishers Limited, 1980), 464.

(5) 하나님의 어린양(Agnus Dei)[18]

미사 통상문으로 "세상 죄를 지고 가는 하나님의 어린양"의 가사를 갖고 있으며 일반적으로 미사의 가장 마지막 부분으로 불리게 되지만 레퀴엠에서는 중 후반부에 나타나게 된다.

(6) 성찬식(Lux Aeterna)[19]

레퀴엠 미사 가운데 성찬식을 알리는 전주곡으로 "주님께서 영원한 빛으로 그들에게 비추게 하소서"라는 텍스트를 담고 있다.

(7) 자비의 예수(Pie Jesu)[20]

레퀴엠에 사용되는 중요한 모텟 형태의 음악으로 만들어지며 "자비로운 예수여 저들에게 안식을 허락하소서"라는 텍스트를 가지고 있으며 보편적으로 작곡가들은 소프라노 솔로로 아름답고 서정적인 멜로디를 만들거나 소프라노 솔로와 합창을 대비시켜 대화체 형식으로 텍스트를 전개한다. 포레나, 뒤플레가 작곡한 이 곡들은 아주 아름다운 멜로디를 구사하여 레퀴엠의 무거움을 소망과 기쁨으로 전환 시켰다.

(8) 응답송(Libera me)[21]

대체적으로 레퀴엠의 가장 마지막에 놓이는 부분으로, 이것은 가톨릭교회의 사제실에서 부르는 응답송이며 죽은 자를 위한 사죄의 예식

---

18 Sadie, Stanley, *The New Grove Dictionary of Music and Musicians 1* (London: Macmillan Publishers Limited, 1980), 156.

19 Lux Aeterna, accessed Aug. 28. 2024. https://en.wikipedia.org/wiki/Lux_Aeterna.

20 Pie Jesu, accessed Aug. 28. 2024. https://en.wikipedia.org/wiki/Pie_Jesu.

21 Libera me, accessed Aug. 28. 2024. https://en.wikipedia.org/wiki/Libera_me.

인 진혼 미사 직후와 매장 전에 관 옆에서 죽은 자를 위해 기도하는 예식이다. 텍스트는 "주여, 저를 구하소서"라는 외침으로 시작되며 긴 푸가 형태로 음악적 화려함 속에 음악의 종결을 맞이하게 된다.

(9) 후주(In Paradisum)[22]

레퀴엠의 후주 부분으로서 이 부분은 자주 사용하지는 않으나 텍스트 내용은 "천사들이 당신을 천국으로 인도하고 그들이 합창으로 맞이하기를 바랍니다"라는 텍스로 되어 있다.

이처럼 라틴 텍스트를 가지고 다양한 동기로 만들어진 레퀴엠은 전통적으로 죽은 영혼을 하나님께 올려드리는 연주용 예술 음악이다. 이 장르는 시대별로 뛰어난 작곡자들이 그 시대에 나타난 예술적 가치와 기술들을 접목해 합창음악을 만들었다. 이를 통해 서양 음악사에 있어 합창음악의 발전에 크게 기여하며 좋은 유산을 잘 전수해 오고 있는 것이다.

아울러 텍스트 적인 면에서 심판자 되신 하나님 앞에 너무나도 작은 인간의 나약함과 어리석음을 토로하며 심판대 앞에 선 인간이 구원을 호소하는 애절한 기도 그리고 천국에서의 기쁨을 그리는 가사들로 구성된 것으로 본다.

이를 통해 역사적으로 그 시대 사람들이 죽은 자들의 영원한 안식을 추모하며 드리려는 의도로 이 음악을 만들었지만, 그 이면에 담긴 메시지는 그 시대를 살아가는 예배자들이 하나님의 심판과 구원을 기억하며 세상에서 자신들의 삶을 돌이키고 하나님 앞에서 바르게 살아야

---

22 In paradisum, accessed Aug. 28. 2024. https://en.wikipedia.org/wiki/In_paradisum.

함을 정돈하게 하고 있다. 결국 이 음악이 주려고 하는 본질적인 의미는 시대를 살아가는 예배자들을 향해 삶과 죽음에 대한 바른 의식을 가르침에 있는 것이다.

III. 브람스의 〈독일 레퀴엠〉(Johanas Brahms, 1833~1897, Ein Deutsches Requiem, Op. 40)

일반적으로 모든 고전적(Classic) 음악 훈련의 기본 교본은 바흐의 음악이다. 그렇기에 모든 음악인은 반드시 그의 음악을 거쳐 가야 한다. 하지만 그렇다고 해서 모두 다 바흐의 곡은 연주하고 싶어 하지는 않는다. 하지만 또 하나의 좋은 교본인 브람스의 음악은 모든 음악인이 교본으로서뿐 아니라 꼭 연주하고 싶어 한다. 레퀴엠 장르 또한 그런 것이다. 이에 필자는 브람스의 레퀴엠의 깊은 세계로 독자들을 인도하고자 한다.

1. 브람스의 삶

브람스는 1833년 독일 북부 항구도시 함부르크(Hamburg)에서 아버지 요한 제이콥 브람스(Johann Jakob Brahm, 1806~1872)와 엄마 크리스티나 브람스(Johanna Henrika Christiana Nissen Brahms, 1789~1865) 사이에서 태어났다. 더블베이시스트인 아버지의 음악적 영향을 받았고 루터란 교회 신자인 부모의 신앙으로 유년 시절부터 신앙적으로 자란 브람스였지만 생활은 늘 가난한 삶의 연속이었다.[23]

그러한 가운데 그는 신앙의 힘으로 가난을 극복하며 자신의 음악 세계를 차근차근 준비하였다. 그는 전 생애 동안 루터란성경을 늘 곁에 두고 탐독하였다고 한다. 후에 브람스가 성악곡을 작곡하면서 성경에서 가사들을 발췌한 것은 결코 우연이 아니었다. 그의 나이 20세 때 음악 인생에 큰 전환이 되는 계기를 맞았다. 당대 최고의 작곡가요 피아니스트였던 로버트 슈만(Robert Schumann, 1810~1856)과 그의 아내 클라라 슈만(Clara Schumann, 1819~1896)을 만나게 된 것이다.

브람스가 19살에 썼던 자신의 곡 〈C Major Sonata〉를 슈만에게 들려주자 크게 감동한 슈만은 자신이 발행하고 있는 음악 간행물 *Die Neue Zeitschrift Fur Musik*에 "Neue Bahnen, 새로운 길"이란 제목으로 브람스를 극찬하며 천재 음악가의 출현을 소개했다.[24] 이것이 계기가 되어 브람스는 세상에 알려지게 되었고 또한 이후 슈만의 집에 머물면서 많은 도움을 받게 되었다. 이후 슈만의 갑작스러운 정신병, 자살, 병원 입원, 급기야 사망에 이르게 되었는데, 이때의 모든 뒷바라지를 브람스가 하게 되었고, 그것이 계기가 되어 평생 슈만의 아내 클라라와 깊은 우정과 사랑을 나누었다.

2. 작곡 동기 및 특징

1865년 2월 2일 브람스는 동생 프리츠로부터 "어머니를 다시 한번 보고 싶으면 즉시 오세요"라는 긴급 전보를 받았다. 76세의 어머니 크

23 Sadie, Stanley, *The New Grove Dictionary of Music and Musicians 3* (London: Macmillan Publishers Limited, 1980), 155.
24 Ibid., 156.

리스티나 브람스가 뇌졸중으로 쓰러졌다는 내용이었다. 브람스는 비엔나에서 서둘러 어머니를 찾아갔지만, 함부르크에 도착했을 때 그녀는 이미 세상을 떠난 뒤였다. 크리스티나 브람스의 삶은 쉽지 않았다. 12살에 재봉사로 일하기 시작한 그녀는 41살에야 브람스의 아버지 요한 제야콥(17살 후배인 가난한 음악가)과 결혼했다. 34년 후 결혼 생활은 악화되었고 남편은 1864년 그녀를 떠났다. 부모님을 모두 사랑했던 브람스는 두 사람을 화해시키려고 노력했지만 소용없었다.[25]이러한 상실감은 작곡가에게 큰 영향을 미쳤을 것이다.

이런 어머니의 죽음이 이 작품의 직접적인 촉매제가 되었다. 하지만 이 작품에 대한 아이디어는 이미 9년 전 그의 스승인 슈만이 사망한 후인 1857년 시작되었다. 이후 1867년 세 곡(1-3번)을 가지고 초연을 하였고, 이듬해에 여섯 곡(5번 제외)으로 연주한 이후 1869년에 다섯 번을 더 하여 총 일곱 개의 완성된 곡을 가지고 초연하게 되었다. 브람스는 그동안의 레퀴엠 장르의 관행을 깨뜨리고 혁신적으로 새로운 레퀴엠 장르를 확립하여 개신교(Protestant)의 레퀴엠이라는 타이틀 가진 유일한 작곡가이다. 이것을 "개신교 레퀴엠"이라 명명하게 되었다.[26]

브람스의 레퀴엠은 모든 관습적인 규칙을 제쳐두고 유한한 삶을 사는 인생이 무한하신 하나님 앞에 슬픔과 희망에 대한 심오하고 지극히 개인적인 진술을 전개해 나갔다. 그가 사용하는 텍스트는 라틴어가 아닌 독일어를 사용하였는데, 브람스는 라틴어가 더 이상 살아있는 언어가 아니며 이는 청중에게 더 이상 개인적이고 살아있는 의미가 없다고

25 Blocker, Robert, 229.
26 Ibid., 230.

생각했다. 그는 이렇게 레퀴엠의 전통적인 단어를 버림으로써 교리나 교파의 문제에서 최대한 벗어나기 위해 창조의 틀을 넓혔다. 그래서 브람스 자신이 직접 성경의 구약과 신약에서 발췌한 새로운 텍스트를 대입시키게 된 것이다. 이것을 통해 그는 의식을 제시하는 것이 아니라 상실, 슬픔, 희망의 문제에 대해 청중에게 직접적으로 이야기하고 싶었다.

3. 신학적 접근

브람스의 레퀴엠이 특별한 것은 그가 철저한 루터란 신학적 배경을 기초로 해서 12년의 노력 끝에 창조된 작품이기에 더 각별하게 다가오게 된다. 그는 바흐와 마찬가지로 루터란 신자로서 루터 바이블과 신학에 많이 심취되어 있던 음악가였다. 그는 신구약 성경과 루터 신학을 비롯한 당대 다양한 신학 서적에 열중하였는데, 그의 개인 서재에 소장된 종교 서적들과 그 지면에 표시된 사항들을 통해 그 사실을 알 수 있다.[27]

전반적으로 그가 간직하고 있던 신앙의 기초는 하나님의 무한하신 능력 앞에 유한한 삶을 사는 인간이 세상에서 바르고 정직하게 살아가며 고난 속에도 진정한 복을 발견하고 하나님의 성품을 드러내야 함을 강조하는 데 있다. 그것은 그가 루터의 핵심 신학 사상인 십자가 신학(Theology of Cross)을 간직하고 있었음을, 이 곡의 가사 전체 구성을

27 Jan Bachmann, *Kunst-Religion-Krise: Der Fall Brahms* (Kassel:Barenreiter, 2003), 338-352.

보며 알 수 있기 때문이다. 루터의 십자가 신학에서의 중요한 배경은 '영적 시련' 혹은 '고통' 등으로 번역될 수 있는 'Anfechtung'인데, 브람스의 다수 종교음악 및 성악 작품의 주제 또한 이 개념에 부합한다.[28] 브람스는 작곡가로서 자신의 정체성과 신앙 철학을 찾아가는 과정에서도 마틴 루터의 종교개혁 정신을 바탕으로 세워갔다. 루터의 신학을 십자가 신학이라 말하는데, 이는 루터를 근간으로 형성되었던 영광 신학(Theology of Grory)에 대비되는 것이다.[29]

루터 연구가 송인서 교수는 영광 신학에 대해 다음과 같이 정의한다. "'칭의의 의' 위에 '성화의 의'를 쌓아 올려서 '하나의 의'를 하나님과 내가 함께 이루어 가는 방식, 그래서 종국에는 하나님과 내가 영광을 나눠 갖는 방식이 중세 교회의 구원론이요, 영광 신학이다."[30] 영광 신학은 인간의 공로에 의지해서 하나님 앞에 의로워질 수 있다는 것으로 중세 스콜라 철학에 기반을 둔 인간의 타락을 왜곡시켜 그릇된 하나님의 지식을 심어주었다고 믿고 있었다. 그렇기 때문에 영광 신학은 그리스도와의 연합을 위해 고행과 참회라는 행위 및 일련의 의식 절차를 중시하고 이를 충족시키지 못했을 때 하나님과의 연합은 불가능하다고 보는 공로 사상을 바탕으로 한 기존 교회의 경향을 가리킨다.

이에 반해 십자가 신학은 "오직 믿음으로 구원을 얻는다"라는 이신칭의로 하나님과의 관계가 시작되고, 십자가에 달리신 그리스도를 볼 때 그리고 이와 같은 고난을 자신의 삶에서 주어진 시련을 통해 상징적으로 경험할 때 하나님과 교제하며 연합하는 것이라 말할 수 있다. 브람

---

28 Martin Meiser, "Brahms und die Bibel," *Musik und Kirche* 53 (1983), 247.
29 김홍기, 『종교개혁사: 마틴 루터에서 죤 웨슬리까지』 (서울: 지와 사랑, 2004), 220-234.
30 송인서 외, 『오늘 우리에게 영성이란 무엇인가』 (서울: 동연 출판사, 2023), 166.

스는 바로 이러한 십자가 신학이 주 골격이 되어 고난과 고통 속에 나타나는 역설의 축복을 중심으로 텍스트를 전개해 간 것이다.

4. 텍스트 및 작곡 구조

총 7악장으로 이루어진 이 작품은 전통적인 고전 양식을 사랑한 브람스답게 다양한 대칭 구조(Symmetrical Form)가 돋보이는 작품이다(아래 참조).

작곡 구조 도표[31]

위의 작곡 구조 도표를 보면 이 작품은 4악장에 표현된 천상의 아름다움(Wohnungen)을 중심으로 대칭이 이루어지는데, 이 4악장에서 먼 위치에 있는 1악장과 7악장은 각각 마태복음의 산상수훈 중 팔복과 요한계시록에서 가져온 성경 말씀을 인용하고 있다. 각각 "애통하는

31 "Brahm Requiem," Discussion, accessed Sep. 4. 2024. https://www.youtube.com/watch?v=OdpItFyNjS4&t=580s.

자에게는 복이 있나니"와 "죽은 자에게는 복이 있나니"와 같이 텍스트가 '복'(Selig)이라는 단어가 중심이며, 그 텍스트뿐만 아니라 음악 동기까지 공유하며 각각 시작과 끝을 깔끔하게 마무리하는 효과를 주고 있다.

이어 2악장과 6악장은 가장 극적인 분위기를 연출한다. "모든 육체는 풀과 같고"라는 내용을 가진 베드로전서를 인용한 2악장은 삶에 대한 찰나의 본질을 고찰하며 "우리가 여기는 영구한 도성이 없고"의 내용을 담고 있고, 히브리서를 인용한 6악장에서는 "죽을 것이 죽지 아니함을 입으리로다"라는 고린도전서를 함께 인용하며 죽음의 공포 속에서도 새로운 부활을 꿈꿀 수 있는 영원한 안식을 약속하며 서로 대칭을 이루는 모습을 살펴볼 수 있다. 마지막 대칭인 3악장과 5악장은 '위로'(Trösten)의 주제를 갖고 각각 바리톤과 소프라노의 시작으로 전개된다. "여호와여 나의 종말과 연한의 어떠함을 알게 하사"라는 내용을 가진 시편을 인용한 3악장은 여호와를 향해 끊임없는 삶의 질문을 던지며 답을 구하는 인간의 모습을 담아냈다면, 5악장은 "어미가 자식을 위로함같이 내가 너희를 위로할 것인즉"이라는 내용이 담긴 이사야서를 인용하여 하나님이 사람을 향해 위로하는 모습을 담아내어 잔잔한 감동을 안겨주고 있다.

이제 각 악장의 작곡 구조를 통해 스토리를 전개하며 각각 갖고 있는 특징을 구체적으로 접근해 보려고 한다.

(1) 제1악장

레퀴엠의 시작이 되는 이 부분은 '슬픔과 위로'의 주제를 아우르며 작품의 분위기를 조성한다. 브람스는 작품의 시작 부분에서 자신의 십자가 신학의 의도를 드러낸다. 즉, 고난을 통한 축복을 표현하기 위해 산상수훈의 두 번째 복인 "애통하는 자는 복이 있나니"(Selig sind, die da Leid tragen)[32]를 등장시킨다. 이 간단한 문장은 그동안의 전통을 깬 혁명적 방식으로, 근본적으로 다른 접근 방법을 취하고 있다. 조용한 음색은 사랑하는 사람의 귀에 속삭이는 개인적인 메시지임을 암시한다. 부드럽고 서정적인 위로의 표현으로 전개되며 무반주 합창 구절이 자주 등장하는 이 곡에서 브람스의 르네상스 합창음악에 대한 지식을 엿볼 수 있다. 이 산상수훈의 복에 이어 시편 126편에서 발췌한 가사로 살짝 톤이 바뀐다. 독일 레퀴엠의 중심이 되는 시편에서 따온 것이다. "눈물로 씨를 뿌리는 자는 기쁨으로 거두리라. 나가서 울어라, 귀한 씨앗을 품고 그리고 기쁨을 안고 오라."[33]

이 오프닝에서 가장 주목할 만한 부분은 브람스의 관점의 전환이다. 전통적인 레퀴엠이 죽은 자들의 영혼에 대한 문제를 다루었다면, 브람스는 남겨진 사람들, 즉 상실에 대처하는 살아있는 자들에게 초점을 맞추었다. 여기에 또한 그의 레퀴엠은 단순히 흥미로운 영적 운동이 아니라 가장 화려하고 숨 막히는 걸작이 되도록 음악의 선율을 만들어 간 것이다.

(2) 제2악장

2악장은 1악장과는 대조적으로 다른 분위기를 연출하며 점점 더 강렬해지는 장엄한 장례 행진곡으로 시작한다. 전통적으로 행진곡은

---

32 마태복음 5:4.

33 시편 126:5-6.

2박자 혹은 4박자의 리듬으로 전개되어야 한다. 하지만 브람스는 $\frac{3}{4}$박자의 리듬을 사용하여 특이한 장례 행진곡으로 묘사한다. 이 주제는 브람스가 슈만의 광기와 죽음 이후 완성하려 했던 〈미완성 교향곡〉에서 가져온 것으로 보인다.

어두운 장례 행진곡으로 서주가 울려 퍼지다가 합창으로 다음과 같은 내용을 전개한다. "모든 육체는 풀과 같고 사람의 영광은 풀의 꽃과 같으니."[34] 이를 통해 깊은 고뇌에 잠기게 하다가 이 생각은 곧 새로운 생각에 따라 중단되고 다시 희망과 위안을 받으며 소망을 꿈꾸게 된다. 여기에는 같은 $\frac{3}{4}$박자를 유지해 전형적 왈츠 리듬으로 위로의 말을 건네는 민속적인 왈츠를 연주한다. "그러므로 형제들아, 주께서 강림하시기까지 길이 참으라 보라 농부가 땅에서 나는 귀한 열매를 바라고 길이 참아 이른 비와 늦은 비를 기다리나니"[35]라고 간청하는 대조적인 에피소드가 전개된다.

이것이 끝난 후 행진곡은 다시 돌아오고, 이어 이 곡의 대전환(High Point)이 다음과 같은 소망의 진술로 이어진다. "그러나 주님의 말씀은 영원하도다."[36] 그리고는 세 개의 푸가가 전개되는데, 그 중 첫 번째 푸가가 130마디에 걸쳐 장황하게 펼쳐진다. 베토벤 교향곡 9번 〈환희의 송가〉 피날레를 연상시키는 영웅적인 음색으로 '기쁨'(Freude)이라는 단어를 노래한다. 이 기쁨에 찬 긍정의 힘으로 "시온에 이르러 그들의 머리 위에 영영한 희락을 띠고 영원한 기쁨이 임할 것"[37]을 외치며

34 베드로전서 1:24.
35 야고보서 5:7.
36 베드로전서 1:25.
37 이사야 35:10.

소망을 품은 채 찬양의 송가를 부르며 종결하게 된다.

(3) 제3악장

처음으로 바리톤 솔로가 등장하여 인간 경험의 근본적인 질문 중 하나인 "나의 인생에 끝은 어디이며 무엇을 믿어야 하는가?"라는 질문을 던진다. 이에 합창단이 그 내용을 받아 허무한 인생에 대한 한탄을 곁들이며 토로하다가 하나의 질문을 던지게 된다. "이제 무엇을 바라며 살아야 합니까?" 이에 대한 답변을 펼치며 아주 속삭이는 듯한 어조로 "나의 소망은 하나님, 당신께 있습니다"[38]라고 하며 하나님의 거룩한 계획에 대한 믿음을 갖게 한다. 이것은 개인이 하나님의 전체적인 마스터 플랜에 완벽하게 통합되어 있다는 강력한 표현이 되면서, 이 곡에서 대전환을 이루며 위로(Trösten)를 이야기한다.

이어 음악은 더욱 강렬해지면서, 전체 세 번의 푸가 중 두 번째가 등장한다. 이것은 바흐에게 영감을 받은 것으로, 긴장이 해소되고 정교한 베이스 페달(오르간 음악에서 차용한 용어로, 베이스 음을 발 페달로 연주하는 것)로 하나의 길고 지속적인 베이스 음 위에 만화경 같은 음악적 특징이 형성된다. 33마디에 걸쳐 견고함과 지속성으로 진행되는 합창의 선율 속에 나타나는 텍스트가 "의로운 영혼은 하나님의 손에 있으니 어떤 고통도 그들을 건드리지 못한다"[39]라고 노래할 때, 그 질문에 대한 명쾌한 답을 주는 듯하며 하나님의 진정한 위로를 경험하는 라장조(D Major)로 화려한 종결을 맺는다.

---

38 시편 39:4-7.

39 Wisdom of Solomon 3:1.

(4) 제4악장

이 악장은 전형적 왈츠풍으로 천국의 아름다움을 묘사하는 고라 자손의 시 "주의 거처가 얼마나 아름다운가?"[40]를 노래하면서 묵상과 성찰의 순간으로 만들어 앞선 악장의 침울한 생각에서 벗어날 수 있는 휴식처를 제공하는 듯하다.

왈츠풍의 멜로디가 좀 더 복잡한 대위법적 에피소드와 번갈아 등장하는 가운데 천상의 아름다움(Wohnungen)을 표현한다. 이 악장의 단조롭지 않은 감미로움과 아름다움으로 인해 레퀴엠에서 자주 발췌되는 인기 있는 부분이 되었다. 이 곡은 작품의 영적, 정서적 핵심이 되며 다른 모든 곡이 균형을 이루는 중심점을 형성하고 있다.

(5) 제5악장

이 곡은 브람스가 전체 곡 중 가장 마지막에 쓴 곡이다. 소프라노 솔로가 등장하여 주도적으로 선도해 가는 곡으로 곡 전체에서 가장 고요하고 서정적이고 아름다운 선율이 특징이다. 이 곡을 작업하면서 브람스는 어머니를 염두에 두고 그녀를 통해 위로의 말을 듣기를 기대했었음을 짐작할 수 있다. "지금은 너희가 근심하나 내가 다시 너희를 보리니 너희 마음이 기쁠 것이요."[41] 브람스는 소프라노 솔로의 선율 속에 지속적으로 위로(Trösten)를 전하고, 합창이 이를 받아 위로(I will comfort you)를 이야기한다. 브람스는 이어 외경(Apocrypha) 가운데 하나인 집회서(Ecclesiasticus)의 한 부분을 더해서 또 다른 어머니의

---

40 시편 84:1, 2, 4.

41 요한복음 16:22.

마음을 표현하고 있다. "내가 잠시 동안 수고하고 애쓰는 것을 보았거늘 내가 많은 안식을 얻었나이다."[42] 이어 마지막 부분에서 소프라노는 위로의 말을 끝내고 다시 악장 시작 부분의 가사로 돌아간다. "다시 만나게 될 거야, 다시 만나게 될 거야." 슬픔에 잠긴 아들에게 마지막 위로를 건네며 사랑의 작별 인사를 하는 어머니의 영혼이 떨림으로 다가온다. 그리고 플룻의 부드러운 화음과 함께 목소리는 희미해지며 사라진다. 이어 솔리스트(어머니)는 더 이상 노래하지 않고 종결된다.

(6) 제6악장

6악장에는 전체 작품 중 가장 드라마틱하고 극적인 음악이 담겨 있다. 마치 베르디의 레퀴엠 중 〈진노의 날〉을 연상케 한다. 두 번째로 바리톤 솔로가 등장하여 음악의 선율과 텍스트가 어느 정도의 내면 성찰로 시작하게 된다. "우리가 여기에는 영구한 도성이 없으므로 장차 올 것을 찾나니."[43]하지만 금세 역전시켜 흥분된 모습으로 외친다. "우리 모두는 잠들지 않으리, 하지만 우리 모두는 변화될 것입니다."[44]

그리고 갑자기, 한순간에, 마지막 나팔 소리가 들리는 순간, 부활을 기다리는 영혼의 역할을 하는 코러스가 묵시록적인 비전으로 울리면서 대전환점을 이루어 두 번째 악장의 드라마와 균형을 맞추며 '소망'을 전한다. "오 죽음아, 그대는 어디 있느냐? 오 지옥아, 네 승리는 어디 있느냐? 죽음은 승리에 삼켜지네."[45]

---

42 Ecclesiasticus 51:27.
43 히브리서 13:14.
44 고린도전서 15:51, 52.
45 고린도전서 15:54, 55.

이때 브람스는 일반적으로 나팔을 울리는 데 사용되는 악기인 트럼펫(Trompeten)을 텍스트에서 지칭하지 않고 트롬본(Posaune)으로 표기하였다. 실제 오케스트레이션에서도 그 텍스트가 나오는 부분은 트럼펫이 주를 이루어 리드하지 않고 트롬본 앙상블(알토, 테너, 베이스 그리고 튜바)이 리드하게 만들었다. 이것은 트롬본 악기가 주는 웅장함을 더하기 위해 이를 의도적으로 표현하고 사운드를 만든 것이라고 필자의 소견을 피력한다. 드디어 이 곡의 가장 클라이맥스를 향해 질주한다. 음악적으로 곡 전체에서 사용된 세 개의 푸가 중 마지막을 이 부분에 전개하며 계시록에 나오는 최상의 영광 찬양(Doxology)인 "하나님께서 영광과 존귀와 권능을 받으심이 합당하니"[46]라는 가사와 함께, 세 개의 푸가 중 가장 길게(131마디) 펼쳐서 하나님을 찬양하는 웅장한 푸가로 마무리한다. 필자가 연주하며 이 부분을 마무리할 때는 왠지 숨이 멎는 듯한 강렬함이 전신을 지배하고 있음을 느낀다.

(7) 제7악장

찬란한 빛으로 시작되는 마지막 7악장으로 이어진다. 6악장의 마지막 화음을 출발점이자 영감으로 삼아 소프라노 파트는 이 작품이 담고 있는 가장 중요한 메시지 중 하나인 복(Selig sind)을 표현한다. 1악장에서 표현했던 선율을 한 옥타브를 올리고 역으로 사용하여 다른 복(Selig sind), 즉 "주 안에서 죽는 자는 복이 있다"를 그려내고 있다.

이것은 그리스도로 인해 항상 애통해하는 마음을 갖는 것이 인생 삶의 여정 가운데 누리게 되는 진정한 복으로 표현하기 위해 선율을

---

46 요한계시록 4:11.

상행으로 진행했고, 인생의 마지막 순간에 누릴 수 있는 진정한 복은 '주 안에서 죽는 자'라는 사실을 알고 이것을 표현하기 위해 마지막에 선율을 하향으로 진행하게 된 것이라는 브람스의 마음을 필자가 엿보게 되는 부분이다.

이곳에서 대전환은 조성이 바장조(F Major)에서 전형적인 부활을 상징하는 가장조(A Major)로 전환이 되는 부분이다. 부활을 직접적으로 언급하며 "그들은 그들의 수고를 그치고 쉬게 되리니"가 지속된다. 그리고는 마지막 위로와 축복의 가사가 이어진다. 종결 부분에서는 상향과 하향을 교차하는 두 가지 형태의 복을 서로 나누고 1악장의 마지막 선율을 그대로 모방하여 "복 있으라"(Selig sind)를 고요히 외치며 큰 여음을 남긴 채 대단원의 드라마를 마무리한다.

지금까지 필자는 브람스의 레퀴엠을 연구하고 이것을 바탕으로 연주하며[47] 전통적으로 가졌던 레퀴엠에 대한 시각을 다른 방향의 관점으로 접근하게 되었다. 이것을 통해 이 작품이 더욱 본질적인 인간의 삶과 죽음에 대해 하나님께서 인간을 향한 궁극적인 목적을 알게 하는 중요한 작품으로 보게 되었다.

브람스가 이 레퀴엠 작곡을 모두 끝내고 친구에게 다음과 같이 말했다고 한다. "내 마음은 지금 위로받았네! 결코 극복할 수 없으리라 생각했던 장애를 이겨내고 높이 아주 높이 비상 중이네."[48] 그가 받은 위로는 전통적으로 갖고 있던 레퀴엠의 기본 정신인 죽은 자들을 위로하려는 사상에서 산 자들에게 소망과 위로를 그리고 하나님이 인간을 창조

---

47 "Brahms: Ein deutsches Requiem," *LAKMA Phil. & Choral*, accessed Sep. 14. 2024. https://www.youtube.com/watch?v=8BndsQ2FY_k&t=18s.

48 Brahms, Johannes/민형식 옮김, *Ein deutsches Requiem* (서울:호산나 출판사, 1993), 3.

하신 그 창조 목적을 이루었다고 자평하며 확신에 찬 고백을 한 것이었다.

브람스의 이러한 고백이 옳았음을 증명하는 하나의 에피소드를 소개하고자 한다. 지난 2024년 8월 18일 미국 LA 월트디즈니 콘서트홀에서 필자가 이 브람스 레퀴엠을 연주한 영상이 유튜브에 올려졌다. 약 열흘이 지난 즈음에 한 일본인 시청자가 이 연주 영상을 보며 다음과 같은 글을 남긴 것을 보았다. "この荘厳な作品を聴いているとブラームス好きの神様が後ろで微笑みながら聴いているような気がしてきます(이 장엄한 작품을 듣고 있으면 브람스를 좋아하는 하나님이 뒤에서 만연의 미소를 지으며 듣고 있는 것 같은 생각이 든다)."[49] 필자는 이 댓글을 보며 하나님이 브람스를 사용하셔서 이 시대를 사는 현대 예배자들에게 복음으로 인한 진정한 복, 소망 그리고 위로를 주시려는 하나님의 마음을 담아 놓으셨다고 확인하는 시간이 되었다. 그리고 이것을 통해 하나님 자신이 영화롭게 되고 온 우주 만물들이 하나님을 칭송할 때 만연의 미소를 지으며 기뻐하실 하나님은 자신의 본래 목적을 성취하고 흡족해하시리라 확신하게 되었다.

이 곡은 분명 시대를 살아가는 순례자들에게 하나님의 영원한 세계를 바라며 소망 가운데 오직 하나님의 존귀, 영광 그리고 능력을 선포하며 살다가 마지막을 맞이해야 할 당위성을 증명해 준 위대한 작품이다.

---

49 "Brahms: Ein deutsches Requiem," *LAKMA Phil. & Choral*, accessed Sep. 14. 2024. https://www.youtube.com/watch?v=8BndsQ2FY_k&t=18s.

IV. 나가는 말

라틴 텍스트를 가지고 그동안 전통적으로 작곡되어 불린 레퀴엠은 분명 죽은 자를 위해 드리는 미사에서 출발한 연주용 음악이다. 하지만 그 안에서 잠재적으로 말하고자 하는 것은 산 자들을 향한 삶과 죽음에 대한 외침이다. 즉, 이 음악은 시대를 살아가고 있는 산 자들이 최후에 하나님의 심판대 앞에 서야만 하는 무서운 경고를 보며 앞으로 하나님 앞에서 어떻게 의롭게, 하나님의 기쁨이 되어 살아내야 하는지 고민하게 하는 내용을 담고 있는 것이다. 브람스의 레퀴엠은 더 없이 오늘을 사는 하나님의 자녀들에게 구체적으로 복음으로 인한 진정한 복에 대한 가르침 그리고 소망과 위로를 말하고 있다.

이 두 종류의 레퀴엠은 텍스트의 접근 방법과 동기에 있어 큰 차이를 보인다. 하지만 목적은 동일하게, 인간의 삶과 죽음 사이에서 하나님의 자녀들이 복음으로 인한 진정한 소망을 어디에 두어야 하는지를 선명히 제시하고 있다.

마틴 루터(Martin Luther, 1483~1546)와 장 칼뱅(John Calvin, 1509~1564)이 당시 교회 예배에 음악을 적용하는 접근 방법은 서로 판이하였다. 하지만 이들의 관심은 음악에 담긴 하나님의 말씀이 일점일획이라도 희석되거나 의미 없이 표현되는 것을 절대 용납하지 못했다는 점에서 동일하였다. 결국 이들이 가지고 있던 교회음악 철학이나 찬양관은 유사했고 이들이 펼쳤던 교회음악의 궁극적인 목적은 동일했다.[50] 즉, 목적은 같았지만, 접근했던 방법이 서로 달랐다는 것이다. 마찬가지로

---

50 윤임상 외, 『오늘 우리에게 영성이란 무엇인가』 (서울: 동연 출판사, 2023), 296-316.

위 두 종류의 레퀴엠의 방향은 판이하게 다르게 접근했지만, 궁극적인 목적은 산 자들을 향한 울림이라 말할 수 있다.

오늘날 개신교(Protestant) 예배음악에 있어서 레퀴엠이라는 장르가 아직도 로마 가톨릭의 전통이라는 이유 하나 때문에 혹 그것을 도외시하고 배척하고 있는 것은 아닌지 점검해야 한다. 우리가 분명히 직시해야 할 것은 개신교는 예수님의 제자들을 통해 복음이 전파된 1세대 크리스천의 전통을 이어 초기, 중세를 거쳐 르네상스에 이르기까지 기독교 복음의 전통을 유지했던 서방 교회에서 파생된 기독교이다. 개신교의 관점에서 바라볼 때, 중세 교회가 시간이 지나면서 비뚤어진 신학과 신앙 노선이 그들과 너무 다르다 하여서 모든 전통을 다 바꾸려 하는 것은 큰 무리가 될 수 있다.

서양 음악사에 있어 개신교의 출발이 된 마틴 루터의 종교개혁 이전인 중세 그리고 르네상스 시대의 다성 음악은 카톨릭 예배음악의 뿌리요 전통이다. 그러므로 그 시대 음악을 외면하고는 개신교 음악을 절대 논할 수 없다. 결국 당시 가톨릭의 음악이 개신교 교회음악의 뿌리가 된 셈이다. 그렇기에 가톨릭의 음악에 있어 좋은 전통들, 즉 삼위 하나님을 영화롭게 하고 복음을 말하는 것이라면 얼마든지 수용해야 할 것이고, 혹 바뀌어야 할 것은 수정하여 바르게 사용해야 하는 것이 타당한 일이다.

우리가 일반적으로 레퀴엠이라는 말을 한국어로 표현할 때, '진혼곡' 또는 '장송곡'이라고 표현한다. 하지만 이 두 단어는 레퀴엠(Requiem, Eternal Rest)이라는 원래 의미와는 다르게 표현된 단어들이다. 얼마 전 필자는 미주에 있는 여러 기독 신문 기자들과 함께 레퀴엠 장르에 대한 세미나를 가진 적이 있다. 이때 필자가 레퀴엠이라는 단어를 직역하여 설명하자, 세미나를 마치고 어느 기자가 "레퀴엠이라는 어원을 근거로 할 때 우리가 사용하는 '진혼곡' 혹은 '장송곡'이라는 말은 원래의 의미가 맞지 않으니 그냥 '레퀴엠'이라는 말로 쓰는 것이 무방하지 않으냐"는 질문에 필자는 동의하였다.[51]

필자는 이 논제를 연구하고 마무리하면서 현대 예배자들이 고전음악의 한 장르인 레퀴엠을 대함에 있어 다음과 같은 세 가지 지혜를 제안한다. 첫째는 분별력의 지혜다. 솔로몬이 구한 "선악을 분별하게 하옵소서"[52]라는 바른 분별력의 지혜를 사모해야 한다. 여러 작곡자에 의해 만들어진 레퀴엠을 가지고 내 생각과 전통의 잣대를 가지고 선불리 불가지론을 제시하지 말아야 한다. 우리가 바른 분별력을 가지고 하나님이 바라는 레퀴엠 찬양의 모범을 잘 판단하여 분별력 있게 받아들여야 한다.

두 번째로 서로 다름을 이해하는 지혜, 즉 사도 바울이 고린도교회를 향해 말한 "모든 것이 가하나 모든 것이 유익한 것이 아니요…"[53]라는 교훈을 기억하며 다름을 인정하고 수용할 수 있는 지혜를 사모해야 한다. 카톨릭의 예배 전통에서 나온 라틴 텍스트의 레퀴엠이기에 개신교의 전통과는 다르다고 무조건 도외시하지 말아야 한다. 그것이 비록 전통에 근거해 나와 다른 방향으로 만들어졌다고 하더라도 우리는 하나님이 바라시는 예배음악의 목적에 바른 잣대로 평가하고 받아들여야 한다.

---

51 브람스 레퀴엠은 산 자들의 레퀴엠을 담고 있다. accessed Sep. 17. 2024. https://www.christiantoday.us/28226.

52 열왕기상 3:9.

53 고린도전서 10:23-24.

마지막 세 번째는 현대 예배자들이 인생의 삶과 죽음 사이에 갖게 되는 확고한 부활 신앙을 갖는 지혜이다. "너희 죽을 몸도 살리시리라."[54] 복음을 갖고 소망 가운데 사는 현대 예배자들은 레퀴엠에 담긴 삶과 죽음 사이에 벌어지는 다양한 텍스트들을 가지고 확실한 부활 신앙을 발견해야 한다.

D. L 무디(Dwight Lyman Moody, 1837~1899)는 말년에 "머잖아 어느날 내가 죽었다는 말을 듣게 될 것이요. 믿지 마십시오. 그때 나는 그 이전에 어느 때보다 생생히 살아있게 될 것이오"[55]라고 말하며 세상에서의 삶과 죽음 사이에 나타날 상관성에서 느낄 본인의 감정을 이야기했다.

또한 1945년 4월 어느 날 디트리히 본회퍼(Dietrich Bonhoeffer, 1906~1945)는 두 명의 호송병이 그를 교수대에 데려가려고 오자 감방에 있는 다른 친구에게 다음과 같이 말했다. "이제 나는 끝이네. 하지만 내게는 이것이 새로운 삶의 시작이라네."[56] 그는 그리스도와 함께 한다는 것이 무엇인지를 말하는 것으로 시작하여 그리스도가 우리와 함께 한다는 것을 가르치는 것으로 끝맺었다.[57]본회퍼가 바라본 이 세상에서의 죽음 그리고 죽음 이후에 나타날 현상은 한 치의 의심도 없이 또 다른 새로운 삶의 시작이라고 단언하며 부활 신앙을 확인하고 있다. 이들과 같이 복음을 통해 이 세상에서 마지막을 바라보는 시각이 달라

---

54 로마서 8:11.

55 Willard, Dallas, *The Divine Conspiracy*, 윤종석 옮김, 『하나님의 모략』 (서울: 복있는 사람, 2002), 134.

56 Bonhoeffer, *Dietrich, Life Together* (New York : Harep and Row, 1954), 13.

57 Bonhoeffer, *Die Psalmen, Das Gebebuch der Bibel*, 최진경 옮김, 『본훼퍼의 시편이해』 (서울: 홍성사, 2007), 137.

야 한다.

현대 예배자들이 위와 같은 세 가지 지혜(바른 분별력, 서로 다름, 확고한 부활 신앙)를 가지고 레퀴엠 장르를 이해하며 묵상하고 또 그것을 찬양할 때 그 안에서 깊이 미소하고 있는 하나님이 다가오셔서 찬양을 기뻐 흠향하실 것이다.

부록 1. Latin Requiem Text[58]

Number	Latin	English
1. Introitus: Requiem aeternam	Requiem aeternam dona eis, Domine	Eternal rest give unto them, O Lord
2. Kyrie	Kyrie, eleison! Christe, eleison! Kyrie, eleison!	Lord, have mercy on us. Christ, have mercy on us. Lord, have mercy on us.
3. Sequentia: Dies Irae	Dies irae, dies illa	This day, this day of wrath
	Quantus tremor est futurus,	What trembling there will be
	Tuba mirum spargens sonum	The trumpet, scattering its awful sound
	Mors stupebit et natura,	Death and nature shall be stunned
	Liber scriptus proferetur,	The written book shall be brought
	Judex ergo cum sedebit,	When the judge takes his seat
	Quid sum miser tunc dicturus?	What shall I, a wretch, say then?
	Rex tremendae majestatus	King of awful majesty
	Recordare, Jesu pie,	Remember, gentle Jesus
	Quaerens me, sedisti, lassus;	Seeking me, you sank down weari-ly,
	Juste Judex ultionis,	Righteous judge of vengeance,
	Ingemisco tanquam reus,	I groan as one guilty,
	Qui Mariam absolvisti,	Thou who didsn't absolve Mary,
	Preces meae non sunt dignae,	My prayers are not worthy,
	Inter oves locum praesta,	Give me a place among the sheep,
	Confutatis maledictis	When the damned are confounded
	Oro supplex et acclinis,	I pray, suppliant and kneeling,
	Lacrimosa dies illa,	That day is one of weeping,
	Huic ergo parce, Deus:	Therefore, spare this one, O God,
4. Offertorium: Domine, Jesu	Domine, Jesu Christe, Rex gloriae,	Lord Jesus Christ, king of glory,

58 "Latin text — Requiem aeternam, Kyrie, Graduale," accessed Sep. 10. 2024. http://www.requiemsurvey.org/latintext.php.

Christe	Hostias et preces tibi, Domine	Lord, in praise we offer you.
5. Sanctus	Sanctus, sanctus, sanctus	Holy, holy, holy
6. Benedictus	Benedictus qui venit in nomine Domine.	Blessed is he that cometh in the name of the Lord.
7. Agnus Dei	Agnus Dei, qui tollis pecatta mundi	O Lamb of God, that takest away the sins of the world,
8. Lux Aeterna	Lux aeterna luceat eis, Domine,	Let everlasting light shine upon them, Lord,
9. Pie Jesu	Pie Jesu, Domine, dona eis requiem.	Merciful Jesus, O Lord, grant them rest.
10. Libera me	Libera me, Domine,	Deliver me, O Lord,
	Tremens factus sum ego et timeo, dum discussion venerit atque ventu re ira: quando coeli movendi sunt et terra.	I am seized with fear and trembling until the trial is at hand and the wrath to come: when the heavens and earth shall be shaken.
11. In Paradisum	In paradisum deducant angeli;	May the angels lead you into paradise;
	Chorus angelorum te suscipat	May the chorus of angels receive you

부록 2. German Requiem Text[59]

	German	English
I.		
Matthew 5:4	Selig sind, die da Leid tragen, denn sie sollen getröstet werden.	Blessed are they that mourn; for they shall be comforted.
Psalm 126:5,6	Die mit Tränen säen, werden mit Freuden ernten. Sie gehen hin und weinen und tragen edlen Samen, und kommen mit Freuden und bringen ihre Garben.	They that sow in tears shall reap in joy. He that goeth forth and weepeth, bearing precious seed, shall doubtless come again with rejoicing, bringing his sheaves with him.
II.		
1 Peter 1:24	Denn alles Fleisch ist wie Gras und alle Herrlichkeit des Menschen wie des Grases Blumen. Das Gras ist verdorret und die Blume abgefallen.	For all flesh is as grass, and all the glory of man as the flower of grass. The grass withereth, and the flower thereof falleth away.
James 5:7	So seid nun geduldig, lieben Brüder, bis auf die Zukunft des Herrn. Siehe, ein Ackermann wartet auf die köstliche Frucht der Erde und is geduldig darüber, bis er empfahe den Morgenregen und Abendregen.	Be patient therefore, brethren, unto the coming of the Lord. Behold, the husbandmen waiteth for the precious fruit of the earth, and hath long patience for it, until he receive the early and latter rain.
1 Peter 1:25	Aber des Herrn Wort bleibet in Ewigkeit.	But the word of the Lord endureth for ever.
Isaiah 35:10	Die Erlöseten des Herrn werden wieder kommen, und gen Zion kommen mit Jauchzen; ewige Freude wird über ihrem Haupte sein; Freude und Wonne werden sie ergreifen und Schmerz und Seufzen wird weg müssen.	And the ransomed of the Lord shall return, and come to Zion with songs and everlasting joy upon their heads: they shall obtain joy and gladness, and sorrow and sighing shall flee away.

59 Text — Brahms _Ein Deutsches Requiem_ accessed Sep. 7. 2024. https://web.stanford.edu/group/SymCh/supplements/brahms-requiem-text.html.

III.		
Psalm 39:4-7	Herr, lehre doch mich, daß ein Ende mit mir haben muß, und mein Leben ein Ziel hat, und ich davon muß. Siehe, meine Tage sind einer Hand breit vor dir, und mein Leben ist wie nichts vor dir. Ach, wie gar nichts sind alle Menschen, die doch so sicher leben. Sie gehen daher wie ein Schemen, und machen ihnen viel vergebliche Unruhe; sie sammeln und wissen nicht wer es kriegen vird. Nun Herr, wess soll ich mich trösten? Ich hoffe auf dich.	Lord, make me to know mine end, and the measure of my days, what it is: that I may know how frail I am. Behold, thou hast made my days as an handbreadth; and mine age is as nothing before thee. Surely every man walketh in a vain shew: surely they are disquieted in vain: he heapeth up riches, and knoweth not who shall gather them. And now, Lord, what wait I for? my hope is in thee.
Wisdom of Solomon 3:1	Der Gerechten Seelen sind in Gottes Hand und keine Qual rühret sie an.	But the souls of the righteous are in the hand of God, and there shall no torment touch them.
IV.		
Psalm 84:1, 2, 4	Wie lieblich sind deine Wohnungen, Herr Zebaoth! Meine seele verlanget und sehnet sich nach den Vorhöfen des Herrn; mein Leib und Seele freuen sich in dem lebendigen Gott. Wohl denen, die in deinem Hause wohnen, die loben dich immerdar.	How amiable are thy tabernacles, O Lord of hosts! My soul longeth, yea, even fainteth for the courts of the Lord: my heart and my flesh crieth out for the living God. Blessed are they that dwell in thy house: they will be still praising thee.
V.		
John 16:22	Ihr habt nun Traurigkeit; aber ich will euch wieder sehen und euer Herz soll sich freuen und eure Freude soll neimand von euch nehmen.	And ye now therefore have sorrow; but I will see you again, and your heart shall rejoice, and your joy no man taketh from you.
Ecclesiasticus 51:27	Sehet mich an: Ich habe eine kleine Zeit Mühe und Arbeit gehabt und habe großen Trost funden.	Ye see how for a little while I labor and toil, yet have I found much rest.

Isaiah 66:13	Ich will euch trösten, wie Einen seine Mutter tröstet.	As one whom his mother comforteth, so will I comfort you.
VI.		
Hebrews 13:14	Denn wir haben hie keine bleibende Statt, sondern die zukünftige suchen wir.	For here have we no continuing city, but we seek one to come.
1 Corinthians 15:651, 52, 54, 55	Siehe, ich sage euch ein Geheimnis: Wir werden nicht alle entschlafen, wir werden aber alle verwandelt werden; und dasselbige plötzlich, in einem Augenblick, zu der Zeit der letzten Posaune. Denn es wird die Posaune schallen, und die Toten vervandelt werden. Dann wird erfüllet werden das Wort, das geschrieben steht: Der Tod is verschlungen in den Sieg. Tod, wo ist dein Stachel? Hölle, wo ist dein Sieg?	Behold, I shew you a mystery; We shall not all sleep, but we shall all be changed. In a moment, in the twinkling of an eye, at the last trump: for the trumpet shall sound, and the dead shall be raised incorruptible, and we shall be changed. ... then shall be brought to pass the saying that is written, Death is swallowed up in victory. O death, where is thy sting? O grave, where is thy victory?
Revelation 4:11	Herr, du bist Würdig zu nehmen Preis und Ehre und Kraft, denn du hast alle Dinge geschaffen, und durch deinen Willen haben sie das Wesen und sind geschaffen.	Thou art worthy, O Lord, to receive glory and honour and power: for thou hast created all things, and for thy pleasure they are and were created.
VII.		
Revelation 14:13	Selig sind die Toten, die in dem Herrn sterben, von nun an. Ja, der Geist spricht, daß sie ruhen von ihrer Arbeit; denn ihre Werke folgen ihnen nach.	Blessed are the dead which die in the Lord from henceforth: Yea, saith the Spirit, that they may rest from their labours; and their works do follow them.

참고문헌

김강산 ı "주변화적 자아 해체"를 위한 설교 신학– 한인 이민 교회 설교 신학 재구조화를 위한 제안

권용혁. "자유주의와 공동체주의: 개인과 공동체의 관계 재구성 시도." 「사회와 철학」 28 (2014): 105-130.

_____. "열린 공동체주의: 국민국가 이후의 공동체론 모색." 「사회와 철학」 30 (2015): 267-290.

김계호. "미주 한인이민교회 백년: 회고와 전망." 「기독교사상」 46, no. 2 (1991): 201-219.

류승국. 『한국사상의 연원과 역사적 전망』. 서울: 성균관대학교출판부, 2008.

서대승. "성장주의적 교회의 재생산: 재미한인교회와 인프라스트럭처의 정치." 「비교문화연구」 25, no. 2 (2019): 103-143.

이상현. "이민신학의 정립을 위하여." 「기독교사상」 23, no. 8 (1979): 63-83.

Bae, Yohan. *The Divine-Human Relationship in Korean Religious Traditions: The Presence and ransformation of the Themes from the Tan Gun Myth in the Choson Chujahak Tradition and Korean Protestant Christianity*. PhD diss., Boston University, 2007.

Barna Group. "One in Three Practicing Christians Has Stopped Attending Church During COVID-19." Accessed August 27, 2024. https://www.barna.com/research/new-sunday-morning-part-2/.

Bennett, Zoë, Elaine Graham, Stephen Pattison, and Heather Walton. *Invitation to Research in Practical Theology*. New York, NY: Routledge, 2018.

Billman, Kathleen D., and Daniel L. Migliore. *Rachel's Cry: Prayer of Lament and Rebirth of Hope*. Cleveland, OH: United Church Press, 1999.

Brueggemann, Walter. *Abiding Astonishment: Psalms, Modernity, and the Making of History*. Louisville, KY: Westminster/John Knox Press, 1991.

Brown, Sally A. "Theological Attentiveness on the Path from Text to Sermon:

A Descriptive Approach." In *Homiletical Theology in Action: The Unfinished Theological Task of Preaching*. edited by David S. Jacobsen. Eugene, OR: Cascade Books, 2015.

______. "When Lament Shapes the Sermon." In *Lament: Reclaiming Practices in Pulpit, Pew, and Public Square*. edited by Sally A. Brown and Patrick D. Miller. Louisville, KY: Westminster John Knox Press, 2005.

Campbell, Charles L. *The Word before the Powers: An Ethic of Preaching*. Louisville, KY: Westminster John Knox Press, 2002.

Cho, Euiwan. "Ascetic Spiritual Formation for the Mission of Korean Immigrant Churches in the Post-Pandemic Era." In *The Identity and Mission of the Korean American Church*. edited by Enoch Jinsik Kim and Sebastian Kim. Minneapolis, MN: Fortress Press, 2024.

Choi, Hee An. "In-Between Korean Immigrant Identity Formation and the Positionality of Asian Immigrants." In *The Identity and Mission of the Korean American Church*. edited by Enoch Jinsik Kim and Sebastian Kim. Minneapolis, MN: Fortress Press, 2024.

Choi, Sang-Chin. "The Third-Person-Psychology and the First-Person-Psychology: Two Perspectives on Human Relations." *Korean Social Science Journal* 25, no. 1 (1998): 239-264.

Confucius. *The Analects of Confucius*. Translated by Burton Watson. New York, NY: Columbia University Press, 2007.

Duff, Nancy J. "Recovering Lamentation as a Practice in the Church." In *Lament*. edited by Sally A. Brown and Patrick D. Miller. Louisville, KY: Westminster John Knox Press, 2005.

Ellington, Scott A. *Risking Truth: Reshaping the World through Prayers of Lament*. Eugene, OR: Pickwick Publication, 2008.

Esterline, Cecilia, and Jeanne Batalov. *Korean Immigrants in the United States*. Washington, DC: The Migration Policy Institute, 2019.

Farley, Edward. *Practicing Gospel: Unconventional Thoughts on the Church's Ministry*. Louisville, KY: Westminster John Knox Press, 2003.

Farley, Wendy. *Tragic Vision and Divine Compassion: A Contemporary Theodicy*.

Louisville, KY: Westminster/John Knox Press, 1990.

Fingarette, Herbert. "The Music of Humanity in the Conversations of Confucius." *Journal of Chinese Philosophy* 10, no. 4 (1983): 331-356.

Gier, Nicholas F. "The Dancing Ru: A Confucian Aesthetics of Virtue." *Philosophy East and West* 51, no. 2 (2001): 280-305.

Gunkel, Hermann, and Joachim Begrich. *Introduction to Psalms: The Genres of the Religious Lyric of Israel*. Macon, GA: Mercer University Press, 1998.

Hopkins, Denise. *Journey through the Psalms*. St. Louis, MO: Chalice Press, 2002.

Hurh, Won Moo, and Kwang Chung Kim. *Korean Immigrants in America: A Structural Analysis of Ethnic Confinement and Adhesive Adaptation*. Rutherford, NY: Fairleigh Dickinson University, 1984.

______. "Religious Participation of Korean Immigrants in the United States." *Journal for the Scientific Study of Religion* 29, no. 1 (1990): 19-34.

Jacobsen, David S., ed. *Homiletical Theology: Preaching as Doing Theology*. Eugene, OR: Cascade Books, 2015.

Jeong, Rebecca Seungyoun. *Preaching to Korean Immigrants: A Psalmic-Theological Homiletic*. Cham, Switzerland: Palgrave Macmillan, 2022.

Jung, Young Lee. *Marginality: The Key to Multicultural Theology*. Minneapolis, MN: Fortress Press, 1995.

Jung, Young Lee. *Korean Preaching: An Interpretation*. Nashville, KY: Abingdon, 1997.

Katongole, Emmanuel. *Born from Lament: The Theology and Politics of Hope in Africa*. Grand Rapids, MI: W. B. Eerdmans, 2017.

Kim, Andrew E. "Christianity, Shamanism, and Modernization in South Korea." *CrossCurrents* 50, no. 1/2 (2000): 112-119.

Kim, Eunjoo Mary. *Preaching the Presence of God: A Homiletic from an Asian American Perspective*. Valley Forge, PA: Judson Press, 1999.

______. "Hermeneutics and Asian American Preaching." *Semia* 90/91 (2002):

269-290.

_______. "A Korean American Perspective: Singing a New Song in a Strange Land." In *Preaching Justice: Ethnic and Cultural Perspectives*. edited by Christine M. Smith. Cleveland, OH: United Church Press, 1998.

Kim, Jeremy Kangsan. *Preaching on Social Suffering: Formulating a Homiletical Theology for the Contemporary Korean Context*. Eugene, OR: Pickwick Publications, 2023.

Kim, Matthew D. *Preaching to Possible Selves: A Contextual Homiletic for Second Generation Korean Americans*. New York, NY: Peter Lang, 2007.

Kim, Yung Suk. "Reflection on Marginality: The Key to Multicultural Theology." Accessed August 27, 2024. http://www.youaregood.com/Marginality.html.

Korean American Church, eds. *Enoch Jinsik Kim and Sebastian Kim*. Minneapolis, MN: Fortress Press, 2024.

Lakkis, Stephen. "'Have You Any Right to Be Angry?' Lament as a Metric of Socio-Political and Theological Context." In *Evoking Lament: A Theological Discussion*. edited by Eva Harasta and Brian Brock. London, UK: T&T Clark, 2009.

Lee, Daniel D. "Race and the Korean American Church." In *The Identity and Mission of the Korean American Church*. edited by Enoch Jinsik Kim and Sebastian Kim. Minneapolis, MN: Fortress Press, 2024.

Lee, Hak Joon. "Reimagining Globalization." *Perspective* 27, no. 5 (2012): 8-13.

Lee, Sang Hyun. F*rom a Liminal Place: An Asian American Theology*. Minneapolis, MN: Fortress Press, 2010.

Lin, Tony Tian-Ren. *Prosperity Gospel Latinos and Their American Dream*. Chapel Hill, NC: University of North Carolina Press, 2020.

Liu, Gerald C. "Theorizing about the Whiteness of Asian American Homiletics." In *Unmasking White Preaching: Racial Hegemony, Resistance, and Possibilities in Homiletics*. edited by Lis Valle-Ruiz and Andrew Wymer. Lanham, MD: Lexington Books, 2022.

Matsuoka, Fumitaka. *Out of Silence: Emerging Themes in Asian American Churches*.

Eugene, OR: Wipf & Stock Publishers, 2009.

Mays, James. *Psalms*. Louisville, KY: John Knox Press, 1994.

Mencius. *Mencius*. Translated by Irene Bloom. New York, NY: Columbia University Press, 2009.

Metz, Johann Baptist. *Faith in History and Society: Toward a Practical Fundamental Theology*. Translated by David Smith. New York, NY: Seabury Press, 1980.

Min, Pyong Gap. "The Structure and Social Functions of Korean Immigrant Churches in the United States." *International Migration Review* 26, no. 4 (1992): 1370-1394.

______. "Cultural and Economic Boundaries of Korean Ethnicity: A Comparative Analysis." *Ethnic and Racial Studies* 14, no. 2 (1991): 225-241.
______. "Cultural and Economic Boundaries of Korean Ethnicity: A Comparative Analysis." *Ethnic and Racial Studies* 14, no. 2 (1991): 225-241.
Oh, John J. "From Silent Exodus to Silent Divergence: Changing Immigrant Society, Unchanging Immigrant Church." *Journal of Language, Culture and Religion* 2, no. 2 (2021): 51-74.

Osmer, Richard R. *Practical Theology: An Introduction*. Grand Rapids, MI: Eerdmans, 2008.

Park, Jerry Z. "Ethnic Insularity among 1.5-and Second-Generation Korean-American Christians." *Development and Society* 42, no. 1 (2013): 113-136.

Perry, Barbara. *In the Name of Hate: Understanding Hate Crimes*. New York, NY: Routledge, 2001.

Phan, Peter C. "Marginality: The Key to Multicultural Theology, by Jung Young Lee." *Dialogue & Alliance* 11, no. 11 (1997): 146-149.

Purves, Andrew. *The Search for Compassion: Spirituality and Ministry*. Louisville, KY: Westminster/John Knox Press, 1989.

Rah, Soong-Chan. *The Next Evangelicalism: Freeing the Church from Western Cultural Captivity*. Downers Grove, IL: IVP, 2009.

______. *Prophetic Lament: A Call for Justice in Troubled Times*. Downers Grove, IL: InterVarsity Press, 2015.

Shin, JongSeock James. "Casting a Vision of Communal and Public Life of the Church for the Post-Pandemic Korean-American Churches: Focusing on Veli-Matti Kärkkäinen's Communion and Public Ecclesiology." *International Bulletin of Mission Research* 47, no. 3 (2023): 416-429.

Stop AAPI Hate. "Stop AAPI Hate National Report." Accessed August 27, 2024. https://stopaapihate.org/wp-content/uploads/2021/08/Stop-AAPI-Hate-Report-National-v2-210830.pdf.

Swinton, John. *Raging with Compassion: Pastoral Responses to the Problem of Evil*. Grand Rapids, MI: William B. Eerdmans, 2007.

Tu, Wei-ming. *Humanity and Self-Cultivation: Essays in Confucian Thought*. Boston, MA: Chen & Tsui Co., 1999.

Van Norden, Bryan W. *Virtue Ethics and Consequentialism in Early Chinese Philosophy*. New York, NY: Cambridge University Press, 2007.

Wan, Enoch. "The Paradigm of Diaspora Missiology and Missiological Implications for Korean Immigrant Churches in the United States." In *The Identity and Mission of the Korean American Church*, 111-136.

Watson, Burton trans. *The Analects of Confucius*. New York, NY: Columbia University Press, 2007.

Weis, Lois. "Identity Formation and the Process of 'Othering': Unravelling Sexual Threads." *Educational Foundations* 9, no. 1 (1995): 17-33.

Yong, Amos. *The Future of Evangelical Theology: Soundings from the Asian American Diaspora*. Downers Grove, IL: IVP Academic, 2014.

김운용. 『설교의 새로운 패러다임』. 서울: 장로회신학대학교출판부, 2004.

김지찬. 『언어의 직공이 되라』. 서울: 생명의말씀사, 1996.

신성욱. 『청중을 사로잡는 설교의 삼중주』. 서울: 생명의말씀사, 2009.

왕대일. 『새로운 구약주석』. 서울: 성서연구사, 1996.

______. 『기독교 경학과 한국인을 위한 성경해석: 경학으로서의 성서해석』. 서울: 대한기독교서회, 2012.

______. "성서해석사에서 배우는 설교의 과제." 「신학과 세계」 84 (2015): 7-42.

왕대일 · 이성민. 『구약설교 패러다임: 구약학자의 설교이해, 설교학자의 구약해석』. 서울: 감신대성서학연구소, 2003.

이문장. 『한국인을 위한 성경연구 (원리편)』. 서울: 이레서원, 2003.

이성민. "신학과 해석학과 설교학의 관계성에 관한 연구." 「신학과 세계」 43 (2001): 369-411.

이승진. "정창균의 설교학." 「신학정론」 38 (2020. 12.): 45-99.

이현웅. 『공감의 설교학』. 서울: 한국장로교출판사, 2017.

정창균. 『고정관념을 넘어서는 설교』. 수원: 합동신학대학원출판부, 2002.

Bray, Gerald. *Biblical Interpretation: Past & Present*. Downers Grove: IVP, 1996.

Brueggemann, Walter. *The Word Militant*. 홍병룡 옮김. 『텍스트가 설교하게 하라』. 서울: 성서유니온선교회, 2012.

Capps, Donald. *Reframing: A New Method in Pastoral Care*. Minneapolis: Fortress Press, 1990.

Craddock, Fred B./김영일 옮김. 『설교: 열린 체계로서의 귀납적 설교 방식(Preaching)』. 서울: 컨콜디아사, 1989.

______. *As One without Authority*. 김운용 옮김. 『권위없는 자처럼: 귀납적 설교의 이론과 실제』. 서울: 예배와설교아카데미, 2003.

Davis, H. Grady. *Design for Preaching*. Philadelphia: Fortress Press, 1958.

Ebeling, Gerhard. *Word and Faith*. Philadelphia: Fortress Press, 1963.

Epp, Eldon Jan and George W. MacRae eds. *The New Testament and Its Modern Interpreters*. Atlanta: Scholars Press, 1989.

Eslinger, Richard L. *A New Hearing: Living Options in Homiletic Method*. Nashville: Abingdon Press, 1987.

______. *The Web of Preaching*. 주승중 옮김. 『설교 그물짜기』. 서울: 예배와설교아카데미, 2008.

Evans, Craig A. *Noncanonical Writings and New Testament Interpretation*. Peabody: Hendrickson Publishers, 1992.

Fant, Clyde E. *Preaching for Today*. New York: Harper & Row Publisher, 1975.

Fee, Gordon D. *New Testament Exegesis: A Handbook for Students and Pastors*. Revised. Louisville: Westminster/John Knox Press, 1993.

Fosdick, Harry Emerson. *What is Vital in Religion: Sermons on Contemporary Christian Problem*. N. Y.: Harper, 1995.

Goldingay, John. *Models for Interpretation of Scripture*. Toronto: Clements Publishing, 1995.

Goldsworthy, Graeme/김영철 옮김. 『복음과 하나님의 나라: 성경신학적 구약 해석법』. 서울: 성서유니온선교회, 1988.

Green, Joel B. ed. *Hearing the New Testament: Strategies for Interpretation*. Grand Rapids: Wm. B. Eerdmans, 1995.

Handelmann, Susan. *The Slayers of Moses: The Emergence of Rabbinic Interpretation in Modern Literary Theory*. Albany: SUNY Press, 1982.

Hanson, R. P. C. "Biblical Exegesis in the Early Church." In *The Cambridge History of the Bible: From the Beginnings to Jerome*. edited by P. R. Ackroyd and C. F. Evans. Cambridge: Cambridge University Press, 1970.

Haynes, Stephen R. and Steven L. McKenzie eds. *To Each Its Own Meaning: An Introduction to Biblical Criticisms and Their Application*. Louisville: Westminster/John Knox Press, 1993.

Hays, Richard B. *Echoes of Scripture in the Letters of Paul*. New Haven & London: Yale University Press, 1989.

Lischer, Richard/정장복 옮김. 『설교신학의 8가지 스펙트럼』. 서울: 예배와설교아카데미, 2008.

Long, Thomas G. "And How Shall They Hear?: The Listeners in Contemporary Preaching." In *Listening to the Word: Studies in Honor of Fred B. Craddock*. edited by Gail R. O'Day and Thomas Long. Nashville: Abingdon Press, 1994.

______. *The Homiletical Plot: The Sermon as Narrative Art Form*. 이연길 옮김. 『이야기식 설교구성』. 서울: 한국장로교출판사, 1997.

______. *The Sermon: Dancing the Edge of Mystery*. Nashville: Abingdon Press, 1997.

______. *The Witness of Preaching*. 이우제 · 황의무 옮김. 『증언하는 설교』. 서울: CLC, 2007.

Lowry, Eugene L. *How to Preach a Parable: Designs for Narrative Sermons*. 편집부 옮김. 『설교자여, 준비된 스토리텔러가 돼라』. 서울: 요단출판사, 1999.

Moore, Stephen D. *Literary Criticism and the Gospels*. New Haven & London: Yale University Press, 1989.

Ramm, Bernard. *Protestant Biblical Interpretation*. 정득실 옮김. 『성경해석학』. 서울: 생명의말씀사, 1970.

Randolph, David James. *The Renewal of Preaching: A New Homiletic Based on the New Hermeneutic*. Philadelphia: Fortress Press, 1969.

Rice, Charles L. *Interpretation and Imagination: The Preacher and Contemporary*. Philadelphia: Fortress Press, 1970.

Robinson, Wayne Bradley. *Journeys toward Narrative Preaching*. Mew York: The Pilgrim Press, 1990.

Rovinson, Haddon W. *Biblical Preaching*. 박영호 옮김. 『강해설교: 강해설교의 원리와 실제』. 서울: C.L.C., 2007.

Sanders, James A. "Torah and Christ." *Interpretation* 29, no.4 (1975): 372-390.

______. *From Sacred Story to Sacred Text*. Philadelphia: Fortress, 1987.

Thiselton, Anthony C. *The Two Horizons: New Testament Hermeneutics and Philosophical Description*. Grand Rapids: Wm B. Eerdmans, 1980.

______. *The Two Horizons*. 권성수 외 옮김. 『두 지평』. 서울: 총신대학출판부, 1990.

Vanhoozer, Kevin J. *Is There a Meaning in This Text?* 김재영 옮김. 『이 텍스트에

의미가 있는가?』. 서울: IVP, 2003.

Wiersbe, Warren W. *Preaching and Teaching with Imagination: The Quest for Biblical Ministry*. Michigan : Baker Book House, 1994.

Wilder, Amos N. *Theopoetic: Theology and the Religious Imagination*. Philadelphia: Fortress Press, 1976.

Wilson, Paul S. *The Four Pages of the Sermon: A Guide to Biblical Preaching*. Nashville: Abingdon Press, 1999.

정재현 ǀ 상황에서 말씀으로 – 보다 효과적인 설교를 위하여

불트만, 루돌프. "학문과 실존." 허혁 옮김. 『학문과 실존』 1권. 서울: 성광사, 1987.

정재현. 『신학은 인간학이다』. 왜관: 분도출판사, 2002.

틸리히, 폴/김광남 옮김. 『흔들리는 터전』. 서울: 뉴라이프, 2008.

Herrington, Jim, Mike Bonem, & James H. Furr. *Leading Congregational Change: A Practical Guide for the Transformational Journey*. San Francisco: Jossey-Bass, 2000.

Kay, James F. *Preaching and Theology*. St. Louis: Chalice Press, 2007.

Randolph, David J. *The Renewal of Preaching in the Twenty-first Century: The New Homiletics*. Eugene, OR: Cascade Books, 2009.

조성우 ǀ 효과적인 설교 스타일에 대한 연구 – 네 페이지 설교, 갈등에서 해결로서의 설교, 플롯과 움직임 설교를 중심으로

곽안련. 『설교학』. 서울: 대한기독교서회, 1990.

김양일. "유진 라우리(Eugene L. Lowry)의 설교신학 연구: 설교 플롯(Plot)을 중심으로." 「신학과 목회」 49 (2018): 137-160.

김운용. "데이빗 버트릭(David Buttrick)의 설교 신학에 대한 연구." 「장신논단」 20 (2003): 285-311.

______. 『설교의 새로운 패러다임』. 서울: 장로회신학대학교출판부, 2004.

______. "새로운 설교 패러다임에서의 설교와 형태 (II)." 「기독교사상」 499 (2000), 152.

______. 『현대 설교코칭』. 서울: 장로회신학대학교출판부, 2012.

______. "현상학적 전개식 설교 II: 청중의 의식과 현상을 고려한 설교방법." 「기독교사상」 46/9 (2002), 101.

송관석. "데이비드 버트릭의 현상학적 설교학 연구: 설교의 '움직임'과 '구조'를 중심으로." 「설교한국」 16 (2022): 39-75.

정재웅. "강해설교와 내러티브 설교의 이분법을 넘어서: 최근 북미현대 설교학을 중심으로." 「제36회 한국설교학회 봄 정기 학술대회 자료집」 (2023): 36-39.

조광현. "신설교학: 개별 청중으로 방향 전환." 「갱신과 부흥」 31 (2023): 307-316.

조영창. "라우리(E. Lowry)의 설교학적 플롯(Homiletical Plot)과 그 논쟁점들." 「제71회 한국실천신학회 정기학술대회 자료집」 (2019): 539-566.

로날드 알렌/허정갑 옮김. 『34가지 방법으로 설교에 도전하라』. 서울: 예배와설교아카데미, 2004.

Allen Jr., O. Wesley. "The Pillars of the New Homiletic." In *The Renewed Homiletic*. edited by O. Wesley Allen Jr. MPLS, Minnesota: Augsburg Fortress Publishers, 2010.

Broadus, John A. *On the Preparation and Delivery of Sermons*. New York: Harper, 1944.

Buttirck, David. *Homiletic: Move and Structure*. Philadelphia: Fortress, 1987.

Campbell, Charles L. *Preaching Jesus: The New Directions for Homiletics in Hans Frei's Postliberal Theology*. Eugene: Wipf & Stock Publishers, 2006.

Craddock, Fred. B. *As One without Authority: Revised and with New Sermon*. St. Louis, Missouri: Chalice press, 2001.

Davis, Henry Grady. *Design for Preaching*. Philadelphia: Fortress Press, 1958.

Edwards, O. C. *History of Preaching*. Nashville, Abingdon Press, 2004.

Lischer, Richard. *The Company of Preachers: Wisdom on Preaching, Augustine to the Present*. Grand Rapids: Eerdmans, 2002.

Lowry, Eugene L. *The Homileitcal Plot: The Sermon as Narrative Art Form*. Louisville, Kentucky, Westminster John Knox Press, 1997.

______. *The Sermon: Dancing the Edge of Mystery*. Nashville: Abingdon Press, 1997.

Mitchell, Henry H. *Black Preaching*. Nashville: Abingdon Press, 1990.

Old, Hughes Oliphant. *The Reading and Preaching of the Scriptures in the Worship of the Christian Church*, Vols. 1-7. Grand Rapids: Eerdmans, 1998-2010.

Rice, Charles L. "The Preacher as Storyteller." *Union Seminary Quarterly Review* 31, no. 3 (Spring 1976): 182-197

______. "The Preacher's Story." In *Preaching the Story*. coauthored by Edmund A. Steimle, Morris J. Niedenthal, and Charles L. Rice. Philadelphia: Fortress Press, 1980.

Ronald J Allen. *Patterns of Preaching: A Sermon Sampler*. St. Louis, MO: Chalice Press, 1998.

Wilson, Paul Scott. *A Concise History of Preaching*. Nashville: Abingdon Press, 1992.

______. *Imagination of the Heart: New Understandings in Preaching*. Nashville: Abingdon Press, 1988.

______. *The Four Pages of the Sermon*. Nashville: Abingdon Press, 1999.

김윤태 | 메타버스 인공지능 시대 목회와 선교에 대한 재고 및 대응 방안

김기은. "다크웹에서도 챗GPT 사이버 공격 활용 사례 늘어난다." 「테크 엠」 2023. 2. 6. https://www.techm.kr/news/articleView.html?idxno=106510.

김동원. "스캐터랩, AI 챗봇 윤리점검표 발표." 「The AI: 인공지능 전문매체」 2022. 8. 26. https://www.newstheai.com/news/articleView.html?idxno=3275.

김윤태. "인공지능, 어디로 가고 있나?" 「기독공보」 2024. 3. 27. https://m.pckworld.com /article.php?aid=10150492109.

______. "인공지능의 목회적 도전." 「기독공보」 2024. 8. 7. https://pckworld.com/article.php?aid=1 0324767955.

______. "인공지능에 대한 지역교회 대응 방안." 「기독공보」 2024. 10. 9. https://pckworld.com/article.php?aid=10395799895.

김은성. "개인정보위 '챗GPT 한국이용자 정보유출 확인 중'." 「경향신문」 2023. 4. 4.

https://m.khan.co.kr/economy/economy-general/article/202304041024001?utm_source=google&utm_medium=news_app&utm_content=khan.

김진영. "챗GPT… 기독교, 영성 약화되지 않도록 힘써야." 「기독일보」 2023. 2. 17. https://www.christiandaily.co.kr/news/122679.

박민균. "미래 과학기술에 성경적 가이드라인 있나?" 「기독신문」 2019. 2. 11. https://www.kidok.com/news/articleView.html?idxno=200119.

박재찬. "'진격의 챗GPT' 3분 만에 설교문 뚝딱… 목회 사역에도 충격파." 「국민일보」 2023. 2. 7. http://news.kmib.co.kr/article/view.asp?arcid= 0924285950&code=23111111&sid1=al.

박혁신. 『인공지능 혁명의 도전과 교회의 응전』. 서울: 기독교문서선교회, 2023.

반병현. 『챗GPT: 마침내 찾아온 특이점』. 서울: 생생북스, 2023.

부산대학교. "부산대, AI 올바른 활용 위한 가이드라인." 「PNU 포커스」 2023. 3. 30. https://www.pusan.ac.kr/kor/CMS/Board/Board.do?mCode=MN109&mode=view&board_seq=1489116.

배유미. "오픈AI 챗GPT환각, 2년 뒷면 줄어들 것." 「바이라인 네트워크」 2023. 3. 23. https://byline.network/2023/03/23-256/.

이승우. "연세대 '챗GPT 대필의심' 과제 0점 처리." 「동아일보」 2023. 3. 29. https://www.donga.com/news/Society/article/all/20230328/118566463/1.

이시한. 『GPT 제너레이션: 챗 GPT가 바꿀 우리 인류의 미래』. 서울: 북모먼트, 2023.

임성국. "한국기독교생명윤리협회 2017 생명윤리세미나: 인공지능(AI) 윤리 가이드라인 필요." 「기독공보」 2017. 5. 26. http://pckworld.com/article.php?aid=7397787316.

_____. "총회 교단 최초 '인공지능 시대 목회자 윤리 선언' 연구안 확정." 「기독공보」 2024. 7. 12. https://pckworld.com/article.php?aid=10305364386.

장민. 『ChatGPT: 기회를 잡는 사람들』. 서울: 알투스, 2023.

장보철. "목회상담에 있어서 인공지능의 유용성에 대한 연구." 「장신논단」 Vol. 50, No. 2 (2018. 6): 305-328.

장창일. "AI와 인간 사이 빈 공간, 영성으로 채워라." 「국민일보」. 2017. 8. 18. https://m.kmib.co.kr/view.asp?arcid=0923800586.

정혜인. "터미네이터 나올 수 있다." 「머니투데이」 2023. 5. 24. https://news.mt.co.kr/mtview.php?no=2023052414304664873.

조성미. "AI 윤리정책포럼 2기 출범." 「연합뉴스」 2023. 4. 7. https://www.yna.co.kr/view/AKR20230407069900017.

㈜어웨이크 코퍼레이션. "주님AI: 말씀을 토대로 고민 해답을 찾아드려요." 2023. 4. 7. https://chowon.in.

지용근 외 5명. 『한국 교회 트렌드 2023』. 서울: 규장, 2022.

최윤식. 『최윤식의 퓨처 리포트: 빅 테크놀로지편』. 서울: 생명의말씀사, 2018.

최창현. "GPT-4 발표한 오픈AI '샘 알트만'." 「인공지능신문」 2023. 3. 19. https://www.aitimes.kr/news/articleView.html?idxno=27595.

Davie, Grace. *Religion in Britain Since 1945: Believing without Belonging.* London: John Wiley & Sons, 1994.

Gates, Bill. "A New Era: the Age of AI has Begun." *GatesNotes: the Blog of Bill Gates* 2023. 3. 21. https://www.gatesnotes.com/The-Age-of-AI-Has-Begun.

Hootsuite. "Digital 2019: Q4 Global Digital Statshot." *Datareportal* 2019. 10. 23. https://datareportal.com/reports/digital-2019-q4-global-digital-statshot.

Kelley, Dean. *Why Conservative Churches Are Growing: A Study in Sociology of Religion.* New York: Harper & Row, 1972.

Kissinger, Henry A., Eric Schmidt, and Daniel Huttenlocher. *The Age of AI: And Our Human Future.* 김고명 옮김. 『AI 이후의 세계』. 서울: 윌북, 2023.

Microsoft. "마이크로소프트, 모든 업무 생산성 도구에 초거대 AI 결합." 2023. 3. 17. https://news.microsoft.com/ko-kr/2023/03/17/introducing-microsoft-365-copilot/.

Niebuhr, Reinhold. *Moral Man and Immoral Society.* 이한우 옮김. 『도덕적 인간과 비도덕적 사회』. 서울: 문예출판사, 2017.

Rees, Martin. *If Science is to Save Us.* 김아림 옮김. 『과학이 우리를 구원한다면』. 서울: 서해문집, 2023.

Vaswani, Ashish, Noam Shazeer, Niki Parmar, Jakob Uszkoreit, Llion Jones,

Aidan N. Gomez, Lukasz Kaiser, Illia Polosukhin. "Attention is All You Need." *NIPS* (2017).

윤임상 | 현대 예배자들을 위한 고전음악의 재발견– 라틴 텍스트에 의한 레퀴엠과 브람스의 독일 레퀴엠(Ein deutsches Requiem)을 중심으로

김홍기. 『종교개혁사: 마틴 루터에서 존 웨슬리까지』. 서울: 지와 사랑, 2004.

남종성 외. 『오늘 우리에게 영성이란 무엇인가』. 서울: 동연 출판사, 2023.

민은기. 『서양 음악사, 서울: 음악세계』. 2013.

홍세원. 『교회음악 역사』. 서울:연세대학교 출판부, 1999.

Bonhoeffer, Dietrich. *Die Psalmen, Das Gebebuch der Bibel*. 최진경 옮김. 『본훼퍼의 시편이해』. 서울: 홍성사, 2007.

Brahms, Johannes. *Ein deutsches Requiem*. 민형식 옮김. 『독일레퀴엠』. 서울:호산나 출판사, 1993.

Willard, Dallas. *The Divine Conspiracy*. 윤종석 옮김. 『하나님의 모략』. 서울: 복있는 사람, 2002.

Blocker, Robert. *The Robert Shaw reader*. New Haven& London: Yale University Press, 2004.

Bonhoeffer, Dietrich. *Life Together*. New York: Harper and Row, 1954.

Fuller, Sarah. *European Musical Heritage*. New York: McGraw-Hill, 1987.

Grout, Donald J. *A History of Western Music*. New York, London: W. W. Norton & Company, 1988.

Jan Bachmann. *Kunst-Religion-Krise: Der Fall Brahms*. Kassel: Barernreiter, 2003.

Martin Meiser. "Brahms und die Bibel." *Musik und Kirche* 53 (1983).

Randel, Donald. *The New Harvard Dictionary of Music*. Cambridge: The Belknap Press of Harvard University Press, 1986.

Sadie, Stanley. *The New Grove Dictionary of Music and Musicians 1*. London: Macmillan Publishers Limited, 1980.

______. *The New Grove Dictionary of Music and Musicians 3*. London: Macmillan

Publishers Limited, 1980.

______. *The New Grove Dictionary of Music and Musicians 5.* London: Macmillan Publishers Limited, 1980.

______. *The New Grove Dictionary of Music and Musicians 12.* London: Macmillan Publishers Limited, 1980.

______. *The New Grove Dictionary of Music and Musicians 13.* London: Macmillan Publishers Limited, 1980.

______. *The New Grove Dictionary of Music and Musicians 16.* London: Macmillan Publishers Limited, 1980.

______. *The New Grove Dictionary of Music and Musicians 17.* London: Macmillan Publishers Limited, 1980.

인터넷 자료

"Brahm Requiem." Discussion, accessed Sep. 4. 2024. https://www.youtube.com/watch?v=OdpItFyNjS4&t=580s.

"Brahms: Ein deutsches Requiem." LAKMA Phil. & Choral. accessed Sep. 14. 2024. https://www.youtube.com/watch?v=8BndsQ2FY_k&t=18s.

"Latin text — Requiem aeternam, Kyrie, Graduale." accessed Sep. 10. 2024. http://www.requiemsurvey.org/latintext.php.

"Text — Brahms_Ein Deutsches Requiem_." accessed Sep. 7. 2024. https://web.stanford.edu/group/SymCh/supplements/brahms-requiem-text.html.

"Lux Aeterna." accessed Aug. 28. 2024. https://en.wikipedia.org/wiki/Lux_Aeterna.

"Pie Jesu." accessed Aug. 28. 2024. https://en.wikipedia.org/wiki/Pie_Jesu.

"Libera me." accessed Aug. 28. 2024. https://en.wikipedia.org/wiki/Libera_me.

"In paradisum." accessed Aug. 28. 2024. https://en.wikipedia.org/wiki/In_paradisum.

엮은이

월드미션대학교(World Mission University, WMU)

미국 Los Angeles에 소재한 한인 명문 기독교대학교이다. 온라인 스마트 교육을 통해 미국은 물론 전 세계 학생들이 공부하고 있다. 기독교 사역학, 크리스천 상담코칭학, 사회복지학, 간호학, 신학, 목회학, 상담심리학, 음악학, 글로벌리더십-코칭학, 찬양과 예배학 전공의 학사, 석사, 박사과정이 있으며, 중남미 선교의 교두보 역할을 하는 스페니쉬 프로그램도 활발히 운영하고 있다.

홈페이지: https://kr.wmu.edu

전화: 미국 213-388-1000

지은이

가진수

월드미션대학교 예배학 과정(BACM PW, MAWS, DWS) 학과장으로 현대 예배학을 가르치고 있다. 침례신학대학교대학원(Th.M.)과 미국 풀러신학대학원(Fuller Theological Seminary) 박사과정(D.Min.)을 마치고, 플로리다주 'The Robert E. Webber Institute for Worship Studies(IWS)'에서 예배학 박사(DWS) 과정을 공부했다. 현재 인천 혜광학교 교목이자 '워십 뮤지션 매거진' 발행과 예배컨퍼런스, 세미나를 주관하는 예배 전문 사역 기관 '글로벌 워십 미니스트리'(Global Worship Ministry)의 설립자로 서울신학대학교를 비롯해 여러 곳에 예배 세미나 인도와 칼럼을 연재하고 있다. 최근 펴낸 『루틴 워십』, 『예배가 이끄는 삶』을 비롯해, 『모던 워십』, 『성경적 하나님의 임재 연습』, 『예배 성경』, 『예배 찬양 인도』, 『예배, 패러다임시프트』 등의 저서와 다수의 번역서가 있다.

김강산

장로회신학대학교 신학대학원에서 교역학석사(M.Div.) 학위를, 동 대학원에서 예배설교학으로 신학석사(Th.M.) 학위를 받았다. 이후 미국 프린스턴신학교(Princeton Theological Seminary)에서 설교학으로 신학석사(Th.M.) 학위를, 스코틀랜드 에버딘대학교(University of Aberdeen)에서 설교학으로 철학박사(Ph.D.) 학위를 받았다. 목회자이자 실천신학자로서 한국과 북미의 정치 사회적 문제와 사회 문화적 문제에 대한 설교 신학과 해석학을 제안하는

데 큰 관심을 두고 연구하고 있다. 저서로는 *Preaching on Social Suffering* (Pickwick Publications, 2023) 외에 전문 학술지에 다수의 실천신학(설교학)과 관련한 학술 논문을 기고했다. 현재 미국 뉴저지찬양교회에서 목회를 감당하며 독립 연구자로 활동하고 있다.

김윤태

월드미션대학교 실천신학대학 목회선교 과정 박사 디렉터이자 선교학 교수이며, 대전신학대학교 겸임교수로, 아시아기독교협의회(CCA) 프로그램위원으로 활동하고 있다. 홍익대학교에서 컴퓨터를 전공하고, 미국 풀러신학교(Fuller Theological Seminary)에서 목회학 석사(M.Div.)와 선교신학 석사(Th.M.)를, 영국 버밍엄대학교(University of Birmingham) 우스토프(Werner Ustorf) 교수와 킹스칼리지 런던대학교(King's College London) 빈센트(Markus Vinzent) 교수의 지도하에 철학박사(Ph.D.) 학위를 취득했다. 2015년부터 대전 신성교회에서 위임목사로 사역하고 있으며, 예장통합 교단에서 선교 연구위원과 교회 연구위원 사역을 하고 있다. 주요 학문적 관심 분야는 선교신학, 선교사회학, 선교와 에큐메닉스, 선교와 종교경제학, 인공지능과 디지털 선교 등이다.

남종성

월드미션대학교 학부 학장, 아시안-아메리칸 영성센터 원장, 신약학 교수이며, 미국 인디애나폴리스에 위치한 릴리재단(Lilly Endowment Inc.)의 지원을 받아 진행하고 있는 <디지털시대의 영성 형성 프로젝트> 디렉터로 활동하고 있다. 충남대학교 경영학과와 서울신학대학교 신학대학원(M.Div.)을 졸업하고, 미국 탈봇신학대학원(Talbot School of Theology)에서 신약학으로 신학석사(Th.M.) 학위를, 풀러신학대학원(Fuller Theological Seminary)에서 랄프 마틴(Ralph Martin) 교수의 지도하에 신약학으로 철학박사(Ph.D.) 학위를 취득했다. 2003년부터 2020년까지 L.A. 디사이플교회에서 담임목사로 17년간 사역했으며, 2017년부터 2019년까지 세계복음선교연합회(World Evangelical Mission Alliance) 총회장을 역임했다. 주요 학문적 관심 분야는 신구약성서의 통합적 연구, 성서해석학 그리고 실천적 영성이다.

송경화

미국 월드미션대학교(Los Angeles, California)에서 상담심리대학원 학과장, 한인 기독교상담센터 센터장 및 감독, 상담학 교수이다. 서울대학교(심리학, B.A.)와 아세아연합신학대학교(기독교상담학, M.A.)를 졸업후 이화여자대학교에서 목회상담학 박사과정 수료 후 도미하여, 미국 Claremont School of Theology에서 실천신학으로 석사(M.A.)와 박사학위(Ph.D.)를 취득했다(세부 전공: 목회상담학, 영성통합심리치료). 박사학위 논문은 Dr. Duane Bidwell

의 지도하에 Pastoral Care and Counseling for Korean Samonims Informed by Interdisciplinary Dialogue라는 제목으로 썼다. 한국샤론정신건강연구소, 목회상담센터, 신촌세브란스병원 원목실, 인구보건복지협회, 미국 Methodist Hospital Chaplain, The Clinebell Institute 등에서 채플린과 상담사로 훈련을 받았으며, 현재 한국복음주의상담학회 감독 상담사이다. 대한예수교장로회합동 교단 목사인 남편과 함께 한마음섬김의 교회 담임목회 사역을 하고 있다. 학문적 관심 분야는 영성통합심리치료, 기독교적 트라우마 개입, 내면가족 체계 치료, 기독교/목회상담학이다.

윤에스더

뉴잉글랜드음악원(New England Conservatory)에서 학사 및 석사를 취득한 후 이스트만음대(Eastman School of Music)에서 피아노 연주와 문헌 박사학위를 취득했다. 월드미션대학교 음악연주학 박사과정 디렉터이며 캘리포니아 예술학교 샌가브리엘밸리(California School of the Arts- San Gabriel Valley) 및 파사데나음악원(Pasadena Conservatory of Music)에서 학생들을 지도하고 있다. 오렌지카운티교육부(Orange County Department of Education)에서 커리어 및 직업기술교육(Career and Technical Education) 자격증 훈련을 받았으며 캘리포니아 음악교사협회(Music Teachers'Association of California) 소속으로 캘리포니아주니어바흐 페스티벌(Southern California Junior Bach Festival), 산타 클라리타 밸리 페스티벌(Santa Clarita Valley Festival) 등에서 심사위원으로 활동하며 앙상블과 솔로이스트로 연주 활동을 펼치고 있다.

윤임상

월드미션대학교 음악과장, 학생처장으로 활동하고 있다. 중앙대학교 음악대학 성악과를 졸업하고 미국 USC(University of Southern California)에서 William Dehning, Hans Beer의 지도 아래 합창과 기악 지휘로 석사를 졸업하고, American Conservatory of Music에서 Richard Schulze의 지도 아래 기악 지휘로 음악박사(DMA) 학위를 취득했다. 이어 아주사신학대학원(Haggard Theological Seminary)에서 목회학 석사(M.DIv.)를 받았다. LA 한인교향악단 상임지휘자로(2007~2012) 활동했으며, 지난 2012년부터 LAKMA Philharmonic Orchestra & Choral 음악감독 겸 지휘자로 활동하고 있다. 이탈리아 Samnium Internation Competition, 세르비아 Boris Martinovich Voice Competition 그리고 아르헨티나 LACCI Internation Conducting Competition 등 국제콩쿨 심사위원으로도 활동하고 있다.

이현아

월드미션대학교 사회복지학과 교수, 학교 부설 웰테크콜라보레이션(Wel-Tech Collaboration) 센터장, 디에스림재단(DSLIM Foundation) 디렉터. 강남대학교에서 사회복지학부(B.A.)를 졸업하고 동 대학원에서 사회복지학 석사(임상사회사업, M.S.W.), 박사(D.S.W.) 학위를 취득하였다. 국립국어원, 한국전자통신연구원, 서울시복지재단 등에서 한국 수어조사, 청각장애인 다감각 음악 실감 시스템 경험 연구, 사회적 약자를 위한 스마트 복지정책 연구에 다수 참여한 바 있으며, 학술 논문으로는 미주 한인장애인 가족역량 강화 교육프로그램 개발 및 효과, 시니어 복지선교를 위한 사회복지적 고찰, 청각장애인의 청각 언어 재활 경험에 관한 질적 연구 등이 있다. 이밖에 『통합연구방법론: 목회자와 선교사를 위한 현장 연구 원리와 방법』, 『사회복지학 개론』 등의 저서가 있으며, 학문적 관심 분야는 장애, 노화, 문화, 영성, 정신건강, 복지기술, 질적연구이다.

정재현

캘리포니아 소재 월드미션대학교 전 석좌교수로서 PhD Program Director의 직책을 역임했다. 연세대 철학과를 졸업하고 미국 Emory University에서 종교철학 전공으로 박사학위(Ph.D.)를 받았다. 성공회대학교(1992~2004)와 연세대학교(2004~2022)에서 교수를 역임했고, 30년의 교수 재직 중 12권의 저서와 3권의 역서, 7권의 공저를 출간했으며 60여 편의 학술논문을 발표했다. 특히 한국에서 우수도서를 선정하는 대한민국학술원, 교육부 한국연구재단, 문화관광부 세종도서에 5권의 저서가 우수도서로 선정된 바 있다. 아울러 연세대 연구처의 우수 연구자 지원에도 2권이 선정되어 도합 7권의 우수도서 선정 기록을 지니고 있다. 연세대 재직시 연구 업적과 연구비 수주의 실적으로 현재 교무처 특임교수로 임명되어 연구단을 운영하고 있다. 최근에는 종교와 예술의 관계에 대한 문화사적 연구에 종사하고 있다.

조성우

버클리연합신학대학원(Ph.D.), 베다니장로교회 영어 회중 담당 목사이다. 한국, 캐나다, 미국 등에서 다음세대와 영어권 관련 사역으로 18년 간 사역해왔으며, 장로회신학대학원(M.Div.)과 동 대학원에서 예배·설교학(Th.M.), 캐나다 Vancouver School of Theology에서 공적·목회 리더십(M.A.), 미국 Graduate Theological Union에서 설교학으로 철학박사(Ph.D.) 학위를 취득하였다. 다음세대와 설교, 예배, 성서연구에 관심이 있으며, 저서로는 *Revitalizing Preaching for the Post-Pandemic Generation* (PETER LANG, 2025)이 있다.

최윤정

월드미션대학교 실천신학 교수이며 현재 부총장을 맡고 있다. 한국외국어대학교(B.A.), 장로회신학대학교 신학대학원(M.Div.), Fuller Seminary(M.A.)를 거쳐 Biola University에서 Intercultural Education으로 박사학위(Ph.D.)를 받았다. 장로교 소속 목사이다. 다문화, 디아스포라, 기독교교육, 디아코니아 네 개의 화두와 연결된 무수한 창의적인 사역들을 꿈꾸며 현재 사단법인 휴먼앤휴먼인터내셔널 자문위원을 맡고 있고, PCCE(Pacific Center for Culture and Education)를 통해 21세기형 기독교교육 플랫폼 사역도 활발히 펼쳐나가고 있다. "Multicultural Education for 1.5 and 2nd generation Korean-Americans,""Identity Issues of Migrant Children and Christian Education," "이주 배경 자녀를 돌보는 교회," "하와이 한인 이민 여성들," "온라인시대 영성교육의 방향" 등 다문화와 기독교교육에 관한 저술 활동과 함께 세미나와 강연에도 열심을 내고 있다.